Miloslav Stingl
Auf den Spuren der ältesten Reiche Perus

Miloslav Stingl

Auf den Spuren der ältesten Reiche Perus

Urania-Verlag
Leipzig · Jena · Berlin

Die Zeichnungen auf dem Einband, auf der Titelei und am Beginn der einzelnen Kapitel sind Darstellungen von Motiven der Mochica-Keramik, der wichtigsten altindianischen keramischen Kunstperioden. Das Motiv auf der Titelei erinnert an die tiefe Verehrung der Himmelskörper bei den vorinkaischen »Sternenanbetern«.

Fotonachweis:
Miloslav Stingl, Prag (55)
Teresa Walendziak, Warschau (11)
Marek Doktor, Krakau (2)

Titel der tschechischen Originalausgabe: »USTIVAČI HVĚZD«, erschienen im Verlag, Práce, Prag 1979
Übersetzung von Günter Müller
Illustrationen: Vladimír Kladiva, Prag

Stingl, Miloslav:
Auf den Spuren der ältesten Reiche Perus
/ Miloslav Stingl. [Übers. von Günter Müller.
Ill.: Vladimír Kladiva]. – 2. Aufl. – Leipzig
; Jena ; Berlin : Urania Verlag, 1990. – 240 S.
: Ill.
EST: Uctivaï hcĕzd ⟨dt.⟩
NE: Verf.: EST   ISBN 3-332-00363-1

ISBN 3-332-00363-1

2. Auflage 1990. Alle Rechte vorbehalten.
© der tschechischen Originalausgabe: Dr. Miloslav Stingl, Prag
© dieser Ausgabe: Urania-Verlag Leipzig · Jena · Berlin,
Verlag für populärwissenschaftliche Literatur, Leipzig 1981
VLN 212-475   LSV 0229
Lektor: Horst Hering
Typographie: Helgard Reckziegel
Schutzumschlag und Einband: Gottfried Leonhardt
Printed in the German Democratic Republic
Lichtsatz: INTERDRUCK Graphischer Großbetrieb Leipzig – III/18/97
Offsetreproduktion, Druck und buchbinderische Verarbeitung: Sachsendruck Plauen
Best.-Nr.: 653 622 2
001900

Inhalt

Vorwort

Dieses Buch ist einem Thema gewidmet, das mich schon viele Jahre beschäftigt: der rätselhaften Geschichte der versunkenen indianischen Reiche Altperus, deren Bewohner die Sterne angebetet haben, lange bevor dieses große, denkwürdige Land unter die Herrschaft der mächtigen Inka geriet. Der Leser wird vielleicht fragen, warum mich in der Geschichte des alten Peru gerade diese Epoche der verschwundenen indianischen Reiche, eben diese »Sternenanbeter« angezogen haben.

Sie reizte mich vor allem deshalb, weil es bisher keine umfassende populärwissenschaftliche Darstellung über die Geschichte der vorinkaischen Indianerreiche Perus gibt. Ja, bis in die jüngste Vergangenheit hatte selbst die Wissenschaft nur sehr lückenhafte Kenntnisse von jener Epoche. Aus den Bruchstücken dieses altindianischen Mosaiks ein einigermaßen vollständiges Bild zu rekonstruieren war noch vor wenigen Jahren beinahe unmöglich. Dabei sind die Schicksale dieser altperuanischen Reiche von grundlegender Bedeutung, wenn man die Geschichte der Indianer Südamerikas verstehen will, ganz abgesehen davon, daß die Schilderung der fernen Vergangenheit dieses wunderbaren Peru auch eine hochinteressante und fesselnde Lektüre sein dürfte. Heute, da wir dank den Forschungen der letzten Jahrzehnte schon etwas mehr über diese altindianischen Reiche wissen, kann man wohl den Versuch wagen, jenes bisher so fragmentarische Bild wieder zusammenzufügen und eine Wanderung auf den Spuren jener uralten Kulturen zu unternehmen, aus deren Wurzeln später das mächtige Reich der Inka erblüht ist.

Aber noch ein anderer Grund hat den Autor bewogen, sich in diese Epoche zu vertiefen: Für fast alle altperuanischen Kulturen ist die inbrünstige Anbetung der Himmelskörper, des Mondes, der Sonne, der Sterne und ganzer Sterngruppen, charakteristisch. Mit Faszination, ja, man kann sagen, mit fanatischer Besessenheit haben die alten Peruaner die Gestirne des Alls verehrt. Zahlreiche scheinbar unerklärliche »außerirdische Spuren« scheinen darauf hinzudeuten, daß diese Indianer in einer besonders engen Beziehung zum Kosmos gestanden haben. Im Gebiet von Nazca will man angeblich Flugplätze von Kosmonauten entdeckt haben: In der dortigen Wüste ist man auf riesige, mitunter kilometerlange, in die Erde gescharrte Linien und Bilder gestoßen, die nur aus der Vogelperspektive sichtbar werden. Einige Funde in der altindianischen Ruinenstadt Tiahuanaco hoch oben in den Anden scheinen ebenfalls auf die einstige Anwesenheit außerirdischer Wesen hinzuweisen. Das alles hat manche Autoren und romantische Seelen zu phantastischen Vermutungen über die Urheber all dieser archäologischen »Rätsel« verleitet. Man glaubte, daß sie von fremden, kosmischen Welten gekommen seien. Diese bloße Mutmaßung wird mitunter verallgemeinert und als wissenschaftlich fundierte Tatsache ausgegeben. Gelegentlich begegnet man sogar der Behauptung, daß außerirdische Kosmonauten und Zivilisationen anderer Welten an der Wiege des gesamten menschlichen Fortschritts und Wissens gestanden hätten.

7

Ich persönlich halte derartige Behauptungen für reine Erdichtung. Ich bin von der Schöpferkraft des Menschen überzeugt. Er kann sie selbst entfalten, kann ohne fremde Hilfe zu Erfindungen gelangen und durch eigene Arbeit seine Welt umgestalten. Er braucht dazu weder Götter noch Besucher von anderen Sternensystemen, die ihn an die Hand genommen und »zivilisiert« haben sollen. Es genügt, daß er von dem Willen und dem Drang, die Wahrheit zu erkennen, beseelt ist. Und da wir den angeblichen Spuren jener außerirdischen »Zivilisationsträger« sowie dem unbestrittenen Kult der Verehrung von Himmelsgestirnen vielleicht am häufigsten bei den altperuanischen Indianern aus der Zeit vor den Inka begegnen, trägt die Flut ungenauer und manchmal völlig verfälschter Informationen über sie nichts zur Erkenntnis der Wahrheit bei.

Ich meine aber, statt zu behaupten: »So ist es nicht gewesen«, wird es besser und wohl auch interessanter sein, wenn ich zu zeigen versuche, wie sich nach meiner Ansicht die Sache wirklich verhalten hat. Auch deshalb habe ich dieses Buch geschrieben.

Der Autor

Fabian F. Világhy

Die verschleierte Vergangenheit Perus

Peru! Diesen Namen sollten die Menschen von heute mit der gleichen Ehrfurcht und Bewunderung aussprechen, die sie bei der Nennung der alten Kulturen Griechenlands, Roms, Sumers, Babylons oder Ägyptens empfinden. Die letzteren kennt ein jeder. Und die Geschichte dieser berühmten Hochkulturen ist vielen nicht unbekannt; denn sie berührt auch die Geschichte unserer Völker. Eben in diesen Ländern, in diesen alten Reichen sind auch die Grundsteine unserer heutigen Zivilisation gelegt und die ersten Kapitel unserer Geschichte geschrieben worden. Wenn wir »unserer« sagen, meinen wir damit in der Regel die Zivilisation jenes Teils der Erde, den wir — vielleicht nicht ganz zu Recht — die »Alte Welt« nennen, also die frühen Kulturen der östlichen Halbkugel.

Unser Planet hat jedoch auch noch eine westliche Hemisphäre. Und diese »Neue Welt« hat gleichfalls ihre alten Zivilisationen gehabt, die uns ebenso in Erstaunen versetzen und Bewunderung abverlangen. Es waren mächtige und großartige Staaten und Reiche. Sie sind in den beiden Hauptgebieten der »Hochkulturen« Altamerikas erblüht. Das eine dieser Territorien war Peru. Weit besser ist in der breiten Öffentlichkeit und selbst unter den kulturgeschichtlich interessierten Lesern die andere dieser »Wiegen« der vorkolumbischen indianischen Kulturen bekannt: Mexiko und die angrenzenden Gebiete der heutigen mittelamerikanischen Republiken Guatemala und Honduras. Die Erforscher der Geschichte Altamerikas bezeichnen dieses andere Gebiet, in dem ebenfalls indianische Hochkulturen existiert haben, gewöhnlich als »Mesoamerika«. Mexiko, Mesoamerika, der Staat und die Kultur der Azteken, die großartige Kultur der Maya haben das Hauptaugenmerk auf sich gezogen. Das gilt besonders auch für die populärwissenschaftliche Literatur. Denn selbst ein so berühmtes und sachkundiges Buch von den alten Kulturen und frühen Reichen wie Cerams »Götter, Gräber und Gelehrte« erzählt auf vielen Seiten vom alten Mexiko, von den Azteken, den Maya, den Tolteken und anderen Schöpfern der mesoamerikanischen Hochkulturen, über Peru aber findet man kein einziges Wort.

Auch diejenigen, die vom alten Peru berichten, schildern es oft nur als das

»Land der Inka«, wie man diesen Teil Südamerikas inzwischen schon traditionell nennt. Und viele erkennen dabei anscheinend nicht, daß die Kultur der Inka, in deren relativ kurzer Herrschaftsepoche die Geschichte der altperuanischen Kulturen so glanzvoll kulminiert, gleichsam nur der Höhepunkt vorausgegangener Kulturen war und ihr Reich nur als das letzte der indianischen zu sehen ist, wenn auch sicher als das großartigste und denkwürdigste.

Aber schon lange bevor dieses größte der Imperien des ganzen indianischen Amerika entstand, hat auf dem Gebiet Perus eine ganze Reihe von Reichen existiert, sind indianische Staaten und indianische Kulturen hervorgegangen, deren Glanz und selbst deren bloße Namen durch den Ruhm der Inka und ihre unermeßlich reichen Goldschätze prächtiger steinerner Städte überschattet oder oft ganz in Vergessenheit getaucht wurden.

In dem vorliegenden Buch unternimmt der Autor daher den Versuch, die Konturen und die Entwicklung jener altperuanischen Kulturen nachzuzeichnen, die vor den Inka in diesem südamerikanischen Land geblüht haben, sucht die rätselhafte Geschichte der versunkenen altindianischen Reiche Perus zu deuten, aus deren Wurzeln schließlich das mächtige Imperium der Inka erwachsen ist.

Die Erforschung der Geschichte Perus vor den Inka steht im Grunde noch immer am Anfang. Denn der »Inkacharakter«, den dieses ganze Gebiet trägt, hat das wahre Gesicht des vorkolumbischen Peru nicht nur vor den Augen der ersten spanischen Chronisten oder der breiten Öffentlichkeit verhüllt, sondern auch vor den Blicken vieler Fachleute, die sich mit der Geschichte des indianischen Peru beschäftigt haben. Erst unser Jahrhundert, besonders während der letzten zwei, drei Jahrzehnte, hat jene archäologischen Entdeckungen gebracht, die es uns ermöglichen, jene bedeutenden Vorgänger der noch bedeutenderen Inka wenigstens in den Hauptumrissen zu erfassen.

10

Daß die ganze Geschichte Perus vor den Inka, alle vorinkaischen Reiche und Kulturen dieses Landes, hinter einem so dichten, undurchdringlich scheinenden Schleier des Vergessens verborgen waren, hat mehrere Gründe. Sie können möglicherweise schon sehr alten Datums sein. Entscheidend dürfte gewesen sein, daß zu der Zeit, als dieses Land von den Spaniern erobert und in Besitz genommen worden ist, in Peru die Inkakultur bereits die unumschränkt herrschende Kultur war. Ein weiterer Grund ist zweifellos die Tatsache, daß sich unter den ersten Weißen, die nach der Entdeckung Amerikas nach Peru gekommen waren, kein Mann gefunden hat, der — so wie in Mexiko der hochgebildete Mönch Bernardino de Sahagún — all das genau und erschöpfend aufgezeichnet hätte, was die dortigen Indianer von sich, von ihrem Land, von den Inka und ihrer Kultur und besonders auch von deren Vorgängern zu erzählen wußten.

Die spanischen Chronisten aus der Kolonialzeit schweigen fast völlig, was die Vorgänger der Inka angeht. Aber auch die Inka selbst haben uns — weder über sich noch über ihre Lehrer — schriftliche Nachrichten hinterlassen. Im Unterschied zu den Indianern, die das andere Hauptgebiet der Hochkulturen der Neuen Welt, jenes Mesoamerika, bewohnten, sind uns von den peruanischen Indianern, genauer gesagt, von den Inka und ihren unmittelbaren Vorgängern, keine — der Wissenschaft bisher bekannten — eigenhändig geschriebenen Schriftdenkmäler überliefert. In jenem Mesoamerika dagegen sind eine eigenständige indianische Schrift und originale Arten der Zeitangabe bereits vor rund 3 000 Jahren entstanden, und von den dortigen indianischen Kulturen, namentlich von den Maya, den Azteken und den Mixteken, ist uns eine Reihe von Büchern — Kodizes — erhalten geblieben, die, wie z. B. die mixtekischen Chroniken, äußerst wertvolle, von den Indianern selbst stammende Nachrichten über das Leben in den einstigen indianischen Staaten Mexikos enthalten. In Peru hat es leider keine solchen indianischen Bücher gegeben. Auch die Kultur der eigentlichen Inka kennen wir vor allem aus den Berichten der ersten europäischen Chronisten, und von den Kulturen der Vorgänger der Inka können wir uns nur aufgrund archäologischer Funde ein Bild machen. Doch auch die Archäologen haben erst in unserem Jahrhundert damit begonnen, die Spuren dieser »Ahnen der Inka« systematisch zu erforschen. Die von ihnen gewonnenen Erkenntnisse über die Vorgänger der eigentlichen Inka ermöglichen uns, auch die Inka selbst in einem neuen, nichttraditionellen Licht zu sehen. Diese Suche nach den »Ahnen der Inka« bleibt ein äußerst schwieriges Unterfangen und ein höchst dramatisches obendrein. Sie ähnelt beinahe der Arbeit eines Detektivs, der aus den geringfügigen Bruchstücken eines komplizierten Mosaiks versuchen muß, das Gesamtbild eines Tatbestands — in diesem Falle ganzer Kulturen und ihrer Schicksale — zu rekonstruieren.

In einem gleichen die Peruaner, genauer gesagt, die Inka, ihren indianischen Brüdern in Mesoamerika: So wie die Azteken in der Blütezeit ihres Staates mit allen Mitteln bestrebt waren, ganz Mexiko, alle Völker Mexikos und besonders die ganze mexikanische Geschichte, zu »aztekisieren«, alle Nachrichten über die Vergangenheit zu vernichten und dem Vergessen preiszugeben, was vorausgegangen war, wer in Mexiko vor ihnen geherrscht und gelebt hatte und was von diesen frühen Kulturen geschaffen worden war, bevor sie, die Azteken, an die mexikanischen Seen gekommen waren, so haben sich weit konsequenter die Inka mit noch größerem Erfolg bemüht, ganz Peru zu »inkaisieren«, dem Lande ihre Sprache (das Ketschua), ihre Kultur, ihre Lebensweise aufzuzwingen, vor allem aber in der Erinnerung der peruanischen Indianer alles auszulöschen, was entstanden war, bevor der erste Inka den goldenen Herrscherthron in Cuzco bestiegen hatte. Vor Cuzco hat es andere altperuanische Metropolen und vor dem Reich der Inka auch andere peruanische Reiche gegeben. Lange vor dem Thron der Inka haben sich viele andere Throne erhoben. Aber die Bemühungen der Herrscher von Cuzco sind von Erfolg gekrönt gewesen: Sie führten dazu, daß die Millionenmassen der Indianer glaubten, die Geschichte, die Kultur Perus beginne mit den Inka, und auch von den ersten Generationen der Erforscher der peruanischen Kulturgeschichte wurde diese Auffassung einhellig übernommen. Einer der bedeutendsten Gelehrten dieses Faches, der amerikanische Professor Philipp Ainsworth Means, sagte mit Recht, daß dieses ganze Gebiet (Peru) einen »unauslöschlichen Inka-Anstrich« trage. Dieser Schein, obwohl sich in älteren Zeiten auch viele Historiker, ja selbst Archäologen davon täuschen ließen, trügt. Wer die Wahrheit über die ganze Geschichte der indianischen Kulturen, der indianischen Reiche im alten Peru erfahren will, muß versuchen, den Schleier zu lüften, der die vorinkaische Vergangenheit dieses Landes verhüllt.

In den letzten Jahrzehnten haben die Archäologen begonnen, systematisch immer weiter in der Geschichte vorzudringen, Neues über jene von Geheimnissen umwitterten Zeiten in Erfahrung zu bringen, in denen in Peru Reiche existierten, aus deren Überlieferungen und Kulturen dann das berühmte der Inka erwachsen ist. Denn eben dort, in der frühen peruanischen Geschichte und der peruanischen Erde verborgen, warten noch nicht gelüftete Geheimnisse auf ihre Entdecker, liegen die Meilensteine jenes langen Weges, den der peruanische Indianer auf seiner Wanderung zu den Höhen des Inkareiches zurückgelegt hat, vergraben. Ein Meilenstein ist ein steinerner Zeuge. Und mit einem Stein beginnt auch die ganze Geschichte der peruanischen Inka und ihrer Ahnen. Bevor wir uns aber diesem ältesten von Menschenhand berührten Stein Perus zuwenden, wollen wir einen Blick auf Peru selbst werfen, auf diesen großen Schauplatz, auf dem sich dann das historische Drama der »Ahnen der Inka«, der einander ablösenden Kulturen und Reiche auf dem langen Wege zu den Sonnensöhnen, abzuspielen begann.

Schnee, Sand und Wasser

Noch ehe wir den Spuren der Geschichte weiter folgen, wollen wir uns in der Geographie des Landes näher umsehen: Wir werden uns überzeugen, wie dieses Land, dieses Peru, aussieht. Zunächst möchten wir aber das Gebiet, von dem in diesem Buch die Rede sein wird, genauer abgrenzen. Die politischen Grenzen des heutigen Peru decken sich nicht völlig mit den Grenzen des Gebiets, das in frühen historischen Tagen von den amerikanischen Indianern als peruanisches Reich bewohnt worden ist. Zu diesem indianischen, vorkolumbischen »Peru« gehören der größte Teil des Territoriums (aber nicht das gesamte) der heutigen lateinamerikanischen Republik dieses Namens und die ausgedehnten Hochebenen der Anden, die die westliche Hälfte der heutigen Republik Bolivien ausmachen. Zu diesem vorkolumbischen Peru rechnet man nicht jene Osthänge der Kordilleren, die von dichtem tropischem Urwald bedeckt sind. Das vom Marañon und anderen Flüssen durchzogene Gebiet gehört bereits zum Netz des großen Amazonas. Montaña, wie man diese feuchte Urwaldregion des heutigen Peru nennt, war schon vor Kolumbus und auch danach stets eine andere Welt. Das, was »übrigbleibt« – eine Fläche von mehreren hunderttausend Quadratkilometern –, ist also der Schauplatz jenes wohl dramatischsten Geschehens in der Geschichte des vorkolumbischen Amerika gewesen. In der Amerikanistik – der Wissenschaft auch von der Geschichte und Kultur amerikanischer Indianer – wird dieses Gebiet oft als »Andengebiet« bezeichnet. Doch die Anden sind eigentlich nur der eine der beiden durch ihre Naturbedingungen so sehr voneinander unterschiedenen geographischen Räume Perus. Der andere – und für jene, die vom Meer her kommen, wie z. B. der spätere Eroberer Perus, Pizarro, ist er die erste »Hälfte« Perus – tritt als die »Costa« entgegen, die schmale Küstenzone (spanisch, »Küste«). Aber obwohl die Costa am größten Ozean unseres Planeten liegt, herrscht dennoch in nächster Nähe dieser riesigen Wassermassen meist empfindlicher Wassermangel! Manche Gebiete der Costa erinnern eher an die Sahara, das Innere Afrikas, als an eine Meeresküste. Weithin erstrecken sich dort unabsehbare Wüsten, riesige Sanddünen. Und nur da (in der Regel aller 20 bis 30 km), wo Flüsse, von den Andenhängen zum Ozean fließend, die tote Wüste durchziehen, gibt es Leben. In ganz Amerika haben eigentlich diese an der peruanischen Costa herrschenden Naturbedingungen keine Entsprechung. Sie erinnern eher an Ägypten, an das Niltal, in dem ebenfalls lange Zeit mächtige Reiche blühten, die auch zu beiden Seiten stets von der todbringenden Wüste beherrscht waren. Der Fluß — an der peruanischen Costa sind es die Flüsse — wurde zur Grundlage des Lebens. Und wie der Nil zur »Mutter« der altägyptischen Kultur geworden war, bildeten diese oft äußerlich unscheinbaren Flüßchen der Costa die Wiege der Kulturen an der peruanischen Küste. Die einzelnen Täler der peruanischen Küstenflüsse — kleine Oasen in der peruanischen Wüste — waren häufig der ganze, recht schmale »Lebensraum« der dortigen Kulturen. In der Geschichte Perus begegnen wir des öfteren an der Küste des Landes bedeutenden indianischen Reichen. Diese indianischen Küstenreiche waren zwar groß an Macht, besaßen aber nur geringe Ausdehnung. Denn diese Kulturen, diese Ministaaten und -reiche erfaßten oft nicht einmal das ganze Tal, sondern nur den »bewohnbaren« Teil. Wir kennen Kulturen, die nur auf 1 000 oder 2 000 ha Land erblüht waren. Solche altperuanischen Ortschaften, Zwergstaaten und -reiche der Küste, waren oft kleiner als jede beliebige europäische Großstadt von heute. Und die Namen der Flüsse, die diesen Oasen an der Meeresküste Wasser und damit in der Dürre des Sandes auch das Leben gegeben haben, die Namen dieser Flüsse — Lambayeque, Viru, Chancay, Ica, Nazca — sind dann in der Regel auch in die Literatur als die Namen der Kulturen eingegangen, die in den einzelnen Oasen des peruanischen Küstengebiets in den vergangenen Jahrtausenden existiert haben.

Diese Küstenzone Perus beginnt bei der Stadt Tumbez an der Grenze von Ekuador und endet etwa an der heutigen peruanisch-chilenischen Grenze. Zwischen dem nördlichen und dem südlichen Teil der Costa besteht ein klimatischer Unterschied. Im Süden regnet es eigentlich überhaupt niemals. Die großen Sanddünen sind dort ewig in Bewegung. Sie bilden hohe Sandberge (medado) von lunarer Form, die oft schneller wandern als ein Fußgänger und Unvorsichtige unter sich begraben können. Diese schreckliche Dürre der südperuanischen Wüsten, dieser furchtbare Fluch Südperus, hat sich für die Forscher als ein wahrer Segen erwiesen. Die absolut trockene Luft hat über Tausende von Jahren hinweg vieles von dem konserviert, was anderenorts längst der Vernichtung anheimgefallen wäre.

Im Norden Perus finden sich in der Regel größere Täler als im Süden der Costa. Sie sind relativ feucht. Dennoch wäre — zumindest in der Zeit, der wir die größte Aufmerksamkeit widmen wollen, also in der Epoche jener altperuanischen Indianerreiche — auch in diesen nördlicher gelegenen Tälern kein Leben ohne künstliche Bewässerung denkbar gewesen. Und es entstanden oft sehr scharfsinnig erdachte Bewässerungsanlagen.

So sieht also diese seltsame Welt aus, die von Wüsten und dem Ozean, den küstennahen Meeresströmungen (u. a. dem Humboldtstrom) und den eigenartigen Küstennebeln — den »garruas« — geprägt ist. Sie bedecken das eigentliche Küstengebiet zu Beginn des peruanischen Winters (im Mai). Die perua-

14

nische Costa ist maximal 150 km breit, aber mehrere tausend km lang. An ihrer Ostseite erhebt sich das imposante Massiv der Anden, das dort zwei Ketten bildet, die die heutigen Peruaner die »Schwarze« und die »Weiße« Kordillere und die Bolivianer (um sich wenigstens etwas zu unterscheiden) die »West-« und die »Ostkordillere« nennen. In Bolivien wird der Raum zwischen den beiden Andenketten von dem berühmten Altiplano ausgefüllt – einer Hochebene in durchschnittlicher Höhe von fast 4 000 m über dem Meeresspiegel. Im Herzen des bolivianischen Altiplano liegt der größte schiffbare See der Welt, der Titicacasee. In Nähe der Ufer das rätselhafte Tiahuanaco.

Auch das bolivianische »Hochland« gliedert sich in eine Reihe kleinerer Bergzüge, Plateaus und Hochflächen sowie eine ganze Anzahl von Flüssen und Flußtälern. In der Republik Peru liegen zwischen der Schwarzen und der Weißen Kordillere fünf derartige kleinere Gebiete. Man bezeichnet sie als »Becken«. In einem dieser Hochtäler, Cuzco genannt, sollte später die gleichnamige Hauptstadt des Inkareichs emporwachsen. Ein anderes Becken – das von Cajamerca – ist dagegen zum Zeugen der Gefangennahme des letzten Inka geworden. Dort endete dieses größte indianische Reich. Wieder ein anderes Becken – Callejón de Huaylas – ist eigentlich nicht nur das größte von allen in Peru, sondern auch das archäologisch am besten erforschte. Über diesen Becken, über den Städten und Reichen, die dort emporgewachsen sind, hielten und halten die majestätischen Gipfel der südamerikanischen Anden Wacht. Sie erreichen Höhen von über 6 000 m. Sie ragen unvergleichlich höher empor als die höchsten Gipfel der europäischen Hochgebirge. Sie sind von ewigem Schnee und teilweise von Gletschern bedeckt. Von den Andengletschern steigt der lange und harte Winter in die Dörfer und Städte der hiesigen Indianer herab. Kalt ist es dort fast das ganze Jahr. Warm, wirklich warm, ist es fast nie.

Während wir die Costa, ihre Naturbedingungen mit dem alten Ägypten, den Verhältnissen im Niltal vergleichen können, finden wir für das peruanische Hochland in der Alten Welt kein vergleichbares Gebiet, in dem ähnlich glanzvolle Hochkulturen erblüht wären.

Das Gebirgsgebiet von Peru – spanisch Sierra genannt – hat freilich auch, verglichen mit dem anderen Hauptgebiet der Hochkulturen im vorkolumbischen Amerika, jenem Mesoamerika (also Mexiko, Yucatán, Guatemala und Honduras), weit ungünstigere Naturbedingungen. Den Mais, die Königin der indianischen Pflanzen, konnte man z. B. hier erst dann anbauen, als sein Reifen durch künstliche Bewässerung beschleunigt und er somit rechtzeitig geerntet werden konnte, ehe die ersten Fröste hereinbrachen. Dagegen eignet sich die Sierra ausgezeichnet zum Anbau der Kartoffel, die übrigens von hier aus ihren Siegeszug in die ganze Welt angetreten hat. Doch nicht nur die schmalen Hochgebirgsfelder, sondern auch die Hochweiden der Sierra haben dem alten Amerika eine kostbare Gabe gebracht. Sie boten beste Bedingungen für die Lamahaltung. Und auch wenn dieses typische Tier der Anden keinen Reiter tragen und keinen Pflug ziehen konnte, schleppte es doch über 50 kg schwere Lasten und spendete seinem peruanischen Hirten Wolle und Fleisch.

Die Welt des Lamas und der Kartoffel, die Welt der ewigen Kälte und der Gebirgswinde, die Welt der schneebedeckten und vergletscherten Bergriesen – das war schließlich auch die Welt der Inka, jener letzten Herrscher, die auf der höchsten Stufe der indianischen Epoche in der Geschichte Perus gestanden haben. Wie in Mexiko die Azteken, so haben in Peru die Inka – die Menschen von den Bergen und ihr Reich – über die Bewohner in den Küstenniederungen und deren letztes Reich, das Reich der Chimú, den Sieg davongetragen. Bevor es aber dazu kam, waren aus dieser Welt von Sand und Schnee am Rande des Ozeans, am Fuße der Bergriesen viele andere, z. T. für uns völlig namenlose, unbekannte Reiche und Kulturen emporgestiegen. Die Ironie des Schicksals hat es gewollt, daß keines dieser Reiche den Namen Peru trug, obwohl dieses südamerikanische Land schon ein halbes Jahrtausend so genannt wird. Ursprünglich war der Name Peru diesem Land nicht zu eigen. Im Unterschied beispielsweise zu Mexiko oder Guatemala, die auch heute noch ihre vorkolumbischen indianischen Namen tragen, ist die Bezeichnung Peru eine »Erfindung« der ersten Spanier, die in Amerika eingedrungen waren. Prüft man genauer, stellt man fest: keine Erfindung, sondern offenbar eher ein Irrtum, die sehr ungenaue Umschrift eines Namens, den vermutlich ein anderes Land oder Volk Altamerikas oder möglicherweise gar nur ein einzelner trug – ein Indianer, der jedoch keineswegs in »Peru« lebte, sondern irgendwo weiter im Norden, in der Nähe des Ausgangspunktes von Pizarros Expedition, die dann dieses Land unterwarf. Jener Ausgangspunkt des spanischen Vordringens nach Süden war der Golf von Panama. Und eben dort, im Gebiet von Darien, hat vermutlich ein Häuptling »Piru« gelebt, der unfreiwillig und ohne eigenes Zutun jenem fernen südamerikanischen Land seinen Namen geliehen hat.

Der französische Gelehrte Paul Rivet vertritt dagegen die Ansicht, daß der Name Peru eigentlich eine verballhornte Schreibung des Wortes Pelu sei, das in der Sprache der Chibcha in Wirklichkeit »Wasser« bedeutet. Die Chibcha hatten jedoch ihr indianisches Reich nicht in Peru, sondern im vorkolumbischen Kolumbien geschaffen, über 1 000 km weiter nördlich von dem Land, dem die Eroberer möglicherweise diesen Chibchanamen gaben. Doch wie dem auch sei, Peru heißt eigentlich zu Unrecht Peru. Weil es nun aber schon fünf Jahrhunderte so heißt und weil wir keinen besseren, richtigeren Eigennamen für dieses Land zwischen den Anden und dem Ozean kennen, werden also auch wir diese Bezeichnung für dieses ungewöhnliche Land im Zeichen von Sand und Schnee übernehmen! Fremdartig wie sein Name bietet es sich uns. Werfen wir den ersten Blick in die ältesten Zeiten seiner geheimnisvollen Geschichte.

Am Anfang war das Wort

»In principio erat verbum – Am Anfang war das Wort.« So heißt es in der Bibel.
Die Bibel spricht freilich von der Alten Welt, von Israel und seinen Nachbarn.
Peru, seine Kulturen und seine Reiche sind nicht aus dem Wort geboren worden.
An ihrem Anfang war der Stein. Das älteste Zeugnis von seiner Existenz in Peru
hat uns der älteste altperuanische Indianer mit den Überbleibseln seiner Stein-
werkzeuge im Schotter seiner Steinbrüche hinterlassen. Diese ältesten Spuren
des Menschen in Peru haben die Archäologen im Flußtal des Chillon, also im
Gebiet der »mittleren Costa«, gefunden, knapp 100 km von der heutigen
Hauptstadt der Republik Peru, von Lima, entfernt. An den schroffen Hängen
der Berge, die sich über dem Chillontal erheben, hat dieser älteste Peruaner seine
Werkzeuge angefertigt. Er hat das natürlich auf eine sehr primitive Weise getan.
Dieser erste Bewohner des Chillontals (man nennt diese Etappe nach dem Ort,
an dem diese ältesten Zeugnisse des Menschen in Peru gefunden wurden, die
»Rojazone«) hat einfach die Steine, die er benötigte, mit derben Schlägen aus
den hervortretenden Schichten des feinkörnigen Quarzits herausgebrochen. In
diesen äußerst einfachen »Werkstätten«, in den Steinbrüchen, hat der Mensch
aus der »Rojazone« vor wenigstens 13 000–14 000 Jahren gearbeitet. (Der
älteste der Wissenschaft bisher bekannte Bewohner Südamerikas ist – um es
der Vollständigkeit halber anzuführen – der »Mensch von El Jobo«, der bereits
vor 15 000 Jahren in Venezuela gelebt hat.) In der »Rojazone«, im Tal des
Chillon, begegnen wir nun indirekt anhand der Bruchstücke seiner steinernen
Gegenstände dem ältesten Bewohner Perus und einem der ältesten Bewohner
Südamerikas überhaupt. Wo aber ist dieser Mensch hergekommen? Von wo
aus ist er dorthin gelangt? Oder hat er vielleicht von Anbeginn an, seit der
»Geburt der Menschheit«, in Peru, in Amerika gelebt? Auf diesen ganzen
Problemkomplex der Herkunft der peruanischen (und natürlich nicht nur der
peruanischen) Indianer werden wir später zu sprechen kommen. Dann, wenn
wir versucht haben, die Rätsel der Wege und Verbindungen zu entschleiern,
die nach verschiedenen bestehenden Auffassungen die ersten altperuanischen
Kulturen mit Polynesien, den Wikingern, Atlantis, Phönikien, dem alten
Ägypten und dem alten Israel verknüpft haben sollen. An dieser Stelle sei nur

erwähnt, daß es der Wissenschaft (der Vorgeschichte, der Paläoanthropologie und anderen Wissenschaftsdisziplinen) im wesentlichen gelungen ist, glaubwürdig zu beweisen, daß der Mensch, der Indianer, jener Erbauer der späteren indianischen Reiche, nicht von jeher in Amerika gelebt hat, sondern aus anderen Teilen der Erde auf diesen Kontinent gekommen ist. Die Forschungen des tschechisch-amerikanischen Anthropologen Prof. Aleš Hrdlička haben dann ergeben, daß Asien als die Urheimat der eigentlichen Vorfahren südamerikanischer Indianer angesehen werden kann.

Von der Ankunft der ersten Menschen — jener rätselhaften Einwanderer aus Asien — in der »Neuen Welt« bis zum Auftauchen der ersten »Indianer« in Peru ist eine sehr lange Zeit vergangen. Sicher währte dieser Zeitraum mindestens 15 000 bis 20 000 Jahre. Lange Zeit haben die Indianer nur in Nordamerika gelebt und sind erst danach nach Mexiko und Mittelamerika gekommen. Vor rund 15 000 Jahren sind schließlich die ersten Indianer auch nach Peru gelangt. Im Tal des Flusses Chillon sind von ihnen jedoch nur die Steine als einzige Spur übriggeblieben, also Indizien, die nur indirekt von ihrer einstigen Anwesenheit zeugen. Die Richter lehnen bei Gerichtsverhandlungen Indizien mitunter als Beweismittel ab. Die Erforscher der ältesten Geschichte Perus müssen sich zumindest für den Anfang mit diesen indirekten steinernen Zeugnissen von den ersten Indianern Perus zufriedengeben. Die »Untersuchung« der ältesten Vergangenheit dieses Landes ist längst nicht abgeschlossen. Vorläufig haben wir nur jene Steine aus der Rojazone in der Hand. Skelettüberreste der ältesten Peruaner sind leider nicht erhalten geblieben, oder — und das ist wahrscheinlicher — es ist trotz aller Bemühungen bisher nicht gelungen, sie zu finden.

An jene älteste Periode der Rojazone schließt sich dann im Chillontal eine weitere Schicht an, die man — wieder nach dem Fundort — Oquendo nennt. Die Träger der Oquendo-Kultur beginnen bereits, lange, dünne Messer anzufertigen, die ihrer Form wegen von den Forschern als »Rasiermesser« bezeichnet werden. Diese Hersteller von Messern haben vor etwa 12 000 Jahren am Chillonfluß gelebt. Die jüngere und jüngste Schicht aus dem Chillontal repräsentieren dann die Chivateros I und die Chivateros II. Die Aufmerksamkeit dieser Indianer konzentrierte sich nicht mehr auf die Anfertigung von »Rasiermessern«, sondern auf die Fertigung schwerer, starker Steinklingen, vermutlich mächtiger Axtblätter. In der Periode der Chivateros II wandelte sich die Fertigung wiederum. Haupterzeugnis wurden schmale Speerspitzen.

Speere deuten auf Jagd hin. Die Chivateros waren also Jäger, die diese Speere mit Steinspitzen zur Jagd auf Hochwild benutzten. Und erst von diesen alten peruanischen Jägern (die zweifellos viel weiter fortgeschritten waren als ihre Vorgänger, die wohl ausschließlich vom Sammeln der Früchte wildwachsender Sträucher und vermutlich auch davon, was das Meer ihnen gab, gelebt haben) wissen wir etwas mehr. Denn die in diesem Fall den Forschern wohlwollende peruanische Natur mit ihrem außerordentlich trockenen Klima hat uns nicht nur ihre irdischen Überreste, sondern sogar ihre »Kleidung« nebst einer Reihe von Gegenständen des täglichen Bedarfs bewahrt. Die wertvollsten Funde, die

Licht auf die Lebensweise warfen, sind in mehreren peruanischen Höhlen entdeckt worden, die wohl als die häufigste Behausung der alten südamerikanischen Indianer anzusehen sind. Eine dieser Höhlen — Lauricocha — hat dann dieser ganzen Periode in der Geschichte Perus den Namen gegeben. Die wertvollsten Funde stammen jedoch nicht aus der Lauricocha-Höhle selbst, sondern aus dem Innern der peruanischen Höhle Chilca, die mehr als 3 500 m hoch in einem sehr trockenen Gebiet der Anden liegt. In einer der Chilca-Höhlen haben die Archäologen sogar die durch die Trockenzeit vollkommen konservierten Leichname zweier Männer, einer Frau und eines Kindes gefunden. Diese ältesten Peruaner, deren äußere Gestalt wir kennen, waren von stattlichem Wuchs (der eine Mann war 1,75 m groß).

Die Höhlen von Chilca haben aber den Archäologen nicht nur gezeigt, wie diese Menschen aussahen, sondern auch, was sie konnten und was sie herzustellen vermochten. In erster Linie waren es Kleidungsstücke. Die außerordentlich trockene Atmosphäre der Höhlen hat nicht nur die Körper von 10 000 Jahre toten Indianern konserviert, sondern auch das, was sie an Kleidung trugen. Die Toten waren mit wirklichen, wenn auch äußerst primitiven Stoffen bekleidet, die aus pflanzlichen Materialien (aus Kaktusfasern) gefertigt waren. Außerdem hatte man sie mit Mänteln aus Vikunjahäuten bedeckt. Neben dem Leichnam des Kindes lag ein durch die Trockenheit ebenso vollkommen konservierter buntgefiederter Vogel, der in ein Strohbündel eingewickelt war. Außer der Kleidung der alten Peruaner sind in den Chilca-Höhlen Reste ihrer Waffen gefunden worden. Sie haben offenbar sogenannte Speerschleudern benutzt. Die mit dieser originellen Waffe »abgeschossenen« Speere waren mit einer Basalt- oder Obsidianspitze versehen. Die Funde von Chilca lassen ferner vermuten, daß die Altperuaner mit diesen Waffen besonders Hirsche gejagt haben müssen. Da sie in der Nähe des Meeres wohnten, ergänzten sie ihre Nahrung durch Meeresweichtiere und in geringerem Ausmaß auch durch Fische. Auf der Speisekarte der Menschen von Chilca überwog jedoch die pflanzliche Nahrung. Woraus schließen wir das? Mit Verlaub — aus ihren Exkrementen, die uns die Bewohner der dortigen Höhlen ebenfalls sehr freigebig hinterlassen haben. Als die Archäologen auch dieses für sie so wertvolle Material untersuchten, stellten sie fest, daß zu den von diesen Menschen gesammelten Früchten peruanischer Pflanzen u. a. die Frucht eines der einheimischen Kakteen, die Früchte einheimischer wildwachsender Tomaten wie auch bereits Kartoffeln und das kartoffelähnliche Knollengewächs Jiquima gehört haben.

Unser Wissen von der Lebensweise dieser alten Peruaner, die von den Forschern von Kopf bis Fuß, deren Spuren von den Waffen bis zu ihren Exkrementen untersucht worden sind, haben diese selbst durch eigene originelle bildliche Aussagen über ihr Leben ergänzt. Im Departemento Moquegua im Süden Perus hat man in der Höhle Toquepala Zeichnungen der Lauricocha-Menschen gefunden. Es sind Darstellungen, deren Entstehung offenbar 10 000 Jahre weit zurückdatiert werden muß. Diese älteste Bildergalerie Perus zeigt

uns ebenso wie die berühmten europäischen Felsenzeichnungen (z. B. jene aus
dem spanischen Altamira) die ungeordnete, jeglicher Perspektive ermangelnde
Darstellung einer Tierjagd, besonders auf Guanakos, aber beispielsweise auch
auf Gürteltiere.

Die Jäger aus der Toquepala-Höhle haben sich dort zumeist mit einer Keule
oder einem Knüppel in der Faust selbst dargestellt. Einige halten sogar zwei
mächtige Keulen in den Händen. Die Jäger sind offenbar nackt (obwohl die
Funde aus der Höhle von Chilca davon zeugen, daß die Menschen dieser
Periode bereits Kleidung trugen). Die Höhlengalerie in Toquepala ist aber nicht
nur das älteste Beispiel der peruanischen bildenden Kunst, sondern zugleich
auch das älteste Zeugnis von den herrschenden religiösen Vorstellungen und
damit den magischen Riten, die die altperuanischen Jäger vollzogen haben.
Woran mögen sie wohl geglaubt haben? Genau wissen wir es nicht; denn die
Zeichnungen sind von ihren eigenen Schöpfern durch die Ausübung des Jagd-
zaubers schwer beschädigt worden. Bevor die Männer zur Jagd gingen, »tö-
teten« sie die ausersehenen Opfer an den Höhlenwänden, indem sie mit Keulen
und Speeren auf die Bilder einhieben. Dieser Brauch sollte den Erfolg der

20

bevorstehenden Jagd sichern. Auf gleiche Weise suchten diese einfachen Peruaner auch das Gelingen des Fanges im Meer im voraus günstig zu beeinflussen. Daher ist an den Wänden von Toquepala z. B. auch eine Languste abgebildet.

Die Höhlengalerie in Toquepala hat — durch einen Zufall — der Peruaner Miomir Bojovich im Jahre 1960 entdeckt. Die spätere Untersuchung der Funde von Toquepala mittels Radiokarbontests hat ergeben, daß die aus dieser Höhle stammenden organischen Substanzen älter als 9 580 (± 160) Jahre sind. Die Höhle in Lauricocha, die dritte der uns bekannten ältesten Wohnstätten der Peruaner, der wir zu Recht diesen Namen geben können, war nach der gleichen Messung anhand des radioaktiven Kohlenstoffisotops C 14 vor etwa 9 524 (± 250) Jahren bewohnt gewesen. In dieser Höhle, in der schon früher die Knochenreste dreier Indianer gefunden worden waren, hat später der bedeutende peruanische Archäologe Augusto Cardich drei vollkommen erhaltene Kinderskelette entdeckt. Der Schädel des einen von ihnen war künstlich deformiert! So begegnen wir bereits vor 10 000 Jahren in Lauricocha zum erstenmal der später in einer Reihe von Gebieten des vorkolumbischen Amerika so weitverbreiteten Sitte der Schädeldeformierung. Die Art, wie diese Kinder bestattet worden waren, ist übrigens ebenfalls sehr interessant. Sie zeugt davon, daß diese Indianer schon ein eigenes, offenbar verhältnismäßig entwickeltes, eigentümliches Begräbnisritual hatten. Jedem der dort beerdigten Kinder hatten sie ein wenig Nahrung sowie zwei Steine auf die »Reise ins Jenseits« mitgegeben. Am Halse des einen Kindes hing ein mit einem Türkiswürfel verziertes Halsband. Am interessantesten aber ist Cardichs Feststellung, daß die eine der Kinderleichen nach dem Tod nicht gleich zur ewigen Ruhe gebettet, sondern der Sonne ausgesetzt worden war, und erst nachdem von dem toten Kind nur seine vollkommen ausgedörrten Knochen übriggeblieben waren, ist es endgültig bestattet worden. Daß von diesem dritten Kind nachweisbar nur seine Knochen beerdigt worden sind, hat, nebenbei bemerkt, zu einer Menge von Vermutungen Anlaß gegeben. Manche Forscher stellten sich die Frage, ob das Fleisch des Kinderkörpers nicht bei einem kannibalischen Ritus verspeist worden sei. Andere wieder erwogen, ob vielleicht damals der Hunger die Bewohner von Lauricocha dazu getrieben habe, ihre eigenen Kinder zu essen. Aber es scheint, daß diese Mutmaßungen nicht zutreffen und wir es hier nur — wiederum zum erstenmal — mit einer eigentümlichen Art der Bestattung zu tun haben, bei der zwischen dem Tod des Menschen und seiner Beerdigung mehrere Wochen vergingen.

Neben den Höhlen, die nachweisbar von den Trägern dieser primitiven altperuanischen »Lauricocha-Kultur« bewohnt waren, kennen die Fachleute andere Höhlen, die erst noch auf eine gründlichere archäologische Erforschung warten. So hat z. B. der peruanische Ingenieur Fausto Valdevelano in Pariacaca und Huarochiri weitere entdeckt, die ebenfalls mit Zeichnungen geschmückt sind und deren Schöpfer auch diese »Lauricocha-Menschen« waren. Eine weitere Höhle hat Prof. Engel gefunden, von dem an anderer Stelle noch die

Rede sein wird, und zwar wiederum in jenem Chilca, das schon vorher so viel wertvolles Material für die Erkenntnis der ältesten Geschichte Perus geliefert hat. Leider wurde die wertvollste dieser bisher nicht systematisch erforschten, aber bereits bekannten Höhlen der Lauricocha-Kultur, die ihr Entdecker, Prof. Engel — da sie künftigen Forschern so reiche Informationen zu bieten versprach —, wieder zumauern ließ, damit ihre 10 000 Jahre alten indianischen Schätze nicht etwa durch unerwartete Naturkatastrophen beschädigt würden, von indianischen Hirten zerstört. Sie waren in den Bergen von einem Sturm überrascht worden, fanden durch einen Zufall die Höhle, trugen die Mauer ab und trieben ihre Kühe hinein — direkt auf die ersten bereits untersuchten, aber vorläufig in der Höhle belassenen Funde.

Was die Forscher in den letzten Jahren in anderen Höhlen bereits entdeckt haben, was sie in dem mit einfachen Bildern geschmückten Toquepala von Lauricocha gefunden haben, bedeutet bereits einen wesentlichen Fortschritt unserer Erkenntnis über die Bewohner Perus in jener frühesten Periode ihrer Geschichte, einer Periode, die sehr lange Zeit unter dem Zeichen stand, unter dem sie geboren wurde, unter dem Zeichen des Steines.

Vom Kürbis zur Pyramide

Diese bruchstückhaften Nachrichten über die ältesten Vorgänger der späteren Erbauer großer peruanischer Indianerreiche, von diesen ältesten Bewohnern Perus, stammen fast alle aus der zweiten Hälfte des 20. Jahrhunderts. Erst da erhielt die Erforschung der ältesten Vergangenheit Perus einen neuen Impuls. Es beginnt sich nun die Erkenntnis allgemein durchzusetzen, daß die Geschichte der peruanischen Indianerreiche nicht mit der Ankunft des ersten Inka anfängt, sondern daß schon vor der Entstehung des Inkareiches andere großartige Indianerreiche in Peru existiert haben. Und diese wiederum entstanden in der Nachfolge alter und noch älterer Vorgänger. Wenn wir bis ans Ende dieser komplizierten Kette der indianischen Kulturen Perus gelangen wollen, müssen wir selbstverständlich nach ihrem ersten, ältesten Glied suchen. Das erste Glied bildet für uns vorläufig »der Mensch aus dem Chillontal«. Dem zweiten könnten wir den Namen »Lauricocha-Mensch«, jenes Indianers aus den peruanischen Höhlen, geben. Und das dritte Glied?

Bevor wir das Geheimnis dieses dritten Gliedes der langen Kette lüften, wollen wir uns kurz denen zuwenden, die den alten Rätseln auf der Spur sind. Die Erschließung dieser folgenden Periode indianischer Geschichte Perus ist eng mit dem Namen eines dieser Forscher, mit dem Namen Prof. Engels, verbunden.

Die Gelehrten, die sich auch mit Geschichte und Kultur amerikanischer Indianer beschäftigen, nennt man Amerikanisten. Da sich aber die Amerikanistik so wie andere ähnlich geartete Wissenschaftsdisziplinen – z. B. die Orientalistik – fortschreitend nach den Gebieten untergliedert, mit denen sich einzelne Wissenschaftler und Forschungsgruppen beschäftigen, kristallisiert sich auch in ihrem Rahmen eine eigenständige Spezialisierung heraus. In den Vordergrund treten Forscher, die sich einem solchen Spezialgebiet widmen. Zu ihnen gehören namentlich jene, die sich mit den alten Maya befassen. Sie heißen Mayologen, und ihr Fachgebiet bildet die Mayologie oder die Mayistik. Ferner zählen zu ihnen diejenigen, deren Interesse dem indianischen Mexiko gilt und die man als Mexikanisten und ihre Disziplin als Mexikanistik bezeichnet. Schließlich gehören jene Gelehrten dazu, die sich der Geschichte und Kultur der Indianer Perus verschrieben haben. Sie nennen sich Peruanisten, ihr Fachgebiet heißt Peruanistik. Die Peruanistik hat freilich schon ihre Klassiker, den Deutschen Max Uhle, den Engländer Ephraim George Squier, den Amerikaner Wendell Clark Bennett. Sie hat auch bereits ihre einheimischen, in Peru geborenen Meister, in erster Linie Prof. Julio G. Tello. Der Peruanist, der mit Erfolg und mit dem entsprechenden Glück, das bei derartigen Forschungen oft vonnöten ist, in der Gegenwart die Antworten auf die Fragen nach Gesellschaft und Kultur in jener Periode der Geschichte Perus sucht, die auf die Lauricocha-Menschen folgte, der forscht, wie diese sich weiterentwickelt haben und wann und wie – und das ist ein sehr wichtiges Problem – die Landwirtschaft im indianischen Peru entstanden ist, stammt aus dem Elsaß. Er studierte in Wien und in der Schweiz, erwarb den Doktortitel in Paris, doch den Lehrstuhl einer Universität bot man ihm in der Hauptstadt der Republik Peru, in Lima, an.

In Lima gründete man für diesen Peruanisten ein Institut für vorkolumbische Landwirtschaft. Aufgrund seiner Verdienste um Peru wurde er zum Bürgermeister eines der Bezirke der Landeshauptstadt gewählt, obwohl er seiner Staatsbürgerschaft und seiner Herkunft nach strenggenommen überhaupt kein Peruaner ist. Dieser Bürgermeister, Universitätsprofessor, Institutsdirektor, Doktor der Ethnologie und der Rechte heißt Fréderic André Engel. Die zahlreichen Entdeckungen dieses Archäologen, Juristen und Verwaltungsbeamten haben wenigstens etwas Licht auf die sehr komplizierte und lange Etappe geworfen, in deren Verlauf sich die primitiven peruanischen Sammler und Jäger allmählich in Ackerbauern verwandelt haben, auf jene Etappe, in der in Peru die Landwirtschaft entstanden ist.

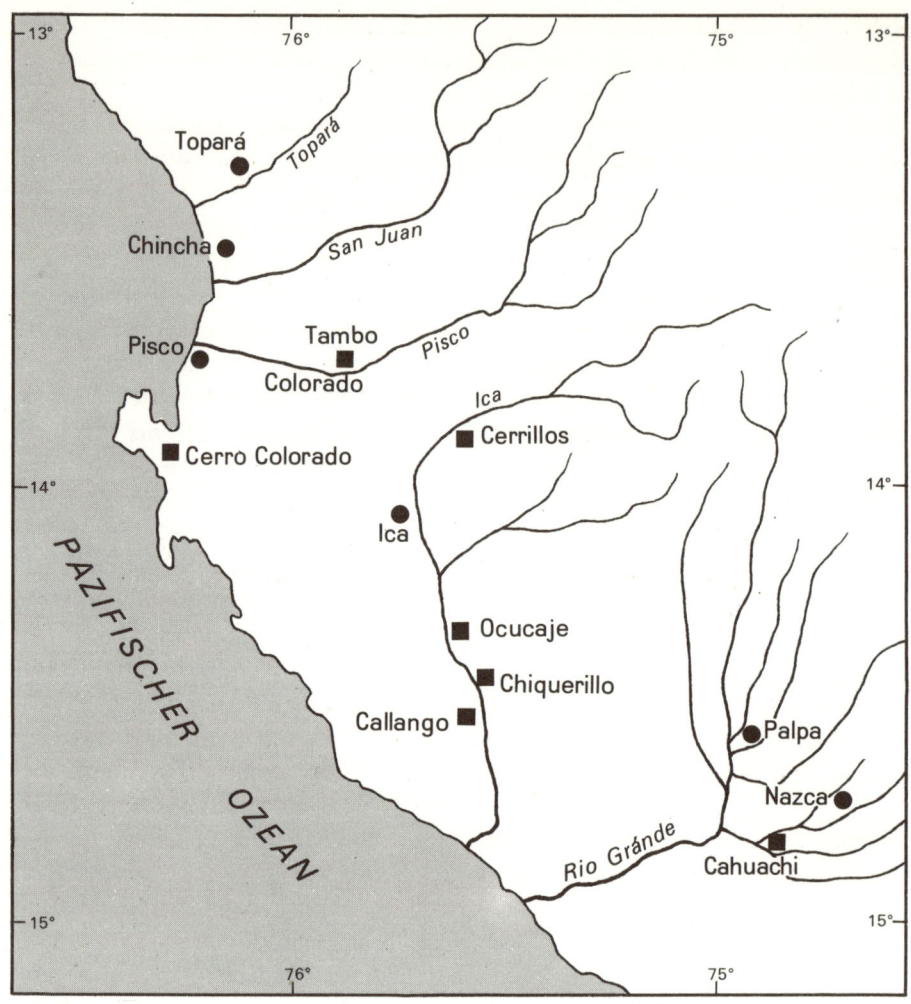

Archäologische Karte der nordperuanischen Küste
Die quadratischen Punkte sind vorinkaische Städte; die kreisförmigen Punkte weisen heutige
Städte aus

Der vorkolumbische Feldbau Perus kennt an die 40 Kulturpflanzen. An
Getreidearten sind außer Mais in erster Linie Quinoa oder Reismelde (*Che-
nopodium quinoa*) zu nennen. Und neben Quinoa baute man auch die wichtige
Baumwolle an. Ferner kannte man Kartoffeln und Süßkartoffeln (*Ponomea
batata*), Bohnen, zwei Tabaksorten (*Nicotiana tabacum* und *Nicotiana ru-
stica*), Ananas, Avocados, Chirimoya, Chilepfeffer (»*aji*« genannt), die berüchtigte Koka (*Erythroxylon coca*) und besonders mehrere Kürbisarten (*Cucurbita maxima*, *Cucurbita fififolia* und *Cucurbita moschata*).
Diese Kürbisse müßten den ersten Platz in der Aufzählung einnehmen; denn
sie sind ganz offensichtlich die älteste vom Menschen angebaute Pflanze

24

Amerikas. Den ältesten von ihnen, einen Flaschenkürbis, hat jener Prof. Engel in dem heute öden, sandigen Gebiet der Costa, das Pampa de Santo Domingo heißt, im Herzen der südperuanischen Halbinsel Paracas gefunden. Dieser erhaltene frühe Kürbis Perus hat das gut bewahrte Gerippe eines dortigen Indianers, das in ein aus Kaktusfasern gefertigtes Hemd gehüllt war, auf die letzte Reise begleitet.

Neben dem Skelett des dort Bestatteten lagen übrigens auch eine kleine Flöte, wiederum das älteste bisher bekannte indianische Musikinstrument, und ein Fischernetz, ebenfalls das älteste der Art, das die Peruanistik kennt. Mehr als die schöne kleine Flöte, als das kostbare Netz und selbst als die Körperproportionen des Toten von Paracas verdient sein einfacher Kürbis unsere Hauptaufmerksamkeit. Er ist nicht mit Gold, nicht mit Platin aufzuwiegen. Warum? Weil der Radiokarbontest ergeben hat, daß dieser Mensch aus der Pampa de Santo Domingo schon vor 8 830 Jahren (also zu Beginn des 7. Jahrtausends v. u. Z.) gestorben ist.

Dieser Kürbis dient damit als Beweis, wird zum Kronzeugen dafür, daß dieser Mensch, der sonst noch vorwiegend als Sammler und Fischer lebte, bereits in so alter Zeit die erste Pflanze – diesen Kürbis – anzubauen versucht hat. Und auch wenn der »Mensch aus der Pampa de Santo Domingo« sicher erst ganz am Anfang der Entstehung des Bodenbaus stand, auch wenn der Übergang von der Sammelwirtschaft und der Jagd zum seßhaften Ackerbau gewiß noch eine sehr lange Zeit in Anspruch nahm und – wie die archäologischen Funde in den einzelnen Gebieten Perus beweisen – auch in recht unterschiedlichem Tempo verlief, war der erste Schritt wahrscheinlich schon getan, vollzogen von den peruanischen Indianern vermutlich schon vor jenen 9 000 Jahren. Sollten weitere Funde diese Annahme bestätigen, könnte als bewiesen gelten, daß der Ackerbau in Peru um die gleiche Zeit zu entstehen beginnt wie in Mesoamerika und eigentlich auch wie in der Alten Welt im Nahen Osten. Peru wäre damit eine der Wiegen der Landwirtschaft auf der Welt.

Dem Fund dieses »ältesten Ackerbauern« Perus fügte Engel noch eine ganze Serie weiterer Entdeckungen hinzu, die nach und nach die Geschichte dieser »dritten Entwicklungsstufe« der peruanischen Gesellschaft durch neue Daten, neue Feststellungen immer klarer hervortreten ließen. Von dieser Serie von »Haupttreffern« verdient wenigstens noch Engels Entdeckung des ältesten »peruanischen Bauwerks« – der Reste eines Steinbaus von viereckigem Grundriß – in Cerro Paloma südlich von Lima unsere Aufmerksamkeit. Der Bau ist nachweisbar vor 6 300 Jahren begonnen worden.

Es geht dabei jedoch nicht nur darum, daß also – ebenso wie der Ackerbau – auch die Steinarchitektur in Peru um die gleiche Zeit aufzukommen beginnt wie dort, woher wir ihre ältesten Zeugnisse kennen: bei den alten Kulturen des Vorderen Orients, sondern auch darum, welche Architektur damals entstanden ist und welchem Zweck das Bauwerk gedient hat. Wir begegnen hier zum erstenmal einem wirklichen Kultbau, einem Gebäude, das ausschließlich für den Vollzug religiöser Zeremonien bestimmt war. In Cerro Paloma, in der Nähe

dieses Bauwerks, das zu den ältesten der Welt gehört, hat der elsässische Gelehrte auch die irdischen Überreste dessen ausgegraben, der diesen Tempel womöglich errichtet hat, eines 1,64 m großen Mannes. Engel ist auch dort auf Relikte seiner Nahrung gestoßen. Abermals begegnen wir neben Meeresweichtieren den Kürbissen, die inzwischen sicherlich einen immer kleineren Teil an den Mahlzeiten dieser Peruaner ausmachten. Doch auch Cerro Paloma bestätigt und bezeugt, daß diese Indianer bereits Kürbisse anzubauen versucht haben.

Neben den Überbleibseln der Ortschaft in Cerro Paloma fand dann der beharrliche und auch vom Glück begünstigte Engel in Peru die Reste weiterer Dörfer, die in jener langen Periode des »beginnenden Ackerbaus« von Peruanern bewohnt gewesen waren. Sie alle sind nachweislich schon vor 5500 Jahren besiedelt gewesen. In allen bauten die Bewohner außer Kürbissen bereits Baumwolle und Bohnen an, sogar drei Sorten Bohnen. Einige dieser Dorfsiedlungen (Rio Grande de Nazca oder Asia) lagen am Ufer kleiner Flüsse, die den Feldern und Gärten Wasser spendeten, andere (z. B. das Dorf mit der Kennziffer 514, das Engel auf jener Halbinsel Paracas ausgegraben hat) waren an Orten entstanden, wo in dem sonst wüstenhaften Gebiet ein mächtiger Süßwasserquell an die Erdoberfläche trat. Diese Dörfer (z. B. Chilca, das wir dank umfangreicher Ausgrabungen verhältnismäßig gut kennen) waren in der Regel von 10—15 Familien bewohnt. Die Bewohner lebten in kegelförmigen Hütten, deren meist geneigte Wände mitunter von mächtigen Walknochen gestützt wurden. Diese Dörfer sind Hunderte, ja Tausende von Jahren hindurch besiedelt gewesen. In Chilca selbst haben z. B. mindestens 1000 Jahre lang Menschen gelebt. Die Bewohner dieser Dörfer zeichneten sich ausnahmslos alle durch deformierte, abgeplattete Schädel aus. Auch in ihren Erzeugnissen brachten diese Menschen mit den platten Schädeln schon ihre Schönheitsideale

26

zum Ausdruck. So verstanden sie einfache Textilien mit schlichten geometrischen Ornamenten zu schmücken. Dagegen kannten sie lange Zeit hindurch keine Keramik. Engels Forschungen haben gezeigt, daß die Bewohner Perus Kenntnisse über die Töpferei erst viele hundert Jahre nach dem Aufkommen des Feldbaus erworben hatten. Fundierte Beweise für die Existenz der Töpferei in Peru liegen erst nach der Mitte des 2. Jahrtausends v. u. Z. vor, während wir z. B. in Valdivia (Ekuador) Töpferprodukten der dortigen Valdivia-Kultur bereits vor mehr als 4 000 Jahren begegnen. Das deutet auf die Möglichkeit hin, daß die Kenntnis der Keramik aus dem heutigen Ekuador (oder über Ekuador irgendwo von Norden her) nach Peru gelangt ist. Die älteste bisher bekannte amerikanische Keramik stammt aus dem Nordwesten Südamerikas, aus Kolumbien.

Im Verlauf des 2. Jahrtausends v. u. Z. — bereits seit dessen Beginn — kommt es überhaupt in Peru zu einer Reihe wichtiger Veränderungen. Die Menschen wohnen bereits ständig in ihren Dörfern. In viel größerem Ausmaß lassen sie sich vorrangig an der Küste nieder. Ihre Dörfer werden größer. Der amerikanische Prof. Lanning, der eine Reihe dieser altperuanischen Ortschaften erforscht hat, schätzt, daß z. B. in dem heute Culebras (Schlange) genannten Ort zu jener Zeit etwa 1 000 Menschen gelebt haben. Die peruanischen Indianer beginnen in jener Periode, zum erstenmal auch einfache Webstühle zu verwenden. Die Herstellung von Keramik und Textilien wird durch weitere handwerkliche Erzeugnisse ergänzt. Allmählich scheint sich in Peru — besonders an der Küste — auch eine spezialisierte Schicht von Handwerkern herauszubilden. Schließlich taucht um die Mitte des 2. Jahrtausends in Peru wohl zum erstenmal der Mais auf. (Manche Forscher verbinden jedoch hier das Aufkommen des Maises erst mit der »Ankunft« der »Chavín-Indianer«, dem Erscheinen der Träger dieser zweifellos ersten Hochkultur Perus auf dem Schauplatz der Geschichte dieses Landes. Aber von den Chavín-Indianern, ihrer Kultur und ihrem »Reich« soll erst später die Rede sein.)

Auf jeden Fall haben diese seßhaften Ackerbauern vor ca. 3 500—4 000 Jahren hier den Anbau von Bohnen, Kürbissen, Baumwolle und Quinoa bereits völlig beherrscht. Zugleich stellten sie auch Keramik und gute Textilien her. Diese relativ rasche Entwicklung war auch von einer Entfaltung der geistigen Kultur, der religiösen Vorstellungen begleitet.

Wir begannen diesen Abschnitt unserer Wanderung durch die Geschichte der indianischen Kulturen Perus bei dem ersten vom Menschen angebauten Kürbis und beenden ihn mit einem Blick auf die erste Pyramide. Denn die Pyramide mit ihren einzelnen zur Spitze emporführenden Stufen symbolisiert, bis wohin diese am Anfang noch so primitiven peruanischen Sammler und Jäger gelangt waren. Die erste — bisher nur z. T. freigelegte — Pyramide erhebt sich auf dem Boden der peruanischen Hauptstadt. Man nennt sie nach dem heutigen Namen dieses Stadtteils von Lima »La Florida«. Die La-Florida-Pyramide besteht aus mehreren aneinandergrenzenden Steinbauten. Die Ausgrabungen des Anthropologischen und Archäologischen Nationalmuseums haben dabei gezeigt, daß »La Florida« nur ein großes Kulturzentrum war und um diese uralte monumentale Pyramide herum vermutlich niemals Menschen ständig gelebt haben.

Diese 4 000 Jahre alten Tempelanlagen und Kultstätten Perus sind mitunter außerordentlich ausgedehnt. Das von der peruanischen Archäologin Rosa Fung Pineda sorgfältig erforschte Heiligtum in Las Haldas beispielsweise ist fast 750 m lang und etwa 250 m breit. Zu dem eigentlichen Tempel hinführend, haben seine Erbauer noch eine über 1 000 m lange Straße angelegt, auf der offenbar die Prozessionen der Gläubigen nach dem Heiligtum pilgerten. Ein anderer, wiederum von Prof. Engel entdeckter majestätischer Zeremonialkomplex — Chuquitanta — ist ebenfalls mit einer Reihe von Bauten, Toren und Treppen geschmückt. Andere, kleinere Pyramiden aus jener Zeit haben sich in einer heute Rio Seco genannten peruanischen Ortschaft erhalten. Und so geht also unser Weg durch die Vororte, die »Vorhallen« der peruanischen Hochkulturen allmählich zu Ende. An seinem Anfang stand der erste Kürbis, an seinem Ausgang steht die erste Pyramide.

Japaner im Tempel
der gekreuzten Hände

Den Bau der großen Tempelkomplexe, die in der ersten Hälfte des 2. Jahrtausends v. u. Z. an einigen Orten Perus entstanden waren, muß freilich jemand organisiert und geleitet haben. (In diesen Kultstätten sind gewiß ständig durch Priester religiöse Zeremonien vollzogen worden.) Die Bauten hat man jedoch unmöglich mit den Kräften eines einzigen Dorfes errichten können. In diesen Gesellschaften muß also schon von irgend jemand Macht ausgeübt worden sein, müssen einzelne Männer Rechte besessen haben, Befehle zur Mitarbeit an derartigen Bauten zu erteilen, die sich nicht nur auf die Bewohner eines einzigen Dorfes, sondern auch auf die Bevölkerung größerer Gebiete erstreckten. Diese Machtgruppe ist offensichtlich eine herrschende Schicht, eine wirkliche Aristokratie gewesen, die wahrscheinlich aus Priestern bestand. Man

sollte also mehr von einer »Theokratie« sprechen. Auf jeden Fall beginnt mit
der sozialen Schichtung der Gesellschaft eigentlich auch das zu entstehen, was
wir »Zivilisation« oder »Hochkultur« nennen und was dann auch jene indianischen Reiche Perus hervorgebracht hat.

Eine Reihe von Forschern hat sich bemüht, die Hauptmerkmale zu bestimmen, die allen »Zivilisationen« der Alten und Neuen Welt zu eigen waren. Alle
diese Gelehrten fanden übereinstimmend zwei Kennzeichen, die im Grunde für
eine jede Hochkultur, für eine jede Zivilisation galten: Das eine dieser Merkmale ist die soziale Schichtung der Gesellschaft, das andere ist das Vorhandensein von Städten oder religiösen Kultzentren. Und da wir in Peru während der
ersten Hälfte des 2. Jahrtausends v. u. Z. die ersten großen Kultmittelpunkte
vorfinden und auch bereits auf Beweise für die soziale Schichtung der Gesellschaft stoßen, können wir schlußfolgern, daß wir nun tatsächlich schon »am
Ende vom Anfang«, an den Toren für die Entstehung der ersten »Zivilisation«,
der ersten Hochkultur Perus und zugleich des ersten Staates auf peruanischem
Gebiet stehen.

Einige weitere Funde, die aus dem Peru jener Zeit stammen, zeugen davon,
daß den Repräsentanten dieser ältesten »Staaten« größte Hochachtung ent-
gegengebracht wurde. Wir kennen z. B. einige Gräber, in denen außer den
Leichnamen offenbar vornehmer Toter auch Personen bestattet waren, die nach
dem Ableben eines solchen Würdenträgers der Gesellschaft vermutlich rituell
getötet worden waren, um ihn auf die Reise ins Jenseits zu begleiten.

Aus einem anderen gründlich erforschten Siedlungsort der damaligen Peruaner kennen wir den vollkommen erhaltenen Schädel eines Menschenopfers.
Derjenige, auf dessen Körper dieser Kopf gesessen hatte, war möglicherweise
ebenfalls »zu Ehren« eines solchen Würdenträgers enthauptet worden. Die
Archäologen haben ferner zahlreiche wunderschöne Schmucksachen gefunden,
z. B. Ohrgehänge und Haarspangen, die vermutlich die Angehörigen dieser
privilegierten Schicht getragen haben. Im Süden Perus begann wahrscheinlich
in jener Zeit auch der Tauschhandel mit Obsidian aufzukommen, der wohl
gleichfalls vornehmlich für die Bedürfnisse der herrschenden Schichten dieser
Gebiete, in denen es keinen Obsidian gab, »importiert« wurde.

Der Handel mit Obsidian sowie die Menschenopfer bergen vorläufig noch
viele ungeklärte Fragen in sich, lassen höchstens Vermutungen zu. Was jedoch
auch für uns eine überzeugende Sprache spricht, das ist die peruanische Architektur jener Zeit, deren Denkmäler in den letzten 15 Jahren von archäologischen Expeditionen entdeckt worden sind. Aber wohl keine von ihnen hat
eine so überraschende Entdeckung gemacht wie die Expedition von Archäologen der Universität Tokio, die zu Beginn der sechziger Jahre nach Peru
gekommen war. Die Japaner, für die bis dahin die Peruanistik Neuland gewesen
war, hatten ein sehr qualifiziertes Team von Fachleuten zusammengestellt. Es
wurde von dem Tokioter Archäologen Prof. Seiichi Izumi geleitet, sein Assistent
war der Archäologe Toshinico Sono, mit den anthropologischen Problemem
sollte sich Dr. Kazuo Terada beschäftigen, und zusammen mit ihnen waren

weitere Mitarbeiter dieser Universität nach Peru gekommen. Nachdem sie an einigen anderen Stellen nach Töpfererzeugnissen gesucht hatten, begannen sie an einem den Archäologen schon früher bekannten Ort namens Cotosh zu graben, der unweit des Gebirgsdorfes Huanaco liegt, in einer Gegend, in der einst der Klassiker der peruanischen Archäologie, Julio César Tello, offenbar sehr alte, schön gestaltete Keramik gefunden hatte.

Den Keramikscherben Prof. Tellos haben die Japaner jedoch eine ganz phantastische Entdeckung hinzugefügt – den »Tempel der gekreuzten Hände«, ein Heiligtum, das gewiß einmal in alle Lehrbücher der amerikanischen Geschichte eingehen wird. Unter jahrtausendealten Ablagerungen fanden dort Dr. Izumi und seine Gefährten den ältesten Kultbau Perus, den ältesten bekannten Tempel Amerikas, der noch 500 Jahre früher als jene ersten Pyramiden in Rio Seco, Las Haldas und La Florida gebaut worden ist. Die japanischen Forscher haben ihn freilich nicht »auf Anhieb« gefunden. Zuerst mußten sie eine 7 m dicke Erdschicht abtragen, mit der einst vermutlich absichtlich dieses großartige indianische Bauwerk bedeckt worden war.

Aber bevor die alten Peruaner selber diesen Bau unter Lehm und Sand begraben hatten, wo er dann 4000 Jahre verborgen blieb, müssen sie ihren Tempel – möglicherweise auch mehrmals – umgebaut haben.

Die Japaner konnten das verschüttete Heiligtum von Cotosh nur unter großen Schwierigkeiten ausgraben. Zuerst legten sie eine der Mauern des viereckigen Bauwerks frei. Ihre Innenseite war – so, wie es sich später auch an den übrigen Innenwänden zeigte – mit Nischen geschmückt. In einer dieser Nischen begann unter den Händen der Arbeiter, die den Archäologen halfen, alsbald eine Plastik ans Tageslicht zu gelangen. Eine Plastik in diesem uralten Heiligtum? Izumi gab den einheimischen Helfern frei und nahm mit seinen Kollegen selbst den Pinsel zur Hand, um dieses seltsame altperuanische Kunstwerk zu reinigen. Und bald sah er, was es darstellte: gekreuzte Frauenhände, genauer gesagt, feingliedrige, fast zerbrechlich zarte Frauenarme, die über-

30

einander gelegt waren. Aber nur Arme und nichts weiter. Später wurden in einer anderen Nische ebenfalls solche Hände entdeckt. Und da zweifelte Izumi nicht mehr. Der Tempel war diesen gekreuzten Frauenhänden geweiht! Ihrem Kult hat er gedient!

Die gekreuzten Frauenhände waren für die Indianer von Cotosh offenbar das Hauptsymbol ihres Glaubens gewesen, so, wie für die Christen das heilige Kreuz. Zu Recht haben daher die Peruanisten dieses älteste Heiligtum Amerikas den »Tempel der gekreuzten Hände« genannt.

Die Archäologen, die in Peru eher an solide, robuste Standbilder und Plastiken gewöhnt waren, inspirierte dieser ungewöhnliche Fund zu fast dichterischen Ergüssen der Bewunderung. Dr. Hermann Buse z. B. deutet in dem Buch »10 000 Jahre Peru« über diese offenbar weiblichen Hände, daß von ihnen eine unbeschreibliche Unschuld, Reinheit und Frömmigkeit ausgehe. Später stellte sich heraus, daß sich die beiden Nischen mit jenen heiligen Frauenhänden rechts und links von einer größeren Hauptnische an der Nordseite des Tempels befanden. In dieser großen Nische, einer Art »Hauptaltar«, hatte dereinst vermutlich noch eine weitere, größere Plastik gestanden — wahrscheinlich wiederum jene gekreuzten heiligen Arme.

Nach dieser so unerwarteten Entdeckung des Tempels der gekreuzten Hände beschloß Izumi, so bald als möglich wieder nach Cotosh mit einer noch größeren Expedition zurückzukehren. Diese hat dann im Jahre 1963 dort am Mito-Fluß gearbeitet.

Die zweite japanische Expedition nach Cotosh legte nun den ganzen Tempel frei. Sie hat auch bestätigt, daß er um das Jahr 1800 v. u. Z. — noch immer vor dem Aufkommen der Keramik — tatsächlich umgebaut worden ist. Izumi stellte ferner fest, daß der Tempel der gekreuzten Hände in Wirklichkeit auf einer 8 m hohen Plattform steht. Zum eigentlichen Heiligtum führte eine Reihe von Stufen empor, und die Gläubigen müssen es von der Südseite her, durch ein 2,25 m hohes Tor, betreten haben. Die erneute japanische Expedition nach Cotosh sah sich diesmal nicht nur die Mauern des Tempels, sondern auch den

Fußboden gründlich an, auch das, was sich darunter verbarg. Das Ergebnis dieser Etappe der Durchforschung des Tempels der gekreuzten Hände war eine weitere, nicht minder überraschende Entdeckung: In dem festgestampften Lehmfußboden fand man die Überreste einer Feuerstätte. Ein Herd in einem Tempel? Das klingt seltsam. Deshalb schürfte Izumi noch tiefer – auch unter dieser Feuerstätte. Und er fand tief unter dem Boden des Tempels einen künstlich geschaffenen Luftschacht, der aus dem Heiligtum ins Freie führte. Dieser »Ventilator« sollte offenbar sichern, daß die Flamme der Feuerstelle nicht erlosch. Nach der Entdeckung dieser originellen Tempelventilation war es klar, daß die Archäologen in dem Heiligtum von Cotosh keinen »gewöhnlichen« Herd gefunden hatten, sondern eine Feuerstätte, an der eine »ewige Flamme« brennen sollte und sicher jahrzehntelang auch gebrannt hat.

Wahrscheinlich war also in dem Tempel der gekreuzten Hände – so wie in anderen Ländern, zu anderen Zeiten – auch das Feuer gehütet worden. Vielleicht war seine heilige Flamme für diese Altperuaner vor 4 000 Jahren ein Symbol für Kräfte gewesen, die diese Menschen angebetet hatten.

Die heiligen gekreuzten Hände in Cotosh haben Jahrtausende überdauert. Die Flamme in seinem heiligen Herd ist längst erloschen. Das Heiligtum in Cotosh (und zusammen mit ihm auch jene etwas später errichteten ersten Pyramiden), das ist eigentlich definitiv das Ende vom Anfang, von den Anfängen der Geschichte Perus. Das Feuer von Cotosh wirft sein Licht schon auf den nächsten Abschnitt der peruanischen Vergangenheit: auf den Weg zum ersten peruanischen »Indianerreich«, zur ersten Hochkultur Altperus.

Die Explosion von Chavín

Nach Cotosh, nach den ersten Pyramiden erscheint tatsächlich bereits die erste Hochkultur – und vermutlich auch schon das erste indianische »Reich« – auf dem Schauplatz der Geschichte Perus. Diese Kultur und dieses hypothetische erste peruanische Reich tragen einen gemeinsamen Namen – Chavín!

Der Auftritt der Schöpfer dieser Kultur – der »Chavín-Indianer« – auf der historischen Bühne war in der Tat effektvoll. Das heißt, Auftritt ist eigentlich nicht das richtige Wort. Dieses Erscheinen der Chavín-Kultur gleicht eher einer Explosion, einer unerwarteten Entladung, deren Wirkungen und Folgen ganz Peru erfaßt und beeinflußt haben. Zum erstenmal in der Geschichte dieses Landes begegnen wir einer Kultur, deren direkte und indirekte Einflüsse man anhand der von der Costa bis zur Sierra stammenden Funde an Orten feststellen kann, die Tausende von Kilometern voneinander entfernt liegen.

Die ersten Spuren der Chavín-Kultur sind in der kleinen Ortschaft Chavín im nordperuanischen Hochland gefunden worden. Doch obwohl heute die Peruanistik bereits Dutzende von »Chavín-Lokalitäten« kennt, gilt dennoch Chavín selbst — und das mit Recht — noch immer als der bedeutendste Mittelpunkt dieser Kultur, als die wirkliche »Hauptstadt der Chavín-Indianer«.

Der Mann, der die Chavín-Kultur definiert hat, der sie für die Fachleute und für die Welt eigentlich entdeckt hat — Prof. Julio César Tello —, ist auch der Bedeutung des Ortsnamens nachgegangen, nach dem sie benannt ist. Denn im Unterschied zu vielen Namen, die man zur Bezeichnung jener älteren peruanischen Kulturen und ihrer Lokalitäten verwendet, Namen wie Rio Seco, Las Culebras, Punta Grandes oder gar San Nicolas, die, schon auf den ersten Blick, offensichtlich neuzeitlicher, spanischer Herkunft sind, stammt der Name Chavín zweifellos aus einer Indianersprache. Nach langem Suchen fand Julio César Tello heraus, aus welcher: aus einer karibischen Sprache, aus einem der vielen Dialekte des Karibischen, das im ganzen Norden Südamerikas gesprochen wurde und z. T. bis heute noch dort lebendig ist (in Venezuela, in Kolumbien, auf vielen Inseln der Kleinen Antillen und auch am Golf von Panama, über den wie durch das heutige Kolumbien alle Verbindungswege zwischen Mexiko, Mesoamerika und dem vorkolumbischen Peru führten).

Tello stellte fest, daß das Wort Chavi im Karibischen »Jaguar« und der davon abgeleitete Name Chavinavi »Jaguarsöhne mit Speeren« bedeutet.

Diese Stadt der »Jaguarsöhne mit Speeren« — das in den Anden gelegene Chavín — fesselt heute die Aufmerksamkeit eines jeden, der sich, und sei es auch nur am Rande, mit der Geschichte Perus, der Geschichte seiner indianischen Kulturen und der peruanischen Indianerreiche beschäftigt. Dabei wußte man bis zur Mitte des 20. Jahrhunderts, bis zu der Zeit, da jener Prof. Tello ihm eine solche Schlüsselstellung in der Geschichte seines Landes zusprach, von Chavín scheinbar nichts. Scheinbar. Denn im Unterschied zu Cotosh, im Unterschied zu jenen uralten Pyramiden, die unter meterdicken Schleiern von Lehm und Vergessen ruhten, haben Chavín schon die ersten Europäer gekannt, die nach Peru kamen. Einer der ersten »Perureisenden«, einer der ersten Chronisten dieses Landes, der Karmeliter Antonio Vásquez de Espinoza, erwähnt schon in seinem Werk »Summa und Beschreibung Westindiens« diesen Ort und seine Heiligtümer: »Bei diesem Dorf Chabin steht ein großer, höchst imposanter Bau aus bearbeitetem Stein; dieses berühmte Heiligtum wurde verehrt wie bei uns Rom oder Jerusalem, dorthin pilgerten die Indianer, um ihre Opfergaben darzubringen, denn der Teufel dieser Stätte tat ihnen viel Weissagungen kund, so daß sie aus dem ganzen Reich kamen ...«

Chavín – die Stadt Chavín – ist um das Jahr 850 v. u. Z. entstanden. Das Inkareich, auf dessen Macht – und Kultur – die Spanier in Peru trafen, wurde volle 2 000 Jahre später geboren. Und dennoch hatte die Erinnerung an Chavín, sein Ruhm und seine Bedeutung alle diese Zeiten, alle Kulturen und alle Reiche, die danach gekommen waren, überlebt. Was konnte einem gläubigen Christen, einem Europäer, dem die biblischen und antiken Traditionen teuer waren, näherliegen als der Vergleich mit Jerusalem, der Stadt Christi, der Stadt Salomos und Davids, und der Vergleich mit Rom, der Stadt der mächtigsten Kaiser und nun der Stadt des Papstes! Dabei war natürlich die Chavín-Kultur später nicht nur vom peruanischen Schauplatz wieder verschwunden, sondern auch Chavín selbst war von seinen Bewohnern verlassen und zu einer völlig toten Stadt geworden. Und dennoch hat die Erinnerung der peruanischen Indianer an dieses heilige Kultzentrum der Zeit stärker getrotzt als die Tempel der Stadt der mit Speeren bewehrten Jaguarsöhne selbst.

Heute gibt es auf dem Gebiet der Republik Peru zweifellos zwei indianische Städte, die größte Bewunderung aller Besucher hervorrufen: die überhaupt älteste und die wohl jüngste (die aber auch bereits 500 Jahre alt ist). Diese jüngste ist das Adlernest der Inka Machu Picchu, das heute Zehntausende von Touristen anlockt. Und die älteste ist dieses Chavín, das alle Peruanisten aufsuchen.

Beide altperuanischen Städte erregen schon wegen ihrer einzigartigen Lage das besondere Interesse. Machu Picchu erhebt sich auf der Spitze eines hohen Berges, weit über den reißenden Wassern des Urubamba. Und Chavín liegt noch höher, fast 3 200 m ü. d. M., in einer zauberhaften Landschaft, die von den majestätischen Bergriesen der Anden mit ihren niemals tauenden Schneefeldern umrahmt ist.

Nicht zuletzt ist diese malerische Gebirgslandschaft schuld daran, daß Chavín – das Jerusalem des Indianerlandes – bis zu den Zeiten Tellos nur sehr selten von Menschen besucht worden ist. Noch heute muß die nach Chavín führende Straße am Conoconchapaß eine schwindelnde Höhe von mehr als 4 100 m überwinden, und den Zugang zum eigentlichen Chavín öffnet dann ein durch einen 5 000 m hohen Berg gebrochener Tunnel. Überall herrschen dort Kälte und lange Zeit des Jahres hindurch Frost. Chavín liegt in einer außergewöhnlich schönen, aber auch außerordentlich schwer zugänglichen Gegend, deren Naturbedingungen von einem Menschen, der aus normalen Höhenlagen kommt, nicht leicht zu ertragen sind.

Die Forscher durften den Weg dorthin nicht scheuen, mußten die Tempel, Stelen und Obelisken von Chavín freilegen, den Staub von den Gesichtern seiner drohenden Jaguargötter wischen, um konstatieren zu können, daß wir hier, in Chavín, zum erstenmal in Peru einer Kultur von einer ganz anderen, neuen, unvergleichlich höheren Qualität begegnen, einer Kultur, deren Spuren dann die Forscher, nachdem sie von Tello genau beschrieben, genau charakterisiert worden war, auf dem ganzen großen, ausgedehnten Gebiet Perus zu finden begannen und noch immer finden.

Heute, 35 Jahre nach Tello, kennen wir Zeugnisse dieser Chavín-Kultur bereits aus einer ganzen Reihe von Gegenden Perus, sowohl aus dem Küstengebiet — von der Grenze zu Ekuador im Norden bis zum Rio Grande im Süden — als auch aus dem ausgedehnten kompakten Gebiet der Sierra. Die Ostgrenze des Einflusses der Chavín-Kultur bildet, nach dem Stand unseres heutigen Wissens, etwa der Ober- und Mittellauf des Flusses Mantaro.

Wenn wir vom »Einfluß« oder von »Zeugnissen der Chavín-Kultur« sprechen, meinen wir damit das Vorhandensein eines bestimmten bildnerischen Chavín-Stils, der so charakteristisch ist, daß ihn selbst jeder, der sich niemals mit ihm befaßt hat, auf den ersten Blick von anderen Stilformen unterscheiden kann.

Der Chavín-Stil, seine Ornamente, die Art und Weise, in der die Künstler von Chavín ihre Keramik, ihre Textilien, aber beispielsweise auch Knochen dekoriert haben, ist einfach unverkennbar.

Die charakteristischsten Werke der Chavín-Kunst, die sich bis heute erhalten haben, sind freilich die bewundernswerten Tempel und die steinernen Stelen und Obelisken der Chavín-Indianer. Wir kennen sie von mehreren Orten Perus. Aber nach wie vor können wir annehmen, daß sich die bedeutendsten von ihnen in Chavín selbst befanden. Und daß also die »Stadt der Jaguarsöhne mit Speeren«, das »Jerusalem«, das »Rom« Perus offenbar die wahre Hauptstadt der Chavín-Indianer gewesen ist, der Hauptherd, in dem das Feuer dieser ersten Hochkultur Perus loderte.

Bevor die Sintflut kam

Es ist sicher richtig, mit der Entwirrung des Knäuels von Rätseln, das uns diese so überraschende, mit solcher Vehemenz auf dem Schauplatz Perus auftretende erste indianische Hochkultur aufgibt, hier, in dieser Stadt Chavín, zu beginnen, wo offenbar ihre eigentliche Heimat war. Und es ist gewiß von Vorteil, wenn unsere erste Begegnung mit dieser Hochkultur Perus, deren wertvollste, bis auf unsere Tage gekommenen Werke die Tempel und Obelisken ihrer Hauptstadt sind, ein Besuch dieser Tempel, ein Blick auf diese Stelen und Obelisken sein wird.

Bevor jedoch davon die Rede sein soll, müssen wir uns mit einer Sintflut vertraut machen. Denn von diesem biblischen Schrecken ist auch die Stadt der speerbewehrten Jaguarsöhne nicht verschont geblieben. Während aber jene legendäre, im Alten Testament geschilderte Sintflut vor vielen, vielen Jahrhunderten die Erde überflutete, ist Chavín erst vor wenigen Jahren von einer Überschwemmung heimgesucht worden. Es geschah sogar erst, nachdem Tello die Stadt der Jaguarsöhne entdeckt und diese Kultur aufgrund seiner langjährigen Forschung definiert und charakterisiert hatte. Chavín wurde im Jahre 1945, genau am 17. Januar dieses Jahres, von ungeheuren Wassermassen überflutet. Einer der beiden dortigen Flüsse, der Huacheqsa, der in der Nähe der Ruinen Chavíns vorüberfließt und das Chavín der Chavín-Indianer von dem heutigen gleichnamigen Dorf trennt, trat damals über die Ufer, überschwemmte die ganze Umgebung und bedeckte alles, in erster Linie alle von Tello und seinen Mitarbeitern freigelegten Teile der 3 000 Jahre alten peruanischen Stadt, mit einer riesigen, sich mehrere Kilometer erstreckenden schwarzen Schlammschicht.

Wie konnte das geschehen? Der kleine Fluß Huacheqsa entspringt in einem Hochgebirgssee, der vom tauenden Schnee der Kordillerengipfel gespeist wird; damals, im Jahre 1945, floß diesem Gebirgssee jedoch wesentlich mehr Wasser zu, als er aufnehmen konnte. So barsten seine Ufer, und es war, als sei ein Staudamm gebrochen. Diese große Naturkatastrophe suchte aber damals nicht die Dörfer der heutigen Peruaner am schlimmsten heim, sondern ihre wohl älteste, schon mindestens 2 000 Jahre tote Stadt. Doch auch die Verwüstung dieser schon lange von Menschen verlassenen Stadt bedeutete eine Tragödie, deren Folgen und Auswirkungen die Peruanistik bis heute verspürt. Denn das Wasser hat alles hinweggeschwemmt, was Tello mühsam aus den Ruinen geborgen hatte, aber nicht nach Lima bringen konnte und was somit in Chavín verblieben war. Vor allem ist eine ganze Reihe von Arbeiten der Chavín-Indianer verlorengegangen, die der Professor aus Lima vorläufig in einer kleinen Kapelle im Ruinenfeld untergebracht hatte. Auch sie hat die Wasserflut mit fortgerissen. Zum Glück hat Tello von den meisten dieser Arbeiten Kopien anfertigen lassen. So sind wenigstens diese erhalten geblieben.

Die sorgfältig gesäuberten Überreste der Stadt der Jaguarsöhne mit Speeren waren unter dem schwarzen Schlamm fast wieder verschwunden. Und so tun seit dieser Überschwemmungskatastrophe die Forscher in dieser altperuanischen Stadt eigentlich nichts anderes, als das wieder zu reinigen, was schon einmal gereinigt war. Dank ihrer Anstrengungen tritt das Gesicht der Metropole dieser ältesten Hochkultur Perus bereits erneut aus dem schwarzen Schlamm zutage. Den Archäologen ist es gelungen, einige Hauptobjekte und Bezirke der uralten Stadt zu bestimmen, vor allem den »Großen Platz«. Dort strömten offenbar die Pilger von nah und fern zusammen, dort fanden möglicherweise auch religiöse Zeremonien »unter freiem Himmel« statt. Der Große Platz ist von allen vier Seiten (er hat einen viereckigen Grundriß) von eigenartigen Plattformen — einer nördlichen, südlichen, westlichen und östlichen — umgeben. Der Platz selbst ist gleichsam zwischen diese Plattformen »hineingesenkt«. In der Mitte dieses »versenkten« Versammlungsplatzes der Gläubigen entdeckte einer der einheimischen Helfer Prof. Tellos, Trinidad Alfaro aus dem Dorfe Chavín, eines der berühmtesten Bildwerke der Chavín-Indianer — einen hohen Obelisken, der heute den Namen Tellos trägt. Auf dem Platz sind weitere Steinmetzarbeiten aus der Stadt der Jaguarsöhne mit Speeren erhalten geblieben — so ein Altar, den heute die dortigen Indianer »Altar der Sieben Ziegen« oder »Altar des Sternbildes Orion« nennen. Der Altar besteht eigentlich aus einem mächtigen Steinquader, der mit sieben Öffnungen geschmückt ist, deren Anordnung tatsächlich an die Stellung der einzelnen Sterne des Sternbildes Orion erinnert. In Wahrheit wird es aber wohl folgende Bewandtnis damit haben: Die Bewohner der Stadt der Jaguarsöhne mit Speeren scheinen wirklich diesen Jaguar über alles und vor allem anderen verehrt zu haben. Und so sind auch die Öffnungen in dem »Altar der Sieben Ziegen« wohl nur Nachbildungen der Flecke, die das Jaguarfell schmücken.

Unter dem Großen Platz ist ferner eine eigenartige unterirdische Galerie entdeckt worden. Es konnte jedoch bisher nicht ganz geklärt werden, wozu sie diente. Von dem Platz kann man auf der breiten »Treppe der Jaguare« zu der westlichen Plattform emporsteigen. Die ebene Fläche ist bei späteren Veränderungen, die — die Chavín-Indianer erweiterten und bauten mindestens viermal die Stadt um — eigentlich zur Grundlage der sogenannten »Großen Pyramide« nun geworden. Bevor wir diese Pyramide und ihr Inneres betreten, wollen wir noch einige Augenblicke bei dieser Treppe der Jaguare verweilen.

Schon auf den ersten Blick fällt dem Besucher der Wechsel zweier Farben ins Auge. Der dem Norden zugekehrte Teil der Treppe ist aus schwarzen, der dem Süden zugewandte aus weißen Steinen errichtet. Im Bereich der Treppe hat man ferner die Reste von Säulen sowie von Steinen gefunden, die mit Jaguardarstellungen geschmückt waren. Offenbar ist die Treppe vor jenen 3 000 Jahren mit mehreren solcher Jaguarfriese dekoriert gewesen.

Insgesamt vier solcher Treppen führen auch zu den anderen drei Plattformen, der nördlichen, südlichen und östlichen, empor, die offenbar in ihrer ursprünglichen Gestalt erhalten geblieben sind. Auf der vierten — der westlichen — ist dann jene »Große Pyramide« emporgewachsen. Heute fesselt eben diese Große Pyramide die Hauptaufmerksamkeit des Besuchers. Aber auch die Einheimischen bezeichnen sie als das Hauptgebäude des alten Chavín. Sie nennen sie daher »Castillo« (spanisch, »Burg«).

Die 15 m hohe Pyramide, deren äußeres Mauerwerk aus großen Steinquadern errichtet ist, bestimmt heute wirklich das Bild von Chavín. Dabei ist jedoch diese Pyramide in ihrer heutigen Gestalt das Ergebnis verschiedener An- und Umbauten. Und wer die ganze Wahrheit über die Stadt der Jaguarsöhne mit Speeren und damit über die Chavín-Indianer erfahren will, der darf sich nicht auf die Oberfläche beschränken, sondern er muß ins Innere dieser Großen Pyramide von Chavín blicken und dort weiterforschen.

Das gesamte Innere der Großen Chavín-Pyramide ist eigentlich auch heute noch nicht völlig bekannt. Erst unlängst hat man darin z. B. eine verborgene »Galerie von Opfern« entdeckt, in der die Reste von Opfergaben gefunden wurden, die offenbar z. T. von weither nach Chavín gebracht worden sind. (So sind dort z. B. Muscheln bewahrt gewesen, obwohl es von Chavín bis zum Meer ziemlich weit ist und die Stadt in 3 000 m Höhe liegt.) Unter den Opfergaben befand sich übrigens auch der Schädel (nur der Schädel!) einer Frau. Dieser Frauenkopf war wohl ebenfalls den »Göttern« dargebracht worden.

Auf den ersten Blick bildet ein schönes Tor an ihrer Ostseite den Eingang in die Pyramide. Aber wenn man durch das Tor eintritt, stellt man fest, daß man von diesem Eingang aus nirgendwohin gelangt. Zu der höchsten Stufe der Pyramide führen links und rechts vor diesem blinden Tor zwei heute schon fast völlig zerstörte Treppen hinauf.

An der Westseite der Pyramide – zwischen der »Treppe der Jaguare« und dem eigentlichen Pyramidenkomplex – erstreckte sich das sogenannte »Atrium der Steine«, eine Art Vorhalle des eigentlichen »Haupttempels« von Chavín. Diese »Steine« sind mit Reliefs geschmückt, die Vögel oder Fledermäuse und menschenähnliche Jaguare darstellen. Darunter befand sich aber auch ein Relief, das offenbar einen Mann, einen Krieger, zeigte. Ebenso wie auf der Treppe der Jaguare haben die Erbauer des Tempels jedoch auch hier ihrer rätselhaften Vorliebe für den Wechsel von schwarzer und weißer Farbe gehuldigt. Wiederum sind die Steine nach Süden zu hell und die an der Nordseite schwarz.

Aus der Vorhalle der Großen Pyramide gelangt man an deren bereits rekonstruiertes »Tor der Raubvögel«. Man nennt es deshalb so, weil seine beiden zylindrischen Säulen aus schwarzem Stein über und über von Reliefs mit Raubvögeln, vermutlich Kondoren, bedeckt sind. Das Tor der Raubvögel wird durch einen Steinfries vervollständigt, auf dem ebenfalls 14 solcher Vogelungeheuer dargestellt sind. Auf diesem Stein begegnen wir – und das ist interessant – wiederum der für die Chavín-Indianer offenbar heiligen, magischen Zahl Sieben. Sieben Raubvögel blicken nach Süden und sieben nach Norden.

Hinter dem Tor der Raubvögel erwartet den Besucher schon das Innere der Großen Pyramide. Es wirkt reichlich kompliziert. Mehrere Galerien durchziehen es, die offenbar zu verschiedenen Zeiten gebaut worden sind. Wir kennen vorläufig nur einige davon. Außer jener unlängst entdeckten »Galerie der Opfer« beispielsweise die »Narrengalerie« (diesen nichtarchäologischen Namen haben ihr die Einheimischen gegeben, weil in ihrem Innern lange ein Bewohner ihres Dorfes gehaust hatte, den sie für geisteskrank hielten). Eine andere gut erhaltene Galerie bilden die sogenannten »Labyrinthe«, drei Gänge mit dem Grundriß des Buchstabens G. Aus den ältesten Zeiten stammt offenbar die »Galerie der Fledermäuse«. Außer den Galerien durchziehen die Pyramide auch Lüftungsschächte, die wohl in diesen engen, tief in die Pyramide eingelassenen Heiligtümern zur Durchlüftung dienten. Der älteste dieser Kulträume ist zweifellos das Heiligtum mit dem Grundriß des Buchstabens U, das später in die darüber errichtete Pyramide »eingemauert« worden ist. Auch dazu gehören wieder zwei sich kreuzende Galerien. Und genau an der Stelle, wo sich die beiden Galerien kreuzen, steht – wohl schon 3 000 Jahre lang – eine in dem Boden des Tempels eingelassene sehr bemerkenswerte Plastik: eine fast 5 m hohe Säule, die in ihrer Form an einen Speer erinnert. Daher heißt sie auf spanisch Lanzón. Der Lanzón ist mit dem phantastischen Abbild eines höchst seltsamen Wesens geschmückt. Das Geschöpf auf der Spitze des Speeres, der an einer solchen Schlüsselstellung des ältesten Chavín-Tempels steht, muß eine außerordentlich wichtige Rolle in der Religion der Chavín-Indianer gespielt haben. Dieser Gott — halb Mensch, halb Jaguar — flößt auch heute noch Schrecken ein. Wie muß er erst vor jenen 3 000 Jahren auf die Gläubigen gewirkt haben! Über der Unterlippe treten mächtige Jaguarzähne hervor. Die Augen sind starr nach oben gerichtet, als ob sie zum Himmel emporsähen. Auch der Gürtel, der den Leib des Gottes umspannt, ist mit Jaguarköpfen geschmückt. Vom Gürtel hängen an der Rückseite zwei Schlangenhäupter herab. Die eine Hand — die rechte — hält der Gott empor, die andere ruht auf der Hüfte. Dieser Gott auf der »Speerspitze« ist eine der wichtigsten erhaltenen Steinskulpturen der Chavín-Indianer. Die andere ist selbstverständlich jener »Obelisk Tello«, der heute eine Zierde des Archäologischen Nationalmuseums in Lima ist. Er stellt ein äußerst eigenartiges »Porträt« dar und zeigt nicht nur die Gestalt dieses Gottes, sondern auch Abbilder von Pflanzen, Tieren, ja selbst von Meerestieren, die gleichsam in das Bild hineinkomponiert sind. Im übrigen ähnelt jedoch der Gott vom Obelisken Tello im wesentlichen dem Gott auf der »Speerspitze«. Wiederum finden wir jene vier riesigen Jaguarzähne. Jaguarhäupter und vermutlich Schlangenköpfe zieren den Hals der Gottheit sowie ihren Körper. Dieser setzt sich aus den Bildern von Schlangen, Fledermäusen und natürlich wieder Jaguaren zusammen. Daneben sehen wir aber auch Blumen und Früchte. Und aus der Schamgegend dieses ungeheuerlichen Halbmenschen sprießt eine ungewöhnliche Pflanze hervor, deren einzelne Ranken jedoch Menschenaugen haben.

Ebenso schwer zu enträtseln wie diese Skulptur, die eher eines abstrakten Künstlers von heute würdig wäre, ist eine andere, zweifellos eine Kultstele, die schon im vergangenen Jahrhundert von dem bedeutenden italienischen Gelehrten Raimondi in Chavín gefunden wurde. Die »Raimondi-Stele«, wie diese Plastik heute heißt, stellt den gleichen Jaguarmenschen dar. Aus seinem göttlichen Haupt wachsen jedoch weitere und immer mehr hochstilisierte Köpfe

solcher Jaguarmenschen hervor, aus deren Rachen wiederum mächtige Reißzähne herausragen.

Die Raimondi-Stele ist offenbar jünger als der Obelisk Tello oder jener
Lanzón, die in den Boden des Tempels von Chavín eingerammte »Speerspitze«.

Die Komposition der Raimondi-Stele zeugt davon, wie die Chavín-Kunst
immer üppigere Formen annahm. Dagegegen stammt die größte Galerie von
Chavín-Plastiken, die man im Casmatal an einem heute Cerro Sechín genannten
Ort entdeckt hat, aus der ältesten Periode der Geschichte dieses »Jaguarvol-
kes«. Der Entdecker dieser anderen bedeutendsten Chavín-Lokalität war
wiederum der von Glück begünstigte Julio César Tello. Bei der Durchforschung
des Casmatals an der peruanischen Costa stieß der peruanische Archäologe auf
einen grob bearbeiteten Stein, der mit dem Bild eines Mannes, offenbar eines
Kriegers, verziert war. Er begann zu graben und fand nach und nach Dutzende
weiterer solcher Stelen. Heute kennen wir schon mehr als 300. Obendrein
entdeckte Tello in Cerro Sechín auch die Überreste eines Baus, der wahrscheinlich die Grundstufe für die Pyramide dortiger »Chavín-Indianer« war. Die
Steine mit den Bildern dieser ziemlich wild aussehenden, aber realistisch dargestellten Männer scheinen die Fassade der Grundstufe für die Pyramide von
Sechín geschmückt und umrahmt zu haben.

Die Art und Weise, wie die Krieger auf den Steinen von Cerro Sechín dargestellt sind, unterscheidet sich von den Steinbildern mit den üppigen Formen der Chavín-Götter. Entweder haben die Bewohner von Cerro Sechín sich selbst realistischer dargestellt als ihre übernatürlichen göttlichen Herrscher — denn diese Porträts sind sicher in Wirklichkeit Selbstbildnisse der Chavín-Krieger —, oder aber die Bilder der Steingalerie von Cerro Sechín sind früher entstanden, eventuell zu einer Zeit, als sich die Chavín-Kunst noch nicht zu solch hochstilisierter Ornamentik entfaltet hatte.

Die Sprache der Stelen und Obelisken von Chavín ist uns im Grunde unverständlich. Sie hat für uns keine klar erkennbare Bedeutung, bzw. es sind zuviele Deutungen möglich. Mit den Kriegern dagegen, die in der Steingalerie von Cerro Sechín abgebildet sind, können wir mehr anfangen. Wir bewundern — der Künstler hat selbst ihre Ausrüstungen erstaunenswert realistisch wiedergegeben — ihre hohen Helme, ihre Steinäxte und -kolben oder ihre prächtig gearbeiteten breiten Gürtel. Auf einer der Stelen sehen wir zweifellos den Heerführer oder den »König« dieser Krieger. Seine Kleidung ist prächtiger, luxuriöser als die der anderen. Und damit kein Zweifel aufkommt, daß er der Führer der Sieger, der Vornehmste der Krieger ist, baumeln an seinem eigenartigen Gürtel die abgeschlagenen Köpfe von vier überwältigten Feinden.

Neben den Bildern dieser selbstbewußten stolzen Sieger hat man jedoch in Cerro Sechín auch Steine, als Stelen gearbeitet, gefunden, auf denen nur Menschenköpfe zu sehen sind. Zweifellos sind es Köpfe als Kriegstrophäen, die Häupter besiegter Feinde oder geköpfter, geopferter Gefangener darstellend.

Cerro Sechín mit seinen 300 Bildnissen von »Siegern« und »Besiegten« scheint doch von einer älteren Periode in der Geschichte der Chavín-Indianer zu künden. Wir haben uns bewußt vorsichtig ausgedrückt. Denn sehr vieles, beinahe alles, was mit Chavín zusammenhängt, ist z. Z. noch von so dichten Schleiern des Geheimnisses verhüllt, daß wir noch immer in erster Linie Fragen aufwerfen müssen und nach den Antworten erst zu suchen haben. Sollte aber Cerro Sechín wirklich von jener ältesten Periode zeugen, so würde das darauf hindeuten, daß diese »Sieger«, die Träger der Kultur, die den Namen Chavín trägt, zunächst durch Kampf, durch Überwindung anderer Bewohner, die sie als ihre Feinde ansahen, das von ihnen später bewohnte Territorium Perus erobern mußten. Die Stadt Chavín kündete dann eigentlich von einer hypothetischen zweiten Periode in der Geschichte der Chavín-Indianer, von der Periode, die einer vorausgegangenen Kultur folgte, von einer Zeit, da die Macht der Jaguarsöhne mit Speeren infolge ihrer militärischen Stärke schon über Peru errichtet war, was damit auch die Herrschaft jener Religion der Jaguargötter oder des Jaguargottes herbeigeführt hatte. In seinem Namen übten vielleicht auch jene die Herrschaft aus, die diesen Kult betrieben, ihn leiteten, die Chavín-Priester und möglicherweise ihr oberster Herrscher, der Hohepriester des Jaguarkults.

Das alles sind nur Vermutungen. Sie bilden Hypothesen über nur eine der möglichen Varianten der Entwicklung, die — aber daran besteht schon kein

Zweifel mehr — zur Entstehung der ersten Hochkultur Perus und zur Ausbreitung ihres Einflusses und damit ihres Kunststils und vor allem ihrer »Jaguarreligion« auf einem sehr ausgedehnten Gebiet dieses Landes geführt hat. Wir betonen jedoch nochmals — das alles sind vorläufig nur Annahmen. Die Sprache der Steine ist sehr schwer zu enträtseln. Und nicht alles, was wir an ihnen ablesen möchten, verraten sie uns. So bleibt uns nichts anderes übrig, als ihre Sprache zu Ende zu denken, Vermutungen anzustellen, so, wie wir es in den vorangegangenen Zeilen getan haben. Bei allen diesen Erwägungen muß aber auch der furchterregende Jaguar eine Rolle spielen. Denn bereits die Gesichter mancher Krieger von den Steinen in Cerro Sechín, besonders ihre Münder, ähneln den Mäulern dieser Raubtiere. Und in Chavín begegnen wir dann den Tieren, höchstwahrscheinlich Jaguaren, überall. Wenn wir also den Spuren der versunkenen indianischen Kulturen Perus, der untergegangenen Indianerreiche dieses Landes nachgehen, müssen wir auf unserer Suche nach dem ersten, ältesten von ihnen auch den Spuren des Jaguars folgen.

Auf den Spuren des Jaguars

Folgen wir also den Spuren des Jaguars sowie den Spuren seiner Anbeter, der Chavín-Indianer. Bevor wir versuchen, den Weg in ihre Urheimat zu finden und einen Blick dorthin zu werfen, wollen wir uns noch für einige andere ihrer Zentren interessieren. Denn auf die Spuren der Chavín-Indianer stoßen wir nicht nur in ihrer bewundernswerten Metropole und in der uralten Galerie in Cerro Sechín, sondern auch in einer ganzen Reihe anderer Orte Perus. So ist z. B. in Moxeque, in demselben Casmatal, in dem auch Cerro Sechín liegt, eine weitere von den Chavín-Indianern errichtete Pyramide entdeckt worden: Es ist ein 30 m hoher solider Bau, der mit Nischen geschmückt ist, in denen man die Überreste von — leider sehr beschädigten — mehrere Meter hohen Tonfiguren gefunden hat. Diese Plastiken trugen zudem Farbspuren — blaue, rote, schwarze und grüne. In demselben Tal ist an einem Pallca genannten Ort eine weitere Chavín-Pyramide entdeckt worden. In einem anderen Teil der Costa, in Cerro Blanco im Nepeñatal, ist man auf monumentale Bauten gestoßen, die mit Jaguarzähnen und -augen geschmückt waren. (Das ist überhaupt bei den Chavín-Indianern üblich gewesen. Sie haben oft nicht das ganze Tier dargestellt, sondern — pars pro toto — nur einige seiner besonders typischen Organe.) Ein anderer Bau im Nepeñatal (in Punkurí) ist dagegen mit einem aus Ton geformten Jaguarkopf verziert.

In der Sierra ist — nach Chavín — das bedeutendste Zentrum dieser Jaguaranbeter, ein Ort, der heute den Namen des anderen von den Andenindianern so verehrten Tieres — des Kondors — trägt. Dieser Tempelkomplex Cuntur Huasi — wörtlich »Haus des Kondors« — erhebt sich am Oberlauf des Flusses Jaquetepeque in der Nähe der Provinzstadt Cajamarca. Das dreistufige Heiligtum schmücken auf der obersten Plattform sechs Standbilder im typischen Chavín-Stil. Der Bau selbst hat seinen Namen nach einem der am besten erhaltenen dortigen Steinfriese bekommen, der vermutlich einen Dämon (?) in Gestalt eines Kondors darstellt. Bilder dieser stolzen Vögel und ihrer Körperteile sind auch in den Fels eines der Berge in der Nähe des Tempels gehauen.

In Cuntur Huasi — im »Haus des Kondors« — hat man noch etwas gefunden: einen der ersten Friedhöfe der Chavín-Indianer. Im eigentlichen Chavín ist niemals ein Friedhof entdeckt worden. In seinen Gräbern waren außer den Skelettüberresten der dort Bestatteten auch goldene Gegenstände bewahrt — Goldschmuck der Chavín-Indianer. Und natürlich ist man auch im »Haus des Kondors« auf die prächtige, so typische Chavín-Keramik gestoßen. Sie weist fast immer schwarze Grundfarben auf und ist stets mit tiefen Rillen verziert, die in der Regel die von den Steinmetzarbeiten der Chavín-Indianer bekannten Motive wiederholen.

Eine so bedeutende Kultur — die erste wirkliche Hochkultur Perus — hat freilich nicht nur ihre eigene ausgeprägte künstlerische Handschrift, ihre eigenen entwickelten religiösen Vorstellungen besessen — sie muß auch über eine entwickelte ökonomische Basis verfügt haben, auf der sie entstanden ist, die ihre Existenz erst ermöglicht hat. Diese Basis war selbstverständlich eine fortgeschrittene Landwirtschaft. Gleichzeitig mit dem Erscheinen der Chavín-Kultur gelangte übrigens die Kenntnis des Maises in alle Gebiete Perus, in denen der Anbau dieser Getreidepflanze möglich war. Manche Forscher sind überhaupt der Meinung, daß jene Indianer, die im Zeichen des Jaguars nach Chavín gekommen sind und diesen neuen Kult und den damit verbundenen Kunststil eingeführt haben, auch den Mais oder zumindest neue Maisarten mitgebracht haben, die ertragreicher als jene waren, die die Bewohner von Cotosh und andere angebaut hatten.

Die endgültige Antwort auf die Frage, wer in Peru zum erstenmal Mais und zu welchem Zeitpunkt zu säen begonnen hat, werden erst künftige Forschungen bringen. Gewiß ist, daß diese Chavín-Indianer, die für ihre Jaguargottheiten imposante Tempel und Stelen errichteten, zugleich für ihre Felder ebenso imposante technische Bauten — großartige Bewässerungsanlagen — geschaffen haben. Bisher kennen wir zwei: Die eine befindet sich — nicht weit vom »Haus des Kondors« entfernt, also wiederum in der Nähe der heutigen Stadt Cajamarca — im Quellgebiet des Flusses Rio Fino. Der Bau hat bewundernswerte Ausmaße — er mißt über 25 000 m². Sein Kernstück ist ein mächtiger in den Fels gehauener Aquädukt, der durch mehrere Tunnel hindurchführt, deren Wände mit herrlichen Petroglyphen (Felszeichnungen) im unverkennbaren Chavín-Stil geschmückt sind. Da das Leben der Chavín-Indianer von ihrer Religion bestimmt war, gehört auch zu diesem rein technischen Baukomplex ein höchst eigenartiges Heiligtum: Es besteht aus einem großen Felsen, dem man die Form eines Menschenkopfes gegeben hat. Den Mund — er hat einen Durchmesser von 3,5 m — dieses heiligen Kopfes haben die Chavín-Indianer ausgehöhlt, wodurch sie eine künstliche Höhle schaffen konnten. In diesem Mund haben sie dann offenbar ihren Kult zelebriert. Unter dem Boden der Felsenhöhle scheint sich — worauf mehrere Anzeichen hindeuten — das Grab eines besonders hohen Würdenträgers — vielleicht gar des damaligen »Königs«, des Hohepriesters der Chavín-Indianer — befunden zu haben.

Aber auch an der Costa haben die »Jaguarsöhne mit Speeren« einen großartigen Beweis ihrer technischen Fähigkeiten hinterlassen. Wiederum im Nepeñatal, zwischen zwei Bergen, haben dort die Chavín-Indianer eine hohe Talsperre von unglaublicher Breite gebaut. Der Damm ist am Boden 24 m stark. Für die Zeit der Trockenheit stauten sie durch dieses Bauwerk das Wasser, das dann durch zwei Kanäle, von denen der eine 20 km lang war, in dieses Staubecken geleitet wurde. In diesem so unterschiedlichen Terrain müssen diese Kanäle, diese Aquädukte, verschiedene natürliche Hindernisse überwinden. Daher verlaufen sie oft auch längs der Kronen hoher Dämme. Der Hauptbau der Talsperre der Chavín-Indianer im Nepeñatal wird noch durch weitere Dämme und Wehre ergänzt, die verhindern sollten, daß die reißenden Frühlingswasser in der Zeit, wenn in den Anden der Schnee taut, die Ernte vernichten. Dieses von den Trägern der ältesten Hochkultur Perus geschaffene komplizierte Bewässerungssystem ist später von den Erbauern des Chimúreiches erweitert worden, und es dient noch den heutigen Peruanern, obwohl es vor 3 000 Jahren gebaut worden ist.

Den Bau solcher großartigen technischen Anlagen muß ebenso wie die Errichtung der Kultstätten und Galerien der Chavín-Indianer jemand geleitet

haben. Dieser Jemand, das waren zweifellos die Funktionäre des ersten entstehenden Indianerreiches Perus, der ältesten Hochkultur dieses Landes.

Alles, was die Chavín-Kultur gebracht hat, ist so überraschend, so neu, daß die Fachleute und auch die Laien immer wieder die Frage vorlegten: »Wo ist diese Chavín-Kultur hergekommen?« Denn allzu plötzlich ist sie aus den Tiefen der peruanischen Geschichte aufgetaucht — als reife, fertige, definitive Kultur. Ihre »Frühformen« kennen wir nicht. Wir wissen nicht, wie sie aussah, bevor Cerro Sechín begonnen wurde. Da uns ihre Anfänge gänzlich unbekannt sind, ist es kein Wunder, daß die Auffassungen über den möglichen Ursprung der Chavín-Indianer und der Chavín-Kultur erheblich voneinander abweichen.

Das so überraschende Erscheinen der Chavín-Kultur auf dem peruanischen Schauplatz hat manche Forscher auf den Gedanken gebracht, die Urheimat der Chavín-Leute nicht nur außerhalb Perus, sondern auch außerhalb Amerikas zu suchen, jenseits des Meeres. So ist z. B. der namhafte österreichische Amerikanist Robert Heine-Geldern zu der Ansicht gelangt, daß die von der Chavín-Kunst verwendeten Motive zweifellos von denen abgeleitet seien, deren sich die chinesischen Künstler in der Spätzeit der Dschou-Dynastie, zu Beginn des zweiten Viertels des ersten Jahrtausends v. u. Z., bedient haben. Anderen Forschern wiederum haben gewisse äußerliche Ähnlichkeiten zwischen der Jomon genannten japanischen Keramik und der in der Blütezeit der Chavín-Kultur in den Nordgebieten Perus geschaffenen Keramik zu denken gegeben. Aber auch der bedeutende amerikanische Gelehrte Julian Steward und andere haben Kontakte Chavíns mit dem Orient in Erwägung gezogen. Julius César Tello dagegen, der »Entdecker« dieser ersten Hochkultur Perus, hat die Vorläufer an anderen Orten gesucht — im östlichen Amazonasgebiet, am rechten Ufer des Flusses Marañon, bei den Indianern, die diese feuchten tropischen Urwälder bewohnen, wo auch ihr häufigstes »Totemtier«, der Jaguar, umherstreift.

Beim Jaguar muß jede Suche nach den »Eltern« der »Chavín-Kultur« beginnen. Denn außer dem vielen, was wir noch nicht von den Chavín-Menschen wissen, gibt es zwei Erscheinungen, die nicht zu bezweifeln sind: Diese Kultur erschien gleichsam fertig, völlig ausgereift auf dem Schauplatz der peruanischen Geschichte. Zum anderen hat im Zentrum der gesamten Chavín-Kultur zweifellos die tiefe religiöse Verehrung eines katzenartigen Raubtiers — sicherlich des Jaguars — gestanden. Das am Fuße fast 5 000 m hoher Berge gelegene kalte Chavín selber und auch die Sandwüsten der peruanischen Küste, das Gebiet um Cerro Sechín oder die anderen von Chavín-Indianern bewohnten sandigen Täler der Costa sind jedoch keineswegs eine ideale Heimat für den Jaguar. Ganz im Gegenteil. So nimmt es nicht wunder, daß Prof. Tello, der Entdecker dieser Kultur, eben auf das Chavín am nächsten gelegene Gebiet verfiel, in dem ständig Jaguare leben, als er die Urheimat suchte.

Tello richtete sein Augenmerk auf den Marañon. Es muß aber gesagt werden, daß im Flußgebiet des Marañon und überhaupt am Oberlauf des Amazonas nirgends irgendwelche Spuren vom Vorhandensein der Chavín-Kultur und auch keiner anderen, späteren altperuanischen Hochkultur gefunden worden sind. Noch in unserem 20. Jahrhundert gehören die im Flußgebiet des Marañon lebenden Indianer zu den rückständigsten Indianern Amerikas überhaupt. Es wäre sehr verwunderlich, wenn ausgerechnet in diesem von Tello gewählten Gebiet vor 3 000 Jahren eine Kultur entstanden sein sollte, die er selbst als »Schöpferin eines megalithischen Reiches« und »Mutterkultur der ganzen Anden« bezeichnet hat.

Unsere Wanderung auf den Spuren des Jaguars kann uns auch in andere Richtung führen. Der Autor des Buches muß an dieser Stelle in seinen Forschungsergebnissen Rat suchen, in seinem Werk »In versunkenen Mayastädten« und bei den Erkenntnissen, die auf mehreren anderen Amerikareisen gewonnen werden konnten. Die Forschungsreisen, die ihm dabei in den Sinn kommen, haben ihn in das östliche Mexiko geführt, wo — auch erst in jüngster Zeit — in einem ähnlichen feuchten tropischen Gebiet Spuren der zweifellos ältesten Hochkultur dieses Teils Amerikas (des sogenannten Mesoamerika), der olmekischen Kultur, entdeckt worden sind. Die Olmeken begannen vor etwa 3 500 Jahren in Mesoamerika ihre ersten Pyramiden zu errichten, ihre ersten Steinstelen und Altäre zu meißeln. Alles schmückten sie mit Bildern des Jaguars. Eigentlich war es ein Jaguar in Menschengestalt. Es ist ganz offensichtlich, daß die Olmeken den Jaguar nicht nur angebetet, sondern daß sie sich auch selbst für Söhne dieses Tieres gehalten haben. In einer der Olmekenstädte (heute Portero Nuevo genannt) befindet sich ein steinernes Denkmal, das ganz offen ausspricht, was die Olmeken über ihre Herkunft nur andeuten. Es stellt die körperliche Vereinigung einer Frau mit einem Jaguar dar. Aus dieser Verbindung des Menschen mit dem göttlichen Jaguar sind nach ihren Vorstellungen diese halb menschlichen, halb göttlichen Wesen, die altamerikanischen Heroen — die Olmeken —, hervorgegangen.

Die Geschichte der Erforschung der Olmeken ist noch sehr jung. Die wissenschaftliche Erkundung der ältesten olmekischen Stadt San Lorenzo Tenochtitlán erreichte erst in den siebziger Jahren unseres Jahrhunderts ihren Gipfelpunkt und ist noch immer nicht abgeschlossen. In der ersten Etappe der Enträtselung glaubte an die Olmeken fast niemand. In der zweiten wurden olmekische Denkmäler gefunden, die anderen indianischen Kulturen, besonders den später gekommenen Maya, zugerechnet wurden. In der dritten Etappe wurde die Existenz der Olmeken zum erstenmal in dem eigentlichen relativ kleinen Stammesgebiet dieses Volkes, in den feuchten tropischen Niederungen an der Küste des Karibischen Meeres, in den heutigen mexikanischen Städten Veracruz und Tabasco festgestellt. Dort haben diese mesoamerikanischen Jaguaranbeter ihre ersten großen Städte gebaut — San Lorenzo Tenochtitlán, das etwa vom Jahre 1 400 bis zum Jahre 1 000 v. u. Z. offenbar die »Hauptstadt« der Olmeken gewesen ist, und dann La Venta, das zur Metropole der Olmeken wurde, nachdem sie San Lorenzo Tenochtitlán verlassen hatten. In diesem Gebiet sind weitere olmekische Städte gegründet worden, die man heute Cerro de las Mesas, Tres Zapotes usw. nennt.

Auf diese drei Etappen bei der Lösung des Rätsels dieser Jaguarindianer folgt eine vierte — die gegenwärtige. In den letzten Jahren sind die Spuren der Jaguarindianer nach und nach in immer größerer Entfernung von ihrem heimatlichen Veracruz entdeckt worden. Und nicht nur in größerer Entfernung: Oft finden wir die Spuren der Olmeken an jenen Orten, an denen später andere altamerikanische Kulturen, andere bedeutende altamerikanische Zentren erblüht sind, z. B. in Oaxaca. In der großen Stadt Monte Albán, die später die Zapoteken und danach auch die Mixteken bewohnt haben, stoßen wir in der ältesten Periode auf unzweifelhafte Spuren olmekischen Ursprungs: Die Menschen, die dort auf großen Steinblöcken in einer eigenartigen »tänzerischen« Haltung (daher nennt man sie auf spanisch »Danzantes — Tänzer«) dargestellt sind, waren offenbar ebenfalls Olmeken. Übrigens ähneln diese olmekischen »Tänzer« von Monte Albán in fast frappierender Weise den Männern von der Chavín-Galerie in Cerro Sechín.

Oaxaca und Monte Albán liegen im Süden Mexikos, weit entfernt von dem eigentlichen Stammesgebiet der Olmeken. Doch die Spuren der Olmeken sind auch im Hochland von Mexiko zu finden, dort, wo dann Teotihuacan emporwuchs, wo die Tolteken herrschten und das Reich der Azteken erblühte.

In Chalcatzingo, ein paar Stunden Fahrt von der mexikanischen Hauptstadt entfernt, haben sich sogar olmekische »Petroglyphen« erhalten, von denen eine geradezu die Kopie einer der Stelen von La Venta ist. Auf vielen dieser Felsbilder erblicken wir Olmeken, die ihre dortigen Feinde siegreich überwinden.

Nachdem man im Süden und im Zentrum Mexikos auf Zeugnisse der Olmeken gestoßen war, fand man ihre Spuren auch in einem ihrer Heimat ganz entgegengesetzten Gebiet — an der Küste des anderen mexikanischen Meeres, des Stillen Ozeans, in der Nähe des berühmten Badeorts Acapulco. Am Papageienfluß wurden in Höhlen unweit der Ortschaft Kuxtlahuaco umfangreiche Galerien entdeckt.

Fast auf dem ganzen Gebiet Mexikos sind in den letzten Jahren Spuren der Olmeken gefunden worden. Doch nicht allein dort. Es zeigte sich, daß diese im Banne des heiligen Jaguars lebenden Indianer nicht nur in diesem großen Land ihren Einfluß ausgeübt hatten, sondern auf ihren Feldzügen auch bald die heutigen Grenzen Mexikos überschritten hatten und bis nach Guatemala gelangt waren. Wieder andere Spuren bezeugen, daß auch Guatemala nicht die letzte Grenze der kulturellen »Expansion« der Olmeken gewesen ist. Unlängst sind auch in El Salvador (in Las Victorias) und dann sogar in Kostarica (auf der Halbinsel Nicoya) olmekische Zeugnisse entdeckt worden.

Sind aber die Jaguarindianer bei ihrem Siegeszug weiter nach Süden vorgedrungen? Kostarica liegt noch in Mittelamerika, nördlich des Golfs von Panama. Südlich von Panama erstreckt sich dann das südamerikanische Kolumbien. Neben Mesoamerika und den Mittleren Anden breitet sich das dritte Gebiet der Neuen Welt aus, in dem ebenfalls altamerikanische Hochkulturen erblüht sind. Den Spuren der ältesten von ihnen begegnen wir in Kolumbien an einem San Agustín genannten Ort. Ihre Schöpfer haben uns dort Dutzende von Steinplastiken hinterlassen, vorwiegend Figuren von Menschen, aus deren Mündern stets riesige Jaguarzähne herausragen, die jedoch eher an die Tatzen dieses Raubtiers erinnern. Es ist offensichtlich, daß auch hier – im kolumbianischen San Agustín – die Träger dieser altamerikanischen Kultur den Jaguar verehrt haben, der möglicherweise dem ganzen religiösen Kult von San Agustín ebenfalls zugrunde gelegen hat.

Südlich von Kolumbien, südlich von San Agustín, liegen Ekuador und Peru. In Peru beginnt, wie wir gesehen haben, die Geschichte seiner Hochkulturen mit dem Auftreten der Chavín-Indianer. Die Chavín-Kultur erscheint aber als völlig ausgereifte Kultur auf dem Schauplatz der peruanischen Geschichte. Und sie bringt neben vielen anderen »Neuerungen« etwas, das für die Träger dieser ältesten Hochkultur Perus offenbar das Wesentlichste war – eine tiefe Verehrung des Jaguars.

Wenn wir diesen Jaguar vergleichen, der für die Chavín-Indianer wie auch für die Olmeken die Achse ihrer Kultur gewesen ist, wenn wir diese beiden Kulturen auch zeitlich nebeneinanderstellen (die Olmeken haben San Lorenzo Tenochtitlán nachweislich um das Jahr 1400 v. u. Z. gegründet, und Chavín ist etwa 850–900 v. u. Z. geschaffen oder zum Mittelpunkt dieser neuen Chavín-Kultur geworden) und wenn wir schließlich auch die eigenen Porträts der Olmeken, wie wir sie aus dem mexikanischen Monte Albán kennen, mit den ihnen ganz ähnlichen Selbstbildnissen der Chavín-Indianer vergleichen, die in jener großartigen Galerie in Cerro Sechín in den Stein gebannt sind, können wir uns des Eindrucks nicht erwehren, daß wir es hier mit den Angehörigen der gleichen Gruppe, mit den Trägern einer völlig identischen Kultur zu tun haben.

Das ist selbstverständlich nur eine Vermutung. Der Autor des Buches macht stets darauf aufmerksam, wo er nur »mutmaßt«, wo es sich nicht um gesichertes Wissen handelt. Denn nichts ist beim Studium, bei der Suche nach dem wahren Gesicht solcher alten Kulturen verderblicher, als Vermutungen für bewiesene Fakten zu halten oder gar auszugeben.

Andererseits glaubt eine ganze Reihe der berufensten Fachleute an den olmekischen Ursprung der Chavín-Kultur. Unter den Peruanern z. B. der Archäologe Federico Kauffman, unter den Nichtperuanern einer der besten Kenner der altamerikanischen Kulturen, der Professor der Yale-Universität Dr. Coe, der für die mögliche olmekische Herkunft der Chavín-Indianer neue Beweise vorgelegt hat. Coe hat in erster Linie mehrere völlig übereinstimmende Ornamente identifiziert, die sowohl die Keramik der Olmeken in Mexiko als auch die der Chavín-Indianer in Peru schmücken.

Sollten die Olmeken bei ihrer großen Expansion in Altamerika tatsächlich bis nach Peru vorgedrungen sein, sind sie entweder über das Meer oder auf dem Festland dorthin gelangt (über den Weg, auf dem die Olmeken nach Peru gekommen sind, gehen bisher die Ansichten noch auseinander). Auf jeden Fall haben aber diese hypothetischen Einwanderer aus dem Norden nicht nur ihren Stil der Keramikverzierung mit nach Peru gebracht, sondern in erster Linie haben sie ihre religiösen Vorstellungen, in deren Mittelpunkt die Verehrung des mächtigen Jaguars stand, verbreitet und den Bewohnern dieses ganzen Landes aufgezwungen.

Die Verbreitung des Jaguarkults kann freilich — wie z. B. der peruanische Archäologe Lumbreras betont hat — nicht allein das Werk rühriger Missionare der neuen Religion gewesen sein. Hinter dieser ersten geistigen Konquista Perus muß eine starke Macht gestanden haben. Und so können wir annehmen, daß dieses ganze ausgedehnte Gebiet Perus, in dem wir den Spuren des Jaguarkults, des Chavín-Stils begegnen, weniger durch freiwillige Verehrung dieses Raubtiers verbunden war als vielmehr durch die Macht eines ersten peruanischen Staates, an dessen Spitze sicher die königlichen Hohepriester dieses Kults gestanden haben. So ist das erste der vermuteten indianischen Reiche Perus im Grunde im Zeichen des Jaguars errichtet worden. An der Wiege dieses Reiches stand sein furchterregendes Bild — sein grausames Gesicht, seine mächtigen Kiefer, seine drohenden Raubtierzähne ...

Die Halbinsel der Mumien

Die Chavín-Kultur verschwand um das Jahr 300 v. u. Z. wieder aus der Geschichte Perus — ebenso unerwartet, ebenso plötzlich, wie sie in diesem Land erschienen war. Lange Zeit hindurch finden wir danach in Peru nur lokale Kulturen, deren Einfluß auf kleinere und manchmal auch sehr kleine Gebiete beschränkt blieb.

Die Kultur, die unmittelbar nach Chavín folgte, war im Süden der peruanischen Costa erblüht. Man nennt sie Paracas-Kultur — nach dem Namen einer der dortigen Halbinseln, auf der man um die Mitte der zwanziger Jahre unseres Jahrhunderts ihre ersten Spuren gefunden hat.

Der Name Paracas bedeutete in einer der Indianersprachen soviel wie »Sandregen«. Und das ist wirklich eine treffende Benennung für diese öde, von rötlichem Sand bedeckte Halbinsel, auf der die Hügel der Cerro-Colorado-Kette tief in den Pazifik vordringen.

In der südperuanischen Wüstengegend von Paracas lebt überhaupt niemand. Es ist ein völlig totes Land. In jenen zwanziger Jahren jedoch zeigte sich, daß Paracas nicht nur ein totes Land, sondern auch ein Land der Toten ist. Fischer, die dort zufällig anlegten, fanden an der Ostseite der sandigen Halbinsel, an der Bucht Independencia, eigenartige Gräber, in denen sie seltsame Textilien entdeckten, wie sie im heutigen Peru nicht mehr hergestellt werden.

Von dem zufälligen Fund auf der Halbinsel Paracas erfuhr Julio César Tello, jener Archäologe, der in diesen Jahren in ganz Peru umherreiste, um alle Orte zu besuchen und nach Möglichkeit zu durchforschen, die in diesem Land in vorkolumbischen Zeiten bewohnt gewesen waren. In Peru gab es schon damals mehrere tausend solcher bekannten »archäologischen Lokalitäten«. Dennoch begab sich Tello auf diese Halbinsel Paracas, auf der nach den allgemein anerkannten Voraussetzungen niemals jemand gelebt haben konnte, um die alten Stoffetzen und vor allem die dort befindlichen Gräber zu untersuchen.

Die Halbinsel namens »Sandregen« enttäuschte ihren Besucher nicht. Ganz im Gegenteil. Sie brachte ihm seine wohl großartigste archäologische Entdeckung überhaupt. Unter jahrhundertealten hohen Ablagerungen von rötlichem Sand fand dort Tello nicht nur Stoffetzen, auch nicht nur ein Grab, sondern eine ganze Totenstadt, zwei riesige Begräbnisstätten.

An der Bucht Independencia entdeckte Tello zusammen mit seinem amerikanischen Kollegen Prof. Samuel Lothrop und mit seinem treuesten peruanischen Begleiter Toribio Mejía Xesspe Dutzende von Gräbern — voller Schätze von unermeßlichem archäologischem Wert, die das dortige unglaublich trockene Klima fast alle vollkommen konserviert hatte. In den Gräbern aus der zweiten, jüngeren Paracas-Periode sind außerdem die Mumien der altperuanischen Indianer erhalten geblieben, jener Menschen, die sich diese unglaubliche Stadt der Toten auf der Halbinsel einst gebaut hatten, die Schöpfer und Träger dieser eigentümlichen Kultur, der Tello dann den Namen »Paracas-Kultur« gab. Er nannte die bewahrte Kultur nach jener Halbinsel, wo ihm mehr als an anderen Orten das Entdeckerglück hold gewesen war.

Später zeigte es sich, daß diese Paracas-Kultur nicht nur auf der Halbinsel, die ihr den Namen gegeben hat, zu Hause gewesen war, sondern daß sich ihr Einfluß auf einen viel weiter reichenden Teil der südperuanischen Costa vom Pisco-Tal im Norden bis zur Mündung des Flusses Ica im Süden erstreckt hatte. Im Flußgebiet dieser Ica, an einem Ort, den heute die Peruaner Ocucaje nennen, entdeckte im Jahre 1953 der bedeutende amerikanische Archäologe William Duncan Strong ein weiteres wichtiges Zentrum dieser Kultur und andere Paracas-Gräber, in denen jedoch stets nur ein einziger Toter bestattet war. Aber dennoch sind bis heute — auch nach den Entdeckungen in Ocucaje und anderen Orten Südperus — die Gräber von Paracas die wichtigste Informationsquelle über diese Kultur geblieben.

Paracas ist heute in der Tat eine tote Wüste von rötlichem Sand. Doch die Funde zeigen, daß diese südperuanische Halbinsel der Mumien nicht immer nur ein Land für die Toten war, sondern in jenen Zeiten, von denen hier die

Rede sein wird, von Menschen bewohnt gewesen ist. Das Zentrum dieser Kultur, der Hauptsiedlungsort der Indianer von Paracas, muß dort auf der Halbinsel gelegen haben. Diejenigen, die meinen, daß Paracas nur ein Begräbnisort, nur eine Art riesiger Friedhof an den Gestaden des Ozeans war, auf dem die in anderen Teilen Perus ansässigen Menschen ihre Toten beerdigt haben, sind zweifellos im Irrtum. Es widerspräche zudem dem Brauch der alten Peruaner, die Toten in der Nähe ihrer Hinterbliebenen zu bestatten. Auch im vorinkaischen Peru liegen die Friedhöfe stets in der unmittelbaren Nachbarschaft der indianischen Städte oder manchmal — in Pachacamac, Cajamarquille, Moche — sogar mitten im Zentrum der Stadt, im Tempelbezirk.

Die Halbinsel heute — ohne jegliche Vegetation — hat ihren Bewohnern, wie die Gräber zeigen, damals mannigfaltige Nahrung geboten. Innerhalb der Mauern der Stadt der Toten hat Tello die Überreste von Mais, Bohnen, Kürbissen und anderen Pflanzen gefunden. Diese Früchte muß der Bauer von Paracas (und das klingt angesichts des wüstenhaften Charakters dieser Halbinsel geradezu unglaublich) angebaut haben. Wie hat er das bei diesem Boden fertiggebracht? Er konnte es mit Hilfe der eigentümlichen altperuanischen Methode der Bodenbearbeitung in den Küstenwüsten. Die damaligen Indianer haben dort an ausgewählten Orten in schmalen Streifen eine Sandschicht nach der anderen abgetragen, bis sie — unter dem Niveau des umgebenden Terrains — auf feuchtere Erde stießen, die von unterirdischen Quellen bewässert wurde. Diese originelle Methode, die in vorkolumbischen Zeiten in dem trockenen Küstengebiet Perus angewandt wurde, heißt »mahamac«. Und solche »mahamac« hat es also vor zweieinhalb Jahrtausenden offenbar auch dort gegeben, wo heute nicht eine einzige Getreideähre, nicht eine einzige Blume dem Boden entsprießen könnte.

Die Indianer von Paracas haben außerdem, um die Fruchtbarkeit ihrer originellen schmalen Felder inmitten der Wüste zu erhöhen, auch ein regenerierendes Düngemittel benutzt, den besten Naturdünger der Welt, jenen Guano, den ihnen die Vogelwelt der südperuanischen Küste in solchen Mengen spendete, denselben Guano, denselben übelriechenden Vogelkot, den später — im 19. und zu Beginn des 20. Jahrhunderts — seine Exporteure in pures Gold ummünzten.

Kehren wir jedoch zu den Bewohnern der Paracas-Cavernas und in die Stadt der Toten zurück. Prof. Tello, der damals nicht nur über die alten Peruaner, die auf der »Halbinsel der Mumien« beerdigt waren, nachsann, sondern auch über jene, die auf ihr gelebt hatten, hat in Paracas sechs Saisons hintereinander gegraben — von 1924 bis 1930. Nach seinem Tode setzten andere peruanische Forscher die Grabungsarbeiten fort, darunter auch eine der ersten peruanischen Archäologinnen, die damalige Leiterin des Peruanischen Anthropologischen und Archäologischen Nationalmuseums in Lima, Dr. Rebeca Cachoto.

Das Ergebnis der Forschungen von Tellos Nachfolgern in Paracas sind nicht nur weitere freigelegte Gräber, sondern auch die Feststellung, daß diese Kultur im südlichen Teil Perus mindestens 500 Jahre lang existiert hat und daß sie in ihrem Anfangsstadium noch immer wesentlich von der Chavín-Kultur, dem Chavín-Stil beeinflußt war. Auf den ältesten Textilien von Paracas (von denen noch die Rede sein wird), aber auch auf der Paracas-Keramik finden wir anfangs immer noch Bilder und Symbole jenes heiligen Jaguars, in dessen Namen Chavín über die Seelen der Peruaner geherrscht hatte.

Diese historisch ältesten Gegenstände stammen aus der ersten der beiden sich voneinander unterscheidenden Begräbnisstätten, die auf der »Halbinsel der Mumien« entdeckt worden sind. Tello hat diese ältere der beiden dortigen Begräbnisstätten (und ebenso diese ältere Phase der Paracas-Kultur) »Paracas-Cavernas« genannt.

Die Paracas-Cavernas ähneln in ihrer Form Chiantiweinflaschen — Flaschen mit langem Hals und breitem Boden. Die Cavernas haben eigentlich drei Stockwerke: eine Mündung, das »Mundstück der Flasche«, d. h. einen Vorraum, der — unterhalb der Erdoberfläche — aus roten Porphyrblöcken oder aus Walknochen erbaut ist. Das Dach dieses Vorraums, also dieses Eingangs in die »Caverna«, ist stets mit Baumwollstoff bedeckt, auf dem eine feuchte Lehmschicht ruht.

An den Vorraum schließt sich das »zweite Stockwerk« der Caverna, der schmale »Flaschenhals«, an — ein 3 bis 8 m tiefer Schacht. In seine Wände sind manchmal Stufen eingehauen, die das Hinabsteigen in die eigentliche Grabkammer erleichtern sollten. Sie bildet den bauchigen Boden der Flasche, der in den harten Fels getrieben ist.

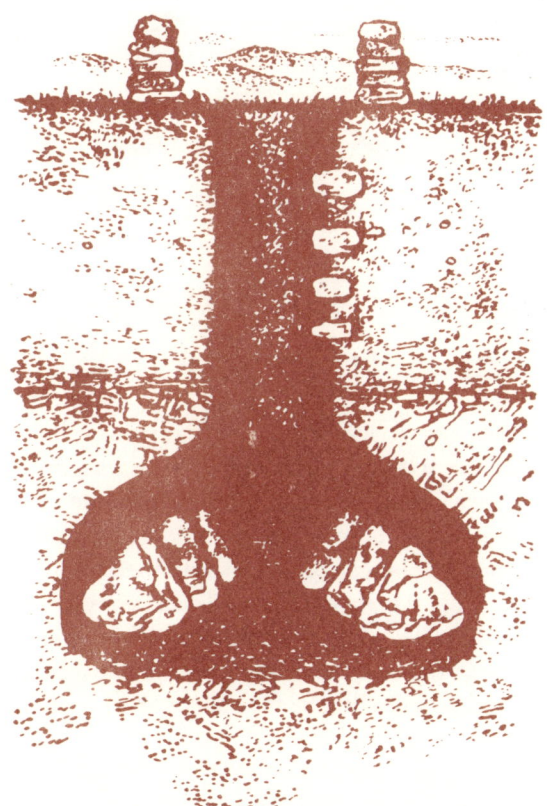

Die Grabkammer der Caverna ist geräumig. In einer jeden sind offenbar die irdischen Überreste der Angehörigen einer ganzen Familie oder einer ganzen Sippe bestattet worden. In der Caverna Nr. V hat man z. B. 55 Tote gefunden — Männer, Frauen und Kinder. Die Leichname waren mit langen Streifen Baumwollstoff umwickelt. Die auf diese Weise umhüllten Toten, deren Körper das Wüstenklima von Paracas ebenfalls vollkommen konserviert hat, sind in einer eigenartigen Stellung bestattet, die an die Lage eines ungeborenen Kindes im Mutterleib erinnert. .

In den Grüften der Mumien von Paracas, den »Cavernas«, herrscht tiefe Dunkelheit. Daher ziehen die Archäologen die altperuanischen Toten wie an einer Schnur aufgereiht ans Tageslicht, so, wie die Fischer im Winter die geangelten Fische aus dem zugefrorenen Teich ziehen.

Nach dem »Ausfischen« der Caverna werden die Mumienbündel — schon in der prallen Sonne der Paracas-Wüste — »entkleidet«. Wenn der endlose Stoffstreifen schließlich abgewickelt ist, erscheint der Leichnam des Toten. Dem Forscher fallen an den enthüllten Mumien zuallererst die künstlich deformierten Schädel auf, die die meisten der dort bestatteten Toten haben.

Die Totenstadt
in der peruanischen Wüste

Unweit der Cavernas, der flaschenförmigen Paracas-Gräber, hat Julio César Tello im Jahre 1927 — wiederum unter hohen Sandablagerungen — auf dieser »Halbinsel der Mumien« ein weiteres Gräberfeld gefunden. Es handelt sich um eine wirkliche unterirdische Totenstadt, die von großen und größeren Grabkammern und Sälen sowie langen Gängen und Innenhöfen gebildet wird. Die Mauern der Gebäude der Totenstadt von Paracas waren 30—40 cm breit und mit Holzdächern gedeckt. Die Bauten sind aus ungebrannten Ziegeln errichtet. Auch Walknochen und die anderer Tiere sowie auch weiteres Material sind dazu verwendet worden. Dieser sehr ausgedehnte Komplex erinnert an eine

Stadt. Daher hat ihr Entdecker ihr auch den Namen Nekropolis (griechisch, »Totenstadt«) gegeben.

Die Paracas-Nekropolis – die Totenstadt in der Wüste von Paracas – ist in der zweiten, jüngeren Periode dieser Kultur erbaut worden. Daher wird diese jüngere Phase der Paracas-Kultur in der Regel mit dem gleichen Namen, als Paracas-Nekropolis, bezeichnet.

Zwischen den beiden Phasen dieser Kultur (wie auch zwischen den beiden Begräbnisstätten, den Cavernas und der Nekropolis) besteht auf den ersten Blick ein erheblicher Unterschied. Die ältere Phase, deren Hinterlassenschaft die Paracas-Cavernas sind, ist offenbar die Periode, in der sich die Paracas-Kultur erst herausbildete. In der zweiten, der jüngeren Periode von Paracas, die uns die dortige »Totenstadt« hinterlassen hat, ist es offensichtlich zu einer bedeutenden Entfaltung der materiellen und geistigen Kultur und gleichzeitig zu einer viel strengeren sozialen Schichtung der Gesellschaft gekommen. Die Stadt der Toten spricht darüber eine deutliche Sprache: Während in den Cavernas alle – Männer, Frauen und Kinder –, ob Herr oder nicht, bestattet wurden, sind in der Stadt der Toten offensichtlich nur die irdischen Überreste der vornehmsten Mitglieder der Gesellschaft Paracas' beigesetzt worden, ausnahmslos erwachsene, reife Männer. Keine Kinder, keine Jünglinge, keine jungen Leute sind unter den Bestatteten. Während die Toten in den Cavernas in einfache Baumwollbahnen eingewickelt waren, sind die Mumien aus der Nekropolis stets in unglaublich prächtige, reichverzierte Tücher gehüllt.

Ferner sind – obwohl wir ganz Paracas die »Halbinsel der Mumien« genannt haben – die Toten nur in dieser jüngeren Periode der Paracas-Kultur mumifiziert worden, d. h. nur die Leichname derer, die Zutritt zur Stadt der Toten, zu diesem exklusiven Klub der Hingeschiedenen, hatten.

Die unzähligen, gut erhaltenen Mumien der Paracas-Nekropolis zeugen nach 2 000 Jahren noch davon, wie meisterhaft die dortigen Totenbestatter ihr Handwerk verstanden haben.

Die Leichenkonservierer aus der Stadt der Toten in Paracas haben nach einem streng eingehaltenen Verfahren gearbeitet: Zuerst haben sie den Kopf vom Körper getrennt. Aus dem Kopf haben sie dann – durch die Nasenlöcher – die Gehirnmasse herausgenommen und die Augen entfernt. Den Rumpf haben sie von zwei Seiten geöffnet. Einmal von vorn, um vor allem die Lunge, den Magen, das Herz und andere Eingeweide herauszunehmen. Schließlich haben sie den After aufgeschnitten, um auf diesem Wege den Darm zu entfernen.

Den von den Eingeweiden befreiten Leichnam haben die Totenbestatter sorgfältig einbalsamiert. Danach ist er über dem Feuer oder auch nur in der glühenden Sonne der südperuanischen Wüste gedörrt worden. Die Leiche ist so allmählich völlig ausgetrocknet; die zusammengeschrumpfte Haut an den Gliedmaßen ist um die Knochen gewickelt worden, den schon vorher abgeschlagenen Kopf hat man wieder an die ursprüngliche Stelle gesetzt. Endlich sind dann diese einbalsamierten Gebeine des Menschen mit meterlangen Leinentüchern umwickelt worden. Die Gelehrten kommen nun und wickeln die Mumienbündel wieder auf, um — nach 2 000 Jahren — den Bewohnern der seltsamen toten Stadt und der Stadt der Toten in der peruanischen Wüste ins Angesicht blicken zu können.

Einige der Mumienbündel von Paracas haben ihren Entdeckern nicht geringe Überraschungen bereitet: So ist in einem der Bündel, die Tellos Assistent und engster Mitarbeiter Toribio Mejía Xesspe aufgewickelt hat, ein Mann gefunden worden, dessen Gesicht ein langer, prächtiger Vollbart schmückte. Dabei wachsen den Indianern fast überhaupt keine Bärte.

Die Grabfunde haben es ermöglicht, das Alter der Stadt der Toten zu bestimmen. Die Messung mittels Radiokarbontest hat z. B. als Datum der Mumifikation eines der in der Paracas-Nekropolis bestatteten Männer das Jahr 340 v. u. Z. ergeben, selbstverständlich mit der entsprechenden möglichen Abweichung. Aus einer anderen Fundstätte der Paracas-Kultur aus der Zeit der Nekropolis — aus der Hazienda Chongos — stammt ein weiterer überraschender Fund: Samenkörner des Maises sind dem Toten ins Grab gelegt worden. Diese Maiskörner sollen nach dem bekannten peruanischen Forscher und Paläopathologen Oscar Urteaga Ballón nach mehr als zwei Jahrtausenden — nach einer besonderen Behandlung — wieder in die Erde gepflanzt worden und tatsächlich von neuem aufgegangen sein.

Aber ehe wir die Leute von Nazca und ihre Wohnsitze aufsuchen, wollen wir uns hier auf der Halbinsel Paracas erst noch eine Modenschau ansehen, zu der wir allerdings mit einer kleinen Verspätung erscheinen — mit einer Verspätung von 2 000 Jahren ...

Eine Modenschau in Paracas

Einige altperuanische Kulturen haben uns einzelne Bestandteile ihrer materiellen Kultur besonders reichhaltig hinterlassen. So haben die Mochica künftigen Generationen Keramik überliefert, die Inka ihre Architektur und die Indianer von Paracas herrliche Textilien. Sie stammen ausnahmslos aus jener jüngeren Periode der Paracas-Kultur — jener Phase, die man als Nekropolis bezeichnet. In der Stadt der Toten sind nicht nur die mumifizierten Leichname der Würdenträger von Paracas gefunden worden, sondern vor allem auch deren Bekleidung. Sie ist so prächtig, so vollkommen gearbeitet, so herrlich bestickt, daß ihre Schönheit und Qualität auch heute noch die Bewunderung jedes Fachmannes hervorruft. Stoffe und Mäntel von Paracas gelten heute bei den Kennern als die besten Textilerzeugnisse der alten Kulturen der ganzen Welt.

Die vornehmen Toten aus der Paracas-Nekropolis tragen auch ihre Totengewänder stolz zur Schau. Die meisten Mumien von Paracas sind freilich nackt. Der Leichnam ist völlig unbekleidet in die Totentücher gehüllt worden. Doch in den äußeren Schichten des Mumienbündels hat der vornehme Tote seine gesamte Garderobe auf die Reise ins Jenseits mitgenommen.

Kegelförmig sind die Mumienbündel aus der Nekropolis. Am Boden haben sie einen Durchmesser von 150 cm und mehr. Die Höhe eines solchen Bündels beträgt stets mehr als 1 m. In solchen Bündeln werden in vielen indianischen Kulturen Altperus die Toten bestattet. Manchmal beschränkte sich ein solches Bündel nur auf einen ledernen Sack und auf ein aus Pflanzenfasern geflochtenes Netz. Dort in Paracas besteht die äußere Hülle aus einem über 20 m langen und 4 m breiten Baumwollstreifen.

Hat man diese äußerste Hülle abgewickelt, kommen die ersten Mäntel zum Vorschein, die stets die prächtigsten Stücke in diesem Kleiderschrank des Toten sind. Die »Mantos«, diese Mäntel der Toten, werden wir uns gleich näher ansehen. Doch erst wollen wir noch das Mumienbündel vollends enthüllen. Die folgende Schicht besteht in der Regel aus einem baumwollenen Behälter, der oben fest verschnürt ist. Nach dem Abstreifen dieser Hülle stoßen wir auf eine weitere, in der sich meist eine Art Männerrock und ein »Unkus«, ein hemdartiges Gewand der Altperuaner, befinden. Danach folgen noch ein oder zwei weitere fest um den Toten gewickelte Baumwollstreifen. Erst dann kommt — in einer Korbschale hockend — die 2 500 Jahre alte nackte Mumie zum Vorschein.

Der Tote sitzt zusammengekauert, die Knie bis zum Kinn angezogen, in dem Korb. Die Gliedmaßen sind mit Stricken an den Körper gebunden. Manchmal sind selbst die Finger an beiden Händen des Toten fest zusammengeschnürt.

In den Totenbündeln von Paracas haben die Archäologen zweierlei gefunden: erstens die nackten Mumien dieser Indianer und zweitens deren Bekleidung. Die Stoffe aus der Nekropolis sind aus Wolle oder Baumwolle gewebt. Die Wollstoffe haben jene 2 500 Jahre, die uns von der Zeit trennen, da sie aus den Händen der Weber hervorgegangen sind, unvergleichlich besser überdauert. Zum Glück sind die Mäntel und alle anderen Hauptbestandteile der Kleidung der Paracas-Indianer meist aus Wolle gewesen.

Die einzelnen Kleidungsstücke, wie sie uns in den Gräbern der Toten überliefert wurden, sind in der Regel völlig neu und ungetragen. Das spricht dafür, daß sie nur als Gewänder der Toten gedient haben. Die Kleidung ist stets vollständig, niemals sind nur einzelne Stücke in die Bündel gelegt worden, sondern immer ein ganzes Komplet, das in der Regel mit dem gleichen Ornament geschmückt ist. Bei unserer Modenschau auf der Halbinsel Paracas würden wir an den Mannequins (d. h. den männlichen »Mannequins«, denn die Würdenträger waren ausschließlich Männer, und es geht hier nur um die Männermode) stets vier Hauptbestandteile der Kleidung der Paracas-Leute erblicken: den Männerrock, den »Unkus« — jenes altperuanische Hemd —, eine Kopfbedeckung — einen mehrere Meter langen und etwa 35 cm breiten mehrmals fest um das Haupt gewickelten Stoffstreifen, der sehr an einen Turban der Moslems erinnert — und schließlich den Mantel. In ganz Altamerika hat es kein anderes Kleidungsstück gegeben, das diese Mäntel an Pracht und im unglaublichen Reichtum ihrer Verzierung überträfe.

Die Mäntel von Paracas sind stets aus einem Stück Wollstoff genäht, das in der Regel ein Format von 2,50 x 1,25 m hat. Die größte Bewunderung ruft die Verzierung dieser Mäntel hervor. Sie sind über und über mit großen, herrlichen Stickereien bedeckt, die mit solcher Feinheit ausgeführt sind, daß man beim ersten Blick auf einen Paracas-Mantel glaubt, er sei mit Malereien oder Applikationen, aber nicht mit Stickereien geschmückt. Diese Stickereien bedecken fast den ganzen Mantel, manchmal als eine Reihe von Ornamenten, ein andermal als breite, mit Figuren bestickte Streifen. Die Stickereien sind farbig ausgeführt. Insgesamt sind auf den Mänteln aus der Totenstadt von Paracas 22 Farben und — es klingt fast unglaublich — 190 Farbnuancen festgestellt worden. Diese Farben haben die Paracas-Indianer aus den verschiedensten natürlichen Materialien gewonnen.

Die Meisterschaft, mit der die Stickereien gestaltet sind, zeugt davon, daß es in Paracas bereits spezialisierte »Meisterwerkstätten« gegeben haben muß. Man schätzt, daß die Arbeit an einem solchen Mantel 1 000 Tage, also drei Jahre, in Anspruch genommen hat! Die Vornehmen von Paracas haben

wahrscheinlich diese Totengewänder schon vor ihrem Tod in »Auftrag gegeben«, so, wie sich beispielsweise die ägyptischen Pharaonen bereits zu Lebzeiten ihre ewige Ruhestätte erbauen ließen.

An den Mänteln der Mumien interessiert uns freilich nicht nur, auf welche
Weise sie mit Stickereien geschmückt sind, sondern auch und vor allem, was
diese Stickereien darstellen. Manchmal haben die Leute von Paracas die Motive
für ihre Stickarbeiten der sie umgebenden Natur entnommen. Besonders oft
sind Vögel dargestellt, vor allem Kondore, aber auch Kolibris, die hauptsächlich in den großen Gebieten im fernen Osten Perus leben. Ein andermal haben
die »Meister« geometrische Ornamente verwendet, die im Grunde hochstilisierte Darstellungen einzelner Körperteile von Tieren sind, z. B. der vielfach
verlängerten Schwänze katzenartiger Raubtiere.

Am häufigsten haben die Paracas-Indianer ihre Mäntel mit verschiedenen
Figuren verziert. Manchmal sind sie auf dem Mantel offenbar selbst dargestellt.
Wir finden menschliche Gestalten, die ebenso prächtige Gewänder tragen, wie
es diese Totenmäntel sind. Diese Menschen halten Keulen, Stöcke, Messer,
Speere und manchmal auch abgeschlagene Köpfe von Menschenopfern in den
Händen. Außer ihnen sind auf den Mänteln die Götter der Paracas-Indianer
abgebildet. Die Mäntel künden davon, daß das Pantheon von Paracas
außerordentlich reich bevölkert war. Eigentlich alle Götter von Paracas stammen aus dem Tierreich. Besonders verehrt wurden offenbar Fische. Und unter
ihnen scheint sich der höchsten Wertschätzung ein haiähnlicher mächtiger Fisch
erfreut zu haben, den Prof. Tello als Riesenhai bestimmt hat.

Neben den ausgesprochenen »Tiergottheiten« finden wir auf den Mänteln
von Paracas weitere mythologische Gestalten, die zweifellos die größte Auf-

merksamkeit verdienen. Diese eigenartigen Figuren muten wie altperuanische Sphinxe an – mythische Tiere mit Menschenköpfen oder umgekehrt Menschen, die z. T. die Gestalt von Vögeln, Fischen oder Raubtieren angenommen haben. Auf einem jeden Mantel dominiert ein solches »Gottungeheuer« der Paracas-Indianer. Es ist öfter dargestellt oder in immer wieder anderen Farben gestaltet. Häufig wird ein solches Wesen in vier verschiedenen Stellungen gezeigt. Das hat den Entdecker von Paracas, Prof. Tello, auf den Gedanken gebracht, daß diese Figuren eine Art Mondkalender sein könnten und ihre vier Darstellungen vielleicht die vier Mondphasen symbolisieren.

Die Suche nach dem Sinn dieser halb menschlichen, halb tierischen Figuren konnte bis heute nicht abgeschlossen werden. Auf den ersten Blick erwecken diese Gestalten den Eindruck, daß sie nicht nur eigenartige Abbilder übernatürlicher Wesen der Paracas-Indianer sind, sondern daß sie noch eine andere, verborgene Bedeutung hatten, die mit diesen heiligen Mänteln verbunden war. Gegenwärtig beschäftigt sich die peruanische Forscherin Victoria de la Jarra mit diesen Bildern. Sie vermutet in den einzelnen Figuren Zeichen der ältesten peruanischen Schrift. Die Frage der Schrift im alten Peru ist noch immer ein ungeklärtes Problem. Bisher konnte nicht bewiesen werden, daß die vorkolumbischen Peruaner (im Unterschied zu den vorkolumbischen Bewohnern Mesoamerikas, den Azteken, den Maya, den Zapoteken, den Mixteken) eine Schrift gekannt haben. Eine Schrift kann jedoch – so wie das Leben auf anderen Planeten – ganz anders aussehen, als wir sie uns nach althergebrachten Vorstellungen, nach den Systemen, die sich in der Alten Welt entwickelt haben, vorstellen. Und so mutet heute auch die These Victoria de la Jarras gar nicht mehr so phantastisch an, daß die Bilder auf den Totenmänteln der Paracas-Nekropolis eine uralte Bibliothek seien, die älteste der Peruaner. Die bedeutendsten Gelehrten, die auf der Suche nach der altperuanischen Schrift sind – der Deutsche Thomas Barthel und der Franzose Marcel Cohen –, haben diese Theorie in Erwägung gezogen. Auf die mögliche Existenz einer Schrift im alten Peru werden auch wir in diesem Buch noch zu sprechen kommen. Aber auch wenn eines Tages sicher bewiesen sein sollte, daß die seltsamen Figuren, diese »Tiermenschen«, auf den Mänteln aus der Stadt der Toten »nur« Abbilder der Götter von Paracas, »nur« schöne Ornamente sind, die keinen anderen vermuteten, uns bisher verborgen gebliebenen Sinn haben, bleiben die Mäntel, die Textilien und die »Mode« von Paracas in ihrem Glanz, ihrer Pracht und Herrlichkeit als Zeugnis bestehen.

Und nun die Nazca

Das »Museum der altperuanischen Mode« — die Stadt der Toten auf der Halbinsel Paracas — zeigt uns bereits eine streng in soziale Schichten oder Gruppen, wenn nicht Klassen geteilte Gesellschaft. Die ägyptischen Pyramiden waren nicht für jedermann. Auch nicht jeder wurde im alten Ägypten mumifiziert. Nur die Leichname der vornehmen Ägypter wurden als Mumien konserviert. Und ebenso war es auch auf der peruanischen »Halbinsel der Mumien«: Die dortige Stadt der Toten, das Privileg der Mumifizierung und natürlich auch die prächtigen Totenmäntel standen in jener späteren Zeit der Paracas-Kultur allein den vornehmen Mitgliedern, der »Elite« dieser Gesellschaft, zu — den »Königen«, den Priestern, den Führern, den Kriegern. Wo es Klassen gibt, existiert auch ein Staat. Und so ist wohl jene Nekropolis, jene Totenstadt von Paracas, ein indirektes Zeugnis für das Bestehen eines weiteren »verschwundenen Königreiches« Altperus, eines von denen, die in diesem Land nach dem Untergang jenes hypothetischen ältesten indianischen Reiches, des Staates der Chavín-Indianer, vermutlich entstanden waren.

Im Süden Perus folgte nach Chavín also Paracas. Möglicherweise hat es freilich auch dort, im südlichen Teil dieses Landes, zwischen der Zeit von Chavín und der Zeit von Paracas das Intermezzo einer blühenden lokalen Kultur gegeben. Ähnlich jenen Kulturen von Vicus und Virú, die im nördlichen Küstengebiet bestanden haben. Aber solche Zwischenkulturen können wir im Süden bestenfalls vermuten. Für ihre Existenz haben wir keinen greifbaren Beweis, während die Indianer von Paracas uns ihre großartige Nekropolis, die prachtvollen Mäntel ihrer vornehmen Toten und ihre Mumien hinterlassen haben.

Paracas folgte nach Chavín. Und nach Paracas? Nach Paracas betraten — zum erstenmal vermutlich um die Mitte des 2. Jahrhunderts v. u. Z. — die Nazca-Indianer den Schauplatz der altperuanischen Geschichte. Im Unterschied zu den Paracas-Leuten saßen die Nazca nicht unmittelbar an der Meeresküste. Ihr Hauptsiedlungsgebiet erstreckte sich über mehrere südperuanische Täler. Es reichte vom Cañete-Tal im Norden bis zum Acarí-Tal im Süden. Hauptzentren des Lebens dieser Kultur waren das Ica-, das Pisco- und — ihre eigentliche

Gesamtübersicht des vorkolumbischen Peru.
Auf der Karte sind auch die heutigen politischen Grenzen ausgewiesen

Heimat — das Nazca-Tal. Diese Siedlungsplätze lagen 60 bis 80 km von der Pazifikküste entfernt. Die Nazca-Region befand sich auch weiter im Süden als die Halbinsel der Mumien. Viel später wurde dieses Gebiet von dem kriegerischen Volk der Chincha (Chancha) bewohnt, gegen die dann das mächtige Reich der Inka einen harten Kampf zu führen hatte. Die Chincha erlebten die Ankunft der Spanier, und einer der Chincha-Fürsten war sogar in Cajamarca bei der Gefangennahme des letzten Inka Atahualpa dabei.

Aber das liegt erst in der Zukunft Südperus. Die alte Vergangenheit, in der wir uns nun bewegen, gehört der Zeit der Nazca an. Früher sind freilich Versuche unternommen worden, diese Nazca mit den Chincha zu identifizieren und den Chincha die Sprache und Kultur, die Städte und Festungen der Nazca zuzusprechen. Neuere Forschungen haben jedoch ergeben, daß zwischen der Zeit der Nazca und der Zeit der Chincha mindestens eine Differenz von 500 Jahren liegt. Das bezieht sich auf den Zeitablauf. Hinsichtlich der Kultur, im Hinblick auf die Organisation ihres Reiches — wie sieht es damit aus? Für die Existenz eines »nationalen« Königreiches der Nazca haben wir auch heute noch keine direkten Beweise. Möglicherweise bestanden ursprünglich auf dem Gebiet der Nazca einzelne Nazca-Fürstentümer nebeneinander, die (wie z. B. die Mixteken in Mexiko) anfangs nur durch die Gemeinsamkeit der Sprache, das Bewußtsein der nationalen Zusammengehörigkeit — wie wir heute sagen würden — und wohl auch durch eine gemeinsame Religion verbunden waren. Die Nazca waren gute Ackerbauern. Ihre landwirtschaftliche Produktion ist aber noch weit mehr als an der Nordküste Perus entscheidend von einem Faktor beeinflußt worden — vom Wasser. Wenig Wasser gab es. In einer Reihe von Gebieten des Nazca-Landes regnete es fast nie. Die Flüsse, in deren Tälern die Wohnplätze dieser Indianer lagen, sind oft volle zehn Monate hindurch ausgetrocknet. Und wie sich die Sonnenblumen nach der Sonne drehen, waren die Nazca ständig hinter dem Wasser her. Auf der Suche nach Wasser haben sie die Oberfläche ihres Landes aufgerissen: Um ihren Feldern genügend Feuchtigkeit zu sichern, bauten die Nazca große Wasserreservoire, die — obwohl sie vor 2 000 Jahren geschaffen wurden — in Aja, Copara, Bisambra und anderswo von den Bewohnern der südperuanischen Oasen auch heute noch genutzt werden. Auch oberirdische Wasserleitungen haben die Nazca angelegt, die den Feldern das kostbare Naß unmittelbar zuführten. Und sie haben große unterirdische Aquädukte gebaut, deren Wände sie mit Steinquadern verstärkten und deren Decken aus Balken von Johannisbrotbäumen gefügt waren. Zahlreiche dieser unterirdischen Tunnel der Nazca hat jener italienische Geograph Raimondi für die Welt wiederentdeckt, der u. a. auch die nach ihm benannte rätselhafte Chavín-Stele gefunden hatte. Raimondi stellte gleichzeitig fest, daß diese unterirdischen Kanäle der Nazca über große Entfernungen führen und manche von ihnen eine außerordentlich große lichte Weite aufweisen. In einigen könnte ein erwachsener Mann bequem aufrecht stehen, so geräumig sind sie. Der italienische Geograph stieß auch auf eigenartige Löcher in der Erde — die einheimischen Indianer nannten sie Augen —, durch die man an manchen Stellen in die unterirdischen Kanäle hinabsteigen konnte, wenn sie gereinigt oder ausgebessert werden mußten. Durch diese Öffnungen »atmeten« die Nazca-Tunnel.

Die Bewässerungsanlagen der alten Nazca zeugen davon, welch große Rolle das Wasser in ihrem Leben gespielt hat. Der Kampf um das Wasser, um das Recht, es aus den Flüssen zu schöpfen, um den Zugang zu fremden Flüssen, um weitere Flußtäler – das war vielleicht auch das Hauptmotiv der Kriege der Nazca, der militärischen Expansion des »Nazca-Reiches«, das sich im Verlauf der Entwicklung dieser Gesellschaft möglicherweise herausgebildet hat. Einer der besten Kenner der Nazca-Kultur, der Direktor des Peruanischen Nationalmuseums, Dr. Lumbreras, weist in diesem Zusammenhang darauf hin, wie die Nazca-Gesellschaft allmählich ihren religiösen Charakter verlor und sich immer ausgeprägter »militarisierte«. In den späteren Perioden der Geschichte der Nazca begegnen wir den Spuren dieser Indianer auf einem viel ausgedehnteren Gebiet als in den frühen Zeiten, in denen das Leben ihrer Gesellschaft hauptsächlich auf das eigentliche Nazca-Tal und das Tal der Ica konzentriert war. Archäologische Funde deuten z. B. darauf hin, daß die Nazca-Krieger in jener späteren Zeit einen vordem unabhängigen größeren Teil Südperus – das Acarí-Tal – militärisch beherrscht haben.

In diesem Acarí-Tal sind die Spuren befestigter Nazca-Städte entdeckt worden. So ist der amerikanische Archäologe John Howland Rowe am Rande der heutigen gleichnamigen Stadt Acarí auf die Überreste eines von Steinmauern umgebenen 1 000 m langen und 500 m breiten Stadtkomplexes gestoßen. In den oberen Teilen des Acarí-Tals hat man die Reste noch anderer solcher Festungen gefunden, vor allem Chocavento und die etwas kleineren Amato und Huarato. Der Haupterforscher und Entdecker der meisten dieser Festungen und von Wällen umgebenen Städte im Acarí-Tal, Prof. Rowe, schreibt ihren Bau fremden Eroberern zu, einer – wie man heute sagen würde – feindlichen Invasion. Und als diese Eroberer sieht er die Krieger des entstehenden Gesamtstaates der Nazca an, der nun seine Grenzen durch militärische Eroberungen ausgedehnt hat.

Diese zumeist erst in der jüngsten Vergangenheit gemachten Funde der Überreste von Nazca-Städten sind um so wertvoller, weil lange Zeit überhaupt keine größeren Siedlungsplätze dieser Indianer bekannt gewesen waren. Die erste Nazca-Stadt ist von der ersten archäologischen Flugzeugexpedition entdeckt worden, die jemals in Peru gearbeitet hat, von der Shipees-Johnson-Expedition im Jahre 1931. Diese erste Flugzeugexpedition muß schon deshalb erwähnt werden, weil nicht wenige Denkmäler aus der ältesten Vergangenheit Perus und namentlich zahlreiche Rätsel des Nazca-Gebiets aus der Luft entdeckt worden sind.

Geleitet von einer der Luftaufnahmen, die Shipees und Johnson angefertigt hatten, fand dann ein anderer Amerikaner, Dwight Wallace, im Pisco-Tal an einem Dos Palmas genannten Ort eine ausgedehnte Ansiedlung der Nazca, die einst aus zahlreichen Häusern, entlang von Straßen und fünf großen Plätzen

Die Landschaft des gebirgigen Teils von Altperu ist weit abwechslungsreicher als die Costa

An den Jaguarkult besonders der Chavin-Kultur erinnern diese mit Jaguarzähnen geschmückten Menschenmasken

Die alten Kulturen im Süden Perus haben Unmengen von Mumien hinterlassen

Die altperuanischen Mumien waren in wertvolle Stoffe gehüllt. Diese vorinkaischen Textilien werden von den Fachleuten als die besten altertümlichen Gewebe angesehen. Geometrische Ornamente, stilisierte Menschenköpfe, katzenartige Gottheiten, Dämonen, stilisierte Vogel- und Fischmotive zieren die farbenprächtigen 2000 Jahre alten Textilien

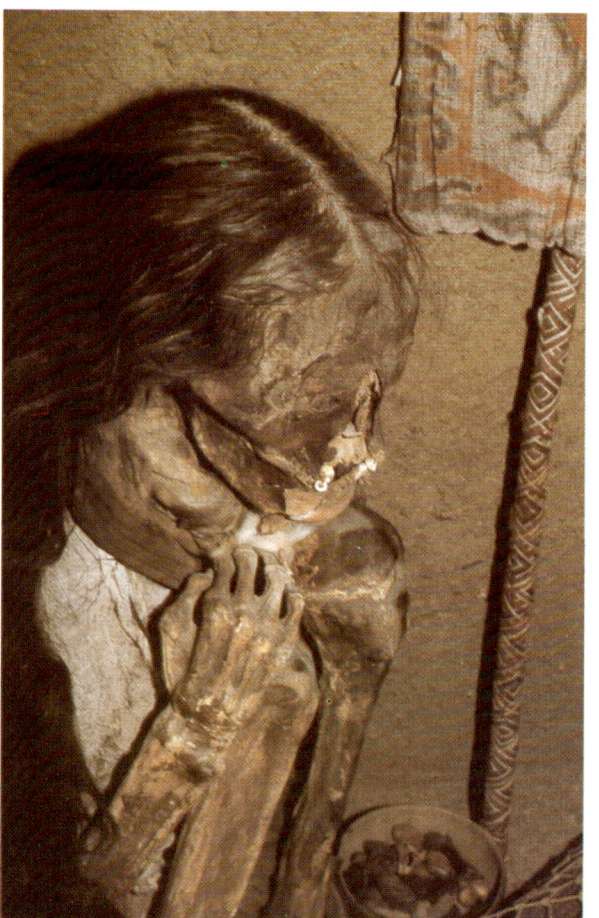

Mit den Köpfen enthaupteter
Opfer geziertes Keramikgefäß
der Nasca

Reich verzierte Keramik aus
Altperu

Keramik, die einen Mochica-
Priester darstellt

Die erste Form der Aufzeichnung von Mitteilungen, die in der altperuanischen Kultur nachgewiesen werden konnte, ist die »Knotenschrift« mit Hilfe verknoteter Schnüre

Zahlendarstellung dieser altperuanischen »Knotenschrift«

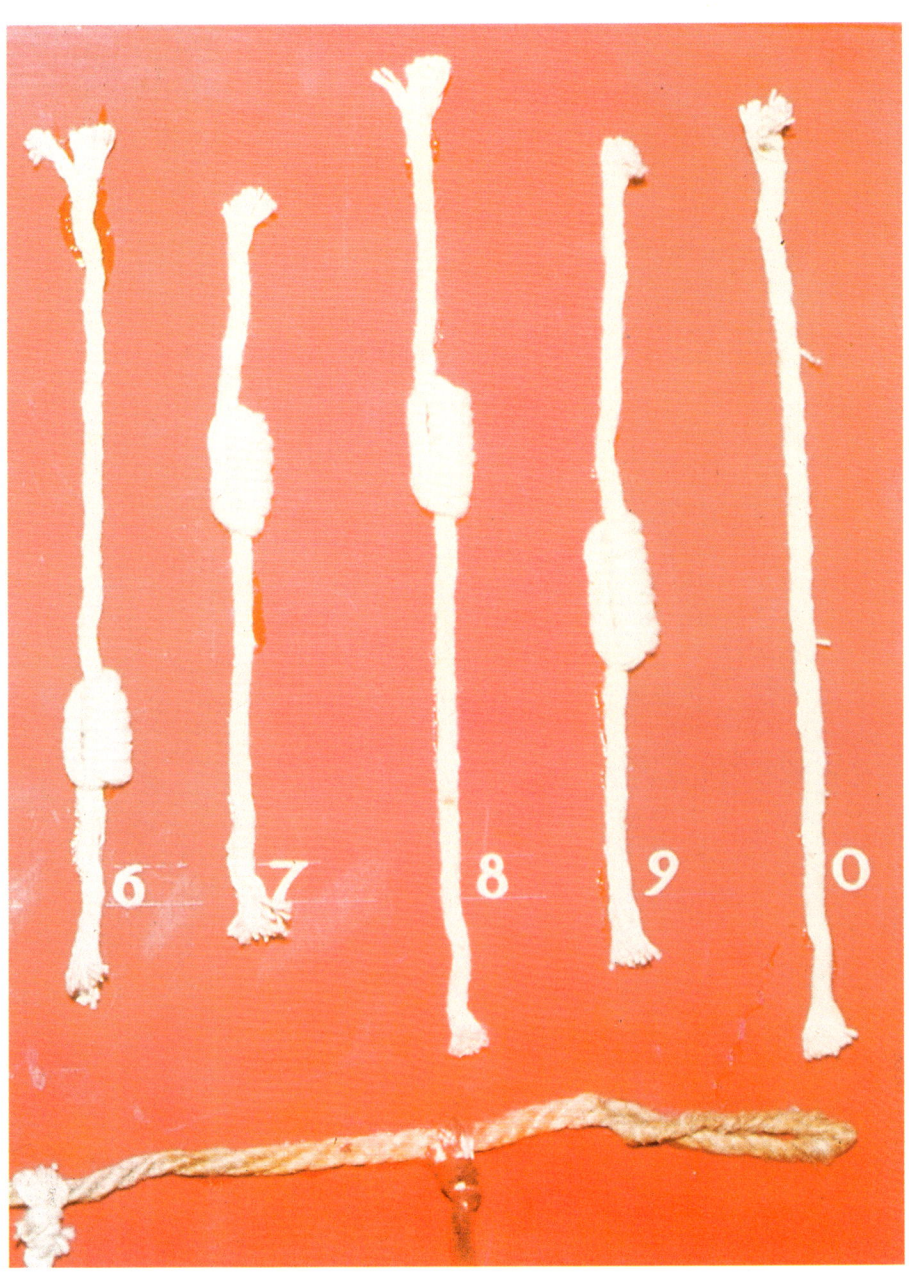

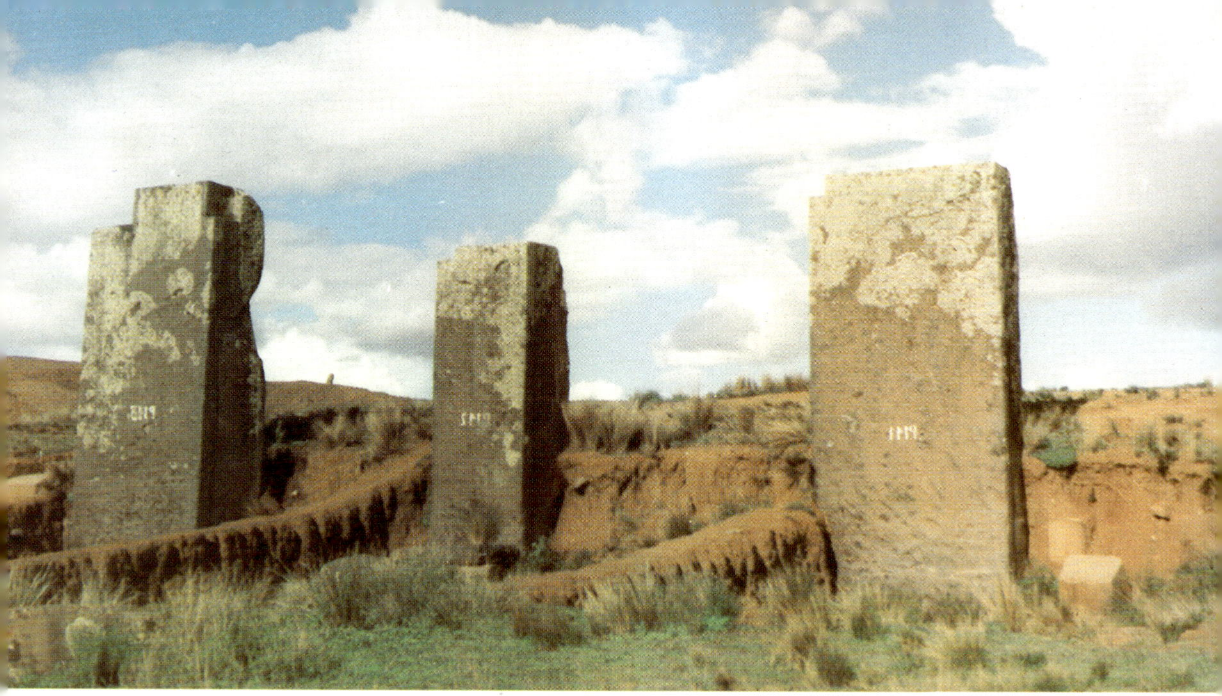

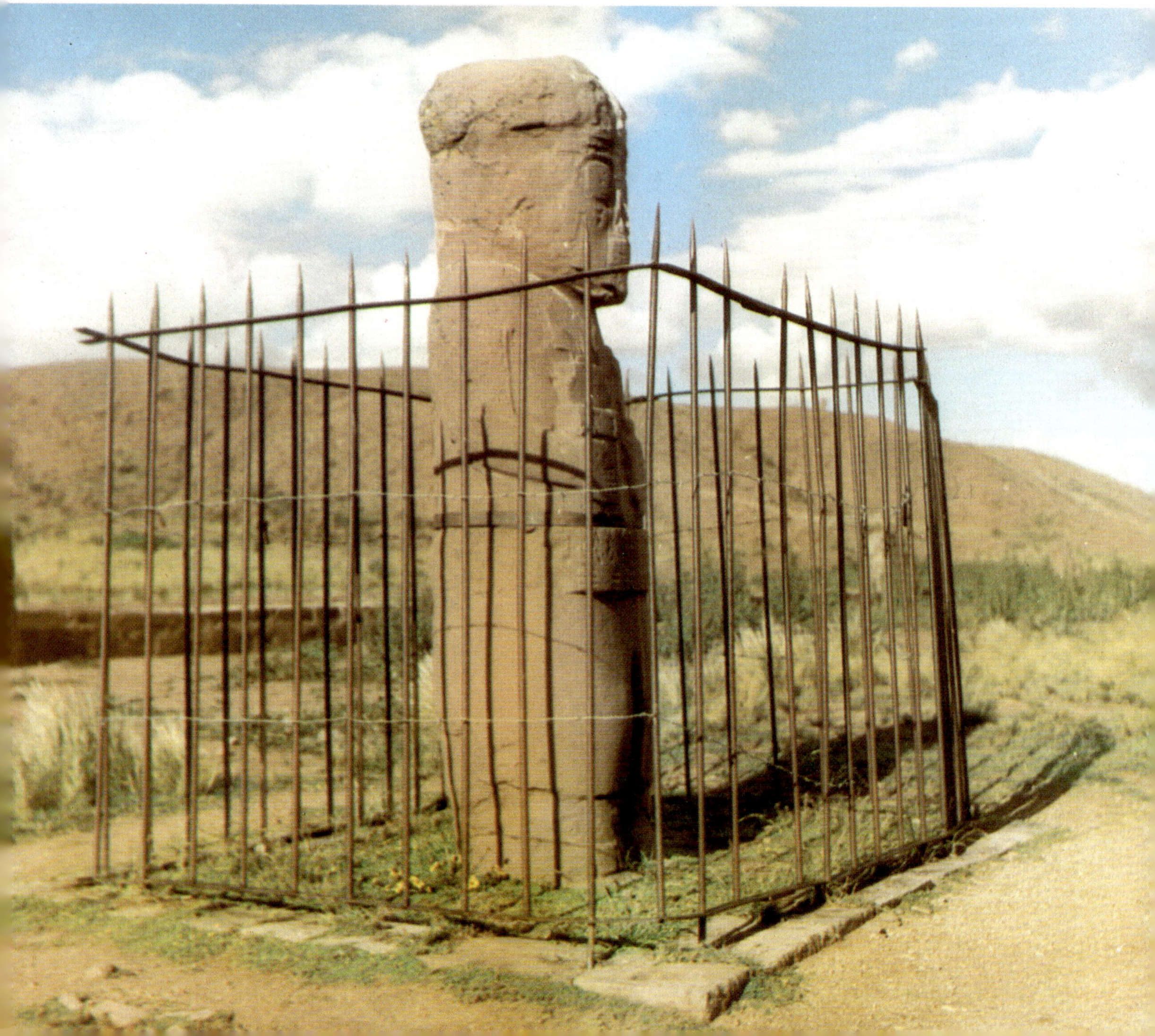

Vom ausgedehnten Tiahuanaco sind heute nur noch Ruinen, Säulen und Steinquader zu sehen

Eine der berühmten Monolithstatuen in Tiahuanaco

Tiahuanaco-Statuen hat Arturo Posnansky in der Hauptstadt Boliviens aufgestellt, um sie vor der Zerstörung zu retten

Der monumentale Eingang in eines der Objekte der bedeutendsten vorinkaischen Stadt Tiahuanaco im Hochland Perus

Das mächtige Tor am Eingang in die altperuanische Stadt Sacsahuaman

Porträt eines indianischen Flötenspie-
lers aus Peru

Keramik aus Südperu, die einen Kopfjäger darstellt, in der einen Hand das
Ritualmesser (Tumi), in der anderen
eine Keule

Linke Seite:
Keramik aus vorinkaischer Zeit

Mit dem Bild eines Vogels geschmück-
tes Gefäß aus Südperu

angeordnet, bestand. Der Archäologe John Howland Rowe, dem das Glück im Acarí-Tal so hold gewesen war, entdeckte dann im Ica-Tal die Überreste zweier weiterer Nazca-Städte (in der Gegend von Cordero Alto und Cerro Soldado). Die Häuser in diesen und anderen Ortschaften der Nazca waren aus Adoben (in der Sonne getrockneten Lehmziegeln) erbaut. Diese Städte im Ica-Tal sind schon bald, nachdem die Nazca ins Licht der peruanischen Geschichte getreten waren, entstanden. Dagegen gehören die Städte im Acarí-Tal erst einer späteren Zeit an, in der die Nazca dieses Tal militärisch beherrscht hatten. Aber offensichtlich ist weder unter den einen noch unter den anderen die Hauptstadt der Nazca gewesen. Und da jeder Organismus, der menschliche wie der staatliche, ein Herz braucht, mußte auch dieses Herz des Nazca-Landes ausfindig gemacht werden. Heute besteht schon kein Zweifel mehr daran, daß die Metropole des Landes der Nazca eine im Zentrum des Nazca-Tals, am Ufer des Rio Grande de Nazca, auf dem Gebiet der heutigen Hacienda Cahuachí gelegene große Stadt war. Daher hat man ihr den Namen dieser Hacienda gegeben. Um die Erforschung Cahuachís hat sich der amerikanische Archäologe Duncan Strong am meisten verdient gemacht. Neben Wohnhäusern, die aus großen kegelförmigen Adoben errichtet waren, hat es in Cahuachí auch ausgesprochene Verwaltungsgebäude und natürlich mit dem religiösen Kult verbundene Bauten gegeben. Sie alle überragt der Haupttempel der Stadt, eine mehrstufige Pyramide von 22 m Höhe. Auf ihrer Spitze befand sich – wie im alten Mexiko – eine kleine hölzerne »Kapelle«.

In Cahuachí sind auch die Reste eines großen Palastes, vermutlich der Residenz des »Oberhaupts« dieses hypothetischen altindianischen Staates im Süden Perus, erhalten geblieben.

Die Gebäude von Cahuachí waren entlang wirklicher Straßen angeordnet. Die ganze Stadt gliederte sich in sechs Viertel. Obwohl Cahuachí, die Hauptstadt der Nazca, noch einer gründlicheren archäologischen Erforschung harrt, zeugen ihre bereits freigelegten Wohnviertel und Straßen sowie der Grundriß ihrer geräumigen viereckigen Bauten davon, daß es eine ansehnliche große Stadt gewesen sein muß, eine Stadt im wahrsten Sinne des Wortes, in der offenbar mehrere tausend Menschen gelebt haben. Und daher halten manche Forscher erst Cahuachí – und nicht Chavín z. B. oder einen anderen Siedlungsort – für die erste wirkliche Stadt Perus.

In der unmittelbaren Nachbarschaft Cahuachís, eigentlich am Rande dieser Stadt, ist bis zum heutigen Tag das wohl interessanteste Bauwerk der Nazca zumindest z. T. erhalten geblieben, ein Bau, der gewiß etwas mit der Religion, dem religiösen Kult der Nazca zu tun hatte. Die heutigen Peruaner nennen dieses rätselhafte Nazca-Heiligtum »La Estaquería«, was soviel wie »Ort der Pfähle« bedeutet. In geordneten Reihen waren dort Hunderte ausgetrockneter Algarrobostämme (Johannisbrotbaum) in den sandigen Boden gerammt.

Das Zentrum dieses merkwürdigen Komplexes hölzerner Säulenreihen bildet ein Viereck von 12 Reihen mit je 20 Pfählen, die etwa 2 m voneinander entfernt stehen. Die Archäologen nennen dieses Nazca-Denkmal aus Algarrobostämmen das »hölzerne Stonehenge Altperus«. Aber ebenso wie die wahre Funktion des altenglischen Stonehenge bisher nicht eindeutig geklärt ist, hat man bis heute auch nicht die Rolle dieses »hölzernen Stonehenge Altperus« eindeutig bestimmen können. Zahlreiche Archäologen sind jedoch der Meinung, daß das hölzerne Stonehenge Perus ebenso wie das altbronzezeitliche steinerne Stonehenge in Südengland ein den Himmelsgestirnen geweihtes Heiligtum gewesen sei.

Während die Nazca-Städte unter dem Wüstensand begraben sind, wird das rätselhafte »Kalenderheiligtum« der alten Nazca mit beharrlicher Konsequenz von den heutigen indianischen Bewohnern dieses Gebiets zerstört. In dieser waldlosen Gegend, wo nicht nur Mangel an Wasser, sondern auch an Holz herrscht, ist natürlich jeder Klotz begehrt, und so dienen die Algarrobostämme des alten Tempels heute als willkommenes Brennholz. Ein Pfahl der Estaquería nach dem anderen verschwindet auf diese Weise in den Öfen der Bewohner des Nazca-Tals. Bei der letzten »Zählung« der Nazca-Säulen im Jahre 1957 waren nur noch 47 übriggeblieben. Seitdem hat sich ihre Zahl noch mehr verringert. Aber zum Glück hatten sich nicht alle Säulen des Sternen- oder Kalenderheiligtums der Nazca in Staub und Asche verwandelt, bevor der erste Forscher die Estaquería betrat. So wird zumindest die Kenntnis von diesem Nazca-Denkmal der Welt erhalten bleiben. ·

Die Kopfjäger im fernen Süden

In der Estaquería haben die Nazca-Indianer vermutlich den Gestirnen und damit dem Kalender gehuldigt. Die Götter der Nazca, ihre wirklichen Gottheiten, sehen wir jedoch nicht an den Wänden ihrer Tempel abgebildet, sondern sie befinden sich auf den Wänden ihrer Gefäße. Die Keramik dieser Indianer zeigt uns eigenartige »Nazca-Sphinxe«, halb tierische, halb menschliche Dämonen, und offenbar auch häufig das Bild der Hauptgottheit dieser alten Peruaner — eines katzenartigen Haupttieres, das sich aber schon von dem berühmten Jaguar der Chavín-Indianer unterscheidet und nicht mehr dessen furchterregende Reißzähne aufweist. Vor allem erblicken wir auf diesen Ge-

fäßen Tausende und aber Tausende blutender Menschenköpfe. Manche Nazca-Gefäße haben sogar die Form solch abgeschlagener Menschenhäupter. Diese Köpfe in und auf Ton zeugen ebenso wie die Festungen im Acarí-Tal und wie die gewaltsame Unterwerfung des gesamten Gebiets von der kriegerischen Haltung dieser alten Südperuaner. Auf jeden Fall sprechen sie eine grausamere Sprache als die Werke der Vorgänger der Nazca. Über das Kriegswesen der Chavín-Indianer wissen wir äußerst wenig. Wir kennen nur die Bildnisse der Krieger von Cerro Sechín. Auch über die Kriegskunst der Indianer von Paracas ist uns nichts bekannt. Doch die Stadt der Toten hat uns wenigstens ihre Waffen — die keulenartigen Makanas — bewahrt. Und die Gräber von Paracas künden auch von der hohen Wertschätzung, deren sich begabte Heerführer erfreut haben. Die Nazca aber haben uns ihre Liebe zu Kampf und Krieg auf eine unvergleichlich beredtere Weise verraten: durch ihr Lieblingsmotiv auf der Keramik — einen abgeschlagenen Menschenkopf.

Verblüfft über diese Unmenge abgehauener Köpfe, haben sich die Forscher anfangs wirklich lange Zeit Fragen vorgelegt: Wem sind diese Köpfe eigentlich abgeschlagen worden? Warum geschah es? In der Geschichte der vorkolumbischen Indianer, besonders in Mexiko und Mittelamerika, waren Menschenopfer außerordentlich verbreitet. Sind also auch bei den Nazca Menschen im Zusammenhang mit irgendwelchen grausamen Opferriten enthauptet worden? Offenbar nicht. Diese in und auf der Keramik dargestellten Menschenköpfe sind vermutlich bei Kriegszügen den besiegten Feinden der Nazca abgehauen worden. Ähnlich wie die nordamerikanischen Indianer den überwältigten Gegner fast immer skalpiert haben, so haben diese südamerikanischen Nazca ihre Kriegsgefangenen offenbar stets geköpft. Erfolgreiche Kopfjäger der Nazca trugen — nach den Bildern auf den Keramiken zu urteilen —

ihre auf eine besondere Weise präparierten Kriegstrophäen ständig bei sich, an einen Stock oder als originelles Pendel an den Gürtel gehängt, am Arm befestigt oder gar an die Schenkel gebunden.

Die erbeuteten Köpfe, die die siegreichen Nazca-Krieger überall mit sich herumschleppten, sollten wahrscheinlich die militärische Tüchtigkeit des betreffenden Kopfjägers bezeugen. Sie hatten aber wohl auch eine gewisse magische Bedeutung: Möglicherweise glaubten die Nazca, daß mit dem Schädel auch die »Kraft« des überwältigten Feindes auf den tapferen Krieger übergehe, eine Art magisches »Mana« — wie die Polynesier es nennen —, oder überhaupt die Seele des getöteten Menschen, die nach den Vorstellungen vieler indianischer Gruppen ihren Sitz im Kopf habe.

Die Gepflogenheit, den besiegten Feinden den Kopf abzuschlagen, haben in Altperu nicht die Nazca eingeführt. Ein solcher »Trophäenkopf« ist bereits in einer der Ausgrabungsstätten jener ältesten »vorkeramischen« Kulturen des Landes gefunden worden, an einem heute Asia genannten Ort. Auch in der Stadt der Jaguarindianer, in Chavín, ist ein Fries mit der Darstellung eines Kriegers (?) erhalten, der einen abgeschlagenen Menschenkopf in der Hand hält. Und auch die unmittelbaren Vorgänger der Nazca — die Indianer von Paracas — haben auf ihren schönen Textilien des öfteren ihre gräßlichen dämonischen Gottheiten zusammen mit abgehauenen Menschenhäuptern dargestellt. Aber nie zuvor — und auch später nicht — hat im vorkolumbischen Peru dieser blutige Brauch eine solche buchstäblich massenhafte Verbreitung erfahren wie bei den Nazca. Diese Indianer, die in ihrer extrem trockenen Heimat so von der Gnade oder Ungnade des Wetters abhingen, haben möglicherweise mit den Köpfen ihrer Gefangenen auch eine Art von makabrem, pervertiertem Gottesdienst vollzogen, der die Fruchtbarkeit ihrer Felder sichern sollte: So, wie das Blut aus dem Nacken des getöteten Feindes strömte, so sollte das lebenspendende Naß auf das Feld des Nazca-Bauern fließen.

Neunundneunzig Prozent der auf der Nazca-Keramik abgebildeten Trophäenköpfe sind Männerköpfe, also Köpfe von Kriegern, von den Feinden der Nazca, die in Gefangenschaft geraten waren. Auch die Kriegstrophäen, die erhalten geblieben sind — denn in den Nazca-Tälern hat man nicht nur Gefäße gefunden, die diesen grausamen Brauch bezeugen, sondern auch solche Schädel selber —, sind mit einer einzigen Ausnahme Männerköpfe. Den einzigen abgeschlagenen Frauenkopf hat wiederum Julio César Tello gefunden und beschrieben.

Die im Gebiet der Nazca entdeckten Trophäenköpfe befinden sich heute in den Sammlungen archäologischer und völkerkundlicher Museen weit über die Grenzen Perus hinaus. Mit einer dieser Kriegstrophäen der Nazca, die sich im ethnographischen Museum in Göteborg befindet, hat sich der schwedische Forscher Paul Ryden eingehend beschäftigt. Aufgrund der Ergebnisse seiner Untersuchung hat Ryden dann ein genaues »Rezept« zusammengestellt, auf welche Weise die Nazca die Köpfe ihrer unglücklichen Opfer präpariert und konserviert haben.

Zuerst mußte der erfolgreiche Krieger an der Stirn ein Loch in den erbeuteten Kopf bohren. Durch diese Öffnung nahm er die Weichteile, das Gehirn und das Muskelgewebe, heraus. Sie ersetzte er durch Stoffknäuel. Dann entfernte er auch die Augen seines Opfers. Die leeren Augenhöhlen füllte er mit zusammengeknüllten Leinenstreifen aus. Solche Tampons stopfte er auch in die Nasenlöcher. Schließlich verschloß der siegreiche Kopfjäger noch des Opfers inzwischen stummen Mund. Er nähte die Lippen mit einem Faden zusammen oder verband sie mit Kaktusdornen. Danach nähte er auch die Lider an, die aber nur noch die mit Tampons ausgestopften leeren Augenhöhlen bedeckten. Zuletzt wurde das Totengesicht mit grüner und roter Farbe bestrichen.

Soweit also Rydens Rezept zur Präparierung abgeschlagener Menschenköpfe »auf Nazca-Art«. Ein anderer Kenner des alten Amerika – der deutsche Forscher Eduard Seler – hat angesichts der Tatsache, daß auf manchen Gefäßen, die mehrere Trophäenköpfe auf einmal zeigen, einzelne Schädel größer und andere deutlich kleiner abgebildet sind, die Vermutung ausgesprochen, daß diese Indianer die Köpfe ihrer überwältigten Feinde möglicherweise auf eine ähnliche Weise verkleinert haben, wie das noch in unserem Jahrhundert andere berüchtigte südamerikanische Kopfjäger – die Jívaro in Ekuador – zu tun pflegten. Die in den Nazca-Tälern gefundenen Schädel geköpfter Menschen haben diese Annahme jedoch nicht bestätigt.

Der Prozeß der Präparierung dieser erbeuteten Köpfe endete offenbar nicht mit ihrer Verkleinerung, sondern damit, daß diese Kriegstrophäe auf eine Schnur gezogen wurde. Am Ende dieser Schnur war manchmal ein kleines Plättchen befestigt, das der Besitzer des erbeuteten Kopfes durch jenes Loch in der Stirn des Opfers steckte und dann drehte, um das Herunterfallen der Trophäe zu verhindern. Die Schnur wurde dann an einen Stock geknüpft, und so, an diesen Stab gehängt, der eine Art »Ordensband« oder »militärische Tapferkeitsmedaille« der Nazca-Krieger darstellte, pflegten die Kopfjäger die Schädel ihrer Opfer am häufigsten zu tragen. Einen solchen mit einer Kriegstrophäe geschmückten Stock konnte man auch vor seinem Haus in die Erde stecken oder auch darin zur Schau stellen. Man konnte ihn in den Ackerboden des Feldes stoßen, damit eine reiche Ernte kam, oder ihn in einen Tempel schaffen ...

Mitunter zeigt die Keramik der Nazca (wie auch die ihrer Zeitgenossen – der Mochica) noch blutrünstigere Szenen. So ist auf einem der Mochica-Gefäße das »Zerhacken eines Gefangenen« dargestellt und zusammen damit auch der Strick, an dem nicht nur der abgeschlagene Kopf, sondern auch die abgehackten Arme und Beine des Unglücklichen hängen. Aber dieses Zeugnis stammt schon von einem Gefäß, das im Lebensgebiet einer anderen bedeutenden altperuanischen Kultur jener Zeit entstanden ist.

Hier bei den Nazca haben also die Forscher, wie schon erwähnt, außer den Zeugnissen aus bemaltem Ton, außer den Darstellungen von Trophäenköpfen auf den Gefäßen, mitunter auch solche Köpfe selbst gefunden, natürlich in den Nazca-Gräbern. Denn diese abgeschlagenen Köpfe, denen in den Augen der

Nazca offenbar eine magische Kraft innewohnte, haben die tüchtigen Kopfjäger oft auch auf der Reise ins Jenseits begleitet.

Mit den Gräbern der Nazca verhielt es sich lange Zeit ähnlich wie mit ihren Städten. Die Forscher kannten fast keine. Erst im 20. Jahrhundert haben die Archäologen nach und nach einzelne Gräber und dann auch die ersten Friedhöfe der Nazca entdeckt. Auf einen solchen Friedhof der Indianer ist man beispielsweise an einem der Nebenflüsse des Rio Grande de Nazca, am Tunga-Fluß, gestoßen, wo diese Begräbnisstätte den Teil eines ganzen Kultkomplexes bildete. Zu dieser Anlage gehörte in erster Linie ein zentrales Heiligtum von kreisförmigem Grundriß, in dessen Innern man die Knochen offenbar geopferter Tiere sowie zahlreiche Monolithen gefunden hat. In der Nähe dieses Haupttempels an der Tunga standen wahrscheinlich für die Priester bestimmte Wohnbauten. Und dahinter ist dann einer der ersten Friedhöfe der Nazca entdeckt worden. Später hat Duncan Strong solche Nazca-Gräber auch in der »Hauptstadt« dieser südperuanischen Kopfjäger, in Cahuachí selbst, gefunden. Auch dort waren die Grabstätten eigentlich wiederum mit einem Kultbau verbunden — mit jenem großen Tempel, jener Hauptpyramide von Cahuachí. Alle Toten in diesen Gräbern sind in Hockstellung bestattet, mit dem Gesicht nach Süden — also in Richtung jener großen Pyramide von Cahuachí.

Die Nazca-Gräber sind manchmal unmittelbar unter der Erdoberfläche verborgen, anderswo liegen sie wiederum in einer Tiefe von 4 oder gar 5 m. Sie sind oft flaschenförmig, mit ovalem oder kreisrundem Grundriß.

Die Grabkammern der vornehmen Mitglieder der Nazca-Gesellschaft sind mit großer Sorgfalt gebaut, ihre Decken werden von Balken aus Algarrobo- oder anderem Holz getragen, die Wände sind aus Adoben, jenen in der Sonne getrockneten Lehmziegeln, gefügt. Den Toten haben die Hinterbliebenen auf die letzte Reise zahlreiche Gegenstände ins Grab mitgegeben, vor allem jene konservierten Trophäen und natürlich Nahrungsmittel und Samen (Meldesamen z. B.), aber auch Waffen, besonders Speerschleudern und jene gefürchteten Nazca-Messer mit halbkreisförmiger Klinge, mit denen man die Köpfe von den entseelten Leibern der Gefangenen abzutrennen pflegte.

Die Grabplünderer — jene berüchtigten peruanischen »Huacueros« — haben in den letzten Ruhestätten der toten Nazca hauptsächlich Gold und andere Edelmetalle gesucht. Und diese neuzeitlichen Räuber haben in den Gräbern dieser alten Indianer auch wirklich Gold gefunden. Die Nazca waren schlechte Goldschmiede. Wir kennen von ihnen nur einige wenige Diademe und ähnliche Schmuckstücke. Andere Metalle haben diese Indianer offenbar nicht verwendet. Nur in den Gräbern des Acarí-Tals sind auch Bruchstücke kupferner Gegenstände gefunden worden.

Die häufigste Zierde der Nazca-Gräber sind ihre wunderschönen keramischen Gefäße. Wie die Bewohner der »Halbinsel der Mumien« sind auch die vornehmen Nazca, in Gewänder und Mäntel von prächtigen Stoffen gehüllt, bestattet worden. Diese gut gekleideten Toten nehmen fast immer eine Hockstellung ein. Und fast immer — nicht nur auf jenem Friedhof in Cahuachí —

blicken die Gesichter nach Süden. Die Köpfe zahlreicher Toter deuten darauf hin, daß künstliche Schädeldeformationen bei diesen Indianern keine Seltenheit waren.

Die meisten Nazca-Gräber sind selbstverständlich schon vor den Archäologen von jenen Huacueros, professionellen Grabräubern, entdeckt worden, die sich dort im einstigen Land der Nazca zu regelrechten Banden zusammengeschlossen haben, die von einigen »Bossen«, Großgrundbesitzern, beherrscht werden, denen nicht nur ihre ausgedehnten Ländereien, sondern also auch das, was darunterliegt, reiche Erträge bringen. Diese Huacueros plündern die Nazca-Gräber oft nicht nur aus, sondern zerstören sie auch. Ein deutscher Kenner Perus, Prof. Hans-Dietrich Disselhoff, hat aus dem Nazca-Gebiet z. B. folgenden Vorfall mitgeteilt: Einer der dortigen Huacueros hatte ein sehr tief unter der Erdoberfläche verborgenes großes Grab entdeckt, in dem mehr als 20 vornehme Tote, in außerordentlich prächtige Gewänder gehüllt, bestattet waren. Als jedoch der Räuber schließlich den Boden der dunklen Gruft erreicht hatte, begannen deren Wände zu beben, und zu den 20 dort vor langer Zeit Begrabenen drohte eine neue Leiche hinzuzukommen. Der Huacuero bekam es mit der Angst zu tun. Er versuchte, so schnell wie möglich wieder nach oben zu gelangen. Wirklich — so schnell wie möglich. Aber wie? Da kam ihm der rettende Einfall: Er begann die Toten in Windeseile übereinanderzuschichten, bis er sich aus den prächtig bekleideten Gebeinen dieser alten Indianer eine Art Treppe gebaut hatte, und über diese Treppe von Toten konnte er sich schließlich wirklich an die Oberfläche retten. Und an die zertretenen, vernichteten irdischen Überreste dieser vornehmen Indianer verschwendete er keinen Blick mehr ...

Ab und zu gelingt es den Archäologen, den Grabräubern zuvorzukommen. Der wertvollste Fund ist allerdings nicht einem der in den Nazca-Tälern arbeitenden Forscher geglückt, sondern der Gattin eines dieser Männer, der Frau des amerikanischen Gelehrten Dr. Samuel Kirkland Lothrop. Dieser hat dann nur den Bericht über den Fund veröffentlicht, den seine Gemahlin gemacht hatte. Zusammen mit einer Freundin hat diese Mrs. Lothrop bei einem Cavíña genannten Ort ein sehr ungewöhnliches Grab entdeckt, in dem offenbar ein hoher Würdenträger der Nazca bestattet worden war. Die Gruft des Toten bestand nicht — wie es sonst üblich ist — aus einer, sondern aus sieben miteinander verbundenen Grabkammern. Den Mittelpunkt dieses vollkommen ausgebauten kleinen unterirdischen Labyrinths bildete ein größerer Raum, in dem Frau Lothrop den Leichnam eines sitzenden Mannes fand, der in prachtvolle Gewänder gehüllt und außerordentlich reich geschmückt war. In der Kammer, die zur Linken an den Hauptraum dieser siebenteiligen Gruft stieß, befanden sich die Gebeine mehrerer Männer und Frauen (offenbar der Diener des Toten) und der Schädel (nur der Schädel!) einer geköpften Ratte. In der rechten Kammer dagegen lagen lediglich das kopflose Gerippe der rätselhaften geopferten Ratte und das ebenfalls kopflose Skelett eines Mannes. Das heißt, kopflos ist eigentlich nicht ganz richtig. Dem Körper ohne Kopf hatten die

Totengräber der Nazca als »Ersatz« einen Kürbis aufgesetzt, auf den sie dann auch noch die traditionelle südperuanische Kopfbedeckung, jenen in Paracas üblichen Turban, gestülpt hatten. In einer besonderen Urne schließlich waren die Gebeine eines Kindes beigesetzt, das möglicherweise ebenfalls zu Ehren des verstorbenen vornehmen Kriegers getötet worden war. Daß der in der siebenteiligen Gruft von Chaviña Bestattete wirklich ein großer Kriegsmann gewesen ist, davon zeugen die zahlreichen darin gefundenen Speerschleudern (»estólicas«), jener enthauptete Mann und jene offenbar ebenfalls rituell geköpfte peruanische Ratte, wie man sie nur in diesem Nazca-Grab und nirgends sonst in Amerika gefunden hat.

Die schlechten Honorare
des Augenarztes Dr. Gaffron

In diesem einzigartigen siebenteiligen Grab von Chaviña, das gewiß für einen hervorragenden Führer der Nazca-Krieger, dieser gefürchteten Kopfjäger, gebaut worden war, hat freilich die Gattin des amerikanischen Archäologen auch zahlreiche Werke der Nazca-Keramik gefunden. Seit der Zeit, da Menschenaugen diese Keramik nach so vielen Jahrhunderten von neuem erblickt haben, weckte sie immer größeres Interesse und rief immer stärkere Bewunderung hervor. Während die Vorgänger der Nazca, die Indianer von der Halbinsel Paracas, uns in erster Linie ihre phantastischen, bewundernswerten Gewebe hinterlassen haben, hat uns das Nazca-Erbe eine herrliche und mannigfaltige Keramik geschenkt.

Auf der Suche nach der alten Vergangenheit Perus ist der Autor dieses Buches nicht nur in dieses Land, sondern auch in viele andere Länder gereist, überallhin, wo er archäologische Sammlungen und Sammlungen der Kunst des vorkolumbischen Peru betrachten konnte. Zu einer Ausstellung altindianischer Kunst Perus hat er sich auch in eine Stadt begeben, die im Bewußtsein der Menschheit weit mehr mit der europäischen Kunst, mit den Wundern der italienischen Renaissance, verbunden ist — in das toscanische Florenz. Dort, in einem der Paläste der Medici, wurde im Jahre 1977 eine Ausstellung vor-kolumbischer Kunst Perus gezeigt, zu der die Veranstalter einen Katalog her-ausgegeben hatten, der, als er in der Chronologie der altperuanischen Kulturen und ihrer Kunst zu den Nazca gelangt war, die Keramik dieser Indianer mit den folgenden Worten charakterisierte: »La più deliziosa, la più delicata, la più attraente ceramica peruviana« — was nicht einmal aus dem Italienischen übersetzt zu werden braucht. Dabei hat die Welt von dieser Keramik, die für den heutigen Kenner der indianischen Kunst Altamerikas »die prächtigste, feinste, reizvollste peruanische Keramik« ist, vor kaum hundert Jahren noch nicht die geringste Kenntnis besessen.

In den achtziger Jahren des 19. Jahrhunderts begannen jedoch in einzelne Museen des wilhelminischen Deutschlands nach und nach märchenhaft schöne und farbenprächtige Gefäße von bisher unbekannter Herkunft zu gelangen. Der Spender dieser Gaben war bekannt. Es war ein gewisser Dr. Gaffron. Dieser tüchtige deutsche Augenarzt hatte sich in der zweiten Hälfte des 19. Jahr-hunderts in der Hauptstadt der Republik Peru, in Lima, niedergelassen und dort eine Praxis eröffnet.

Zu dem hervorragenden Ophthalmologen, dessen Ruhm als Arzt von Jahr zu Jahr wuchs, kamen Patienten aus dem ganzen Land, darunter auch solche, die kein Geld hatten, um die Behandlung bezahlen zu können. Andere wie-derum wußten nicht, wie sie dem Dr. Gaffron ihre Dankbarkeit für das gerettete Augenlicht ausdrücken sollten. Manche der Kranken, vor allem Gaffrons zahlreiche Patienten aus dem Süden Perus, brachten daher dem Doktor kera-mische Gefäße der Altperuaner, die an manchen Orten buchstäblich her-umlagen und für die sich sonst kaum einer interessierte — am allerwenigsten die Ärzte. Und während so Gaffrons Kollegen allein Papiergeld verlangten, gab sich dieser bescheidene Augenarzt oft mit jenen alten Vasen und Kannen zufrieden, an denen er seine Freude hatte.

Dr. Gaffron war selbstverständlich kein ausgebildeter Kunsthistoriker. Und von der Töpferei verstand er, bevor er nach Peru kam, nur sehr wenig. Aber dennoch gelang es ihm, nachdem seine Patienten das Interesse für dieses Gebiet der altperuanischen Kunst in ihm geweckt hatten, im Laufe der Zeit eine großartige Sammlung dieser Keramik zusammenzutragen, eine Sammlung von keramischen Meisterwerken einer Kultur, von der man damals eigentlich überhaupt noch nichts wußte und für die man nicht einmal einen Namen hatte.

Gaffrons Kollektion dieser Keramik, deren Schöpfer — wie wir heute wissen — die Nazca waren, gehörte und gehört bis zum heutigen Tag zu den wert-vollsten Sammlungen altperuanischer Kunst überhaupt. Alles, was von dieser Kollektion übriggeblieben war, haben Gaffrons Erben vor einiger Zeit für viele tausend Dollar an ein Museum in Chikago verkauft. So haben sich die schlechten Honorare Dr. Gaffrons, jene alten »Tonscherben«, über die seine Arztkollegen die Nase gerümpft hatten, nach einigen Jahrzehnten mehr als

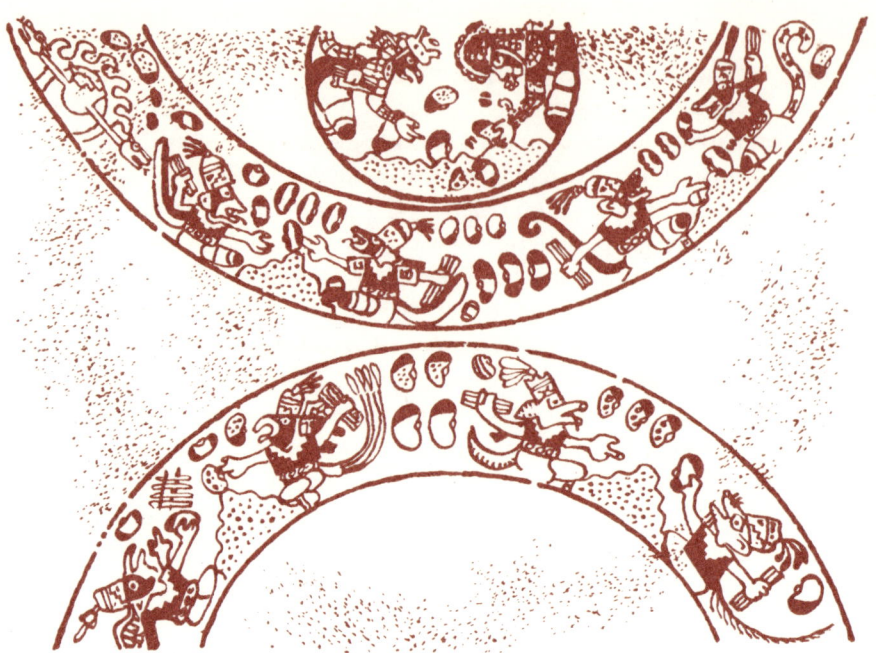

bezahlt gemacht. Freilich, auch heute läßt sich ihr Wert kaum in Dollar, Mark oder Sol ausdrücken; denn die kunstgeschichtliche Bedeutung dieser ungewöhnlichen Honorare Dr. Gaffrons ist unermeßlich.

Ein Augenarzt hat auf diese Weise eine Kultur entdeckt, die er gar nicht gesucht hat und von deren Existenz er nicht die geringste Ahnung hatte und auch nicht haben konnte. Von Gaffrons Sammlung erfuhr jedoch ein Mann, ein Landsmann des Arztes, der zum unbestrittenen wissenschaftlichen Entdecker der Nazca-Kultur und ihrer Zeugnisse wurde. Dieser deutsche Archäologe — Prof. Max Uhle — ist eigentlich der Vater der Archäologie der peruanischen Küstengebiete überhaupt. Während Julio César Tello, selbst ein Indianer, ein Ketschua, in seiner unglaublich umfangreichen Tätigkeit im Grunde vor allem in den peruanischen Bergen, der Heimat der Inka, die Werke seiner berühmten Vorfahren suchen und entdecken wollte (obwohl er auch an der Küste eine ganze Reihe wertvoller Entdeckungen gemacht hat — z.B. jene Begräbnisstätten von Paracas), hat Prof. Uhle mehr in den Küstenwüsten gearbeitet. Doch während dem Dr. Gaffron die südperuanischen Patienten die Nazca-Keramik in seine Sprechstunde nach Lima gebracht hatten, machte sich Uhle auf, sie zu suchen, sie dort auszugraben, wo ihre Heimat war, im Süden Perus. Und erst durch Uhles archäologische Forschungen im Nazca-Tal sind dann zu Beginn des 20. Jahrhunderts die ganze Nazca-Keramik — und mit ihr ihre Schöpfer — endgültig ins Licht »unserer« Welt getreten.

Die Entdeckung der Töpferkunst der Nazca — das ist die Entdeckung einer Kunst der Schönheit. Die Nazca-Keramik ist im wahrsten Sinne des Wortes schön. Sie liefert freilich keine so wertvollen Informationen über ihre Schöpfer wie die Keramik der weiter nördlich lebenden Mochica. Aber sie erfreut das Auge wie keine andere Töpferkunst Altamerikas, allein schon durch die Pracht ihrer leuchtenden und zugleich pastellartig gedämpften Farben. Die Nazca-Töpfer wußten ihren Gefäßen mindestens elf oder gar noch mehr Farbtönungen zu geben. Sie kannten mehrere Arten von Rot (Weinrot, Blutrot und Ziegelrot), zwei Nuancen des Gelbs und die Farben Braun, Grau, Rosa, Violett, Ocker und eine wunderschöne Elfenbeinfarbe. In der Gesamtkomposition sind alle diese Farben stets harmonisch aufeinander abgestimmt. Oft haben die Zeichnungen schwarze Konturen. Grün und Blau dagegen scheinen die Nazca-Töpfer nicht gekannt zu haben. Auf einem einzigen Gefäß haben die Nazca-Keramiker mitunter acht verschiedene Farben verwendet. Von keiner anderen Keramik Altamerikas kann man mit der gleichen Berechtigung wie von der Nazca-Keramik sagen, daß sie polychrom, vielfarbig, gewesen ist.

Charakteristische Gegenstände der Nazca-Keramik sind kugelförmige Gefäße mit zwei kurzen Ausgußröhren, die ein Bügel miteinander verbindet. Manchmal ist einer dieser Ausgüsse durch die Plastik eines Vogels oder wiederum eines Menschenkopfes ersetzt. Daneben gibt es aber auch offene Gefäße wie hohe becherförmige Vasen und innen bemalte flache Schalen, tiefe Näpfe und Flaschen mit und ohne Henkel.

Die keramischen Schöpfungen der Nazca sind stets unglaublich reich mit Malereien geschmückt. Es scheint, als ob die Nazca-Töpfer von einer geradezu panischen Angst besessen gewesen wären, nur ja keine Stelle des Gefäßes unbemalt zu lassen. Die Malereien sind von zweierlei Art. Es gibt realistische und mythologische. Die realistischen stellen meist verschiedene stilisierte Bilder von Pflanzen und Feldfrüchten dar (besonders von Bohnen, Mais, roten und gelben Pfefferschoten) sowie von Tieren, die die Nazca kannten, namentlich von Fischen und Vögeln. Ihre Lieblingsvögel waren jene, die von den Berghängen die Kunde vom Frühling, von den dortigen wasserreichen Flüssen mitbrachten — Kolibris und Schwalben. Auch Menschen — in erster Linie wiederum Krieger, aber auch Fischer, Tänzer und Musikanten — sind manchmal auf den Nazca-Gefäßen abgebildet. Besonders häufig haben die dortigen Töpferkünstler einen Musikanten dargestellt, den die Archäologen mitunter scherzhaft den »Orchestermenschen« oder die »Ein-Mann-Kapelle« nennen. Dieser sitzende musikalische Alleskönner, der auf so vielen Gefäßen der Nazca zu sehen ist, bläst mit dem Mund auf einer Panflöte und mit dem Ohr (!) auf einer großen Trompete, die er in der einen Hand hält, in der anderen Hand schwingt er eine aus einem Kürbis gefertigte Rassel, und auf seinen Beinen liegt eine Trommel, die dieser phantastische Musikant mit dem einzigen Körperteil schlägt, das noch übriggeblieben ist — mit seinem steifen männlichen Glied.

Neben diesen realistischen, manchmal wirklich entzückenden Motiven auf der Nazca-Keramik sind die Gefäße dieser südperuanischen Indianer auch mit unvergleichlich komplizierten Malereien geschmückt, die die Hauptgestalten ihrer religiösen Vorstellungsweise darstellen: mit Bildern jener »Sphinxe«, halb tierischer, halb menschlicher Dämonen, und mit Bildern jener katzenartigen

Hauptgottheit, die manchmal ein maskenhaftes Menschengesicht und mitunter sogar eine Art Bart trägt.

Am häufigsten jedoch haben die Nazca-Töpfer auf ihren Erzeugnissen jene Kriegstrophäen, die abgeschlagenen Köpfe der von den Kriegern ihres Volkes getöteten Feinde, abgebildet. Wir wollen von allen Bildern auf der Nazca-Keramik nur jenen seltsamen »Tiergottheiten« sowie den realistischen Bildern »gewöhnlicher«, nichtvergöttlichter Tiere unsere Aufmerksamkeit zuwenden, denn diese Tiergestalten auf den Nazca-Gefäßen gleichen in ihrer Art und Auffassung anderen, hundertmal, tausendmal größeren Bildern, den vielleicht phantastischsten Zeichnungen, die jemals in der ganzen weiten Welt geschaffen worden sind – über 100 m großen Bildern, die vor vielen, vielen Jahrhunderten von jemandem in die Oberfläche dieses Landes der Nazca eingezeichnet worden sind.

In der größten Bildergalerie der Welt

Von der wohl merkwürdigsten archäologischen Entdeckung, die im 20. Jahrhundert gemacht worden ist, soll nun die Rede sein. Nach den eingebürgerten Vorstellungen der Laien sind die Archäologen Altertumsforscher, die nur graben und wie die Maulwürfe in der Erde wühlen. Manchmal ist es jedoch notwendig, die Archäologie und auch ihren Forschungsgegenstand aus einem anderen Blickwinkel zu betrachten. Zu Beginn der dreißiger Jahre ist in Peru eine sehr bedeutende Entdeckung gemacht worden. Zu jener Zeit kam eine Gruppe junger Männer mit dem ungewöhnlichen Vorsatz in das Land: »Wir wollen versuchen, die Vergangenheit, die Denkmäler des vorkolumbischen Peru, vom Flugzeug aus zu erforschen!«

Man schrieb das Jahr 1931, das Flugwesen steckte in diesem südamerikanischen Land noch in den Kinderschuhen, und die Verwendung von Flugzeugen zu anderen als Verkehrs- und Militärzwecken war hier eigentlich noch völlig unbekannt. Nun sollte gar das Flugzeug den Spaten der Archäologen ersetzen. Das klang unglaublich. Zudem wirkten jene jungen Leute, die mit dieser

Absicht im Jahre 1931 nach Peru kamen, auf die seriösen Forscher nicht sehr vertrauenswürdig. Die Fachleute waren der Meinung, daß es sich nur um einen Ausflug reicher Abenteurer aus New Jersey handele, die so vermögende Eltern hatten, daß sie sich schon damals ein eigenes Flugzeug leisten konnten.

Der Spiritus rector dieser kleinen Gruppe von Amateurfliegern hieß Robert Shipees und war der Sohn eines Börsenmaklers. Er verfügte über genügend Geld und Muße. Er besaß aber auch eine gewisse historische Bildung. Und er war außerdem ein hervorragender Pilot. Da es ihn nicht mehr befriedigte, »nur so«, um des Vergnügens willen, zu fliegen, unterbreitete er seinen Freunden einen Plan: Warum fliegen wir nicht nach Südamerika, wo — oft in völlig unzugänglichen Gebieten, in Urwäldern, hoch in den Bergen oder aber in den toten Sandwüsten der peruanischen Küste — die großartigsten Denkmäler der alten vorkolumbischen Kulturen dem allmählichen Verfall preisgegeben sind? Jene Berge, Wüsten und Urwälder versperren den meisten Besuchern den Weg zu ihnen. Wir können vom Flugzeug aus Aufnahmen von diesen Denkmälern machen, damit wenigstens das Objektiv des Fotoapparats diese Bauten für die Zukunft bewahrt, die der Zahn der Zeit über kurz oder lang zerstört haben wird.

Die Befürchtungen der jungen Männer aus New Jersey über den baldigen Untergang der Tempel und Pyramiden Altperus haben sich zum Glück nicht ganz bewahrheitet. Und auch das Ergebnis von Shipees' Flugexpedition in die Wolken Perus ist schließlich ein anderes gewesen.

Hat diese erste archäologische Expedition mit dem Flugzeug in die Geschichte Südamerikas ihre Ziele nicht erfüllt? Ist sie fehlgeschlagen? Nein, ganz im Gegenteil. Sie hat alle Erwartungen weit übertroffen! Shipees hatte sich mit einem anderen jungen Mann, George Johnson, zusammengetan, der bereits über beträchtliche Erfahrungen in Luftaufnahmen verfügte. Diese beiden jungen Amerikaner kartierten dann vom Flugzeug aus gemeinsam ausgedehnte Gebiete Perus. Außerdem fertigten sie tatsächlich Zehntausende von Luftbildern von Denkmälern der vorkolumbischen Kulturen an, von solchen, die der Wissenschaft schon bekannt waren, aber auch von Werken, von denen die Forscher bis dahin nicht die geringste Ahnung hatten.

Einer der phantastischsten Entdeckungen von Shipees und Johnson werden wir alsbald im Lande der Mochica begegnen. Dort, unmittelbar im peruanischen Küstengebiet, das die ersten Weißen bereits vor vier Jahrhunderten betreten hatten, entdeckten die jungen Flieger einen 80 km langen Wall — eine wirkliche »Chinesische Mauer Perus« (wie sie seitdem auch allgemein genannt wird). Dabei hatte man bis zu jener Zeit von diesem gewiß längsten und eigentlich kaum zu übersehenden altperuanischen Bauwerk keine Kenntnis gehabt. Und nun hatten es die »Burschen aus New Jersey« bei ihrem Flugabenteuer gefunden, über deren ursprüngliches Projekt die meisten Fachleute noch vor einigen Wochen bestenfalls ungläubig den Kopf geschüttelt hatten. Der erste, der die jungen Männer zu ihrer phantastischen Entdeckung beglückwünschte, war Julio César Tello selbst, der führende Archäologe Perus.

Tello gestand ihnen wahrheitsgemäß, daß auch er, der doch überall in Peru gewesen war und selbst in den entlegensten Gegenden seines Landes gegraben hatte, von diesem Bau der Mochica nichts gewußt hatte.

Tellos Glückwunsch und die allgemeine Anerkennung, die Robert Shipees und George Johnson für diese und ihre anderen vom Flugzeug aus gemachten Entdeckungen zuteil wurden, rehabilitierten nicht nur diese beiden bis dahin völlig unterschätzten Pioniere einer mit Hilfe des Flugzeugs betriebenen Archäologie, sondern auch diese moderne Methode der archäologischen Forschung. Der Erfolg der Shipees-Johnson-Expedition bewies außerdem, daß der Einsatz des Flugzeugs in der archäologischen Arbeit gerade hier in Peru neue und manchmal — wie im Falle jener 80 km langen Mochica-Mauer — völlig unerwartete Ergebnisse bringen konnte. So war es kein Wunder, daß knapp zehn Jahre später ein anderer Forscher beschloß, sich die Werke der alten Peruaner von oben, wiederum von Bord eines Flugzeugs aus, anzusehen.

Der Mann, der zum zweitenmal in der Geschichte der Erforschung der altperuanischen Vergangenheit in ein Flugzeug stieg, hieß Paul Kosok. Im Unterschied zu dem jungen Robert Shipees war Kosok auf die Aufgaben, die er sich gestellt hatte, fachlich umfassend vorbereitet. Er war Historiker, Leiter des Lehrstuhls für Geschichte an der Universität in Long Island. Zugleich war er aber auch Direktor der Fakultät für Musik an derselben Universität. Außerdem hatte er sich als Autor einer Reihe mathematischer Studien einen Namen gemacht. Die musikalischen und mathematischen Interessen und Neigungen dieses vielseitigen Wissenschaftlers lassen wir erst einmal beiseite. Nicht aber die historischen. Sie waren ursprünglich nicht mit Peru, ja überhaupt nicht mit dem alten Amerika verbunden. Dr. Kosok hatte sich, bevor er nach Peru kam, vor allem mit den alten und ältesten Hochkulturen der Alten Welt beschäftigt, besonders mit der Rolle, die in diesen Kulturen, in diesen Gesellschaften, in diesen Gebieten — z. B. in Mesopotamien — die Bewässerung gespielt hat. Als er die Verhältnisse in der Alten Welt gründlich studiert hatte, beschloß Kosok, auch die Rolle der Bewässerung in den Kulturen der Neuen Welt zu untersuchen, in Südamerika, und konkret hier, in den so trockenen Küstengebieten Perus. Und solche großen alten Bewässerungsanlagen, die ja nicht völlig unter der Erdoberfläche verborgen sein konnten, waren gewiß von einem niedrig fliegenden Flugzeug aus am besten zu sehen. So brach denn der Musiker, Mathematiker und Historiker Prof. Kosok gerade zu der Zeit, als in Europa die ersten Flammen des zweiten Weltkriegs emporloderten, nach Peru auf, setzte sich in ein Flugzeug und begann die Kanäle der alten Peruaner zu suchen.

Auch Kosok hat in Peru sehr viel erblickt und entdeckt, besonders wiederum in jenem nördlicheren Küstengebiet, in dem einst die große Kultur der Mochica geblüht und später das mächtige Chimú-Reich existiert hatten. Er war auch nach Süden geflogen. Dort, in dem Gebiet, das man Pampa de Nazca nennt, in der weiteren Umgebung der gleichnamigen südperuanischen Stadt, wollten schon früher mehrere Reisende vom Flugzeug aus irgendwelche breite Linien

und Streifen erblickt haben, die angeblich »genauso wie jene Kanäle auf dem Mars aussahen«.

Kanäle auf Himmelskörpern, die sowieso niemand mit eigenen Augen gesehen hatte, interessierten und lockten Kosok vorläufig nicht. Die Astronomie hatte er seinen Fachgebieten, der Mathematik, der Musik, der Geschichte und nun also auch der Archäologie, bisher nicht hinzugefügt. Der Mars reizte ihn nicht, um so mehr die Kanäle. Er flog daher mit seiner kleinen Maschine in dieses Gebiet, um sich die »hydrologischen Systeme der Marsmenschen« in der Pampa de Nazca von oben anzusehen. Und er erblickte zwar keine Bewässerungsanlagen, aber etwas viel Unglaublicheres: Von der dunkelroten Oberfläche der völlig toten Nazca-Wüste hoben sich gelblich-weiße Dreiecke, Rechtecke und trapezförmige Flächen ab, die oft viele 100 m lang waren und auf den ersten Blick an Flugplätze erinnerten. Zusammen mit ihnen führten, wie mit dem Lineal gezogen, unzählige endlos lange Geraden durch die Pampa de Nazca, die sich in bestimmten Punkten schnitten und wieder auseinanderliefen. Und mitten in diesem unglaublichen Gewirr von Linien zeichneten sich Tierfiguren von riesigen Ausmaßen ab. Da ein riesiger Leguan, dort ein über 100 m langer Vogel, ein Stück weiter eine 200 m große Eidechse und anderswo wieder ein gigantischer Affe.

Das konnten keine von Phantasten erdachten Marskanäle sein. Das war etwas, was Kosok anfangs nicht verstand, wofür er keine Erklärung wußte. Ihm fehlten die Worte, die Begriffe, aber vor allem fehlte ihm jeder Vergleich. Er, der die Hochkulturen in der ganzen Alten Welt, in Europa, Asien und Afrika, so gut kannte, er wußte von keiner einzigen derartigen gigantischen — und offenbar uralten — Bildergalerie.

Aber er war Wissenschaftler. Und so begann er über seine Entdeckung nachzudenken. Vor allem veröffentlichte er einen Bericht darüber und versah ihn zur Beglaubigung mit Dutzenden guter Fotografien, die er vom Flugzeug aus gemacht hatte. Die Welt hätte ihm jedoch am liebsten keinen Glauben geschenkt, denn quer durch diese völlig tote Pampa de Nazca führte schon Jahrzehnte lang eine stark benutzte lebendige Verkehrsader. Sogar die wichtigste, am meisten frequentierte Autostraße aller drei Amerika — der Panamerican Highway — lief dort entlang. Und trotz alledem hatte mit Ausnahme jener zufälligen Flugreisenden, denen für diesen auf den ersten Blick sinnlosen Wirrwarr von Linien und Figuren kein anderer Name als »Marskanäle« eingefallen war, niemand diese größte Bildergalerie der Welt bemerkt.

Kosok hat damit eine Entdeckung gemacht, deren Bedeutung und Tragweite möglicherweise nicht einmal er selbst wohl erfassen konnte. Er konnte selbstverständlich auch nicht sofort eine erschöpfende Erklärung über den Sinn dieser mehr als seltsamen Zeichnungen in der Pampa de Nazca geben, so wie man bis heute noch keine eindeutige Interpretation ihres Sinnes und Zweckes geben kann. Prof. Kosok konnte nur eins: danken. Wem danken? Peru, dem Land jener altindianischen Kulturen, das ihm eines seiner wunderbarsten Geheimnisse offenbart hatte. Und er dankte ihm auf seine Weise. Da er nicht nur ein Paläohydrologe, ein Erforscher der Bewässerungssysteme alter Kulturen, nicht nur ein Archäologe und auch nicht nur ein Mathematiker und nicht allein ein Historiker, sondern auch ein Musiker, ein hervorragender Komponist war, feierte er diese seine archäologische Entdeckung auf eine Art, wie die Archäologen ihre Funde gewöhnlich nicht zu preisen pflegen: Er schuf ein großes musikalisches Werk und nannte es »Andensinfonie«.

Die Andensinfonie ist dann an der Wende der fünfziger und sechziger Jahre vom Staatlichen Sinfonieorchester des Landes, dem sie gewidmet war, zum erstenmal aufgeführt worden. Paul Kosok weilte zu dieser Zeit schon nicht mehr unter den Lebenden. Seine Andensinfonie aber erklingt noch heute in den Konzertsälen Perus. Und »seine« riesige Bildergalerie in der Nazca-Wüste, die er einst von Bord seines kleinen Flugzeugs aus für die Welt entdeckt hat, ist heute das wohl berühmteste Denkmal ganz Perus.

Eine Mathematikprofessorin am Seil

Man sollte meinen, daß die so phantastische Entdeckung der größten Bildergalerie der Welt in der Pampa de Nazca augenblicklich die Aufmerksamkeit der gesamten Fachwelt auf diese archäologische Sensation ersten Ranges gelenkt hätte. Aber dem war nicht so. Freilich ist diese unglaubliche Galerie während eines furchtbaren Krieges entdeckt worden, als die Menschheit ganz andere Sorgen hatte. Doch auch nachdem der Krieg zu Ende war, kamen die Fachleute nicht zu der riesigen Galerie in der Pampa de Nazca, um das von Paul Kosok begonnene Werk fortzusetzen. Nicht einmal Touristen kamen.

Für die Welt, besonders für alle Nichtfachleute, hat die gigantischen Zeichnungen in der Nazca-Wüste endgültig erst ein Schriftsteller entdeckt, dessen unwissenschaftliches Buch — im Unterschied zu Kosoks Fachaufsätzen — die ganze Welt las. Es heißt »Erinnerungen an die Zukunft«, und sein Autor — der Schweizer Erich von Däniken — und nach ihm seine zahlreichen Anhänger stellten Erwägungen darüber an, ob jene Flugplätzen gleichenden riesigen Flächen im Lande der Indianer, die weder das Rad geschweige denn Flugzeuge gekannt haben, in Wirklichkeit nicht vielleicht die Landebahnen von Kosmonauten gewesen seien, ob nicht überhaupt diese ganze gigantische Bildergalerie in der Nazca-Wüste etwas mit Bewohnern anderer Planeten, mit Zivilisationen anderer Welten zu tun haben könnte.

Das Interesse an den »Landebahnen der Kosmonauten« in Südperu wuchs noch, als der Regisseur der BRD Harald Reinl nach Dänikens Buch einen großen Dokumentarfilm drehte, der überhaupt zum erstenmal die Zeichnungen aus der Pampa de Nazca den Zuschauern in der ganzen Welt auf der Filmleinwand und den Fernsehbildschirmen zeigte. Dänikens Bestseller erschien im Jahre 1968, Reinls Film wurde später gedreht. In jenem reichlichen Vierteljahrhundert aber, das zwischen der Entdeckung der Nazca-Galerie durch Kosok und der Zeit lag, da die ganze Welt sie durch Dänikens Buch und Reinls Film erst wirklich für sich entdeckte, hat sich außer dem glücklichen Finder jener Zeichnungen nur ein einziger Mensch mit ihnen beschäftigt, eine Frau.

Maria Reiche, von der die Rede ist, war aus Deutschland nach Peru gekommen. Sie hatte Mathematik studiert, zuerst an der Universität in Hamburg
und später an der Technischen Hochschule in Dresden, wo sie im Jahre 1932
promovierte. Unter dem Gesichtspunkt ihres Fachgebiets begann Fräulein
Reiche schon damals über die Möglichkeiten der Mathematik bei der Auf-
hellung der Funktionen und der Bedeutung altertümlicher astronomischer
Denkmäler nachzudenken. Damals erregte ihre Aufmerksamkeit besonders ein
Artikel des Astronomen Rolf Müller über die indianischen Bauten, die man in
Altperu »Intihuatana« nannte, was soviel wie »Ort, wo die Sonne gefesselt ist,«
bedeutet. Die Intihuatana waren so etwas wie Sternwarten der Inka gewesen.
Und um diese astronomischen Observatorien der Inka zu untersuchen, begab
sich daher Fräulein Dr. Reiche aus Deutschland in die Berge Perus. Sie ließ sich
später in Lima nieder, und dort informierte Prof. Kosok sie als eine der ersten
über seine unglaubliche Entdeckung in der Pampa de Nazca. Kosoks Bericht
nahm die junge Wissenschaftlerin so gefangen, daß sie von diesem Augenblick
an ihr Interesse an den Bergen Perus aufgab und ihre ganze Aufmerksamkeit
auf dieses ausgedehnte Gebiet zwischen den Städten Palpa und Nazca konzentrierte, wo einst jene seltsamen Bilder in die öde Erde der dortigen »Pampa«
gezeichnet worden waren.

Kosok selbst kehrte noch mehrmals für einige Zeit aus den Vereinigten
Staaten in die Pampa de Nazca zurück. Fräulein Reiche aber siedelte buchstäblich in die Wüste über. Zur Zeit der letzten Amerikareise des Autors dieses
Buches lebte sie schon über 25 Jahre dort! Am Rande der Wüste, da, wo die
ausgedehnten Ländereien der Hacienda San Pablo beginnen, haben die Besitzer
dieses Großgutes der deutschen Mathematikprofessorin eine einfache Hütte
gebaut, nur eine Hütte, kein wirkliches Haus. Dieser provisorische Bau am
Rande der südperuanischen Wüste ist nun schon ein Vierteljahrhundert lang
das Hauptquartier — und war lange Zeit überhaupt die einzige Stätte — der
Forschung über jene merkwürdigen Zeichnungen.

In dieser Hütte sitzt Fräulein Reiche in den Nachmittagsstunden, wenn es
in der Wüste so heiß ist, daß sie den Menschen einfach nicht einläßt, und
zeichnet und rechnet, läßt den Stift sinken, ergreift ihn wieder und beginnt von
neuem zu zeichnen und zu rechnen. Wenn die Nacht anbricht, zieht dann dieser
mutige weibliche Robinson der Pampa de Nazca, nur mit einem Theodolit,
einem Metermaß und einem Kompaß bewaffnet, in diese längst tote Einöde,
die allein von den Bildern gespenstischer Echsen und Spinnen bevölkert ist. Die
Nacht verbringt sie mitten in der Wüste im Schlafsack. Noch vor dem Mor-
gengrauen aber erhebt sie sich, um »ihre« Zeichnungen im Licht der ersten
Sonnenstrahlen zu betrachten, in aller Frühe, wenn sie von der Erde aus noch
relativ am besten zu sehen sind. Die Sicht ist aber wirklich nur relativ, denn
diese Figuren — und das ist eins ihrer hervorstechendsten Merkmale — sind in
der Tat wie für Betrachter vom Himmel in die Wüste gezeichnet. Von der
Erdoberfläche aus sind sie meist nicht sichtbar. Als peruanische Ingenieure die
berühmte Panamerikastraße durch die Pampa de Nazca bauten, haben sie lange

Monate in dieser Gegend verbracht. Dabei hat keiner, kein Ingenieur, kein Arbeiter und nicht einmal ein Geometer, einen einzigen von diesen Strichen bemerkt. So vollkommen sind sie vor den Augen der »Irdischen« verborgen. Erst dann, als Kosok vom Flugzeug aus auf die Pampa de Nazca herabblickte, stellte er überraschend fest, daß die Erbauer des Panamerican Highway ihre berühmte Straße quer durch die Zeichnung einer riesigen Eidechse gelegt hatten, deren Beine dadurch buchstäblich »ausradiert« worden waren.

Auch Fräulein Reiche, die heute schon über 70 Jahre alt ist, konnte sich bei ihren Studien der Zeichnungen in der Pampa de Nazca freilich nicht nur mit Erdmessungen begnügen. Auch sie mußte, wenn sie diese Bilder und geometrischen Figuren so erfassen wollte, wie sie von ihren namenlosen Schöpfern wirklich in die Pampa de Nazca gezeichnet worden sind, in ein Flugzeug steigen. Der technische Fortschritt hatte ihr inzwischen einen geeigneteren Flugapparat zu bieten — einen Hubschrauber. Von ihren geringen Einkünften, von den Stipendien, die sie von Zeit zu Zeit erhielt, mietete sich Maria Reiche mehr als einmal einen Helikopter. Später stellte ihr der Befehlshaber der peruanischen Luftwaffe, General Vargas Prade, einen der Militärhubschrauber ständig zur Verfügung. Die sechzig- und auch noch die siebzigjährige Mathematikprofessorin steigt sehr oft in den Hubschrauber, um »ihre« Zeichnungen so, wie sie wirklich aussehen, mit dem Fotoapparat aufzunehmen. Das geschieht zumeist mit Hilfe einer automatisch arbeitenden Kamera, die unter dem Rumpf des

Hubschraubers so angebracht ist, daß die Luftbilder in dem gewünschten Winkel aufgenommen werden können.

In Ausnahmefällen muß jedoch das siebzigjährige Fräulein Reiche während des Fluges, wie es heißt, selbst aus dem Hubschrauber steigen, um — nur an einem Seil hängend — die Zeichnungen genau in dem Blickwinkel fotografieren zu können, der für ihre Arbeit am geeignetsten ist! Wie sehr unterscheidet sich dieses Bild der in 500 m Höhe unter einem Hubschrauber an einem Seil über der Pampa de Nazca hängenden Mathematikprofessorin von jener oberflächlichen, falschen Vorstellung von einem Gelehrten, der alle seine wissenschaftlichen Ergebnisse am »grünen Tisch« in der behüteten Ruhe seines Arbeitszimmers »produziert«.

Nur der Blick aus einer großen Höhe ermöglicht es, die ganze Galerie zu betrachten. Der große Maler Paul Gauguin hat einst unter eins seiner berühmtesten Werke anstelle einer Benennung drei Fragen geschrieben: »Wer sind wir, woher sind wir gekommen, wo gehen wir hin?« Auch wir könnten beim Gesamtblick aus der Vogelperspektive auf dieses sicher größte Bild der Welt Fragen schreiben, Fragen, die sich mit den einfachen Interrogativpronomina: »wo«, »wann«, »wer«, »was«, »warum« und »wie« ausdrücken lassen. So wollen denn auch wir, so, wie Paul Kosok, so, wie jene an einem Seil hängende Mathematikprofessorin Maria Reiche, diese größte Bildergalerie der Welt von hoch oben, von jenem höheren Gesichtspunkt aus, betrachten, von dem die Rede war, und versuchen, auf diese elementaren, aber keineswegs einfachen Fragen, die wir in Gedanken unter das Bild geschrieben haben, die Antworten zu finden.

Die sechs Fragen der Nazca-Wüste

Wir haben sechs Fragen zusammengestellt. Wenn es gelingt, auf jede davon eine erschöpfende Antwort zu geben, wäre das Rätsel der Bilder in der Nazca-Wüste gelöst. Wo sind jene altperuanischen Bilder zu sehen? Grob gesagt, zwischen den südperuanischen Landstädten Palpa und Nazca. Beide liegen an der

Carretera Interamericana, wie der berühmte Panamerican Highway auf spanisch heißt. Diese Panamerikastraße, die für uns in dieser sonst meist völlig toten Landschaft freilich nur eine Orientierungshilfe sein soll, durchquert unmittelbar die Gegend, in der sich diese rätselhaften Zeichnungen befinden. Die Gesamtausdehnung des »bekritzelten« Gebiets beträgt über 100 km². Die Figuren, Geraden und jene seltsamen trapezförmigen Flächen sind in einer Länge von rund 55 km verstreut.

Das ganze Gebiet ist außerordentlich trocken. Fräulein Reiche, die die Nazca-Wüste wie kein zweiter kennt, gibt an, daß es hier in zwei Jahren nur einmal etwa eine halbe Stunde regnet. Das ist wirklich nicht viel. Dieses extrem trockene Klima hat so, wie es mit den Textilien von Paracas und anderen Zeugnissen der altperuanischen Küstenkulturen geschah, auch die einzigartige Bildergalerie künftigen Generationen erhalten.

Die Oberfläche der Pampa ist zudem mit kleinen dunklen Steinen übersät, die eine gewaltige Wärmemenge speichern und so gleichsam ein dichtes Polster heißer Luft bilden, dem wir die Konservierung jener uralten Zeichnungen verdanken. Die Steine bedecken freilich nur die unmittelbare Oberfläche der Nazca-Wüste; wenn man sie beseitigt, stößt man sofort auf einen viel helleren, weicheren Untergrund.

Obwohl das Gebiet dieser uralten Bildergalerie zu den trockensten Gegenden in Peru gehört, ist es doch von einem — freilich sehr oft austrocknenden — Wasserlauf durchzogen, dem Rio Ingenio, einem östlichen Nebenfluß jenes Rio Grande de Nazca (der unweit davon bei Puerto Caballas in den Stillen Ozean mündet). In der weiteren Umgebung dieses halbtoten Rio Ingenio befinden sich die wichtigsten Zeichnungen der dortigen Pampa. Und noch ein Wort zur Pampa selbst. Dieses in ganz Südamerika verbreitete Wort, das aus den beiden noch heute in Peru gesprochenen Indianersprachen — dem Ketschua und Aymará — stammt, bedeutet dort wüstenhaftes ebenes Land. Die peruanischen Pampas unterscheiden sich also auf ganz wesentliche Weise z. B. von ihren argentinischen Namensvetterinnen. Und eben dort, in einer dieser peruanischen Pampas, wo angeblich nichts gedeiht, sind diese Wunderwerke, diese gigantischen Zeichnungen entstanden. Das ist die Antwort auf die einfachste der Fragen, die wir unter das größte Bild der Welt, die Galerie in der Pampa de Nazca, geschrieben haben. Die Antwort auf die Frage »wo?«.

Wenn wir wissen wollen, »wann«, ist die Antwort schon schwieriger als bei der Frage »wo?«. Das wertvollste Hilfsmittel für das »Wann«, also für die Datierung der archäologischen Funde, das der modernen Wissenschaft zur Verfügung steht, ist das bekannte Radiokarbonverfahren, jene Messung mit Hilfe des radioaktiven Kohlenstoffisotops C 14. Mit dieser Methode kann man jedoch nur das Alter organischer Substanzen bestimmen. Im Gebiet dieser großen Wüstengalerie hat wahrscheinlich nie jemand gelebt. Wo sollte man also organische Überreste hernehmen? Zum Glück hat der amerikanische Forscher Duncan Strong, der sich intensiv mit der Vergangenheit Südperus beschäftigte, in der Nähe einer der Zeichnungen die Überbleibsel einer kleinen Holzsäule gefunden. Vermutlich hatten ihre Schöpfer sie dort aufgestellt, um sich in diesem verwirrenden Labyrinth von Linien selber besser zurechtzufinden. Selbstverständlich sind diese so wertvollen Reste der Säule, die höchstwahrscheinlich von den gleichen Menschen errichtet worden ist, die diese Bilder gezeichnet haben, in einem entsprechenden Laboratorium sofort einem Radiokarbontest unterzogen worden. Die Messung ergab, daß das Holz etwa aus dem Jahre 525 u. Z. (± 80 Jahre) stammte, also aus einer Zeit, als jene von ihren großen Kriegerpriestern geführten Nazca-Indianer dieses Gebiet beherrscht haben.

Das Ergebnis des physikalisch-chemischen Tests wird aber auch durch die Bilder in der Pampa de Nazca selbst, durch die ganze Art ihrer Gestaltung bestätigt. Viele ähneln in ihrem Charakter sehr den Zeichnungen, die wir von den Nazca-Gefäßen kennen. Auf der Nazca-Keramik ist z. B. öfter ein Wal, genauer gesagt, ein Schwert- oder Mörderwal, abgebildet. Der Schwertwal war eine der beiden Gottheiten des Kriegerkults der Nazca, eines Kults, mit dem gewiß auch jene bei den Nazca allgemein verbreitete Jagd nach Kopftrophäen zusammenhing. Die andere dieser beiden Gottheiten der Nazca-Krieger war der Falke. Die Nazca-Kopfjäger trugen sogar Mützen, deren Form dem Schwanz des Walfisches nachgebildet war, um damit zu betonen, daß sie sich seinem Kult verschrieben hatten. Wir sehen die Nazca-Krieger mit dieser »militärischen« Kopfbedeckung sehr oft auf ihren keramischen Gefäßen dargestellt und zusammen mit ihnen den von diesen Indianern vergötterten Schwertwal. Und das ganz genauso gezeichnete Bild eines sich windenden Schwertwals — nur tausendmal größer als auf den Gefäßen — ist auch im Gewirr der Striche in der Pampa de Nazca gefunden worden. Und wie um jeden Zweifel zu beseitigen, daß jene blutrünstigen Nazca-Krieger ihn gezeichnet haben, hängt an der Bauchflosse dieses Wals ein stilisierter Menschenkopf, jene berühmte Kriegstrophäe der Nazca.

Auch die anderen Tierzeichnungen im Gebiet des Rio Ingenio ähneln oft so sehr den Motiven, die die Nazca-Keramik schmücken, daß sie uns die Antwort auf die Frage nach dem »Wer« — »Wer waren die Schöpfer dieser einzigartigen Wüstengalerie?« — förmlich aufdrängen. Es müssen die Nazca-Indianer gewesen sein.

Wo, wann, wer? ... Nun erhebt sich die Frage »was?«. Was haben diese südperuanischen Kopfjäger eigentlich alles auf die Oberfläche ihrer Wüste gezeichnet? Bisher haben wir Kosoks phantastische Entdeckung, jene Vielzahl von Zeichnungen, nur mit wenigen Worten beschrieben. Schauen wir uns nun die einzelnen Werke der Wüstengalerie genauer an.

Schon beim ersten Blick stellen wir fest, daß es eigentlich dreierlei Arten von Zeichnungen sind. Zur ersten Gruppe gehören jene Rechtecke, Quadrate, Dreiecke und besonders Trapeze, mit einem Wort, alle die großen hellen Flächen in der Pampa de Nazca, in denen neuerdings viele Menschen jene ominösen »Landeplätze von Kosmonauten« erblicken. Daneben erstreckt sich eine Unmenge von Geraden und anderen Linien, die auf den ersten Blick von nirgendwoher nirgendwohin führen oder, genauer ausgedrückt, von Horizont zu Horizont, so weit das Auge reicht. Und zwischen den Linien und den Flächen sind dann jene vielen Bilder von Echsen, Fischen, Vögeln, Spinnen und Menschengestalten über die Wüstenoberfläche verstreut. Die hellen Flächen, die Linien und diese »figuras« (wie die heutigen Bewohner Südperus diese Tier- und Menschenbilder auf spanisch nennen) bilden zusammen die rätselhafte »Heilige Dreifaltigkeit« der Nazca-Zeichnungen.

Fräulein Maria Reiche hat, nachdem sie in der Entzifferung dieser dreierlei Arten von seltsamen Zeichnungen ihre Lebensaufgabe gefunden hatte, zunächst versucht, einen vollständigen »Katalog« all dessen zusammenzustellen, was die Schöpfer der Bildergalerie in der Pampa de Nazca in die Oberfläche ihres Landes eingezeichnet haben. Diese Worte sind rasch hingeschrieben. Aber auch nur ein bloßes Bestandsverzeichnis von Bildern und geometrischen Figuren aufzustellen, die von der Erde aus eigentlich unsichtbar sind, das ist in Wirklichkeit eine Arbeit nicht nur für ein, sondern für zehn Menschenleben. Wenn wir heute viele dieser großen und kleinen Flächen, dieser Linien und Spiralen und dieser Menschen- und Tiergestalten recht gut kennen, so verdanken wir das vor allem der aufopferungsvollen Tätigkeit dieser selbstlosen Frau.

Am besten zu erkennen sind selbstverständlich die Figuren, die an den Hängen des Tals vom Rio Ingenio verstreut sind. Die »figuras« der Nazca stellen uns bekannte Geschöpfe dar. Der größten Beliebtheit haben sich bei den Schöpfern der Zeichnungen in der Nazca-Wüste offensichtlich die Vögel erfreut. Manche davon sind Riesenvögel, wie aus indianischen Märchen: z. B. das 110 m große Bild eines Vogels, dessen überlanger Kopf und Hals eher an eine Schlange erinnern. Andere sind ausgesprochen schön gestaltet: die Kolibris beispielsweise, die eigentlich gar nicht an der Südküste Perus leben. Oder ein fast 150 m langer Seeadler, der samt seinem charakteristischen aufgeblähten Kropf dargestellt ist, mit dem dieser Raubvogel andere Vögel erschreckt. Sie lassen dabei ihre Beute aus dem Schnabel fallen, und der Seeadler klaubt diese auf.

Insgesamt sind in der Bildergalerie in der Pampa de Nazca 80 Vogelporträts zu sehen. An anderen Tieren sind die Schwertwale und ein großer Leguan vertreten, ferner die schon erwähnte 190 m große Eidechse, der seinerzeit die Erbauer der Panamerikastraße, die dieses »Geschöpfchen« übersehen hatten, die Beine wegradiert haben. In die Nazca-Wüste ist aber auch ein höchst rätselhaftes Wesen eingezeichnet, das an einen Hund mit dünnen Beinen und überlangem Schweif erinnert. Welches Tier dieser dünnbeinige Gigant eigentlich darstellt, ist schwer zu sagen. Andere Tiere, besonders solche, die nicht in dem einst von den Nazca bewohnten Gebiet leben, sind nicht genauso wiedergegeben, wie sie wirklich aussehen. Einem Äffchen, wenn dieses Wort angesichts der Größe des Bildes überhaupt am Platze ist, vermutlich einem Kapuziner, haben die Schöpfer der Galerie an der einen Vorderpfote vier und an der anderen fünf Finger gezeichnet. Der Schwanz des Affen bildet eine riesige

Spirale. So wie die Kolibris leben die Affen auf der anderen Seite der Anden, in den tropischen Urwaldniederungen im Osten der heutigen Republik Peru. Vermutlich sind nur den Händlern der Nazca, die, wie die Keramikfunde bezeugen, Handelsreisen weit über die Grenzen ihres Gebiets hinaus unternommen haben, Affen begegnet. Das Hauptzentrum, an dem die Händler der Nazca offenbar ihre Waren mit »Ausländern« getauscht haben, lag wahrscheinlich in der Gegend der heutigen peruanischen Stadt Ayacucho. Möglicherweise haben dort die Nazca-Händler von den Bewohnern entfernter Gebiete Perus auch für die Küstenindianer exotische Tiere wie diese Affen gekauft.

Menschengestalten sind unter den Nazca-Figuren weniger häufig vertreten. Sie sind auch, im Vergleich mit der ornamentalen Gestaltung der Tierbilder, weniger ausdrucksvoll gezeichnet. Erst unlängst hat der peruanische Flieger Soler an den steilen Hängen des Rio Ingenio einige weitere Porträts von Menschen entdeckt. Hin und wieder begegnen wir auch Darstellungen von »Vogelmenschen«, einem über 30 m großen Menschen mit Eulenkopf.

Soviel von den »figuras« der Galerie in der Pampa de Nazca. Wenden wir uns nun der anderen Gruppe der dortigen Zeichnungen, jenen großen hellen Flächen in der Wüste, zu. Sie haben verschiedene Formen, am häufigsten die eines Trapezes. Ein führender Peruanist, Prof. George Bushnell, gibt z. B. für eines davon die folgenden Maße an: Länge 1 700 m, Breite 50 m. Es ist also kein Wunder, daß man diese seltsamen Flächen tatsächlich mit Rollbahnen verglichen hat. Aber in einem unterscheiden sie sich von diesen: Sobald man die dünne Oberschicht dunkler Steine beseitigt, die die dortige Wüste bedecken, stößt man auf einen Untergrund, der in Wirklichkeit außerordentlich weich ist, so daß jedes etwas schwerere Flugzeug oder eine andere Flugmaschine unweigerlich darin einsinken würde.

Doch zurück zu den Trapezen und den anderen geometrischen Figuren. Da sie sehr groß und ihrer längst nicht so viele sind wie die Linien, die sich kreuz und quer hinziehen, hat Fräulein Reiche bereits ein Verzeichnis von ihnen zusammenstellen können. Die Trapeze besitzen verschieden große Flächenausdehnung. Typisch sind z. B. zwei von je 800 m Länge, die übereinandergelegt sind. Neben Trapezen heben sich von der Mondlandschaft der steinigen Pampa de Nazca noch zahlreiche Rechtecke und Dreiecke ab.

In der Nähe dieser großen Flächen — oder sie (wie mitunter auch die Körper der Nazca-Figuren) unmittelbar schneidend — treten dann jene dritten Formen der großen Schau in der Nazca-Wüste auf: Tausende und aber Tausende zahlloser Geraden, Spiralen, mäanderartiger Schlängel- und Zickzacklinien und wieder Striche und Geraden, die manchmal parallel nebeneinanderlaufen, öfter aber sich an bestimmten Punkten kreuzen, um dann wieder auseinanderzustreben und ihren Weg durch die Wüste oft bis zum Horizont fortzusetzen.

Diese Linien sind also der häufigste Schmuck der Pampa de Nazca. Das typischste Merkmal der dortigen Linien ist ihre »Geradheit«. Sie laufen kilometerlang durch die Wüste — einen Hang hinauf und wieder hinunter, über steinige Schwellen, durch kleine Täler —, und niemand und nichts, kein natürliches Hindernis kann sie dazu bringen, von der Richtung abzuweichen, die ihnen die namenlosen Urheber gegeben haben.

Neben den Geraden verdienen unter den »Geometrieübungen« dieser alten Indianer die zahlreichen Spiralen größte Aufmerksamkeit. So wie die mit dem Lineal gezogenen Geraden sind auch diese Spiralen mit einer unglaublichen Exaktheit gezeichnet, obwohl sie ziemlich groß sind. Man hat sogar zwei ineinandergreifende Spiralen entdeckt — die eine von 45 m und die andere von 39 m Länge. Eine weitere solche vollendete Spirale tritt aus einem Netz verschiedener Linien hervor. Und in eine höchst exakt gezeichnete Spirale läuft auch der Schwanz jener sonst nicht sehr genau dargestellten Affenfigur aus.

Am interessantesten ist jedoch die Feststellung, daß sich alle diese Spiralen und auch alle Zickzacklinien, alle Vierecke und andere Formen in der ganzen Pampa beinahe völlig gleichen. Auch wenn sie einmal größer und ein andermal kleiner gezeichnet sind: Sie sehen dennoch aus, als ob sie alle — mit vollkommener Genauigkeit — nach ein und derselben Vorlage geschaffen wären. Auch jene »figuras« sind eigentlich aus einem Grundbestand geometrischer Elemente zusammengesetzt, die sich ständig, in der ganzen Wüste, wiederholen. Fräulein Reiche hat sie mit einer Schrift, mit einem Alphabet verglichen. Gleich, ob ein Text mit kleinen und ein anderer mit riesigen Buchstaben geschrieben wird — es sind doch immer dieselben Schriftzeichen.

Ein solches Alphabet von Grundformen, aus denen dieses gigantische Werk in der Pampa de Nazca geschaffen ist, kann man eigentlich bereits zusammenstellen. Nach der fast dreißigjährigen Tätigkeit von Fräulein Prof. Reiche, nach Kosoks Forschungen in der Pampa de Nazca läßt sich heute ein Hauptkatalog all jener Flächen, all der Quadrate, Dreiecke, Trapeze und vor allem jener — in der Wüste noch am ehesten erkennbaren — großen »figuras« von Tieren und Menschen zusammenstellen. Einen umfassenden Katalog jener Linien, jener Tausende und aber Tausende von Geraden zusammenzutragen ist dagegen noch unvergleichlich schwieriger. Aber eben diese endlos langen, seltsamen Geraden könnten uns helfen, die Antwort auf die nächste Frage zu finden, die wir in der Nazca-Wüste gestellt haben, die Antwort auf die Frage »warum?« — warum eigentlich diese Menschen vor 1 500 Jahren ein solches unglaubliches Werk geschaffen haben, wozu diese Linien dienten, welchen Sinn und Zweck sie hatten. Doch diese Frage nach dem »Warum« verdient ihrer Kompliziertheit und Bedeutung wegen eigentlich ein weiteres, eigenes Kapitel.

Sternenanbeter und Kalenderkult

Die fünfte und wichtigste der Fragen, die die Zeichnungen in der Nazca-Wüste aufwerfen, hat sich natürlich zuallererst der Mann selber vorgelegt, der diese großartige Galerie im Süden Perus für die Welt wiederentdeckt hat — jener Archäologe, Historiker, Mathematiker und Musiker, Prof. Paul Kosok. Anfangs fand jedoch auch er keine vernünftige, logische Antwort auf die Frage »warum?«. — Wozu, warum bloß haben Menschen einst dieses seltsame, zweifellos eine Unmenge Arbeit erfordernde Werk geschaffen, dessen Sinn, dessen Funktion auch seinem Entdecker zunächst völlig unverständlich blieben?

Kosok, der ja auch immer wieder die Landschaft Perus gepriesen hat, liebte diese Nazca-Wüste eben ihrer eigenartigen, traurigen Schönheit wegen. Besonders gern ging er vor und bei Sonnenuntergang durch die Pampa de Nazca spazieren, wenn die in rote Glut getauchte Wüste überhaupt am schönsten ist. Und auf einem dieser Spaziergänge durch die abendliche Pampa geschah es: Kosok beobachtete, bezaubert wie jedesmal, den verglühenden Schein der südlichen Sonne, und in diesem Augenblick entdeckte er zum erstenmal, kam es ihm deutlich zu Bewußtsein: Dieser absolut letzte Strahl der sinkenden Sonne fiel ganz genau auf eine der wenigen Geraden der Nazca, die man (wenn man von ihnen weiß) auch von der Erdoberfläche aus sehen kann. Er fiel haargenau auf diese Linie!

Kosok schoß es wie ein Blitz durch den Kopf: Heute ist der 22. Juni, also – hier, auf der südlichen Halbkugel – der Tag der Wintersonnenwende. Und da er Historiker war, wußte er, daß die Sonnenwenden, die Zeiten des Sommer- und des Wintersolstitiums, in den meisten alten Hochkulturen eine ganz außerordentliche Rolle gespielt haben. Warum sollte das nicht auch im alten vorinkaischen Peru so gewesen sein! So warf an jenem denkwürdigen 22. Juni dieses Jahres der letzte Strahl der Sonne den ersten Lichtstrahl in das dunkle Geheimnis des Sinns und Zwecks der Nazca-Zeichnungen. Sie haben – so folgerte Kosok – etwas mit dem Kalender ihrer Schöpfer zu tun oder sind gar selber ein solcher Kalender! Auf jeden Fall aber waren sie mit der Zeit der Sonnenwenden, mit dem Solstitium des Winters und des Sommers, verbunden.

Kosok hatte in diesem Augenblick einen genialen Gedanken gehabt. Aber erst mehr als 25 Jahre ununterbrochener, unermüdlicher Arbeit eines anderen Forschers, der Fortsetzerin seines Werkes – der deutschen Professorin Maria Reiche –, brachten, wie es scheint, wirklich stichhaltige Beweise, die bezeugen, daß zumindest jene Geraden in der Nazca-Wüste tatsächlich mit den beiden Sonnenwenden, besonders der peruanischen Sommersonnenwende (am 21. Dezember), in Zusammenhang stehen.

Nach der Sonnenwende nämlich beginnt sich das Wertvollste einzustellen, was die Menschen in den bewohnbaren Teilen dieser sonst so öden Landschaft kennen – das Wasser, das den indianischen Oasen am Rio Grande de Nazca und seinen Nebenflüssen das Leben gibt. Und es ist möglich, daß eben am Tag der Sonnenwende für die Schöpfer dieser größten Bildergalerie der Welt das neue Jahr begann.

Fräulein Reiche hat eine ganze Reihe von Zeichnungen gefunden, die zweifellos mit dem Solstitium zusammenhängen. Sie entdeckte z.B. zwei parallellaufende Geraden – die eine von 800 m, die andere von 480 m Länge. In die erstgenannte fiel genau der letzte Sonnenstrahl am Tag der Sommersonnenwende vom 4. bis zum 9. Jahrhundert u. Z., also zu der Zeit, in der die Galerie geschaffen worden ist, in die andere am gleichen Tag vom 8. bis zum 14. Jahrhundert. Dabei sind diese Geraden völlig exakt gezogen. Die maximale mögliche Abweichung, die sich die Sonne in dieser gigantischen Galerie »erlauben« konnte, betrug fünf Zentimeter! Das ist wirklich eine phantastische Genauigkeit.

Mit der Sonnenwende hängen offensichtlich auch die Bilder einiger Tiere

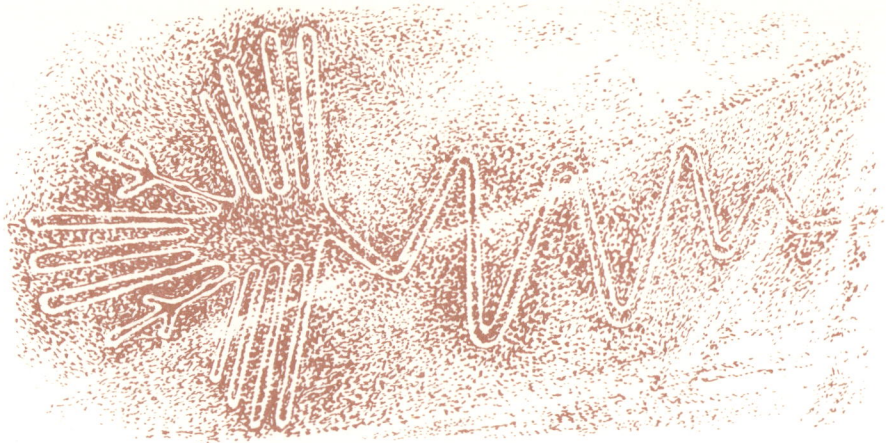

zusammen. So sind beispielsweise der Schnabel und der fast 100 m lange Hals jenes in der Pampa gezeichneten seltsamen Vogels ganz genau auf den Punkt des Sonnenausgangs bei der Winter-(Juni-)Sonnenwende gerichtet. Vom Schnabel eines anderen Vogels geht eine ganze Reihe von Linien aus, von denen die letzte wiederum genau die Stelle des Sonnenaufgangs am 21. Dezember, also zur peruanischen Sommersonnenwende, zeigt.

Die deutsche Mathematikerin hat bereits eine größere Anzahl solcher »Sonnenwendlinien« identifiziert. Und so stimmen die grundlegende Feststellung des Entdeckers der Nazca-Zeichnungen und die Deutung durch ihre bedeutendste Erforscherin überein: Die Zeichnungen in der Pampa de Nazca, zumindest einige von ihnen, zeigen die Stelle des Sonnenaufgangs zur Winter- und besonders zur Sommersonnenwende an. Eine solche genaue Bestimmung war von großer Bedeutung für die landwirtschaftliche Arbeit, für den ganzen landwirtschaftlichen Zyklus der dortigen alten Indianer.

Die Zeit der Sonnenwende, des Sommer- und Wintersolstitiums, hat auch in vielen anderen nichteuropäischen Kulturen eine große Rolle gespielt. Der Autor dieses Buches hat sich z. B. bei seinen Forschungsreisen nach Ozeanien eingehend mit einem sehr alten, Hasmonga genannten steinernen Denkmal beschäftigt, das sich auf der Insel Tongatabu im polynesischen Königreich Tonga befindet und das, wie die Untersuchungen klar bewiesen haben, den dortigen Polynesiern in alter Zeit ebenfalls zur genauen Feststellung der Zeit der Sonnenwende diente und bestimmte, wann auf der Insel Tongatabu die landwirtschaftlichen Arbeiten zu beginnen hatten. Und eine derartige Aufgabe hat offenbar auch dieses »größte astronomische Buch der Welt« in der Nazca-Wüste gehabt, wie es sein Entdecker Prof. Kosok treffend genannt hat.

Kosok hat dann auch dessen weitere mögliche Funktionen angedeutet: Die Zeichnungen konnten Ort und Zeit des Aufgangs und Untergangs des Mondes bestimmt haben. In einem ähnlichen uralten europäischen astronomischen Observatorium, im englischen Stonehenge, an das wir im Lande der Nazca nicht zum erstenmal erinnert werden, waren die Steine des Heiligtums offenbar nach dem Mond orientiert. Der Kult des Mondes war zudem bei einer Reihe altperuanischer Kulturen sehr reich entwickelt. Es ist möglich, daß auch die bereits erwähnte Estaquería der Nazca — jenes »hölzerne Stonehenge« Perus — tatsächlich eine mit dem Kalender und besonders mit der Mondbewegung verbundene Kultstätte gewesen ist.

Manche Linien in der Pampa de Nazca haben nach Kosoks Erwägungen neben der Sonne und dem Mond auch die Stellungen oder Bewegungen anderer Himmelskörper, von Sternen und Sterngruppen, bestimmt. Von den Sternbildern spielten in Altperu die Plejaden die größte Rolle, die — und das ist wirklich interessant — in diesen geographischen Breiten hier in der Pampa de Nazca zur Sonnenwende genau an der gleichen Stelle wie die Sonne selbst aufgehen sollen.

Die Sonne, der Mond, die Plejaden, noch andere Gestirne und Sternbilder ... Blicken nicht auch wir in stillen Stunden immer wieder zum Nachthimmel empor? Auf diesem schönen schwarzen Sammet der Nacht leuchten und funkeln zahllose Sterne. Viele von ihnen hatten gewiß für die alten Indianer eine ganz besondere Bedeutung. Sprechen doch auch noch manche unserer Zeitgenossen, Menschen des 20. Jahrhunderts, den einzelnen Sternbildern des Tierkreises eine bestimmende Macht über ihr Schicksal zu. Um so mehr war für viele Bewohner des vorkolumbischen Amerika nicht nur die Astronomie, sondern auch die Astrologie eine lebenswichtige Angelegenheit.

Wir werden heute kaum noch alle Sterne zählen können, die in der Astronomie und vermutlich auch in den religiösen Vorstellungen der Schöpfer dieser Bildergalerie eine Rolle gespielt haben. Und so haben all die Linien sicher nicht nur die Bahn der Sonne, des Mondes und der Plejaden nachgezeichnet, sondern auch die Stellung und Bewegung zahlreicher anderer Gestirne und Sterngruppen. Ein Beispiel soll es zeigen: Jenes am wenigsten gelungene Bild in der Pampa de Nazca — das Porträt des vier- bzw. fünffingrigen Affen — ist offenbar die altperuanische Darstellung des Sternbilds des Großen Bären. Und da wir einmal bei jenem Affen sind: Auch die Gestaltung seines Körpers, besonders die riesige Spirale, in die der Affenschwanz ausläuft, hängt mit dem Sternbild des Großen Bären zusammen, das die Schöpfer dieser Galerie offenbar mit der Sommersonnenwende in Verbindung gebracht haben. (Ähnlich wie z. B. manche Kulturen des alten Mesopotamiens die Sommersonnenwende mit dem Zeichen und Sternbild des Krebses verbunden haben.)

Andere in die Pampa eingezeichnete Tiere — jene Leguane, Kolibris und Seeadler — stellen vermutlich weitere Sterne und Sternbilder dar. Doch die Entzifferung dieses vermuteten altperuanischen Zodiakus ist eine Aufgabe, vor der erst künftige Generationen von Erforschern der Bilderrätsel in der Pampa de Nazca stehen werden, eine Aufgabe, die zusammen mit vielen anderen noch unbeantworteten Fragen die Peruanisten und Archäologen gemeinsam mit Astronomen und selbstverständlich auch mit Mathematikern zu lösen haben. Und diese Aufgabe wird auch nicht nur von ein oder zwei Enthusiasten zu bewältigen sein, sondern dazu bedarf es eines ganzen großen Teams von

Forschern, die sich bei ihrem Kampf mit den Geheimnissen der Nazca-Wüste nicht mehr allein auf ihren eigenen einzigartigen Fleiß, sondern auch auf die modernsten Hilfsmittel stützen werden, in erster Linie gewiß auf Computer, die fähig sind, in wenigen Minuten das auszurechnen, wozu auch der beste Mathematiker Monate brauchen würde.

In den letzten Jahren haben sich zu dem einsamen Fräulein Robinson in der Nazca-Wüste, die dem ungleichen Kampf mit deren mathematischen und astronomischen Rätseln schon mehr als ein halbes Leben geopfert hat, zum Glück weitere Forscher gesellt — in Peru selbst beispielsweise der Stellvertretende Direktor des Anthropologischen und Archäologischen Nationalmuseums Dr. Ducio Bonavia, außerhalb Perus namentlich der Astroarchäologe Prof. Gerald Hawkins, Mitarbeiter am Astrophysikalischen Observatorium der renommierten Harvard-Universität. Sie alle sind dabei, in erster Linie die sechste, die letzte und schwierigste unserer Fragen zu beantworten, die Frage nach dem »Wie«. Wie und auf welche Weise sind diese Zeichnungen geschaffen worden? Wie haben Menschen, die ihr Werk — da sie ja offensichtlich nicht über Flugzeuge verfügten — niemals mit eigenen Augen sehen konnten, es mit solch unglaublicher Präzision auszuführen vermocht? Wie haben es diese Menschen fertiggebracht, tausendfache Vergrößerungen ihrer ursprünglichen Zeichnungen und Vorlagen auf die Oberfläche der Wüste zu übertragen? Wie haben sie es verstanden, Fehler zu vermeiden? Wie und auf welche Weise haben sie gearbeitet? Womit haben sie ihre Figuren und Linien in die Wüste gezeichnet? Welche Meßgeräte und welche Maße haben sie benutzt? Und wer hat diese Arbeiten geleitet, wer hat in den Plänen die Bilder der künftigen Riesenvögel und Riesenleguane vorgezeichnet?

Eine zusammenfassende Antwort auf diese komplizierteste Frage — die nach dem »Wie« — werden in der Tat erst kommende Generationen von Peruanisten geben können. Aber manches wissen wir auch heute schon, vor allem die technische Ausführung dieser Zeichnungen betreffend. Eigentlich handelt es sich gar nicht um wirkliche Zeichnungen. Diese Figuren und Linien sind nämlich in Wirklichkeit nicht in die Wüste »gezeichnet« worden. Ihre Schöpfer haben sie in die steinige Oberfläche der Pampa eingegraben, eingescharrt. Diese obere steinige Schicht der Wüste, die eher an die Oberfläche des Mondes erinnert, wie wir sie von Fotoaufnahmen der ersten Menschen auf dem Mond kennen, ist sehr dünn. Sobald man sie abräumt, tritt der viel hellere Untergrund zutage. Diese Trennung von Hell und Dunkel ist freilich nur von oben, aus größerer Höhe, deutlich sichtbar. Das hat den Autor dieses Buches vor vielen Jahren, als er an einem anderen Werk — einer zweibändigen populärwissenschaftlichen Gesamtdarstellung der Geschichte und Kultur der amerikanischen Indianer — arbeitete, zu der Fragestellung geführt, ob diese in die Nazca-Wüste »eingezeichneten« Bilder und Figuren nicht vielleicht für jene bestimmt gewesen waren, die im Himmel wohnen, also für die Götter, die Gottheiten der altperuanischen Indianer.

Aber kehren wir vom Autor dieses Textes zu den Autoren jener Zeichnungen zurück. Sie haben wirklich alles, was sie in der Wüste abbilden wollten, zuerst in kleinem Maßstab in ihren Plänen zeichnen müssen. Diese Vorlage mußte so präzise wie möglich sein. Ein Millimeter Ungenauigkeit in der Zeichnung hätte nämlich bei der Übertragung in die geplante Größe einen Fehler, eine Abweichung von mehreren Metern oder gar von mehreren Dutzend Metern ergeben. Aber wir wissen ja schon, daß die Sonnenstrahlen z. B. auf jene beiden mehrere 100 m langen »Sonnenwendlinien«, die Fräulein Reiche gefunden hat, mit einer maximalen Abweichung von fünf Zentimetern gefallen sind. Die Schöpfer dieser Bildergalerie der Nazca haben also ihre Zeichnungen mit vielfacher, oft sicher mit tausend- und mehrfacher Vergrößerung auf die Wüste übertragen müssen. Dazu aber haben sie unbedingt zwei Dinge benötigt: Meßgeräte und Maße, Maßeinheiten.

Von den Maßen der indianischen Kulturen Perus vor den Inka haben wir früher nichts gewußt. Die Forschungen von Fräulein Reiche haben ergeben, daß das Grundmaß, das die Schöpfer dieser großen Bildergalerie verwendet haben, 1,10 m betrug. Die Menschen aus der Pampa de Nazca wußten ihre Grundeinheit in Zehntel zu teilen. Sie haben also ein Dezimalsystem benutzt. Die gebräuchlichsten Untereinheiten dieses Grundmaßes waren drei Zehntel und sechs Zehntel, d. h. nach unseren Maßen 33 und 66 cm.

Die Entdeckung des Grundmaßes der Schöpfer der Zeichnungen in der Pampa de Nazca ist äußerst wichtig. Nun bleibt noch festzustellen, welche Meßgeräte und welche anderen Instrumente sie benutzt haben. Das sind technische, topographische Rätsel. Wir wollen uns auch eine Frage vorlegen, die bei der Betrachtung dieses »technischen Aspekts« der Galerie in der Nazca-Wüste mitunter völlig außer acht gelassen wird: Wer hat diese Arbeit geleitet? Und wer hat sie verwirklicht? Von den »Reißbrettern« der Projektanten bis zur Realisierung eines Vorhabens ist es immer — und war es gewiß auch hier in der Pampa de Nazca — ein sehr weiter Weg. Und dabei haben Hunderte und möglicherweise gar Tausende von »Arbeitern« diese riesigen Zeichnungen in die Wüste eingraben müssen. Ihre Arbeit muß von führenden Vertretern ihrer Gesellschaft geleitet worden sein. Da alles dafür spricht, daß diese Galerie oder zumindest deren Hauptteil von den Nazca geschaffen worden ist, kann man schlußfolgern: Vornehme Angehörige der Nazca-Gesellschaft — also jene Priesterkrieger — müssen diese Arbeiten geleitet haben. Möglicherweise ist es eine spezialisierte Gruppe von Priesterastronomen gewesen. Und am »Bau« der Galerie werden die einfachen Angehörigen dieser Gesellschaft gearbeitet haben, vielleicht auch die Kriegsgefangenen der Nazca, die den Kopfjägern entgangen sind.

Die Realisierung eines solchen Werkes, wie es in der Pampa de Nazca verwirklicht worden ist, hat jedoch zweifellos eine verhältnismäßig ausgeprägte, fortgeschrittene, vielleicht wirklich schon »staatliche« Organisation öffentlicher Arbeiten erfordert. Ist also die Galerie in der Nazca-Wüste das Werk eines »Nazca-Reiches« gewesen? Bedeutete sie dessen triumphalstes Werk, strahlendes Symbol seiner Stärke und Macht? Das ist freilich nur eine Frage mehr, die uns die Bildergalerie in der Pampa de Nazca aufgibt, eine Frage, mit der sich gleichsam der Kreis schließt. Aus dem Lande der Nazca kehren wir durch die Bilder, die zweifellos diese durch ihren Kopftrophäenkult berühmten Indianer dort geschaffen haben, zu dem Problem zurück, das uns in diesem ganzen Buch begleitet, zu dem Problem der möglichen Existenz vergessener altindianischer »Königreiche«, indianischer »Staaten«, die dort in Peru schon lange vordem bestanden haben, ehe dann in diesem südamerikanischen Land jenes mächtige und weit bekannte Reich der Inka geboren wurde. Diese Frage begleitet uns durch das ganze Buch. An dieser Stelle sind wir jedoch nur durch sechs andere Fragen wieder daran erinnert worden, jene großen und schwierigen Fragen, auf die wir gestoßen sind, die die Pampa de Nazca stellt und die die Wissenschaftler der Nazca-Wüste zu beantworten suchen.

Indianer in der Luft — Indianer aus der Luft

An dieser größten Bildergalerie der Welt in Südperu setzt uns am meisten in Erstaunen, daß ihre Schöpfer sie geschaffen haben, ohne ihr Werk jemals selbst betrachten zu können, ohne sich jemals vier- oder fünfhundert Meter hoch in die Lüfte erheben zu können, um von dort die Verwirklichung ihres großartigen Plans zu lenken und sich aus der Vogelperspektive zu vergewissern, ob all die Zeichnungen, all die Figuren wirklich exakt ausgeführt sind. Das alles war also den Indianern nicht vergönnt, da sie — wie die Indianer aller anderen Gebiete altamerikanischer Hochkulturen — nicht fliegen konnten.

Daß die vorkolumbischen Indianer nicht das Geheimnis der Luftfahrt kannten, darüber sind sich alle Kenner der Geschichte und Kultur Amerikas einig. Und doch forderten die Zeichnungen in der Pampa de Nazca gleichsam dazu heraus, das Gegenteil zu behaupten. So ist es kein Wunder, daß bald, nachdem die Bildergalerie im Süden Perus mit einemmal das allgemeine Interesse der Weltöffentlichkeit auf sich gezogen hatte, ein Mann namens Jim Woodman in die Pampa de Nazca kam, der den Indianern nicht nur auf der

Erde, sondern auch in der Luft nachzuspüren begann, der zu beweisen suchte, daß die Ureinwohner dieses Gebiets nicht nur riesige Zeichnungen zu schaffen vermocht hatten, sondern auch zu etwas ebenso Großartigem fähig gewesen waren, nämlich sich in die Wolken zu erheben und sich ihr Land aus der Vogelperspektive anzusehen. Woodmans Versuch, der nach dem Namen des Tals dieser mit Bildern bedeckten Wüste einfach »Nazca« genannt worden ist, hat die Kenner der altamerikanischen Kulturen nicht von den aeronautischen Fähigkeiten der Indianer zu überzeugen vermocht. Aber er ist so interessant, daß auch dieses Projekt »Nazca« — selbstverständlich mit allen Vorbehalten, die ihm gegenüber angebracht sind — in diesem den Nazca gewidmeten Teil unseres Buches ebenfalls erwähnt zu werden verdient.

An der Wiege des ganzen Nazca-Projekts stand eine Frage, die auch von erfahrenen Erforschern und Kennern der indianischen Kulturen Altperus nicht erschöpfend beantwortet worden ist: Wie haben Menschen diese riesigen Wüstenzeichnungen mit solcher Genauigkeit schaffen können, wenn sie ihr Werk nie mit eigenen Augen betrachten, es nie auch nur teilweise überblicken konnten? Woodman legte sich die gleiche Frage vor wie fast alle, die die Bilder in der Pampa de Nazca gesehen haben. Die Antwort aber, die dann zum Ausgangspunkt seines »Nazca-Projekts« wurde, war schon eine andere, nicht-traditionelle. Sie besagte: »Wenn die Wissenschaftler bisher nichts von Fluggeräten der alten Peruaner wissen, bedeutet es keineswegs, daß diese Indianer wirklich nicht fliegen konnten.«

In seinem Projekt »Nacza« stellte sich daher Woodman zwei Aufgaben: Antwort auf die Frage zu suchen, was für ein Luftfahrzeug die dortigen Indianer benutzt haben könnten, und alle Beweise für die Existenz eines solchen Fluggeräts aufzuspüren; und ferner, dieses »Flugzeug« nachzubauen, es zu rekonstruieren. Ohne in allem mit Jim Woodman übereinzustimmen, wollen wir nun sehen, welche Ergebnisse das Projekt und schließlich das Experiment »Nazca« gebracht hat.

Auf die erste Frage, womit die altperuanischen Indianer geflogen sind — die freilich voraussetzt, daß sie in der Tat fliegen konnten —, gab Woodmans Team eine unerwartete Antwort: mit einem Ballon, mit einem mit Heißluft gefüllten Ballon! Zu dem kleinen Flugzeug Paul Kosoks, zu dem Hubschrauber Maria Reiches, zu den hypothetischen fliegenden »Untertassen« aus dem All gesellte sich nun in der Wüste der Nazca ein weiteres aeronautisches Gerät — der Ballon.

Woodman unternahm es, alle Zeugnisse, eigentlich eher nur Anzeichen für die Kenntnis des Ballonfliegens in Amerika vor und nach Kolumbus zusammenzutragen. Die Nachrichten von alten Ballons sammelte bald nicht mehr er allein, sondern ein ganzes vielköpfiges Team von Mitarbeitern der halb professionellen, halb Amateurcharakter tragenden »Internationalen Forschergesellschaft« (»International Explorers Society«), die ihren Sitz in Coral Gables in Florida hat. Diese International Explorers Society hat das ganze Projekt Nazca finanziert. Vor allem hat sie einen umfangreichen Stab ihrer freiwilligen und professionellen Mitarbeiter zur Verfügung gestellt, zunächst für eine einzige Aufgabe – für die Suche nach allen Nachrichten, die irgendwie, und sei es noch so entfernt, mit dem Ballonfliegen in Amerika zusammenhingen.

Die wichtigste konkrete »Entdeckung« dieser »Dokumentationsgruppe« des Projekts Nazca war die Wiederentdeckung des Südamerikaners Bartolomeo Lourenco de Gusmão, der heute in Europa und den Vereinigten Staaten praktisch völlig unbekannt ist. Er hatte nachweisbar lange vor jenem historischen Flug im Jahre 1783, den die beiden Franzosen Pilâtre de Rozier und Marquis d'Arlandes mit der von den Brüdern Jacques-Étienne und Joseph-Michel Montgolfier gebauten und nach ihnen benannten »Montgolfière« bei Paris unternommen haben, den Vorschlag zum Bau eines mit Heißluft gefüllten Ballons gemacht, der zum Fliegen, zur Beförderung von Personen dienen sollte. Der Autor dieses Buches hat ein Porträt dieses gänzlich vergessenen Südamerikaners an einem Denkmal auf einem der Plätze des brasilianischen Hafens Santos gesehen, das diese Stadt ihrem originellen Sohn einst errichtet hat.

Bartolomeo Lourenco de Gusmão hat 1685 im brasilianischen Santos das Licht der Welt erblickt. Sein Vater war der Arzt des dortigen Gefängnisses. Er war aber auch sonst ein tüchtiger Mann, der allein mit seiner eigenen Ehefrau 18 Kinder zeugte. Und da sein Arztgehalt für so viele Nachkommen einfach nicht ausreichte, überließ er seinen begabten Sohn Bartolomeo den Jesuitenpatern, die dem Jungen in ihrem Kolleg in Santos eine gründliche Bildung zuteil werden ließen. Dieses Kolleg gehörte zu den besten Bildungseinrichtungen des kolonialen Amerika. Dort lehrten Jesuiten, die vorher, oft als Missionare, in den entlegensten Gebieten dieses bis vor kurzem indianischen Kontinents gewirkt hatten. Von einem dieser hochgebildeten Männer hat der junge Priester vermutlich die Anregung zum Bau und zur Nachahmung der indianischen Ballons erhalten, die – wie die Forscher von der International Explorers Society glauben – angeblich im alten Peru benutzt worden sind.

Was auch immer die Inspirationsquelle zu dieser »Ballonidee« gewesen sein mag, sicher ist – die schriftlichen Nachrichten bezeugen es –, daß Bartolomeo de Gusmão aus dem portugiesischen Brasilien am 8. August des Jahres 1709 in Lissabon vom König empfangen wurde und ihm den Vorschlag zum Bau eines mit Heißluft getriebenen Ballons unterbreitete, mit dem man sich über die Erdoberfläche erheben könne. Er erläuterte jedoch nicht nur den Vorschlag, sondern führte auch ein verkleinertes Modell eines solchen »Luftschiffs« vor. Dieser verkleinerte Ballon bestand aus Baumwollstoff, die »Kabine«, der Korb des Modells, war aus Ruten geflochten. In diesem Korb zündete dann Gusmão ein Feuer an, und vor den ungläubigen Augen des Königs und seines Gefolges stieg das Modell des Ballons tatsächlich in die Höhe.

Die Demonstration war mehr als überzeugend. Der König willigte ein, daß ihm Bartolomeo de Gusmão einen Vorschlag zum Bau des Ballons in wirklicher Größe vorlegte. Er gewährte dem Erfinder ausreichende finanzielle Mittel zur Realisierung eines Luftschiffes, das in der Gondel einen erwachsenen Mann befördern konnte. Gusmão erlangte vom König zugleich das, was wir heute

ein Patentrecht nennen würden — die Erlaubnis, daß allein er und niemand anders ein solches »fliegendes Schiff« bauen dürfe. Bereits im Oktober, zwei Monate nach der gelungenen Vorführung des Modells, war der wirkliche Ballon fertig. Er erhielt den Namen »La Passarola«, d. h. portugiesisch »der Sperling«. Dieser »Sperling« soll dann Lissabon wirklich mehrmals überflogen und dabei jeweils eine Strecke von über 1 000 m in der Luft zurückgelegt haben. Die Besatzung des Ballons bestand allein aus Bartolomeo de Gusmão, den nun die Lissaboner »Voador« — den »fliegenden Mann« — zu nennen begannen.

Aber wehe dem Menschen, der sich zu den Sternen zu erheben wagt, wenn alle übrigen noch an die Erde gefesselt sind. Neid und Intrigen (u. a. vermutlich auch von Gusmãos Brüdern aus seinem eigenen Orden) brachten bald eine tragische Wende im Leben des »fliegenden Mannes«. Er wurde wegen seiner sündhaften kühnen Gedanken vor ein Inquisitionsgericht gestellt und mußte aus Portugal in das benachbarte Spanien fliehen. In Toledo ist er im Alter von nur 38 Jahren als ein von allen vergessener Verbannter gestorben.

Ebenso ist dann auch der erste Ballon des »Voadors« fast völlig in Vergessenheit geraten. Nur in Gusmãos Geburtsstadt blieb die Erinnerung an ihn erhalten, und später gedachte auch sein Vaterland dieses wagemutigen Mannes, das zweimal eine Briefmarke zu Ehren dieses ersten Fliegers herausgab. Auf der im Jahre 1944 erschienenen karminroten 120-Cruzeiro-Luftpostmarke ist nicht nur Gusmão, sondern auch sein Ballon abgebildet. Er hat — für unsere Begriffe — eine eigenartige Form, die an eine auf den Kopf gestellte Pyramide erinnert. So sollen — wie die Initiatoren des Nazca-Projekts annahmen — jene hypothetischen Ballons der alten Südamerikaner, der vorkolumbischen Peruaner, ausgesehen haben.

Da Woodman und seine Gefährten nun schon die vermutliche Form des indianischen Ballons zu kennen glaubten, begannen sie auch nach dem Material zu suchen, aus dem die alten Peruaner ein solches Luftschiff gebaut haben könnten. Pater Gusmão hatte als Ballonhülle seines »Sperlings« Baumwollstoff verwendet. Baumwollstoffe haben jedoch, wie die Forscher von der International Explorers Society wußten, auch schon die alten Nazca gekannt. Waren es aber wirklich solche Textilien gewesen, daß man daraus eine Ballonhülle anfertigen konnte? Hatten sie die notwendige Gewebedichte gehabt?

Bei der Suche nach einer Antwort kam den Teilnehmern des Nazca-Projekts eines der Mitglieder dieser Internationalen Forschergesellschaft zu Hilfe. Es war nicht zufällig ihr ständiger Vertreter in Peru, seiner Herkunft nach ein Amerikaner, ein gewisser Michael de Bakey, der im übrigen in Lima eine ganze Reihe von Unternehmen betrieb, unter anderem ein Reisebüro, dessen Spezialität Rundflüge über der Bildergalerie in der Pampa de Nazca waren.

Bakey, der selbst nicht an die »Kosmonautenflugplätze« in der Nazca-Wüste glaubte, interessierten weniger die auf den ersten Blick wie Rollbahnen anmutenden Flächen, sondern vielmehr gewisse Gruben, runde Löcher in der Erde, die an einigen Stellen zu finden sind. Sie befinden sich dort, wo hellere Flächen, diese Trapeze und Rechtecke, enden. Mitunter sind an diesen Stellen auch Haufen von Steinen zu sehen, die anscheinend lange Zeit intensivem Feuer ausgesetzt gewesen waren. Und manchmal sind jene »Gruben« im Umkreis von zehn bis fünfzehn Metern wiederum von offenbar feuergeschwärzten Steinen umgeben.

Die Feuerspuren am Rande der hellen Flächen in der Pampa de Nazca kann man auf verschiedene Weise erklären: Vielleicht haben die Schöpfer dieser Zeichnungen große Feuer angefacht, an denen sie sich in der Nacht wärmten, wenn die bei Tage vor Hitze flimmernde Wüste stark abkühlte, oder sie haben dort zu Ehren ihrer Götter die Feuer angezündet ... De Bakey aber hatte eine andere Erklärung dafür: Wenn nun die dortigen Indianer in diesen Gruben ihre ohnehin hochwertigen dichten Baumwollstoffe über dem Feuer durch den Rauch noch widerstandsfähiger, noch fester gemacht hatten? Diese durch den Rauch noch dichter gewordenen indianischen Textilien hätten ja eine noch bessere Ballonhülle ergeben!

Die Mitarbeiter der International Explorers Society gingen daran, an Ort und Stelle, in der Nazca-Wüste, diesen Prozeß zu wiederholen. Vor allem suchten sie nach Nazca-Gräbern, die die Huaqueros nicht geplündert hatten, um dort möglichst gut erhaltene Nazca-Gewebe zu finden. Ausgerüstet mit einem Bild von Gusmãos Ballon, mit mehreren Nazca-Gefäßen, auf denen ihrer Meinung nach ein solcher Ballonflug dargestellt war, und — last not least — mit sechs »Mustern« von Nazca-Textilien (vier stammten aus einzelnen Gräbern von Cahuachí, der »Hauptstadt« der Nazca, die beiden anderen waren Gewebe, aus denen die dortigen Indianer ihre Zeremonialgewänder genäht hatten), flogen dann Woodman und einige weitere Hauptakteure des Nazca-Projekts — vorerst mit einem normalen Flugzeug — in die Stadt, in der sich der größte Betrieb der Welt befindet, der Heißluftballons herstellt, nach Sioux Falls im Staate Süddakota.

Die Untersuchungsergebnisse hinsichtlich der Nazca-Textilien in den Laboratorien dieser Firma fielen überraschend günstig aus: Während dieser moderne spezialisierte Betrieb seine Ballons aus Stoffen fabriziert, bei denen sich auf einem Quadratzentimeter 65 × 35 Fasern befinden, waren die Baumwollgewebe der Nazca, die die Teilnehmer des Nazca-Projekts mitgebracht hatten, noch viel dichter. Bei ihnen kamen auf einen Quadratzentimeter 75 × 40 Fasern, und eines jener Zeremonialgewänder wies sogar eine noch größere Dichte von 80 × 45 Fasern auf!

Die Indianer haben also vor 1 500 Jahren mit ihren eigenen Händen wesentlich dichtere Stoffe herzustellen vermocht als die modernsten Maschinen von heute. Auch die anderen Laborversuche brachten verheißungsvolle Ergebnisse: Die altperuanischen Gewebe waren keineswegs schwer. Selbstverständlich hat man auch die Luftdurchlässigkeit der indianischen Textilien geprüft. Das entsprechende Meßgerät — der Tester Frazier 513 — lieferte ein weiteres unglaubliches Resultat: Bei den altperuanischen Geweben war die Luftdurchlässigkeit geringer als bei den Stoffen, aus denen die heute benutzten Fallschirme hergestellt werden!

Insgesamt erbrachten die Labormessungen den Beweis, daß man aus solchen Stoffen, wie sie die alten Nazca angefertigt haben, einen Ballon bauen konnte, der flugfähig war. Und mit dieser Feststellung endete eigentlich die erste Etappe des Nazca-Projekts, in der es darum ging, ein geeignetes Luftfahrzeug zu finden, das die altperuanischen Indianer aus Materialien zu bauen imstande waren, die sie kannten, und das sie, ohne dazu irgendwelcher Maschinen zu bedürfen, in Bewegung setzen konnten.

Woodman und seine Mitarbeiter am Nazca-Projekt haben zwar nicht endgültig beweisen können, daß die altperuanischen Indianer mit Heißluft gefüllte Ballons gebaut haben. Aber sie haben nachgewiesen, daß diese Indianer sie hätten bauen können. Schon dieses — diese Möglichkeit nicht ausschließende — positive Ergebnis der ersten Etappe des Projekts Nazca öffnete ihnen nach ihrer Überzeugung das Tor zum zweiten Teil dieses Projekts, das von da an eigentlich kein Projekt mehr war, sondern ein Experiment, dessen Ziel man kurz und bündig mit einem Wort ausdrücken kann — »Ballonflug«.

Begräbnis in einem Ballon

Um zu beweisen, daß ihre Vorstellungen real und begründet waren, beschlossen die Forscher von der International Explorers Society mit jenem Jim Woodman an der Spitze, einen solchen Ballon zu bauen und sich mit ihm über der Bildergalerie der Nazca in die Lüfte zu erheben. Mit dem Bau des Ballons beauftragten sie die Firma Raven, die alle im Nazca-Gebiet gesammelten Materialien eingehend geprüft hatte. Der fertige Ballon erhielt zu Ehren des in ganz Peru so vergötterten Königs der Wolken den Namen Condor I. In der Form ähnelte er dem »Luftschiff« des Bartolomeo Lourenco de Gusmão – also einer auf den Kopf gestellten Pyramide.

Die Gondel, der Korb unter dem eigentlichen Ballonkörper, war aus »Totora«, einem bestimmten Schilfrohr, geflochten, das an dem hoch in den Anden an der Grenze des heutigen Peru und Bolivien gelegenen berühmten Titicacasee wächst. Die Gondel für die Neuausgabe des angeblich ältesten Fluggeräts der Welt war von Aymará-Indianern gebaut worden, die heute an den Ufern des Titicacasees sitzen.

Als der Condor I fertig war, mutete er an wie ein riesiges auf den Kopf gestelltes Dreieck aus Baumwollstoff von 25 m Höhe und 25 m Breite. Der Ballon hatte einen Rauminhalt von rund 2250 m³. Unter dem eigentlichen Condor befand sich jene aus Totora geflochtene 2,5 m lange und 1,5 m hohe Gondel für die zweiköpfige Besatzung des Luftschiffes. Für den Korb hatten die Erbauer nicht nur das traditionelle Material benutzt, sondern sie führten ihn in der für die indianischen Boote der peruanischen Gebirgsseen üblichen Form aus. Dieselben Aymará-Indianer sind übrigens auch von dem norwegischen Seefahrer Thor Heyerdahl beim Bau des Schilfbootes Ra II zu Rate gezogen worden.

Mit Hilfe des bolivianischen Archäologen Carlos Ponce Saugines und des Vertreters der International Explorers Society in diesem Land, Dario Morgan, wurde der Bau des Indianerbootes, das durch die Luft fliegen sollte, bei den aymaráischen Korbflechtern aus dem Dorf Huatajata in Auftrag gegeben. Die Indianer von Huatajata flochten den Korb mit Sorgfalt und für billiges Geld. Die ganze Gondel für den Condor I kostete die Organisatoren des sonst so aufwendigen Nazca-Projekts lediglich 43 amerikanische Dollar. Von Huatajata wurde das indianische Boot, das fliegen sollte, zunächst nach der Hauptstadt Boliviens, nach La Paz, befördert. Dort erhob es sich zum erstenmal in die Lüfte, vorerst nur als Frachtgut in einer anderen, modernen Flugmaschine, einer Boeing 727, die die Gondel für den Condor I zunächst nach Lima transportierte; ein anderes Flugzeug brachte den Schilfrohrkorb des Ballons dann zu Versuchen nach Florida. Von dort gelangte schließlich der Condor samt der indianischen Gondel zurück in die Pampa de Nazca.

Da das indianische Boot, in dem die Akteure des Projekts über die Zeichnungen in der Nazca-Wüste hinwegfliegen sollten, für zwei Personen bestimmt war, mußte sich der Initiator des Unternehmens und Pilot des angeblich altperuanischen Ballons nachgebildeten Condors einen geeigneten Kopiloten suchen. Woodman suchte lange. Schließlich fiel seine Wahl auf den damaligen Weltmeister im Fliegen mit Heißluftballons, den Briten Julian Nott, der nicht lange vor dem Experiment in der Nazca-Wüste in einem anderen Teil der Welt — im indischen Bhopal — mit einem solchen Ballon bis in die schwindelnde Höhe von 13 980 m aufgestiegen war.

Diese beiden Piloten des Condor I — Julian Nott und Jim Woodman — begaben sich, begleitet von zahlreichen Mitarbeitern, wiederum an den Ort, der einst den ersten Anstoß zu ihrem originellen Projekt gegeben hatte. In der südperuanischen Pampa de Nazca wollten sie ihren Versuchsflug verwirklichen. Als Startfläche des Testfluges wurde ein Ort gewählt, der in der Nähe von Cahuachí, der ehemaligen Hauptstadt der Nazca-Indianer, lag. Dort hoben die Forscher dieser International Explorers Society zunächst eine Grube für das Feuer und eine Art Feuertunnel aus. Nach einer Reihe von Vorbereitungen und Versuchsflügen kleinerer Ballons, wie sie die Menschen in vielen Gebieten des heutigen Lateinamerika ihren Kindern als Spielzeug aus Papier bauen, war endlich der lang erwartete Tag gekommen. Die Helfer entfachten ein Feuer, und der Condor füllte sich langsam mit heißer Luft. Dann war es soweit: Woodman und Nott schwebten wirklich empor. Sie erreichten mit ihrem originellen »indianischen Ballon« eine Höhe von etwa 130 m. Von dort erblickten sie die Nazca-Zeichnungen so, wie nach Woodmans Überzeugung die Nazca selbst als Schöpfer, Projektanten und Ingenieure ihre riesige Bildergalerie gesehen haben sollen.

Der dreieckige »Gusmão«-Ballon hatte sich über die Nazca-Wüste mit einer Last von 180 kg erhoben. Er war in der Lage, zwei erwachsene Männer sicher in eine beträchtliche Höhe emporzutragen. Obwohl sich Nott und Woodman für alle Fälle mit Fallschirmen ausgerüstet hatten, schwebte der Condor mit ihnen später zuverlässig wieder abwärts und kehrte zur Erde zurück. Aber kaum waren die beiden Luftschiffer aus ihrer Gondel gesprungen, da stieg der Ballon, plötzlich von der Last der zwei Menschenkörper befreit, wie ein sich bäumendes Pferd von neuem in die Höhe, flog immer höher und höher und schwebte schließlich in einer Höhe von mehreren hundert Metern über den Nazca-Zeichnungen.

Bei diesem ungesteuerten Flug trieb der Condor, der nun nur noch ein geringes Gewicht trug, mit eigenartigen, fast tänzerischen Bewegungen dahin. Und erst nach einigen Kilometern sank er wieder und setzte in einem weiter entfernten Teil der Pampa auf.

Die erste, die Woodman, Nott und die anderen anwesenden Mitglieder der International Explorers Society zur erfolgreichen Verwirklichung des Projekts Nazca beglückwünschte, war die ungekrönte Königin der Nazca-Wüste, Maria Reiche. Eine Auszeichnung wurde aber auch dem ungewöhnlichen Ballon zuteil, den ein Bild schmückte, das einem der in der dortigen Pampa dargestellten Vögel nachgebildet war. Er wurde für immer im Luftfahrtmuseum in der peruanischen Hauptstadt Lima ausgestellt.

Die Ingenieure von der Gesellschaft Raven, nach deren Plänen der Condor für Woodmans Team gebaut worden war, hatten die Forscher auf eine besondere Eigenschaft dieser mit Heißluft gefüllten Ballons aufmerksam gemacht: auf den »Sonneneffekt«. Wenn ein solcher Ballon in der geographischen Breite, auf der die Nazca-Wüste liegt, eine gewisse Höhe (von etwa 1 500 m) erreicht, werden die Sonnenstrahlen so heiß, daß ihre Hitze die Abkühlung der Luft in dem Ballon ausgleicht. Er steigt, solange die Sonne scheint, immer höher und höher, fliegt immer weiter, bis die kühlere Nacht hereinbricht.

Der Ballon müßte freilich dunkel, am besten tiefschwarz, gefärbt sein, damit die Sonnenstrahlen möglichst stark wirken können, indem sie dadurch absorbiert werden. Und diese Vorstellung ließ Woodman nicht mehr los: Wenn also hier in der Nazca-Wüste ein solcher schwarzer Ballon aufstiege, dann flöge er — mit den Augen der alten Peruaner gesehen — zur Sonne empor, bis dorthin, wo dieses für sie schönste Himmelsgestirn seine Tagesreise beendet — nach Westen, über den Stillen Ozean. Dazu kamen Woodman auch die alten Sagen der Ureinwohner Perus in den Sinn: die Sagen von den mächtigen »Königen« der altperuanischen Reiche — den Inka. Ein jeder Inka war nach diesen Legenden von seinen mythischen Urahnen her ein Sohn der Sonne, und — nach anderen Sagen — sollen manche Inka nach dem Tode wieder zur Sonne zurückgekehrt sein.

Der Initiator des Nazca-Projekts bedachte dabei nicht, daß die Inka keine Nazca waren. Er ließ auch unsere mangelhafte Kenntnis der Mythen dieser alten Peruaner außer acht. Er bedachte auch nicht, daß wir überhaupt nicht wissen, wer eigentlich der oberste Herrscher, der »König« der Indianer hier im vorinkaischen Nazca-Land war. Woodman zog aber den für ihn logischen Schluß: Wenn schon die Nazca den Ballonbau kannten, warum sollten dann nicht auch die Inka, die später in Peru lebten, diese Kunst beherrscht haben? Und aufgrund dieser Überlegung wie auch im Hinblick auf jene uns freilich nicht ganz genau bekannten altperuanischen Vorstellungen, daß der Inka nach dem Tode »zu seinem göttlichen Vater, der Sonne, heimgekehrt« sei, sprach er einen höchst überraschenden Gedanken aus, der seinem Glauben an die Existenz der Luftfahrt im alten Peru an Kühnheit nicht nachstand. Er behauptete: Manche Inka sind in einem Ballon bestattet worden! Der Leichnam des göttlichen Herrschers sei nach seinem Tod in die Gondel eines solchen mit Heißluft gefüllten schwarzen Ballons gelegt worden, und dieser habe dann die irdischen Überreste des verstorbenen Inka zurück zur Sonne getragen. Und nachdem die Sonne im Westen in den Wellen des Stillen Ozeans unterging, sei auch der Ballon mit dem toten Inka im Meer versunken.

Die Bestattungsbräuche sind in den einzelnen Ländern entsprechend ihren verschiedenen Kulturen sehr unterschiedlich gewesen. Die Toten wurden in der Erde begraben, die Gebeine der Verstorbenen sind in großen Urnen beigesetzt oder die Leichname auf Scheiterhaufen verbrannt worden. Aber die Bestattung in einem Ballon war den Archäologen beim Studium der alten Kulturen noch niemals und nirgends begegnet!

Auch wegen dieser einmaligen Vorstellung von einem »Begräbnis im Ballon« in Altperu haben wir Woodmans Nazca-Projekt erwähnen müssen, das kühne Experiment, das beweisen sollte, daß die Nazca wie auch die Indianer, die dieses Land nach ihnen bewohnten, jenes große Geheimnis der Luftfahrt beherrscht haben, daß sie nicht nur zu den Sternen und zur Sonne emporgeblickt, sondern sich auch selber von der Erde zur Sonne und zu den Sternen erhoben haben.

Lektüre in
steinernen Bibliotheken

Woodmans »Nazca-Experiment« hat trotz all seiner Originalität die Kenner der altperuanischen Kulturgeschichte nicht davon zu überzeugen vermocht, daß diese Indianer wirklich fliegen konnten. Aber etwas anderes hat das Projekt Nazca bewirkt: Es hat auch das Interesse der breiten nichtfachmännischen Öffentlichkeit wieder auf die Nazca hingelenkt. Der allererste Satz von Woodmans Buch, das den zusammenfassenden Bericht über das Projekt Nazca enthält, stellt fest: »Nazca ist das verwirrendste archäologische Rätsel Südamerikas und eines der schönsten Kunstwerke der Welt.« Und dieser Ansicht Woodmans kann man eigentlich nur zustimmen.

Die Nazca-Rätsel locken. Daher ist es kein Wunder, daß neben Woodmans Nazca-Projekt andere mit noch erstaunlicheren »Nazca-Entdeckungen« und »Nazca-Projekten« kamen und kommen, noch weit kühnere Gedanken äußern, den Nazca alle möglichen Erfindungen zuschreiben und ihnen sowie ihrer Kultur oft ein geradezu biblisches Alter zusprechen.

Dieses Buch ist den vorinkaischen Kulturen Perus und der Geschichte ihrer Erforschung gewidmet, nicht Phantasten oder gar Verfälschern dieser Kulturen. Da es aber auf möglichst viele Fragen eine Antwort geben, zahlreiche Entdeckungen beschreiben will, die sich auf die Gebiete beziehen, in denen diese indianischen Kulturen einst geblüht haben, müssen wir wohl oder übel manchmal auch solche »Funde« erwähnen, an die der Autor des Buches selbst nicht glaubt, die man aber als Werke dieser Kulturen angesehen hat oder die in jenen Gebieten zutage gefördert worden sind. Unter den häufigen mit den Nazca in Zusammenhang gebrachten Entdeckungen hat besonders eine die Aufmerksamkeit der ganzen Welt erregt, die in diesem Buch nur deshalb Erwähnung finden muß, weil viele Menschen aus Unkenntnis den Namen Nazca und deren Kultur eben mit ihr verbinden.

Der Autor dieses Buches möchte aber nicht verschweigen, daß er — ungeachtet der riesigen Publizität, deren sich diese »Entdeckung« in einem der

Nazca-Täler in der ganzen Welt erfreut (in der ČSSR ist der erste Aufsatz über diesen »Nazca-Fund« im Jahre 1975 in der Zeitschrift »Das Notizbuch« erschienen) — ihr nicht den geringsten Glauben schenkt. Worum handelt es sich?

Diese Entdeckung ist, wie gesagt, mit dem Namen eines der Nazca-Täler, dem Ica-Tal, verbunden. Und so wird sie manchmal auch einfach »Ica« genannt. In den zahllosen Artikeln, die man ihr bereits gewidmet hat, wird sie meist als die »Steinerne Bibliothek von Ica« bezeichnet.

Das Ica-Tal hat tatsächlich in der Geschichte der südperuanischen Indianer stets eine bedeutende Rolle gespielt. Das Tal der Ica war auch — neben dem eigentlichen Nazca-Tal — das zweitwichtigste Siedlungsgebiet der alten Nazca-Indianer. Aus dem Ica-Tal stammen ebenfalls zahlreiche Funde aus der Kultur dieser südperuanischen Kopfjäger. Diese Tatsachen sind unbestritten. Nachdem sich aber Menschen aus der ganzen Welt für die Nazca zu interessieren begannen, erstreckte sich ihr Interesse bald nicht mehr nur auf das gleichnamige Nazca-Tal, sondern griff auch auf alle übrigen Nazca-Täler — auf das Acarí-, Cañete- und auch auf das Ica-Tal — über. Diese kühnen Entzifferer der altperuanischen Vergangenheit richteten zum erstenmal ihre Blicke auf das Ica-Tal, als sie über die Bedeutung des zweiten großen Bildes auf der Erdoberfläche nachzudenken begannen, das in diesem Tal Perus erhalten geblieben ist. Eine zweite solche Erdzeichnung oder Geoglyphe, wie der Fachausdruck lautet, existiert tatsächlich, aber nicht in der Nazca-Wüste, sondern unmittelbar an der Meeresküste, an einem in der Gegend der Pisco-Bucht zum Pazifik abfallenden, mit Steinschotter bedeckten Hang.

Die Geoglyphe von Pisco ist jedoch, ähnlich wie die Bilder in der Pampa de Nazca, in Wirklichkeit nicht in die Erde »eingezeichnet«, sondern aus dunkleren Steinen zusammengesetzt, die sich von der helleren Erdoberfläche deutlich abheben. Diese Geoglyphe haben offenbar schon die ersten europäischen Besucher Südperus erblickt. Sie ist nämlich vom Meer her, selbst aus großer Entfernung, sehr gut sichtbar. Kein Wunder, denn sie ist über 200 m groß! Die Schwierigkeit besteht nur darin, daß sich selbst die heutigen Erforscher der indianischen Kulturen Südperus noch nicht einig sind, wen oder was dieses Bild eigentlich darstellen soll. Wenn ein Vergleich erlaubt wäre, würden wir sagen, daß es vielleicht am ehesten dem Dreizack jenes griechischen Meeresgottes Poseidon ähnelt. Da aber Poseidon oder Neptun, wie er bei den Römern hieß, das Geschöpf einer anderen großen Kultur ist und ihr Gott über ein ganz anderes Meer als den Stillen Ozean geherrscht hat, scheidet der antike Gott der Meere aus den Erwägungen nach der Darstellung der Geoglyphe von Pisco von vornherein aus.

Manche deuten die drei Arme des »Dreizacks von Pisco« als die drei Zweige eines südamerikanischen Kaktus, dessen Bild dorthin gelangt sei wie die Darstellungen einiger Tiere in die Pampa de Nazca. Andere erblicken darin keinen Kaktus, sondern jenen sagenhaften »Baum des Lebens«, und andere wieder sehen in den drei Zacken das Symbol einer einheimischen, altamerikanischen »Heiligen Dreifaltigkeit«.

Da die Indianer das riesige rätselhafte Bild von Pisco dort angebracht haben, wo Land und Meer zusammentreffen, ist es kein Wunder, daß man es schon von Anfang an sehr oft für so etwas wie einen eigenartigen altperuanischen Leuchtturm gehalten hat. Die Antwort auf die Frage, wen oder was der Dreizack darstellt, zieht jedoch automatisch eine andere Frage nach sich: Wem soll der dreizackige peruanische »Leuchtturm« als Orientierungspunkt gedient haben? Altindianischen Schiffen oder …? Und da im Land der Nazca gewissermaßen alles mit dem Himmel, mit der Luftfahrt verbunden ist, kann man bei einer solchen Interpretation des Bildes in der Bucht von Pisco auch anders fragen: »Hat jene riesige Geoglyphe an der Küste nicht vielleicht denen den Weg gewiesen, die durch die Luft geflogen sind?« Und diejenigen, die die Frage so stellten und sie positiv beantworteten, zogen eine weitere Frage in Betracht: »Wohin, in welche Richtung hat dieser riesige Meilenstein gewiesen?« Die einen meinten, daß er die Richtung zu jenen ominösen »Kosmonautenplätzen« in der Nazca-Wüste angezeigt habe, andere behaupteten, die Spitze des Dreizacks weise nicht nach dem eigentlichen Nazca-Tal, sondern zu einem anderen der Nazca-Täler – zu jenem Tal der Ica. Zu denen, die diese Ansicht vertreten, gehört auch ein gewisser peruanischer Arzt (und zugleich Amateurarchäologe und Prähistoriker) namens Dr. Javier Cabrera Darquea, Professor an der Universität in der Stadt Ica, die heute das Verwaltungszentrum des ganzen Nazca-Gebiets ist.

Dieser Chirurg aus Ica, übrigens ein Urururururenkel des spanischen Gründers dieser Stadt, des Don Jeronimo Luis Cabrera, hat der Welt seine angeblichen Funde vorgelegt, die – wenn der Beweis ihrer Echtheit erbracht werden könnte – die Stadt Ica und das gleichnamige Nazca-Tal zur archäologischen Metropole Amerikas erheben und ihre Schöpfer zu den vielleicht ältesten Bewohnern der Erde stempeln würden.

Cabreras Funde haben dabei ihr Gewicht, sie sind, wie im alten Peru üblich, – aus Stein. Der Professor aus Ica hat angeblich – und von nun an werden wir immer wieder das Wort »angeblich« gebrauchen müssen – Tausende und aber Tausende von »Bänden« einer Art prähistorischer steinerner Bibliothek gefunden, Bücher aus Stein, in denen fast die gesamte alte Geschichte der Menschheit niedergeschrieben sein soll. Diese schwarzen steinernen »Bücher«, in die mit feiner, tiefer Zeichnung auf den ersten Blick zwar typisch altperuanisch dargestellte Menschengestalten, aber oft in einer unglaublichen Gesellschaft und bei unglaublichen Handlungen eingeritzt sind, hat ihr Finder Dr. Cabrera in einem eigenen kleinen Privatmuseum, einem »Museum von Steinzeichnungen« – spanisch »Museo de Gliptolitos« –, in Ica gesammelt. Diese »Stiche«, diese »grabados«, wie man sie auf spanisch nennt, die Dr. Cabrera in seinem Museum in Ica zeigt, sind von zweierlei Art und stellen zwei historische Epochen der Menschheit dar: Auf der einen Art von Steinen sind Menschen abgebildet, die angeblich vor 10 000 oder gar noch mehr Jahren in diesem Nazca-Tal gelebt haben sollen. Die Steinzeichnungen von Ica zeigen diese angeblich ältesten peruanischen Sternenanbeter, wie sie die Gestirne durch ein wirkliches Fernrohr beobachten. An anderen optischen Geräten haben diese in den Stein geritzten 10 000 Jahre alten Peruaner noch die Lupe benutzt. Vor allem aber sind auf Dutzenden, ja Hunderten von Steinen chirurgische Eingriffe dargestellt, die diese Menschen vorgenommen haben sollen. Und was für chirurgische Eingriffe: der Kaiserschnitt und sogar Organtransplantationen, der Nieren und selbst des Gehirns!

Einige der »chirurgischen« Zeichnungen in den steinernen Büchern von Ica erwecken besonders wegen der Methode Aufmerksamkeit, die Cabreras altperuanische Ärzte angewandt haben. Sie zeigen z. B. die Transfusion des Blutes einer schwangeren Frau auf einen kranken Mann. Eine solche Transfusion soll tatsächlich die Widerstandsfähigkeit des Organismus eines Patienten beträchtlich erhöhen. Aber das weiß die Medizin erst seit den vierziger Jahren unseres Jahrhunderts.

Auch Herztransplantationen sind auf den Steinen von Ica ausgiebig dargestellt, die sich freilich erst, seitdem der Südafrikaner Christian Barnard mit ihnen zu experimentieren begann, des Interesses der Weltöffentlichkeit erfreuen.

Diese Vorliebe, die die hypothetischen Schöpfer der steinernen Bibliothek von Ica der Chirurgie und überhaupt der Medizin entgegenbringen, ist sehr auffällig. Wer hat als erster diese Steine publik gemacht, wer hat sie in seinem Museum in Ica ausgestellt, und wer ist zugleich der enthusiastischste Verteidiger ihrer Echtheit? – Ein Mann, der selbst von Beruf Arzt, Chirurg, ist.

Auf den Steinen der ersten Gruppe von Cabreras »steinernen Büchern« sind Menschen abgebildet, die vor 10 000 oder noch mehr Jahren im Ica-Tal gelebt haben sollen. Auf der anderen Gruppe sehen wir jedoch Menschengestalten in Gesellschaft von Tieren, die vor Millionen und aber Millionen Jahren auf der Erde gelebt haben! Die Steine von Ica zeigen mit besonderer Vorliebe Dinosaurier, Brontosaurier, Ichthyosaurier, Stegosaurier und andere Tiere der Urzeit. Diese 100 Millionen Jahre alten Tiere werden auf den Steinen von Ica aber von Menschen angegriffen, die mit Beilen, Pfeilen oder Messern bewaffnet sind.

Andere, besonders schwere Exemplare dieser Steinbücher von Ica sind eine Art von altertümlichem geographischem Atlas: Sie zeigen die Karte der Welt, wie sie angeblich vor vielen Millionen Jahren ausgesehen hat. Wir sehen darauf Afrika und Europa, aber auch Australien und Lemurien. Auf einer anderen »Seite« des Atlanten, also auf einem anderen Stein, ist neben den beiden Amerika auch Platons Atlantis und das sagenhafte Land Mu abgebildet!

Die »grabados«, diese Steinzeichnungen von Ica, sollen von einer uralten peruanischen Kultur geschaffen worden sein, die angeblich vor jenen 10 000 Jahren in dieser großen steinernen Bibliothek eine Art Geschichte der Erde, eine enzyklopädische Darstellung ihres eigenen Weltbildes, hinterlassen hat, bevor sie selbst von einer großen Naturkatastrophe (offenbar einer Sintflut) vernichtet wurde, deren Kommen sie geahnt haben soll.

So erklärt den Sinn dieser seltsamen steinernen Bibliothek ein anderes Buch, das den bezeichnenden Titel trägt: »Das Geheimnis der Anden«. An der Wiege dieses Buches standen drei Männer, deren Namen im Unterschied zu dem unbekannten peruanischen Arzt schon damals sehr vielen Menschen — und nicht nur in ihrem eigenen Vaterland — ein Begriff waren. Das Interesse dieser drei Männer an den steinernen Büchern von Ica, ein Interesse, aus dem schließlich jenes andere, »richtige«, aber nicht minder ungewöhnliche Buch geboren wurde, hat dann erst die Aufmerksamkeit der Weltöffentlichkeit auf die Steinzeichnungen Cabreras gelenkt.

Bei der angeblich in einem der Nazca-Täler gefundenen steinernen Bibliothek wiederholte sich somit die Geschichte der wirklich existierenden Bildergalerie im anderen Nazca-Tal. Auch die Zeichnungen in der Pampa de Nazca sind eigentlich zweimal entdeckt worden. Zuerst von Paul Kosok, doch diese »erste« Entdeckung hat anfangs nur die Aufmerksamkeit von Maria Reiche und einer Handvoll anderer mutiger Fachgelehrter auf sich gezogen. Zum zweitenmal ist dann die Bildergalerie in der Nazca-Wüste — »als Kosmonautenflugplatz« — von dem Autor des Buches »Erinnerungen an die Zukunft« entdeckt worden. Erst dieses Buch Erich Dänikens hat die Nazca-Zeichnungen endgültig in der ganzen Welt berühmt gemacht. Ebenso ist es auch jener rätselhaften steinernen Bibliothek von Ica ergangen. Als erster will sie Dr. Cabrera entdeckt haben, ohne jedoch mit seiner Entdeckung besondere Aufmerksamkeit erwecken zu können. Zum zweitenmal haben sie dann — und diesmal auch für die breiteste Weltöffentlichkeit — jene drei Männer entdeckt, und wiederum durch ein erfolgreiches Buch. Und erst nachdem es erschienen war, begann mit einemmal die ganze Welt von den »grabados« von Ica zu sprechen. Diese drei Männer, die die steinerne Bibliothek von Ica zum zweitenmal »entdeckt« haben, sind Franzosen. Einer von ihnen, Robert Laffont, ist Inhaber und Direktor eines der größten europäischen Verlage, der zweite ein Mann namens Francis Mazière, der sich besonders in die alten Kulturen Ozeaniens vertieft hat und u. a. durch sein äußerst originelles Buch über die Kultur der polynesischen Osterinsel bekannt geworden ist, und der dritte schließlich heißt Robert Charroux, ein Schriftsteller, der sich schon lange Jahre mit solchen »besonders geheimnisvollen Rätseln«, die uns die alten Epochen der Menschheitsgeschichte aufgeben, beschäftigt und eine ganze Reihe von Werken geschrieben hat, die diesen Geheimnissen gewidmet sind, Bücher, die sich bei den Lesern, die von solchen Rätseln der Vergangenheit angezogen werden, großer Popularität erfreuen.

Robert Laffont, Francis Mazière und dieser Robert Charroux haben sich dann in den Jahren 1973 und 1974 wiederholt nach Peru begeben, um sich persönlich an Ort und Stelle, also in Ica — und nicht nur anhand von Fotoreproduktionen —, mit den steinernen Büchern Dr. Cabreras bekannt zu machen. Mit jenen Büchern aus Stein, von denen dann ihr eigenes Buch vor der Welt Zeugnis ablegte, ein Werk, das Robert Charroux geschrieben, Francis Mazière in eine Reihe, die er redigiert, aufgenommen und Robert Laffont in seinem Verlag herausgegeben hat, ein Buch, das gar nicht anders heißen könnte, als es wirklich heißt: »L'Énigme des Andes« — »Das Geheimnis der Anden«.

Die Bilderbücher
des Toten Stiers

Cabreras »Geheimnis der Anden« ist mysteriös. Der Besitzer, Direktor und alleinige Sammler jenes »Museums der gliptolitos« hat nie jemandem viel über seine steinernen Bücher verraten. Aus dem Buch »Das Geheimnis der Anden« wissen wir jedoch, daß die Sammlung dieses peruanischen Arztes insgesamt etwa 11 000 gravierte Steine umfaßt, die nur einen kleinen Teil der großen steinernen Bibliothek bilden sollen. Diese soll sich im Ica-Tal befinden.

Cabrera hat noch keinem den Ort verraten, wo »seine« Steine herstammen. Warum? »Aus Furcht vor Abenteurern und Romantikern«, sagt er, »die diese prähistorische steinerne Bibliothek bald vernichtet hätten, ebenso wie sie nun die Zeichnungen in der Pampa de Nazca zerstören.« Dabei soll aber der Professor aus Ica nicht der einzige sein, der in Peru solche Steine besitzt. Alle »grabados« Cabreras wie auch die bebilderten Steine der übrigen Sammler sollen in der Gegend der etwa 30 km von der Stadt Ica entfernten Gemeinde Ocucaje im Tal dieses südperuanischen Flusses gefunden worden sein. (Dort in Ocucaje sind übrigens seinerzeit auch — aber von seriösen Forschern — die einzigen Spuren der Paracas-Kultur außerhalb des Gebiets der eigentlichen »Halbinsel der Mumien« entdeckt worden.)

Alle die »steinernen Bücher« sind aus Andesit (helles vulkanisches Gestein, benannt nach dem Andengebirge). Ihre Oberfläche und die Oberfläche der Zeichnungen ist, zumindest auf Fotografien, von der Patina des Alters bedeckt.

Die ersten »beschrifteten« Steine sollen um die Mitte der fünfziger Jahre von den Brüdern Carlos und Pablo Soldi aus Ocucaje gefunden worden sein. Die ersten Sammler der »grabados« sind dann angeblich der Befehlshaber der Peruanischen Marineakademie Oberst Elias und der Architekt Santiago Agurto Calvo, Rektor der Peruanischen Technischen Hochschule, gewesen. Ihre Sammlungen sind unbekannt. Dagegen ist die große Kollektion Dr. Cabreras, nachdem jene drei namhaften Franzosen Laffont, Mazière und Charroux sie besichtigt haben, in der ganzen Welt populär geworden.

Von Kennern der altperuanischen Kulturen hat als erster einer der größten lebenden Peruanisten, selbst Entdecker vieler »Nazca-Städte«, John Howland Rowe, die steinernen Bücher von Ica geprüft (im Jahre 1968). Sein Urteil war eindeutig, es bestand aus einem einzigen Wort: »Fälschung«.

Auch der Autor dieses Buches glaubt, wie gesagt, nicht an die Echtheit von Cabreras Steinen. Er legt sich eine andere Frage vor: Wollte vielleicht dieser peruanische Arzt seiner Heimatstadt, seinem Heimatland mit dieser Bibliothek ein Denkmal setzen, das Ica in den Augen der Welt auf ein höchst ehrenvolles Piedestal erhob? Das Europa des 18. und 19. Jahrhunderts kennt ja genug vor allem literarischer Fälschungen, die aus den Werkstätten glühender Patrioten stammten. Im Vaterland des Autors dieses Buches hat z. B. im vorigen Jahrhundert ein solcher patriotisch gesinnter Dichter, der Bibliothekar Václav Hanka, vom literarischen Standpunkt aus hervorragende Falsifikate von Versen — die sogenannten »Königinhofer und Grünberger Handschriften« — geschaffen, die angeblich fast 1 000 Jahre alt sein sollten.

Ist also auch diese steinerne Bibliothek von Ica eine solche Fälschung aus Patriotismus? In diesem Zusammenhang drängt sich jedoch eine weitere Frage auf: Wenn die möglicherweise gefälschte steinerne Bibliothek in Cabreras Museum wirklich aus einer solchen Menge von »Bänden« besteht, wer hat denn alle diese sorgfältig ausgeführten komplizierten Zeichnungen eingraviert? Es sollen ja immerhin 11 000 bebilderte Steine sein. Das ist eine Arbeit für Dutzende kunstfertiger Steinmetze. Oder gibt es etwa in Ocucaje oder irgendwo anders im Ica-Tal eine in der ganzen Welt einmalige Fälscherwerkstatt steinerner Bücher, in der nach Vorlagen, die ihr jemand liefert, die Bilder von Hunderten und aber Hunderten vorsintflutlicher Saurier und kompliziertester chirurgischer Eingriffe in den Stein geritzt werden?

Diese »Fälscher steinerner Bücher« müßten freilich jemand haben, der ihnen die Vorlagen zu diesen »grabados« anfertigt. Die kaum des Lesens und Schreibens kundigen Bewohner eines vergessenen südperuanischen Dörfchens dürften schwerlich wissen, wie und wodurch sich ein Stegosaurus von einem Brontosaurus unterscheidet, sie dürften auch kaum alle Einzelheiten komplizierter chirurgischer Operationen kennen, und sie haben gewiß auch keine Vorstellung vom Aussehen, von der Karte der Welt vor 100 oder 200 Millionen Jahren.

Eben der Mann aber, der einen Teil dieser steinernen Bibliothek als erster ausgestellt hat und mit dessen Namen diese Steinbilder am häufigsten in Zusammenhang gebracht werden — Dr. Javier Cabrera Darquea —, ist solch ein kenntnisreicher Mensch mit allseitigen Interessen. Daher scheint die Vermutung nicht unbegründet zu sein, daß er es selbst ist, der den Herstellern der »Ica-Bücher« die Vorlagen für ihre Zeichnungen liefert, die diese Menschen dann in den Stein ritzen.

Vielleicht verhält es sich so. Andernfalls würde die steinerne Bibliothek aus dem einen Nazca-Tal unsere ganzen Anschauungen von der Vergangenheit der Welt auf den Kopf stellen und all jenen den Schlaf rauben, die über diese

Vom Grund des Titicaca-Sees förderten Taucher altperuanische Keramikfiguren – darunter die
bei den dort lebenden Indianern als heilig geltenden Frösche der Art Telmotobius celeus

Kunstvoll gearbeitete Figur eines Indianers auf dem Knauf eines Stabes

Altindianische goldene Maske aus Peru

Vorinkaische goldene Krone. Die besten Goldschmiede im alten Peru waren die Chimú, die zu den Lehrern der eigentlichen Inka wurden

Porträt eines Chimu-Würdenträgers aus purem Gold. Deutlich sind die für das alte Peru typischen vergrößerten Ohrläppchen sichtbar

Mit der Figur eines indianischen Würdenträgers verziertes peruanisches Goldgefäß

Peruanische Goldplastiken

Altperuanische Figur aus Holz, wovon im Vergleich zu den Metallerzeugnissen und zur Keramik nur sehr wenige erhalten geblieben sind

Aufsatz eines Mumienbündels in Form eines Menschenkopfes

Für die altperuanische Textil-kunst ist eine ausgeprägte Ornamentik typisch

Altperuanische Holzplastik, wahrscheinlich die Darstellung eines Würdenträgers

Indianer Perus von heute

Uru-Indianer mit seinem Schilfboot auf dem Titicacasee

Auf schwimmenden Inseln leben die Uru-Indianer

Aus dem Leben der heutigen Indianer in den Anden. Der Weg zum Markt und der Markttag gehören zu den wichtigen Ereignissen im Leben der Nachfahren vorinkaischer Kultur. Den Schilfbootbau studierte Thor Heyerdal bei den Ureinwohnern am Titicacasee, bevor er seine beiden Ra und die Tigris baute und zu Wasser brachte. Die primitive Bodenbestellung erbringt einen Teil der notwendigen Nahrung für die Bewohner des Hochlandes

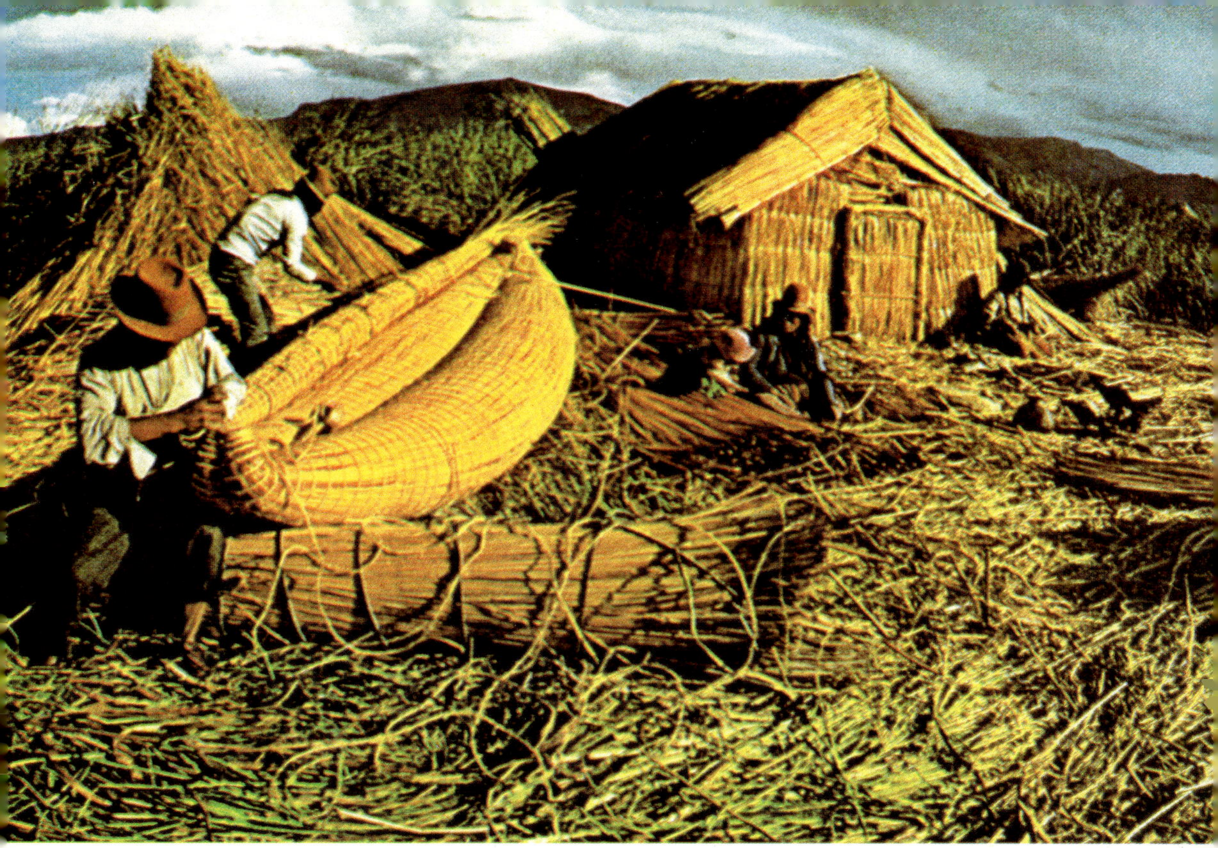

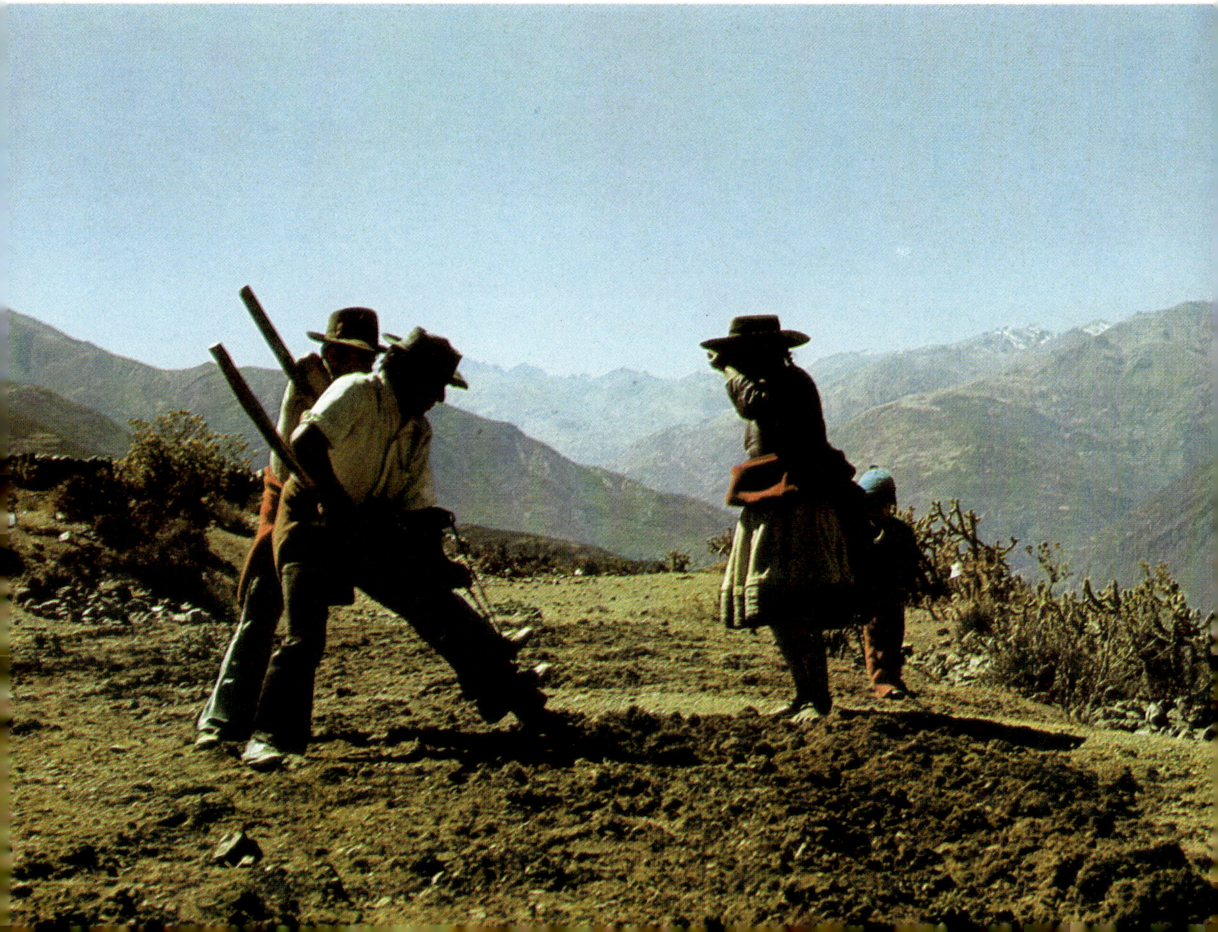

Landschaft der peruanischen Sierra. Unter den schneebedeckten Gipfeln der Kordilleren weiden die Indianer wie vor Jahrhunderten ihre Lamaherden. Im Hintergrund einer der schönsten Berge Perus – der Cunurama

Vergangenheit nachsinnen, so wie Laffont, Mazière und jener Robert Charroux, der die Einleitung zu seinem Bericht über den Besuch der steinernen Bibliothek von Ica mit den Worten beschließt: »Ich fand drei Nächte lang keinen Schlaf.«

Andere Erforscher der Vergangenheit der Welt aber lassen sich von Cabreras Sammlung steinerner Bücher nicht um den Schlaf bringen. Sie sehen sie — so wie jener Kenner der alten Nazca — einfach als eine Fälschung an. Eine mühevolle und vielleicht auch aus patriotischen Gefühlen erwachsene Fälschung, die möglicherweise aus Liebe zum Ica-Tal, aus Liebe zu den Nazca, aus Liebe zu Peru entstanden sein mag, die aber dennoch eine Fälschung bleibt.

Das bedeutet nicht, daß die altperuanischen Indianer keine Bilder in Steine geritzt haben, die für den, der sie zu lesen versteht, wertvolle Geschichtsquellen über Leben, Anschauungen und Vorstellungen dieser Menschen und ihrer Kulturen darstellen.

Eben dort, in Südperu, hat ein Forscher, dessen Namen wir schon einmal erwähnt haben, der ehemalige Direktor des Berliner Museums für Völkerkunde, Dr. Hans-Dietrich Disselhoff, eine bedeutende Steingalerie der Indianer entdeckt. Man hat dieser Entdeckung den gar nicht archäologisch klingenden Namen »Toro Muerto — Toter Stier« gegeben, nach der spanischen Benennung des Ortes im Tal des Flusses Majes, wo sich die einzelnen Steine dieser Galerie befinden. Um die ersten kennenzulernen, brauchte sich Dr. Disselhoff nicht dorthin zu begeben. Die Steine kamen zu ihm in die Universitätsstadt, wo der Berliner Professor damals in Peru wirkte, nach Arequipa. Dort sah Disselhoffs peruanischer Assistent Eloy Linares Málaga, wie von einem Lastwagen große weiße Blöcke vulkanischen Gesteins abgeladen wurden, die für einen Bau in der Stadt bestimmt waren. (Die Stadt ist ganz aus diesem hellen Material errichtet.) Diese Bausteine waren von oben bis unten mit dunkleren Linien bekritzelt, die Menschen, verschiedene Tiere und geometrische Figuren darstellten. Auf die Frage, woher diese beschriebenen Steine kämen, antwortete der Fahrer des Lastkraftwagens, sie stammten alle von der auf einer Hochebene über dem Majes-Tal gelegenen Hacienda Toro Muerto. Und auf dem Gelände dieser Hacienda hat dann Dr. Disselhoff wirklich zahllose weitere solcher

bebilderten Steine entdeckt. Manche, offenbar die ältesten, wiesen auf die Anwesenheit von Trägern der Chavín-Kultur auch dort in der von Chavín so weit entfernten Ecke des peruanischen Südens hin. Eine flache Steinplatte zeigte z. B. einen typisch chavínischen Jaguarmenschen mit geöffneter Brust. Andere stellten einfach Jaguare dar. Weitere Blöcke waren mit einer kleinen peruanischen Zoologie bebildert – mit Zeichnungen von Hirschen, Füchsen, Echsen und Schlangen. In einen anderen Stein war wiederum die große Maske irgendeines Gottes eingeritzt, aus dessen Augen Blitze zu schlagen schienen.

Und so ist eigentlich auch die südperuanische Galerie in der Pampa des Toten Stiers eine Art steinerne Bibliothek.

Ihr Entdecker, Hans-Dietrich Disselhoff, betont im Hinblick auf die steinernen Bilderbücher von Toro Muerto und andere derartige altperuanische Steinzeichnungen: »Was die alten Peruaner betrifft, so kannten sie keine Papierzubereitung wie die Maya und Mexikaner. Sie haben bis in die jüngste Zeit ihrer alten Geschichte Steine und Felsen beschriftet.«

Linares' und Disselhoffs Fund von Toro Muerto stellt also eine solche indianische Bibliothek aus Steinen dar, die wirklich existiert hat, während man bei Cabreras »steinerner Bibliothek« von Ica allen Grund hat, ihre Echtheit zu bezweifeln. Der Stein hat den vorkolumbischen Indianern Perus das Papier, das Buch ersetzt. Und es liegt nur an uns und an den Wissenschaftlern von heute, ob wir die Botschaft der altperuanischen indianischen Kulturen aus solchen steinernen Bibliotheken wie der von Toro Muerto richtig und vollständig zu lesen verstehen.

Das Ende der Zwischenspiele

Über der nördlichsten Kultur der peruanischen Küste nach Chavín und vor den Mochica liegt bis heute ein dichter Nebelschleier. Und ebenso sind sicher auch viele andere »lokale« Kulturen, die einst in diesen nordperuanischen Tälern geblüht haben, ins Dunkel der Vergangenheit und des Vergessens getaucht.

An einigen Stellen sind aber die Peruanisten, die Archäologen, schon dabei, diesen dichten Schleier allmählich zu lüften. So ist es ihnen in einem der Täler

Nordperus — im Virú-Tal — aufgrund einer konzentrierten umfangreichen Forschungsarbeit bereits gelungen, Licht auf eine solche zwischen Chavín und den Mochica einzuordnende Kultur zu werfen. Die Kenntnis dieser nachchavínischen Virú-Kultur ist vor allem einem Forschungsprojekt zu danken, das bis dahin in der Erforschung des vorkolumbischen Peru keine Parallele hat. Das amerikanische »Institut für Andenforschung« (Institute for Andean Research) hat vom Jahr 1941 an nach und nach mehrere archäologische Expeditionen in die einzelnen Gebiete Perus entsandt. (So hat Marshall Newman beispielsweise eine solche Expedition in die große, von Uhle entdeckte archäologische Zone in der Gegend der Stadt Ancón geleitet, wo dann Newman die bis dahin erste bekannte, noch aus vorchavínischer Zeit stammende, wertvolle Keramik gefunden hat.)

Alle vorangegangenen archäologischen Untersuchungen des Instituts für Andenforschung übertraf eine Forschungsexpedition, die unter der Leitung von Prof. Gordon Willey im Jahre 1946 im nordperuanischen Virú-Tal gearbeitet hat. Diese Expedition hat nicht nur die Keramik, nicht nur — dort, wo es sie gab — Goldgegenstände und andere Erzeugnisse der indianischen Metallbearbeitung studiert, sondern sie war bestrebt, das ganze Lebensmilieu der Bewohner eines peruanischen Tales — dieses Virú-Tales — zu erforschen, die damaligen Naturbedingungen, die damalige Einwohnerzahl und deren Wachstum, den Charakter und die Entwicklung der Siedlungsplätze in diesem Tal, die Entwicklung der landwirtschaftlichen Produktion sowie die Entstehung der Bewässerungssysteme, die im peruanischen Küstengebiet eine so außerordentlich große Rolle gespielt haben.

Das »Virú Valley Project« wollte alles über das Leben der vorkolumbischen Bewohner des Virú-Tals in den verschiedenen Perioden seiner Besiedlung erfassen. An der Verwirklichung des Projekts nahmen nach und nach immer mehr Universitäten und Museen von Argentinien bis Japan teil. Die Ergebnisse des Virú Valley Projects sind in einer Reihe von Artikeln und drei Büchern veröffentlicht worden, von denen das bedeutendste (»Prehistoric Settlement Patterns of the Virú Valley, Peru«) aus der Feder des Leiters dieses Forschungsprogramms, Gordon Willey, stammt.

Die Ergebnisse von Willeys sowie von Evans Strongs dortigen Forschungen zeigen, daß im Virú-Tal in den ersten fünf Jahrhunderten u. Z. eine verhältnismäßig entwickelte nachchavínische Kultur bestanden hat, deren wirtschaftliche Basis eine intensive Bodenbebauung war. Dieser Ackerbau hing mit der Bewässerung der damit verbundenen Anlagen zusammen, die als die bemerkenswertesten Werke der indianischen Bewohner des Virú-Tals anzusehen sind. Die ersten Kanäle haben die ehemals im oberen Teil des Tales ansässigen Indianer gebaut. Von dort aus sind diese Bewässerungsanlagen dann immer weiter ins Tal vorgedrungen, bis schließlich das gesamte Virú-Gebiet von ihnen durchzogen war. Und dieses Wasser diente einem einzigen Zweck: dem Leben! Die Untersuchungen der Teilnehmer des Virú-Projekts und anderer Erforscher der nordperuanischen Täler haben ergeben, daß im Laufe von 500 Jahren,

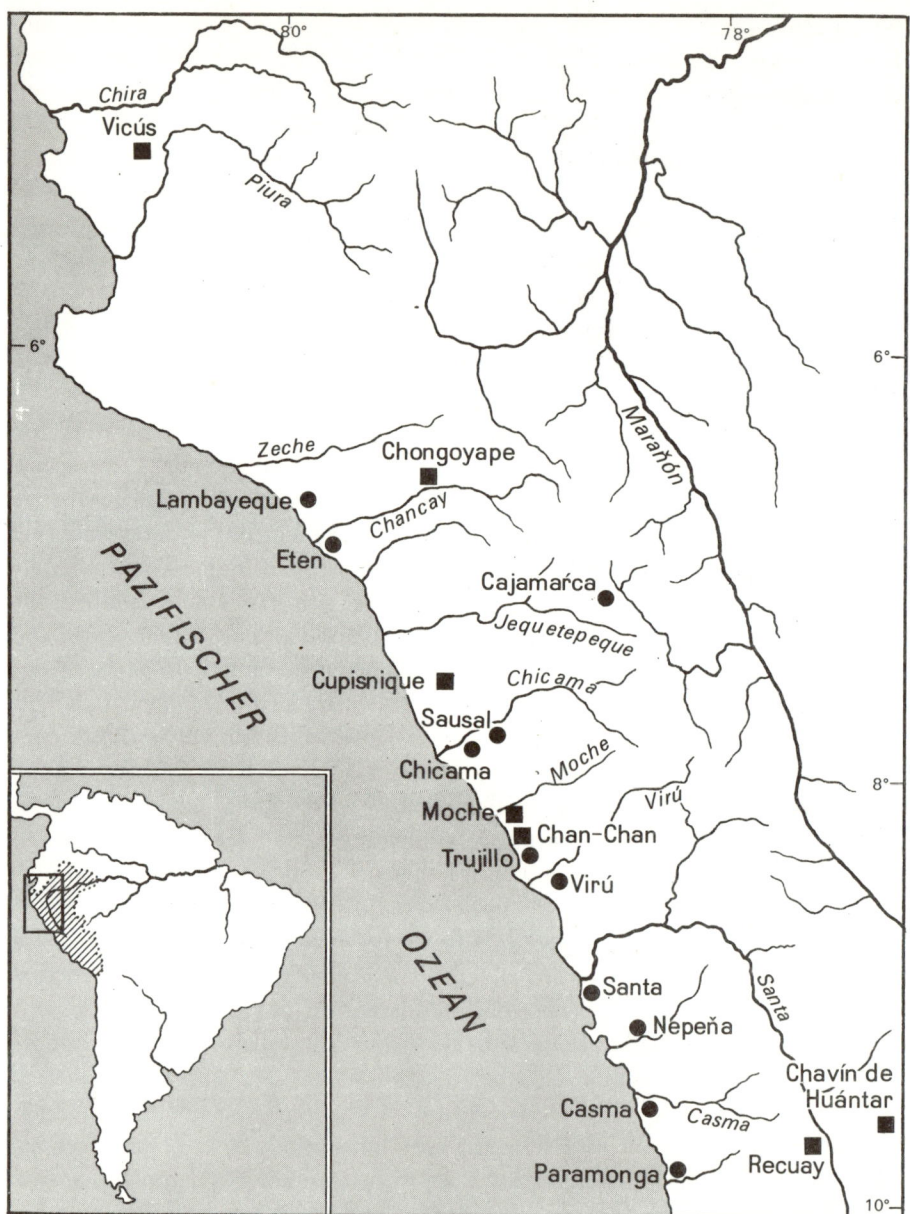

Archäologische Karte der südperuanischen Küste.

nachdem das dortige Kanalnetz fertiggestellt war, die Bevölkerungszahl dieser Täler um das 25fache gestiegen ist!

Das Ausmaß und die Wirksamkeit der Bewässerungsanlagen der vorinkaischen Indianer in den Tälern des nordperuanischen Küstengebiets ist bewundernswert. Als sie dann ihr bewohntes Gebiet wie hier das Virú-Tal mit einem Netz von Rinnen und Kanälen versehen hatten, sind sie darangegangen,

116

die Grenzen ihres Territoriums zu überschreiten – nicht, um Eroberungen zu machen, sondern, um ihre Kräfte mit den Bewohnern anderer Täler und Gebiete zu größeren Bewässerungsprojekten zu vereinigen.

Der Entdecker jener Bildergalerie an der Südküste Perus, Dr. Paul Kosok, hat an der Nordküste die Überreste eines ganzen Systems von Kanälen gefunden, die in späterer Zeit nicht ein, sondern fünf verschiedene Täler – Lambayeque, Zana, Leche, Motupe und Jequetepeque – miteinander verbunden haben. Am deutlichsten wird das Ausmaß der Bewässerungsanlagen der Bewohner des Virú-Tales und der damaligen in den Nachbartälern lebenden Indianer durch die folgende Tatsache erhellt: In jener Zeit vor 2 000 Jahren war die Gesamtoberfläche des bewässerten Bodens im nördlichen Küstengebiet Perus weit größer als heute, am Ende des 20. Jahrhunderts!

Um die Fruchtbarkeit ihrer Felder zu erhöhen, haben die Indianer aus dem Virú-Tal jedoch noch ein anderes, typisch peruanisches Mittel benutzt – Naturdünger, jene begehrten Exkremente von Seevögeln, besonders von Kormoranen, aber auch von Seeschwalben, Pelikanen und anderen. Sie alle kommen an die Gestade Perus der Fische und anderer Meerestiere wegen, die wiederum zusammen mit dem Humboldtstrom dorthin gelangen, der das ganze Küstengebiet umspült. Die Seevögel scheiden an der peruanischen Küste und auf den Küsteninseln seit Millionen Jahren ihren Kot aus. An manchen Stellen sind über 50 m hohe Ablagerungen von diesem besten Naturdünger der Welt – dem Guano – entstanden. (Der Guano soll aufgrund seiner Zusammensetzung dreißigmal effektiver als Stalldünger sein!)

Mit Guano also – sein heute üblicher Name stammt aus der Ketschuasprache, in der das Wort »guanay« Kormoran bedeutet – haben die Bewohner des Virú-Tales und die nach ihnen gekommenen Mochica dann auch ihre anderen Felder gedüngt, die sie, als ihnen ihr Tal infolge der Bevölkerungsexplosion immer enger wurde, auf stufenförmigen Terrassen an den früher unbebauten Hängen der Hügel anlegen mußten.

Auf der Grundlage von Wasser und Vogelmist ist auf diese Weise ein ertragreicher Feldbau entstanden. Und die eine so gute Ernte spendenden Äcker des Virú-Tales haben nun wie von selbst auch jenen Kinderreichtum hervorgerufen. Zwischen den Bewässerungssystemen, der produktiven Bodenbearbeitung und jener Bevölkerungsexplosion bestand ganz offensichtlich ein Zusammenhang. In knapp 500 Jahren ist in der ersten Hälfte des ersten Jahrtausends u. Z. die Zahl der Bewohner eines einzigen nordperuanischen Tals um das 25fache gestiegen.

Das rapide Wachstum der Bevölkerung hat ferner dazu geführt, daß die Indianer aus dem Virú-Tal bald nicht mehr nur ihre – oft verstreuten – Dörfer bewohnten. Der Charakter der Wohnplätze im Virú-Gebiet wandelte sich: Zunächst begannen diese nordperuanischen Indianer auf den Hügeln über dem Tal nach und nach eine Art einfacher »Burgen« zu errichten, die nicht nur von Kriegern zur Bewachung des Tales vor feindlichen Eindringlingen, sondern auch von Bauern bewohnt waren. Die Peruaner nennen diese kleinen Festungen treffend »befestigte Hügel«. Später entstanden solche von Wällen umgebenen Ortschaften auch im Tal. Die Befestigungen, die diese Flecken ursprünglich eng umschlossen, konnten deren Wachstum nicht aufhalten. Die »Ortschaften« verwandelten sich nach und nach zu kleinen Städten, in deren Zentrum stets die ersten dort vorgefundenen, manchmal bis zu 25 m hohen Pyramiden standen, die aus Adoben – in der Sonne getrockneten Ziegeln – errichtet waren. Die Pyramiden des Virú-Tales sind selbstverständlich – wie alle Pyramiden in Altamerika – in erster Linie mit dem religiösen Kult verbunden gewesen. Es ist aber auch in diesem Tal möglich, daß Macht und Religion miteinander verflochten waren. Obwohl sich im Innern dieser Heiligtümer aus Adoben in der Regel irgendwelche Wohnräume befanden, können sie zugleich als »Sitz« der örtlichen Verwaltung oder als eine Art »Amtssitz« des jeweiligen Häuptlings gedient haben, der die Geschicke des Städtchens und der umliegenden Dörfer oder Ortschaften im Auftrag des Herrschers vom ganzen Tal lenkte.

Ebenso wie die Pyramiden waren auch die Wohnbauten der Indianer des Virú-Tales aus den gleichen in der Sonne getrockneten Ziegeln unterschiedlicher Formen errichtet. Die Ausmaße dieser Wohnstätten waren anfangs sehr klein, in der Regel etwa 2×2 m.

Die Zahl der »Häuser« in den einzelnen Städten wuchs unaufhörlich, bis schließlich – mit der rapide zunehmenden Bevölkerung – im Virú-Tal die ersten größeren Städte entstanden, von denen eine im nördlichen Teil des unteren Flußlaufes gelegene, die wir heute Gallinazo nennen, offensichtlich die Metropole des Tales gewesen ist. Dort befanden sich auf einer Fläche von fünf Quadratkilometern – nach einer Schätzung des Archäologen Wendell C. Bennett, der in Gallinazo umfangreiche Ausgrabungen durchgeführt hat – etwa 30 000 kleinere und größere Räumlichkeiten. Bennett hat auch berechnet, daß im eigentlichen Zentrum von Gallinazo rund 5 000 und in der gesamten Stadt annähernd 10 000 Menschen gelebt haben.

Gallinazo, die 10 000 Einwohner zählende Hauptstadt des Virú-Tales, bestand nicht mehr nur aus gewöhnlichen Gebäuden. Manche Bauten waren bereits mit Friesen geschmückt, auf denen u. a. eine typische vorinkaische Schlange mit fünfeckigem Kopf dargestellt war.

Gallinazo, die prächtige Hauptstadt eines blühenden Tales, war also offenbar die Residenz des höchsten Herrschers von Virú. Wir wissen nicht, wer es war, wir wissen auch nicht, wie er hieß, aber wir wissen, daß seine Macht vorerst immer noch allein auf dieses eine Tal beschränkt war. Es scheint dort bereits eines jener »frühen Königreiche«, wie die Erforscher Altperus sie manchmal nennen, existiert zu haben, ein Reich, das aus einer Hauptstadt mit einer für die damalige Zeit zahlreichen Einwohnerschaft bestand. Aber auch jene »Wohnburgen«, jene kleinen Festungen und Kastelle, die die Sicherheit und Grenzen bewachten, gehörten dazu, ebenso wie die kleineren Städte, in denen jene vermutlichen Gebietsverwalter saßen und die auch die Zentren des religiösen Kults für die Bewohner des Städtchens und der umliegenden Dörfer bildeten. Ein Teil der Bauernbevölkerung dieses hypothetischen Miniaturreiches wohnte weiterhin in jenen manchmal verstreuten kleinen Ortschaften und Weilern.

Dieser indianische Zwergstaat in einem der nordperuanischen Täler hat sich in jenen ersten fünf Jahrhunderten u. Z. kulturell und besonders wirtschaftlich rasch entwickelt. Seine Einwohnerzahl ist, wie schon erwähnt, mit außerordentlicher Schnelligkeit gewachsen. Und die Quelle jeglichen Fortschritts in diesem Staat bildete das Wasser aus den phantastischen Bewässerungssystemen.

Dann kam die Zeit, in der — wie bei jenem großen Bau die Wasser vieler Täler zu einem Strom zusammenflossen — auch die kleinen Königreiche, die entstehenden territorialen Zwergstaaten, die in der ersten Hälfte des ersten Jahrtausends u. Z. in den einzelnen nordperuanischen Tälern existiert haben, zu einem einzigen großen Reich verschmolzen, dessen Bewohner durch eine einzige Macht, durch eine einzige herrschende Kultur miteinander verbunden waren. Die Zeit der Zwischenspiele geht also zu Ende, die Periode zwischen der ersten gesamtperuanischen Kultur von Chavín und dem mächtigen Staat der Mochica im Norden Perus.

Die hundertmal entdeckten Mochica

Dann betraten den Schauplatz der Geschichte Nordperus die Mochica. Mehr als anderthalb Jahrtausende später kommen nun die Archäologen, die Peruanisten, in die Küstentäler des peruanischen Nordens, um deren verschwundenes Königreich, eine vergessene Kultur von neuem zu entdecken. Zu entdecken? Wie oft sind sie schon entdeckt worden! Wann hat man eigentlich erste Spuren der Mochica gefunden?

In Wirklichkeit brauchten sie gar nicht »entdeckt« zu werden. Ihre Nachkommen saßen noch zu der Zeit, als die ersten Spanier nach Peru kamen, im gleichen Gebiet. Diese Menschen sprachen eine Sprache, die sie selbst »Mochica« nannten. Den Namen dieser Sprache haben die Geschichtsschreiber des indianischen Amerika auch auf das Volk und die Kultur übertragen, die in dem Gebiet schon in der ersten Hälfte des ersten Jahrtausends u. Z. geblüht hat. Wie die Mochica-Sprache vor jenen 2 000 Jahren, als die Mochica-Kultur und das Mochica-Reich zu entstehen begannen, genau geklungen hat, läßt sich nur schwer sagen. Wenn wir jene ursprüngliche Form des Mochica mit dem Altgriechischen vergleichen könnten, so würde ihre neuere Gestalt, die man »Kingnam« nennt, etwa dem Neugriechischen entsprechen. So wie heute griechisch gesprochen wird und vor 18 Jahrhunderten griechisch gesprochen wurde, so war auch das »Altmochica« im Mochica-Reich und das »Neumochica« in dem von den Chimú bewohnten Staat — dem Chimú-Reich — in Gebrauch, das also nach kurzer Unterbrechung durch den Einfluß einer fremden Macht der Nachfolger der Mochica-Kultur, der Mochica-Traditionen war.

Die Mochica sprechenden Indianer — die Spanier nannten sie häufig Yunga — haben jedoch die Küstentäler Nordperus auch noch nach der Eroberung des Landes durch die Europäer bewohnt. Und so brauchte dieses Volk nicht erst entdeckt zu werden. Im Gegenteil: Dank dem Interesse an der Mochica-Sprache, die von Indianern gesprochen wurde, an deren Christianisierung die Kirche interessiert war, sind uns aus unmittelbar nachkolumbischer Zeit auch schriftliche Nachrichten über diese Menschen erhalten geblieben. Zum erstenmal in Peru überhaupt stoßen wir auf Chroniken, auf literarische Denkmäler, die nach der Konquista, der Eroberung Süd- und Mittelamerikas durch die Spanier, geschrieben worden sind und die uns wenigstens teilweise Einblicke in die Kulturen dieser vorkolumbischen Nordperuaner eröffnen.

Die erste »Entdeckung« der Mochica ist also das Werk einiger hochgebildeter Geistlicher, vor allem des intelligenten Jesuiten Miguel Cabello de Balboa, der in seiner Schrift mit dem merkwürdigen Titel »Miscelanea Antarctica« aufgrund seines eigenen zehnjährigen Aufenthalts in einem der nordperuanischen Küstentäler, in Lambayeque, viel Interessantes über die Geschichte und Kultur der vorkolumbischen Bewohner dieses Landesteils berichtet hat.

Ein anderes derartiges Werk stammt nicht aus der Feder eines Jesuiten, sondern eines Angehörigen des Augustinerordens, des späteren Priors des Augustinerklosters, das bald nach der Eroberung Perus im Herzen des einstigen Mochica- und Chimú-Landes, in Trujillo, erbaut worden war. Die Arbeit dieses Antonio de la Calancha hat den komplizierten und langen Titel »Crónica moralizada del orden de San Agustín en el Perú, con sucesos egemplares en esta monarquía«. Komplizierter noch ist ihr Inhalt. Die Informationen über die Vergangenheit Altperus sind in einen wahren Wust von Vergleichen und gelehrten Anspielungen auf die antike Welt oder gar auf die Kulturen des Alten Orients eingebettet. So ist es außerordentlich schwierig, in dieser »Crónica moralizada« die Spreu vom Weizen zu sondern.

Neben der jesuitischen »Miscelanea Antarctica« und der augustinischen »Crónica moralizada« steht das Buch eines dritten Geistlichen, des Priesters Fernando de la Carrera, der lange Zeit in einer Gemeinde namens Reque, die von Mochica sprechenden Indianern bewohnt war, gewirkt und eine Grammatik dieser Sprache geschrieben hat, die dann im Jahre 1633 unter dem Titel

»Arte de la lengua yunga« in der Hauptstadt des Vizekönigreichs Peru, in Lima, gedruckt erschienen ist.

Carreras »Kunst der Yunga-Sprache« hat ein großer Kenner der peruanischen Indianersprachen, Prof. E. W. Middendorf, sorgfältig studiert. Middendorfs Analyse von Carreras Arbeit über die Mochica-Sprache war im Grunde eine nochmalige, unvergleichlich modernere Entdeckung dieser Kultur. Jener deutsche Gelehrte hat sich im vorigen Jahrhundert mit den Mochica und ihrer Sprache beschäftigt. Doch wenden auch wir uns noch einmal der Mochica-Sprache selber zu. In einer gewandelten Form haben sie auch jene nordperuanischen Indianer gesprochen, die nach den Mochica — nach einer kürzeren Unterbrechung durch eine fremde Macht — in dem gleichen Gebiet geherrscht haben, die Chimú (ihr Name ist von dem Titel der Herrscher des Reiches, von »Chimú«, abgeleitet).

Die Sprache der Bewohner des Chimú-Reiches ähnelt sehr der Sprache und ihre Kultur besonders der Kultur der Mochica. Das Volk der Chimú ist der Nachfolger des »Volkes der Mochica«. Es ist daher kein Wunder, daß der Mann, dem wir die wissenschaftliche Entdeckung der Mochica verdanken, sie als »Proto Chimú« bezeichnet hat. Manche seiner Schüler sehen in den Mochica »Frühe Chimú« und in den eigentlichen Chimú dann »Späte Chimú«.

Wer war dieser Mann, der die Mochica für die Peruanistik entdeckt hat? Natürlich wiederum der »Vater« dieses Wissenschaftsgebiets — Max Uhle. Dieser deutsche Gelehrte hat die Kultur der Mochica aufgrund des Studiums der Werke entdeckt, die sie uns hinterlassen hat. Ein Teil des Mochica-Erbes übertrifft durch seine Breite und vor allem durch seine Aussagekraft alle übrigen: Es ist die Keramik dieser Indianer, von der einer ihrer Kenner einmal gesagt hat, daß sie die eigentliche Sprache der Mochica gewesen sei. Dieses Erbe der Mochica hat als erster der Archäologe und Peruanist Max Uhle zu erschließen verstanden, der — vor allem aufgrund seiner Ausgrabungen im Moche-Tal — im Jahre 1899 zum erstenmal die Mochica-Kultur wirklich definiert hat.

Max Uhle hielt die Mochica-Kultur (damals, vor fast 100 Jahren, wußte man noch nichts von Chavín und noch viel weniger von Cotosh) für die älteste peruanische Kultur überhaupt. Die Zeugnisse über die eigenartige, nach seiner Ansicht älteste Hochkultur Perus hat dieser deutsche Forscher in erster Linie von ihrer Keramik abgelesen. Die aus den nordperuanischen Tälern stammenden Tongefäße sollen in Kürze auch uns eine fesselnde Lektüre sein. Doch vorher wollen wir noch sehen, ob andere Zeugnisse der Kultur der Mochica (und der Chimú) nicht früher erforscht worden sind und damit die materielle Kultur dieser altperuanischen Indianer nicht schon eher entdeckt worden ist.

Dr. Victor Wolfgang von Hagen, der den Indianern des vorkolumbischen Amerika mehrere populärwissenschaftliche Bücher gewidmet hat, erinnert an eine andere solche Entdeckung und gibt sogar deren genaues Datum an. Diese angeblich erste Entdeckung der Mochica-Kultur soll exakt am 17. Juni des Jahres 1771 erfolgt sein. Der Entdecker und gleichzeitig erste Museumsbesitzer, der jemals Gegenstände der materiellen Kultur der Bewohner des altindianischen Königreichs an der Küste Nordperus in Museumssammlungen aufgenommen hat, ist diesmal ein höchst erlauchter Mann gewesen, sogar ein König – kein Geringerer als Karl III., der Herrscher Spaniens von Gottes Gnaden.

Unser Buch beschäftigt sich selbstverständlich mit anderen Königen und anderen Reichen als mit dem Königreich Spanien und seinen Regenten. Es ist daher auch nicht unsere Absicht, die politische, staatsmännische Tätigkeit Karls III. zu würdigen. Aber wir können an der Tatsache nicht vorübergehen, daß dieser Herrscher, der freilich einen anderen »Beruf« als die Erforschung der Historie oder Archäologie der Neuen Welt hatte, auf dem Gebiet der altamerikanischen Kulturgeschichte die ersten Bausteine für künftige amerikanische Forschungen gelegt hat. Er, der Thronfolger von Königen, die ihre Pizarros und Cortés, ihre unglaublich grausamen Eroberer, in die Neue Welt hinübergesandt hatten, er, dessen Imperium eben aus dem vergossenen Blut, dem Schweiß und den Leiden der Indianer erwachsen war, er – Karl III. – hat als einer der ersten begriffen, daß diese Ureinwohner Amerikas lange vor der Ankunft der Europäer Reiche und Kulturen geschaffen hatten, die es wert waren, erforscht und vor dem Vergessen bewahrt zu werden. Ja mehr noch, dieser Karl III. trug sich sogar mit dem Gedanken – wiederum eigentlich als erster –, eine große Enzyklopädie über dieses indianische Amerika und seine Reiche herauszugeben (»Historie der Vorzeit der Neuen Welt« sollte sie heißen).

Und es blieb nicht nur bei Plänen. Karl III. entsandte – und abermals als erster unter den Herrschern der Welt – Forscher nach Amerika, die untergegangene Städte und andere materielle Überbleibsel all dessen suchen sollten, was die indianischen Reiche in Amerika hervorgebracht hatten. Er schickte z. B. den Architekten Bernasconi in das Land der Maya, um dort die Ruinen von Palenque, der eben erst entdeckten prächtigen Stadt dieser Indianer, zu durchforschen. Auf Veranlassung und mit dem Geld Karls III. wurden auch die Trümmer des Zentrums der totonakischen Kultur, der mit einer wunderschönen Pyramide geschmückten Stadt Tajín, gesucht und gefunden. Während der Regierungszeit dieses spanischen Königs ist auch das wohl berühmteste Denkmal des indianischen Amerika, der sogenannte Kalenderstein der Azteken in der Stadt Mexico, entdeckt worden. Und ebenso wurden auf Geheiß dieses Regenten auch die ersten Gegenstände aus dem Lande der Mochica und Chimú gesammelt und in das Privatmuseum Karls III. nach Spanien gesandt. Diese indianischen Dinge hatte dem Herrscher, um sich bei ihm einzuschmeicheln, in mehreren Kisten einer der Beamten des Vizekönigreichs Peru, der Corregidor von Trujillo, Feyjoo y Sosa, geschickt. Die Sendung enthielt verschiedene nordperuanische Gegenstände: einen Fächer aus Vogelfedern, goldenes Geschmeide, einen reich mit Schnitzereien verzierten Stab und vor allem die Gebeine eines Mannes, der ebenso wie Karl III. würdig gewesen wäre, im Gothaer Adelskalender, im Verzeichnis der Vornehmen dieser Welt, Aufnahme zu finden – die irdischen Überreste eines Mochica- oder Chimú-Königs.

Obwohl dieser altperuanische Potentat schon vor Jahrhunderten das Zeitliche gesegnet hatte, war er nicht nur Staub und Asche. Das Skelett war erhalten geblieben, sogar mit Haut bedeckt. Auch die Zähne, die Nägel und selbst die Haare des Mochica-Fürsten hatten die Zeit überdauert. Und als ob der tote König dem lebenden König auch einen Eindruck von seinem wirklichen Aussehen vermitteln wollte, befanden sich in Feyjoos Sendung auch keramische Gegenstände aus dem Grab dieses erlauchten Peruaners — tönerne Gefäße, die solche vornehmen Mochica darstellten. Und das alles, von den Haaren des Königs bis zu den Tonfiguren, traf am 17. Juni anno domini 1771 an Karls Hof ein. Und an diesem Tag sind also die Mochica wieder einmal — und jenem Dr. von Hagen zufolge angeblich zum erstenmal — entdeckt worden.

Der König, d. h. der spanische König, ließ die Gebeine, die Haare und Nägel seines indianischen Kollegen in das Museum bringen, das er selbst gegründet hatte, für das er selbst sammelte und das er selbst leitete — in sein bewundernswertes »Antiquitätenkabinett«. Zu dessen Gründung hatte eigentlich ein anderes archäologisches Unternehmen Karls III. den Anstoß gegeben. Ursprünglich war er König von Neapel gewesen. Im italienischen Kampanien, vor den Toren Neapels, hat er andere Forschungen veranlaßt: die Abtragung der 15 m dicken Schicht von Vulkanasche, unter der die Ruinen der römischen Stadt Pompeji begraben sein sollten.

Die italienischen Ingenieure und Arbeiter taten, was der König angeordnet hatte, und legten tatsächlich die Überreste der von einem Vesuvausbruch im Jahre 79 u. Z. verschütteten antiken Stadt frei, ihre römischen Villen, ihre Straßen, Marktplätze und Tempel, sogar ihre Fresken und ihre von der Lava erstickten Toten. Die Ausgrabung Pompejis war eine großartige Tat. Alles, was die Arbeiter des Königs aus der römischen Stadt zutage förderten, nahm Karl III. in sein Museum von Altertümern auf. Und am 17. Juni des Jahres 1771 fügte er seinen pompejanischen Sammlungen auch die Mochica-Funde hinzu. Auch darin zeigte sich die Tiefe seines Verständnisses. Den Werken der alten Römer stellte er die Schöpfungen der Mochica-Indianer an die Seite, die er nicht einmal benennen konnte, von denen damals, im Unterschied zum antiken Rom, die Welt überhaupt nichts wußte. Und der König tat mehr. Er beauftragte seinen Vertrauten, den Sekretär des Rates des Vizekönigs Peru, den fünfundzwanzigjährigen Bischof von Trujillo und Doktor des kanonischen Rechts Baltazar Jaime Martinez de Compañon, in seiner Diözese alles zu sammeln, was in diesem einstigen Land der Mochica an Werken der Vorfahren der indianischen Schäfchen des Bischofs noch übriggeblieben war.

Bischof Martinez gab sich alle Mühe. Er trug mehr als 500 Exemplare herrlicher Mochica- und Chimú-Keramik zusammen. Er — der Geistliche — schreckte selbst nicht davor zurück, die letzten Ruhestätten der altindianischen Toten, die Mochica- und Chimú-Gräber zu öffnen, und ließ — zum erstenmal in Peru — durch seine Zeichner zu Papier bringen, was er alles darin entdeckt hatte. Martinez fertigte auch den ersten »Stadtplan« von Chan-Chan, der Metropole der »Späten Chimú« an. Als seine Kollektion für den König reich

123

genug war, sandte der Bischof alle gefundenen Gefäße und 1 400 (!) kolorierte Zeichnungen seinem Herrscher nach Madrid.

Die Mochica- und Chimú-Zeichnungen sowie die Pläne des Bischofs Martinez hätten der »Historie der Vorzeit der Neuen Welt« des Königs sehr zur Zierde gereicht. Doch das Vorhaben hat Karl III. zum Schaden der Wissenschaft leider nicht mehr verwirklichen können. Sein Nachfolger Karl IV. (jener spanische König und nicht der berühmte gleichnamige Kaiser des Heiligen Römischen Reiches Deutscher Nation) sandte mit weiterführenden Forschungsaufträgen einen Mann nach Amerika, den das Denkmal vor der Universität in der Berliner Hauptstraße »Unter den Linden« als den »zweiten Entdecker Amerikas« bezeichnet. Dieser deutsche Gelehrte, Alexander von Humboldt, hat bei seiner ersten Reise nach Peru auch im nördlichen Teil dieses südamerikanischen Landes gewirkt. Sein riesiges Werk, das fast die physischen Möglichkeiten eines einzigen Menschen übersteigt und das als solches wohl von keinem anderen je übertroffen werden wird, berührt Nordperu nur am Rande. Eher beschäftigt er sich mit den Inka und den Zeugnissen der Kultur, die von ihnen übriggeblieben sind. Daher werden auch wir Alexander von Humboldts erst in einem weiteren Buch gedenken, das den Inka gewidmet sein wird, in denen die Entwicklung der altperuanischen Kulturen ihren Gipfelpunkt erreichte.

Einige Jahrzehnte nach Humboldt kam ein anderer, beinahe ebenso fleißiger Forscher nach Peru, der gleichfalls zu jenen so zahlreichen »Entdeckern« der Mochica gehört. Nach den spanischen Geistlichen, nach dem deutschen Polyhistor hat ein Amerikaner die Mochica abermals entdeckt, ein Mann mit einem bewegten Lebensweg, der jedoch durch seine ebenso übermenschliche Zähigkeit Alexander von Humboldt ähnelt. Sein Name ist Ephraim George Squier. Und wie viele andere Amerikaner, wie John Lloyd Stephens, wie J. Eric Thompson, wie manche anderen seiner Landsleute, die ein so reiches Scherflein zur Erkenntnis der indianischen Vergangenheit der lateinamerikanischen Hälfte ihres Kontinents beigetragen haben, war auch Squier Diplomat.

Bevor Ephraim George Squier ein diplomatisches Amt übernahm, hatte er hart arbeiten müssen, denn er stammte aus einer sehr armen Familie, die im Norden des Staates New York lebte — zuerst als Bote, dann als einfacher Arbeiter, danach als Landvermesser und schließlich als Journalist. Schon mit fünfundzwanzig Jahren wurde dieser ungewöhnlich fleißige Mann Chefredakteur einer Zeitung, die im amerikanischen Staat Ohio erschien, in jenem amerikanischen Staat, in dem eine große Zahl von Mounds, jener rätselhaften Hügelgräber der nordamerikanischen Indianer, erhalten geblieben ist.

Um das Geheimnis dieser Mounds, ihre Rolle im Leben der nordamerikanischen Indianer zu lüften, begann sich Squier zusammen mit seinem Freund Davis eingehend mit ihnen zu beschäftigen. Er konnte das Rätsel freilich nicht lösen (wie auch die heutige Wissenschaft die Frage der Funktion dieser nordamerikanischen Mounds nicht restlos geklärt hat). Aber Squier, der alles, was er anfaßte, gründlich und mit großer Hingabe tat, fand durch diese seine anfangs nur als Liebhaberei betriebene archäologische Erforschung der Hügelgräber von Ohio einen Beruf für sich, der ihn mehr fesselte als alles, was er bisher getan hatte. Gemeinsam mit Edwin Davis veröffentlichte er dann schließlich die Ergebnisse seiner Untersuchungen. Seine Arbeit erschien nicht in irgendeinem Verlag, sondern überhaupt als erster Band einer archäologischen, ethnographischen und anthropologischen Reihe, die die bedeutendste amerikanische Institution, die sich mit diesem Wissenschaftsgebiet beschäftigte, die heute weltberühmte Smithsonian Institution in Washington, herauszugeben begann.

Squiers und Davis' Bücher über die indianischen Mounds erregten die Aufmerksamkeit eines Mannes, der mehr als jeder andere seiner Zeitgenossen vom alten Amerika wußte — des halbblinden Historikers William Hickling Prescott, des Autors der monumentalen Werke »Geschichte der Eroberung Mexikos« und »Geschichte der Eroberung Perus«. Squier erwarb die Zuneigung dieses berühmten Mannes, und dieser empfahl dann den ehemaligen Botenjungen und Amateurforscher über die vorkolumbischen Indianer der amerikanischen Regierung. Diese schickte den begabten Autodidakten auf Prescotts Fürsprache hin als Gesandten nach Mittelamerika, wo es ja solche vorkolumbischen Denkmäler, die bis dahin fast niemand in Amerika interessiert hatten, in Hülle und Fülle gab. In diesem Mittelamerika gab es eine schmale Landenge, für die sich dagegen eine ganze Reihe von Männern in der amerikanischen Regierung interessierte. Die Vereinigten Staaten wollten diesen mittelamerikanischen Isthmus mit einem Kanal durchstoßen. Dazu brauchten

sie einen Mann, der die mittelamerikanischen Regierungen von der Nützlichkeit eines solchen Vorhabens zu überzeugen vermochte und dabei diesen Regierungen sympathischer als US-amerikanische Generäle oder skrupellose Unternehmer war. Der freundliche, arbeitsame und die Indianer (von denen es ja in Mittelamerika noch eine ganze Menge gab) liebende Ephraim Squier war ein solcher Mann. Und so begab sich dieser damals achtundzwanzig Jahre zählende junge Amerikaner in hoher diplomatischer Funktion im Jahre 1849 in das Gebiet, in dem später der Panamakanal entstehen sollte. Der Bau dieses zwei Weltmeere verbindenden Kanals wurde jedoch zu der Zeit, während der Squier in Mittelamerika wirkte, noch nicht realisiert. Dafür hat es dieser junge Gesandte fertiggebracht, neben umfangreichen diplomatischen Berichten eine ebenso umfangreiche Arbeit über die vorkolumbischen Kulturen dieses Landes zu schreiben. Und da Seine Exzellenz der Herr Botschafter so überaus tüchtig und vielseitig war, wartete nach Beendigung seiner Mission in Mittelamerika eine noch verlockendere Wirkungsstätte auf den Archäologen im Diplomatenfrack – das State Department entsandte ihn als Botschafter in die Republik Peru.

Squier konnte sich eigentlich keinen besseren diplomatischen Bestimmungsort wünschen. Als seine Gesandtentätigkeit in Lima beendet war, kehrte er nicht in die Vereinigten Staaten zurück. Aus eigenen Mitteln organisierte er die erste »moderne« Erforschung des Landes Mochica. Anderthalb Jahre lang arbeitete er dort vor allem in dem nordperuanischen Tal des Flusses Moche (von dem der Name Mochica abgeleitet ist) und dem benachbarten Chicama-Tal. Und da einer von seinen vielen Berufen die Landvermessung gewesen war, zeichnete er überall Pläne der altindianischen Bauten und ganzer alter nordperuanischer Städte. Als überhaupt erster benutzte Squier auch die Fotografie, um Bilder der Mochica- und Chimú-Bauten sowie anderer Denkmäler ihrer Kultur festzuhalten. Diese Daguerrotypien, die nach Squiers Auswahl sein Fotograf Hervey anfertigte (z. B. die Aufnahme der Mochica-Pyramide in der Stadt Pañamarca) wurden danach auf Druckplatten graviert. Mit diesen Gravuren war dann auch Squiers großartiges Werk über seine Entdeckungen in den Mochica-Tälern ausgestattet, das er schlicht und einfach »Peru. Begebenheiten von einer Forschungsreise im Lande der Inka« nannte. Dieses Buch enthielt nicht nur die ersten Fotografien von Denkmälern altperuanischer Kulturen, sondern Squier hat teilweise auch die damalige Form der Mochica-Sprache beschrieben, wie sie in der zweiten Hälfte des 19. Jahrhunderts von den Indianern der Ortschaft Eten im nordperuanischen Küstengebiet noch gesprochen wurde. (In Eten hat sich das Mochica übrigens sogar bis in die Mitte des 20. Jahrhunderts erhalten.)

Die so großzügig geplante archäologische Erforschung des nordperuanischen Küstengebiets hatte jedoch Squiers Mittel völlig aufgezehrt, und die rastlose Arbeit sowie die niemals endenden familiären Streitigkeiten hatten seine physischen und psychischen Kräfte zerrüttet. Zu Tode erschöpft, beendete dieser Klassiker der Peruforschung seinen Lebensweg schließlich wieder in seinem Vaterland, in den Vereinigten Staaten, wo er den Rest seiner Erdentage in einer Anstalt für Geisteskranke verbrachte. Die Erkenntnis von Squiers Lieblingsunternehmen, der Expedition in das Gebiet der Mochica – jene »Begebenheiten von einer Forschungsreise im Lande der Inka« –, mußte der Bruder des Autors für den Druck vorbereiten. Doch das Echo, das dieses Buch hervorrief, konnte Squier hinter den Mauern der Irrenanstalt nicht mehr vernehmen. Dabei hat gerade dieses Werk mehr zur wirklichen Erkenntnis dieser altindianischen Kultur im Norden Perus beigetragen als all jene vorangegangenen Entdeckungen der Mochica. In diesem Werk steht der Satz, der der beste Schlüssel für die Erforschung der Mochica-Kultur ist: »Die Sprache der Mochica ist ihre Keramik«.

Porträt eines Selbstporträts

Die Sprache der Mochica ist ihre Keramik. So hatte es bereits Ephraim George Squier ausgedrückt. Und nun wollen auch wir dieser Sprache, dieser tönernen, eigentlichen Sprache der Mochica, lauschen, um zu hören, was sie uns vom Leben ihrer Schöpfer, dieser Großmeister der altamerikanischen Töpferkunst, erzählt. Denn die letzte, endgültige, wissenschaftliche Entdeckung der Mochica ist durch das Studium ihrer Keramik ermöglicht worden, die Max Uhle aus den Begräbnisstätten im Moche-Tal gefördert hat.

In einem anderen nordperuanischen Tal, das sich ausgedehnter Gräberfelder der Mochica rühmen kann, im Chicama-Tal, haben dann die Angehörigen der Familie, der große Teile dieses einstigen Mochica-Tales heute, im 20. Jahrhundert, gehören – der Familie der Larco –, die größte und prachtvollste Sammlung von keramischen Schöpfungen der Mochica zusammengetragen. Diese monumentale Kollektion ist im Jahre 1926 von Don Rafael Larco Herrera, dem Besitzer der Hacienda Chiclín im Chicama-Tal, begründet worden. Nach dem Tod des Vaters hat der neue Besitzer des alten Großgutes, Rafael Larco Hoyle – bereits mit wissenschaftlicheren Methoden –, das Sammeln von Mochica-Keramik fortgesetzt. Im Laufe von sechs Jahrzehnten ist die Familiensammlung der Larco allein von Töpfererzeugnissen dieser

Kultur auf 60 000 Stück angewachsen! Durch diese Gefäße haben dann Rafael Larco der Vater und Rafael Larco der Sohn die Mochica abermals entdeckt. Jeder, der diese altperuanischen Indianer gründlich kennenlernen will, muß die 60 000 tönernen »Bilderbücher« lesen, die heute den goldenen Fond des Rafael-Larco-Herrera-Museums bilden. Das Museum ist vor einigen Jahren von Chiclín nach Lima verlegt worden.

Auf den Gefäßen der Larcoschen Sammlung wie auch auf den Exemplaren, die in einer Reihe anderer Museen der Welt zu sehen sind, erblicken wir beredte Zeugnisse vom Leben der Mochica, die mit verschiedenen künstlerischen Techniken festgehalten sind — durch figurale Modellierung, in flachem Relief und vor allem als Malerei. Die Malerei ist stets mit rotem oder rötlichbraunem feinem Strich auf elfenbeinfarbenem Grund ausgeführt. Die Mochica-Töpfer haben die Bilder — vor und manchmal auch nach dem Brennen — mit Pinseln aus Wildschweinborsten auf ihre Schöpfungen gezeichnet.

Die Gefäße sind wahrscheinlich in offenen Gruben gebrannt worden, die die indianischen Töpfer mit Reisig, Schilfrohr und offenbar auch mit Lamamist geheizt haben. Dennoch hat das Feuer in diesen einfachen indianischen »Brennöfen« Temperaturen von fast 1 000 Grad erreicht!

Ihren Töpfereien haben die Mochica die verschiedensten Formen gegeben: Neben kugelartigen Flaschen und Krügen mit Steigbügelausguß, die besonders charakteristisch sind, stehen breit ausladende Schalen, innen und außen bemalt, Vasen mit Reliefverzierung und realistisch modellierte Figurengefäße von Menschen, Tieren, Gottheiten, Früchten und Gegenständen. Die meisten ihrer keramischen Schöpfungen haben diese Indianer mit Hilfe von Hohlformen hergestellt. Manche dieser Töpfermodeln der Mochica sind bis heute erhalten geblieben.

128

Die prächtigsten Stücke der Mochica-Keramik sind Porträtgefäße, bemalte, als Tonplastiken ausgeführte Köpfe. Sie zeigen die Mochica als gute Modellierer und weniger starke Maler. Diese herrlichen modellierten Gefäße stellen fast ausschließlich Männer dar. Ganz offensichtlich sind es konkrete Personen gewesen, so vollkommen individualisiert, daß man, wenn einem in zwei verschiedenen Museen ein aus der gleichen Form gefertigtes Gefäß begegnet, sogleich erkennt, daß es sich um das Porträt ein und desselben Menschen handelt. Die Gesichter dieser Männer sind meist rund, weisen stets hervortretende Backenknochen und eine ziemlich große »Adlernase« auf. Sie besitzen einen verhältnismäßig großen Mund, breite Lippen und schrägstehende Augen – ein Beweis für die altasiatische Herkunft der amerikanischen Indianer. Manchmal sind die Gesichter reich bemalt, andere wieder sind tätowiert, sehr viele von ihnen haben auch – wie es in Altperu üblich war – durchstochene Ohrläppchen, die mit goldenen, dazu mit Türkisen und Perlen besetzten Scheiben und Ohrgehängen geschmückt sind. Einige der Porträtierten tragen auch einen – bei den Indianern sonst ungewöhnlichen – langen Bart.

Der Blick in die Gesichter der Männer auf den Gefäßen ist überhaupt interessant. Man ist versucht, an eine große Mannigfaltigkeit von Rassen unter den Bewohnern des Mochica-Staates zu denken. Die meisten der abgebildeten Menschen haben zwar ein ausgesprochenes »indianisches« Aussehen, andere aber erinnern eher an Chinesen, und einige tragen sogar gewisse negroide Züge.

Die reiche Galerie von Selbstbildnissen der Mochica zeigt uns – zum ersten- und zum letztenmal im ganzen vorkolumbischen Amerika – sehr getreu und lebensnah das authentische Antlitz der Ureinwohner der Neuen Welt. Wir lernen es ohne Beschönigung oder Karikierung, aber auch ohne jede Heroisierung kennen, obwohl die Männer, in deren Gesichter wir in dieser Galerie blicken, sicher zu den vornehmsten Vertretern des Mochica-Reiches gehört haben.

Die plastischen Porträtgefäße vornehmer Mochica sind den Toten ins Grab mitgegeben worden. Dabei ist interessant, daß die Archäologen oft ein und denselben Kopf in verschiedenen von den Mochica besiedelten Tälern gefunden haben. Das spricht dafür, daß die auf einem solchen Gefäß abgebildeten Männer offenbar über mehrere Täler geherrscht haben oder vielleicht gar die seinerzeit herrschenden »Könige«, die souveränen Potentaten des Mochica-Reiches gewesen sind.

Warum hat man den toten Untertanen die Tonbildnisse ihrer lebenden Herrscher ins Grab gelegt? Vermutlich geschah es, damit die von ihren Untertanen verehrten Würdenträger ihnen noch im Reiche der Toten ihre übernatürliche Macht, jenen schützenden magischen Zauber angedeihen ließen, der ihnen nach den Vorstellungen dieser altperuanischen Indianer innewohnt.

Im Vergleich mit den tönernen Porträtplastiken der alten Mochica besitzen jene Zeichnungen, die andere Töpfererzeugnisse schmücken, weit geringeren künstlerischen Wert. Um so größer ist ihr dokumentarischer Wert. Auf diesen

Schüsseln, Schalen, Vasen und Krügen ist alles dargestellt, was das Leben des Mochica-Indianers ausgefüllt hat. Wollten wir der Versuchung nachgeben, alles zu schildern, was uns diese Keramik erzählt, so würde die Beschreibung dieses tönernen Selbstbildnisses der Mochica-Kultur zu lange dauern. Wir wollen nur die Fakten betrachten, die uns die Keramik über das Leben dieses indianischen Volkes von Töpfern mitteilt. Die Erkenntnisse und Feststellungen der Archäologen sollen die auf den Gefäßen überlieferten Nachrichten ergänzen. Beginnen wir wieder mit den beiden Fragen nach dem »Wo« und »Wann« der Entstehung:

Den Tongefäßen der Mochica begegnen wir in einer ganzen Reihe nordperuanischer Täler von Jequetepeque im Norden bis zu der Flußoase Nepeña im Süden. Die Hauptzentren des Lebens dieser Kultur waren — wie die Keramikfunde zeigen — das Chicama-Tal (das heute zum großen Teil jener Familie Larco, jener Familie von Großgrundbesitzern und Sammlern gehört) und vor allem das Moche-Tal. Manchmal wird die Mochica-Kultur nach dem Namen dieses Tales als Moche-Kultur bezeichnet. Diese beiden Flußtäler waren in den Zeiten der Mochica am dichtesten besiedelt. Beide können sich auch der größten Zahl an Mochica-Heiligtümern rühmen. Allgemein aber gilt, daß die Bevölkerungsdichte in den Tälern des nordperuanischen Küstengebiets damals wie heute wesentlich größer war und ist als in den südperuanischen Küstentälern (Ica, Nazca u. a.).

Den Charakter der nordperuanischen Küstenlandschaft hat die Keramikmalerei der Mochica oft und treffend wiedergegeben. Besonders häufig haben die Töpfer die gewellten Ebenen der nur mit Kakteen und Tillandsien (Gattung der Ananasgewächse in den amerikanischen Tropen, benannt nach dem finnischen Botaniker Elias Til-Lands) bewachsenen nordperuanischen Wüsten dargestellt, durch die vorsichtig der peruanische Wüstenfuchs auf der Suche nach Nahrung schleicht.

Ein andermal hat der indianische Künstler wieder das Bild der Meeresküste eingefangen, ein Fischerdorf oder auch — durch ornamental symmetrische Wellenlinien — das Meer selber, das dieses Land der Mochica umspült.

Tausende und aber Tausende solcher mit Malereien geschmückter Gefäße sind etwa vom Beginn u. Z. an, vom ersten bis etwa zum achten Jahrhundert, in den nordperuanischen Tälern entstanden. Der Staat der Mochica hat also volle 600 oder 700 Jahre im Küstengebiet Nordperus existiert. Die »ökonomische Aktivität« des Mochica-Reiches ähnelte sehr der Wirtschaft der Bewohner jenes Virú-Tales, dessen (wie auch die »vormochicaische«) Geschichte die Teilnehmer des »Virú Valley Projects« so gründlich erforscht haben.

Der intensive Bodenbau der Mochica nutzte das Wasser der nordperuanischen Flüsse. Die Felder wurden auch dort mit Guano gedüngt. Und wiederum sehr bedeutende Werke ihrer Kultur sind — ebenso wie im Virú-Tal — ihre Bewässerungsanlagen. Einer dieser Kanäle der Mochica, der ihren Feldern das Wasser vom Oberlauf des Chicama-Flusses zuführte, ist 113 km lang. Ein anderer — 3 m breit und 2 m tief — Mochica-Kanal erreicht sogar eine Länge von 145 km. In demselben Chicama-Tal haben die Mochica einen fast 1 400 m langen oberirdischen Aquädukt von über 15 m Höhe geschaffen, zu dessen Bau sie 2 400 000 t Erde bewegen mußten.

Auf ihren Feldern haben die Mochica bereits alle Kulturpflanzen angebaut, die im vorkolumbischen Peru überhaupt bekannt waren. In erster Linie säten sie Mais, den sie zweimal und manchmal sogar dreimal im Jahr ernteten und der zweifellos die Grundlage ihrer Ernährung bildete. Aber auch Kartoffeln und Süßkartoffeln, süße Yuca (Maniokpflanze: Wolfsmilchgewächs des tropischen Amerika, eine der ältesten Kulturpflanzen, wegen der fleischigen, äußerst stärkehaltigen Knollen fast in allen Tropen angebaut) kannten sie, ferner Kürbisse und Flaschenkürbisse *(Anona muricata)*, Chilepfeffer, Zimt, Ananas und besonders Limabohnen (spanisch »pallares«), die uns an anderer Stelle noch ein höchst merkwürdiges und dabei keineswegs nur botanisches Rätsel aufgeben werden. Selbstverständlich haben die Mochica auch den Kokastrauch angepflanzt, dessen Blätter sie gern gekaut haben. Alle diese Pflanzen und Früchte der Landwirtschaft der Mochica und noch andere mehr, von denen diese Indianer ebenfalls gewußt haben (im Norden ihres Gebiets z. B. Kakaobohnen, mitunter auch Erdnüsse, die einheimischen »Pepino«-Gurken u. a., sind auf der Keramik abgebildet. Von den Zeichnungen auf den Gefäßen wissen wir auch, daß die Mochica-Bauern hölzerne Grabstöcke und Hacken benutzt haben. Als erste in Peru verwendeten sie landwirtschaftliche Geräte aus Metall, aus Kupfer. In ihren Anwesen züchteten sie Truthähne, Enten und einen anderen beliebten Leckerbissen der Mochica-Küche, Meerschweinchen. Das Lama lieferte ihnen ebenfalls Fleisch, das sie auch als in der Sonne getrocknete »Konserve« verzehrt haben.

Aber nicht nur ihre sorgfältig bewässerten und mit Guano gedüngten Felder spendeten den Mochica Nahrung, sondern immer auch das reiche freigebige Meer. Die Keramik beschreibt den Fischfang der Mochica instruktiv. Die Mochica-Fischer haben aus Schilfrohr geflochtene Einmannboote benutzt, aber auch schon größere solcher »Balsa« genannten Boote, die mehrere Personen tragen konnten, wie sie noch heute auf dem Titicacasee zu sehen sind. Diese Indianer fuhren damit weit aufs Meer hinaus, sie fischten mit Angelschnüren und Haken, mit Harpunen oder mit Netzen, die an schwimmenden Flaschenkürbissen befestigt waren. Die Zeichnungen auf den Gefäßen zeigen viele der Meerestiere, denen die Mochica ihre Aufmerksamkeit geschenkt haben — alle möglichen Fische und Krebse, aber auch größere Tiere, z. B. Seelöwen.

Im Unterschied zum Fischfang war die Jagd — wie die Gefäßmalereien vermuten lassen — offenbar nur noch ein Vorrecht der Herren. Die Keramik schildert sehr oft Szenen von Treibjagden auf peruanische Hirsche, die jedoch heute in den Küstengebieten Nordperus schon ausgestorben sind. Die Zeichnungen zeigen vornehme, mit »Adelsturbanen« geschmückte Jäger. Auf den Jagdbildern erblicken wir Jagdhunde, Treiber, irgendwelche Herrenjäger der Mochica, und wir sehen auch die Netze, in denen die Hirsche eingefangen wurden. Auf einem der Mochica-Gefäße ist die Jagd auf einen Puma dargestellt, den der vornehme Jäger mit einem Blasrohr zur Strecke bringt. Sonst haben die Mochica-Jäger in der Hauptsache Speere verwendet. Auch mit dem Lasso haben sie gejagt. Die starken Seelöwen wurden von den Indianern mit einer Keule erlegt, und zwar durch einen Hieb auf die Nase des Tiers. Auch Vögeln haben sie nachgestellt – wiederum mit Blasrohren.

Diejenigen Mochica, die weder das Land bestellt noch in den Wassern des freigebigen Meeres gefischt noch den Herren bei der Jagd auf Hirsche, Seelöwen und Vögel gedient haben, diese Mochica haben den Reichtum des Königreiches mit ihrer handwerklichen Arbeit vermehrt. Außer den Töpfern gehörten vor allem Weber zu den Mochica-Handwerkern. Auf einem der Gefäße ist die Tätigkeit einer ganzen altperuanischen Weberwerkstatt im einzelnen dargestellt. An einer Reihe von Webstühlen haben dort nach Vorlagen, nach Mustern, die an der Wand der Werkstatt hängen, ausschließlich Frauen gearbeitet. In der Werkstatt war es offenbar sehr schwül. Daher erfrischen sich die Weberinnen mit einem Trunk aus einem großen Krug. Eine Aufseherin, wohl eine Art Meister, überwacht die Tätigkeit der Arbeiterinnen. Auf dem Bild ist aber auch ein Mann zu sehen – der einzige –, der offenbar der oberste »Chef« oder so etwas wie der Inhaber des Unternehmens gewesen ist.

Mochica-Textilien sind uns – wegen des feuchteren, salpeterhaltigen Bodens in diesem nördlichen Küstengebiet – in weit geringerer Zahl erhalten geblieben als Gewebe, die auf der Halbinsel Paracas oder im Nazca-Tal entstanden sind. Aber die Malereien auf der Keramik zeigen die auf den Mochica-Stoffen verwendeten Muster recht genau. Neben Geweben (vorwiegend aus Baumwolle) haben die Mochica-Handwerker auch »Federputz« hergestellt – Kleidungsstücke und besonders Kopfbedeckungen, die aus Vogelfedern gefertigt waren.

Auf einem hohen Niveau stand im Mochica-Reich auch die Metallbearbeitung. Gold, Silber, Kupfer und deren Legierungen wurden verwendet. Die Mochica sind offenbar die besten Metallurgen des ganzen vorinkaischen Peru gewesen. Ihre Goldschmiede haben die verschiedensten Techniken beherrscht — Schmieden, Treiben, Gießen (vermutlich nach dem Verfahren der »verlorenen Form«), Löten, Vergolden. Vor allem verstanden sie es meisterhaft, Gold- und Silbergeschmeide mit eingelegten Edel- und Halbedelsteinen, besonders mit Türkismosaiken, zu verzieren.

Bilder aus dem Leben der Handwerker, aus dem Leben der Bauern oder Fischer, all jener, die mit ihrer Hände Arbeit den Reichtum und die Macht des Mochica-Reiches vermehrt haben, sehen wir auf der Keramik dieser Indianer dargestellt. Weit häufiger aber erblicken wir auf diesen Gefäßen Szenen aus dem Leben der »Herren«, die bei den Mochica vermutlich »Sie« hießen (dieser Name erinnert übrigens sehr an das Mochica-Wort für das in diesem Teil Perus am meisten verehrte Himmelsgestirn, den Mond).

Der auffälligste Schmuck eines vornehmen Mochica war seine farbenprächtige Kopfbedeckung, die fast wie ein Turban aussah. Die Art und Weise, wie dieser Turban aus farbigen Stoffen gebunden war, drückte offenbar die Rangstellung und das Amt des betreffenden Mochica aus. Manche vornehme Indianer dekorierten ihren »Hut« noch dazu mit bunten Vogelfedern oder Häuten von Tieren, deren Kult sie sich offenbar verschrieben hatten, und mitunter auch mit kleinen silbernen Halbmonden, vermutlich Symbolen des bei den Mochica und Chimú so verehrten Mondes. Mit derartigem Metallzierat, manchmal in Form unseres Großbuchstaben »T«, waren auch die Helme der Mochica-Krieger geschmückt. Überhaupt scheinen mit Edelsteinen besetzte goldene Ohrscheiben, Hasketten aus goldenen Perlen, Armreifen, Fingerringe und anderes Geschmeide zum üblichen Schmuck eines jeden vornehmen Mannes von Rang und Würden gehört zu haben.

Die Mochica-Männer waren, nach ihrer Keramik zu urteilen, von kleiner, stämmiger Gestalt. Sie hatten offenbar ziemlich lange Schädel. Auch die Mochica haben in der Regel den typisch peruanischen Poncho aus Baumwollstoffen getragen. Die vornehmen Herren malten sich dazu die Beine bis zu den Knien völlig rot an, so daß auf den ersten Blick in den Darstellungen dunkle Wadenstrümpfe die Unterschenkel zu bedecken scheinen. Ihre Füße stecken manchmal in Sandalen, deren Sohlen aus der Haut von Seelöwen gefertigt waren. Das Haupt der vornehmen Männer ist stets mit jenem Turban bedeckt.

Frauen sind auf der Mochica-Keramik weniger häufig und irgendwie liebloser dargestellt. Sie spielten offensichtlich im Leben des Mochica-Reiches eine untergeordnete Rolle. Die Skelettfunde zeigen, daß die Frauen verhältnismäßig klein waren. Ihre zweiteilige Bekleidung war in der Regel weniger prächtig. Die einfachen Frauen trugen sogar nur Röcke, die Brüste blieben unbedeckt. Sie gingen stets barfuß. Die Mochica-Frauen durften sich auch nicht die Ohrläppchen durchstoßen, um sich — wie die Männer — mit Zierat zu schmücken. Ja, es war ihnen sogar verwehrt, eine Kopfbedeckung zu tragen.

Das einzige, was die Männer den Mochica-Frauen erlaubten, war die Schönheitspflege. In ihren Särgen hat man schöne Spiegel aus Obsidian oder Türkis gefunden sowie Pinzetten, mit denen sich vermutlich die Frauen unerwünschte Härchen ausgezupft haben (mit silbernen Pinzetten haben sich übrigens auch die Männer ihre schütteren Bärte gepflegt). Sogar auf silberne Ohrlöffelchen ist man in den Gräbern gestoßen, mit denen die Mochica-Damen den Ohrenschmalz entfernt haben.

Neben Männern und Frauen sind auf der Mochica-Keramik auch Kinder zu sehen. Sie zeigt aber auch Menschen, die von einem Unglück betroffen wurden — einbeinige Männer, Krüppel, Bucklige. Und sie führt uns Bewohner des Mochica-Reiches vor Augen, die von verschiedenen Gebrechen geplagt werden, selbst einen Mann mit einer Hasenscharte zeigt sie und sogar siamesische Zwillinge (einmal sind sie an der Stirn, das andere Mal am Rücken zusammengewachsen). Sie unterrichtet uns über alle möglichen Krankheiten, an denen diese Menschen litten, u. a. an Hautkrankheiten, an Syphilis, aber auch an Augenleiden, wie z. B. dem Grauen Star. Wir sehen Ärzte, die den Kranken helfen, und die Ergebnisse ihrer chirurgischen Eingriffe (beispielsweise die Amputation von Armen und Beinen, der Nase, ja selbst des männlichen Gliedes). Selbst die Tätigkeit von Geburtshelfern ist auf den Gefäßen abgebildet.

Die Keramik der Mochica zeigt uns also die Umwelt und das Aussehen dieser alten Peruaner, ihre Freuden und Leiden. Sie hat aber auch das Bild der Seele festzuhalten vermocht, vom Entzücken bis zur Qual, vom tiefen Nachsinnen bis zum Lächeln des Menschen, der mit anderen das ganze Glück der Freundschaft teilt. Es ist sogar ein meisterhaft gestaltetes Gefäß erhalten, dessen eine Hälfte ein lachendes Gesicht und dessen andere (Hälfte) ein von Schmerz gezeichnetes Menschenantlitz zeigt. Und eben diese in bemaltem Ton ausgedrückten psychologischen Einblicke in das Innere des Menschen, in die Zustände und Regungen seiner Seele, sind der Kronzeuge für die bewundernswerte Ausdrucksfähigkeit dieser Keramik, dieser »eigentlichen Sprache der Mochica«.

Die Spannweite der Themen, die auf den Mochica-Gefäßen gestaltet sind,
umfaßt alle Phasen des menschlichen Lebens, von der Geburt bis zum Tod –
und sogar die Zeit davor und danach, vom Akt der Empfängnis bis zu den
Bildern von Toten, von bekleideten Knochengerippen, die z. B. musizierend und
trinkend einen grausamen Makabertanz unter Sternen vollführen. Das ganze
Leben der Männer, Frauen und Kinder des Volkes der Mochica ist auf diesem
tönernen Selbstbildnis seiner Kultur für immer festgehalten, das Leben der
Weber, Jäger, Fischer, Bauern und einfachen Soldaten. Da aber das Mochica-
Reich ein Staat war, in dem bereits eine differenzierte Arbeitsteilung und vor
allem eine strenge soziale Schichtung in vornehme und gemeine Mitglieder der
Gesellschaft bestand, hat diese keramische Autobiographie der Mochica die
Hauptaufmerksamkeit denen gewidmet, die in diesem Land und in dieser Zeit
des vorkolumbischen Peru alle Macht in ihren Händen hatten.

Wir sehen auf den Gefäßen die Angehörigen der Mochica-Elite bei Festen
und Tänzen, wir sehen Musikanten, die ihnen aufspielen, wir sehen die Vornehmen, wie sie in Sänften, von vier Sklaven getragen, durch ihr Land reisen,
wir beobachten sie bei der Jagd, bei einem üppigen Gelage oder bei einem
feierlichen Empfang, den sie einem fremden Gesandten bereiten. Sehr oft sehen
wir sie aber auch mit den Attributen von Kriegern dargestellt, mit Waffen,
Keulen, Kriegsäxten, Schilden, Speeren und Speerschleudern. Die Waffen
waren zweifellos die Grundlage ihrer Macht. Jene Indianer, die zu Beginn des
ersten Jahrtausends in den Tälern Nordperus die Zügel der Herrschaft ergriffen
hatten, waren ganz offensichtlich Krieger gewesen, die es verstanden hatten,

sich einen umfangreichen Machtapparat zu schaffen und vor allem eine schlagkräftige Armee, anscheinend eine Art stehendes Heer von »Berufssoldaten«, aufzubauen, das ihnen half, immer mehr Täler mit ihren Wasserquellen und Feldern zu erobern. Dieses Heer wird gleichzeitig das Volk und die Sklaven der eigenen, ursprünglichen Heimattäler in Schach gehalten haben. Die Geburtsstätte dieser neuen Macht sind offensichtlich das Moche- und Chicama-Tal gewesen. Mit Hilfe dieses Heeres war es möglich, die breiten Massen der Bevölkerung des Mochica-Staates zu zwingen, sich an öffentlichen Arbeiten, am Bau von Bewässerungsanlagen und am Bau monumentaler Tempel zu beteiligen. Diese Mochica haben in ihrem Muttertal, dem Tal des Moche, die überhaupt größte Pyramide Altperus errichtet. Wir werden bald mehr darüber vernehmen. Wenn wir dem Bericht jenes Paters de la Calancha Glauben schenken dürfen, haben 200 000 Indianer gleichzeitig an diesem Bau gearbeitet.

Die Aufmerksamkeit, die diese kriegerischen Herren der Errichtung von Kultstätten gewidmet haben, legt die Vermutung nahe, daß die Mochica-Ritter – wie es auch an der Südküste Perus bei den Nazca der Fall war – zugleich die geistlichen Herren ihres Staates gewesen sind, eines wirklichen Staates. Denn diese sozial so streng geteilte Gesellschaft hat sich offensichtlich auch ein eigenes »gesamtnationales« Königreich geschaffen. An seiner Spitze stand ein allmächtiger Alleinherrscher, der gewiß gleichzeitig der Oberbefehlshaber des Heeres war. Deshalb ist das Oberhaupt des Mochica-Staates so oft mit Waffen in der Hand und in Kriegertracht abgebildet worden. Einige Forscher sind der Meinung, daß der Titel dieses Mochica-Königs »Cie Quich« gelautet habe.

Der König der Mochica war in den Augen seiner Untertanen von göttlicher Herkunft. Ein Beweis für die Göttlichkeit dieses Erdenherrschers sind wiederum die mächtigen Jaguarzähne, mit denen der Cie Quich auf manchen Gefäßen dargestellt ist.

Dieser höchste Herrscher war vermutlich auch der oberste Hohepriester der Mochica. Die einzelnen Teile seines Reiches, die einzelnen nordperuanischen Täler aber sind im Auftrage des Cie Quich von Gebietsstatthaltern regiert worden, die möglicherweise ebenso wie bei den Chimú »Alaec« hießen. Eben diese führenden Vertreter der Krieger- und Priesteraristokratie sehen wir auf den schönsten Stücken der Mochica-Keramik – jenen Porträtgefäßen – abgebildet. Diejenigen dieser Kopfvasen, die man in allen Tälern gefunden hat, stellen offenbar die Könige selber dar, und jene, die nur aus den Gräbern eines einzigen Flußtals stammen, werden wohl Bildnisse jener Gebietsstatthalter sein.

Die Porträtgefäße zeigen manche Mochica-Könige in mehrfacher Gestaltung, in verschiedenen Zeiten ihres Lebens. Auf einigen sind auch – stets mit reichem Schmuck – die »Infanten«, »Cie Quich Aen« genannt, die Kinder, die Jünglinge zu sehen, die wahrscheinlich nach dem Recht der Erstgeburt dazu auserkoren waren, nach dem Tod ihrer Väter den Thron des Mochica-Reiches zu besteigen.

Die Keramikmalereien betonen die Ausnahmestellung, die majestätische Würde der Könige. Die Untertanen durften immer nur mit tief bis zu den Knien gesenktem Kopf vor ihren Herrscher (und vor dessen Vertreter in den einzelnen Tälern) treten. Ihre Hände mußten sie bei einem solchen Zusammentreffen mit einem vornehmen Mochica demütig wie beim Gebet im Tempel falten. Bei einem Gastmahl oder bei einer Audienz, die der Herrscher einem Untertanen gewährte, saß der Potentat stets auf einem hohen Thron unter einem Baldachin, der das Haupt des Erhabenen vor den Sonnenstrahlen schützte. Frauen waren selbstverständlich von der Teilnahme an solchen Gastmahlen und Empfängen ausgeschlossen.

Der Herrscher und seine Statthalter wohnten in prächtigen Palästen, die ebenfalls auf der Keramik abgebildet sind. Bisweilen verließen die Könige ihre »Schlösser« und unternahmen, begleitet von ihrem umfangreichen Hofstaat, in bequemen Sänften Inspektionsreisen bis in die entlegensten Gebiete des Reiches. Auf diesen Reisen kamen die Herrscher und die »Alaec«, die Statthalter, einer weiteren Pflicht nach, die im Staate der Mochica ausschließlich ihnen oblag: Sie richteten die Übeltäter, die gegen die ungeschriebenen Gesetze des Reiches verstoßen hatten. Die Strafen, die diese selbstherrlichen Richter verhängten, waren in der Tat grausam. Je nach Schwere und Art des Vergehens wurden den Verurteilten einzelne Körperteile abgehackt. Die niedrigste Strafe war das Abschlagen der Nase, für ein schon etwas schwererwiegendes Vergehen büßte der arme Sünder mit dem Verlust der Ober- oder – noch härter – der Unterlippe. Erschien der Mochica-Justiz auch das noch zu milde, wurden dem Missetäter ein Bein oder auch beide abgehauen; war selbst damit dem Recht noch nicht genüge getan, stach man ihm die Augen aus oder hackte ihm das Geschlechtsglied ab.

Die Keramik zeigt auch die Höchststrafe, die Hinrichtung durch Steinigung. Bevor die Verbrecher durch die geschleuderten Steine ins Jenseits befördert wurden, zog man ihnen buchstäblich die Haut vom Leibe.

Alle Strafen wurden im Mochica-Reich öffentlich vollstreckt, damit sie gleichzeitig die anderen Bürger des Staates abschreckten. Daher führte man die verstümmelten Rechtsbrecher, sofern das noch möglich war, zur Warnung für alle übrigen sofort nach der Exekution durch die Straßen und auf die Plätze der Mochica-Ortschaften. Auch die Steinigung wurde – wenigstens auf dem Gefäß, auf dem sie dargestellt ist – unter Beteiligung einer großen Menge von Zuschauern vollzogen, und oft auch im Beisein dessen, der vielleicht als einziger eine solche Höchststrafe verhängen durfte – des obersten Richters, des höchsten Priesters und allmächtigen Generalissimus dieses Militär- und Priesterreiches. Schauen wir noch einmal in die aus Ton geformten Züge dieser Mochica-Könige. Sie künden von Macht und Stärke. Sie fordern Ehrfurcht vor Gesetz und Religion. Majestätische Würde und aristokratische Strenge sprechen aus ihnen.

Der Gott im Sarg

Bisher haben wir uns von den Mochica und ihrer Kultur aufgrund der in ihren Begräbnisstätten gefundenen bemalten Töpfereien und Porträtgefäße ein Bild gemacht. In den Gräbern dieser nordperuanischen Indianer sind freilich ab und zu auch die recht gut erhaltenen irdischen Überreste vornehmer Mochica-Männer gefunden worden. Die Gebeine eines solchen altindianischen Fürsten hatte ja schon der spanische König Karl III. als Geschenk erhalten, der sie in sein denkwürdiges »Antiquitätenmuseum« aufnahm. Die weitaus bedeutendste Entdeckung dieser Art haben aber vor nicht allzu langer Zeit zwei amerikanische Archäologen gemacht. Der schon mehrmals erwähnte William Duncan Strong und Clifford Evans haben in jenem Virú-Tal, im Umkreis der sogenannten Huaca de la Cruz, ein aus den Zeiten der Mochica stammendes Grab gefunden, das die Konkurrenten der Archäologen, die berüchtigten peruanischen Grabräuber – die »Huaqueros« – noch nicht geplündert und zerstört hatten.

In dem Grab in der Huaca de la Cruz, genauer gesagt, in einem kleinen, aus Schilfrohr geflochtenen Mochica-Sarg, haben sie dann auch jenes kostbare – und nicht mehr nur keramische – Porträt eines großen Mochica-Gottes gefunden. Zusammen mit dem Gott ruhten in dem Rohrsarg die Gebeine eines Mannes, der offenbar in sehr hohem Alter gestorben war; denn seine Kiefer waren völlig zahnlos. Dem vornehmen Toten waren wie üblich zahlreiche Keramikgegenstände sowie Stoffe und Federn auf die letzte Reise mitgegeben worden. Aber auch die Leichname anderer Menschen, die nach dem Hinscheiden des greisen Würdenträgers offenbar rituell getötet worden waren, hatten den dort Bestatteten ins Jenseits begleitet.

An der Seite des Alten lag ein etwa zehn Jahre alter geopferter Junge. Vielleicht war er eine Art Ministrant dieses Krieger- und Priesterfürsten gewesen. Sein Sklave, vermutlich sein Leibwächter, ein außerordentlich stattlicher Mann, hatte ihm ebenfalls ins Totenreich folgen müssen. Zu Ehren des Verstorbenen waren aber auch zwei Frauen getötet worden. Sie lagen nur in einfachen Kleidern in dem Grab, obwohl sie sicher zu den Lieblingsfrauen des Potentaten gehört hatten. Dafür war dieser Alaec in um so prächtigere Gewänder gehüllt.

Eine kupferne Totenmaske bedeckte sein Gesicht. Sein kostbarer Gürtel endete in den heiligen Schlangenköpfen. Und seine Haare verhüllte natürlich jener Turban, der mit einem Fuchskopf – für die Mochica ein heiliges Symbol – geschmückt war. Über den Leichnam des vornehmen Greises wie auch über die Gebeine des toten Jungen an seiner Seite waren wunderschöne, mit farbigem Perlmutt verzierte hölzerne Stäbe, vielleicht Zepter, gelegt, die heute zu den kostbarsten Schätzen des Peruanischen Nationalmuseums in Lima gehören.

Auf einem dieser Zepter aus dem Schilfrohrsarg ist ein alter Mann abgebildet, aus dessen Mund große schreckliche Zähne, offenbar Jaguarzähne, hervortreten, vermutlich der Hauptgott oder einer der Hauptgötter der Mochica. Rafael Larco Hoyle will in ihm sogar die bereits entstehende Vorstellung eines einzigen höchsten Gottes – eines Jehova der Mochica – sehen. Er nennt ihn aufgrund jener viel jüngeren und nicht ganz klaren Chimú-Nachrichten Aiapaec, wörtlich »Jener, der schöpft«, also »der Schöpfer«.

Diesen Aiapaec hat Rafael Larco Hoyle auch auf einer Reihe von Gefäßen aus mehreren Entwicklungsstadien der Mochica-Kultur gefunden. Auf den ältesten ist der Aiapaec noch als Mensch mit dem Kopf einer Raubkatze, also des ursprünglich chavínischen Jaguars, dargestellt. Später sind von dem Jaguar nur noch die schreckenerregenden Reißzähne als charakteristisches Merkmal übriggeblieben. Das Symbol des Aiapaec ist stets jener mit dem Bild einer zweiköpfigen Schlange geschmückte Gürtel.

Der Aiapaec – der »Schöpfer« – ist bereits ein menschenähnlicher gütiger Gott. Er heilt Krankheiten, er beschützt die Fischer auf dem Meer, und er ist auch der hilfreiche Patron der Bauern. Aber er vermag Dinge zu tun, zu denen die Menschen nicht imstande sind. Auf den Flügeln eines treuen Vogels kann er sich in die Lüfte erheben, begleitet von einer ergebenen Dienerin, einer Eidechse, die vielleicht eine Art »Leibärztin« dieses Gottes ist. Überhaupt ist der Hofstaat des Aiapaec, dieses Königs unter den Göttern der Mochica-Könige, der reichste. Auch ein Falke, der die Kennzeichen, die »Wappen« dieses Herrschers der Götter trägt, gehört dazu, desgleichen ein Seeadler, Aiapaecs persönlicher Bote; stets ist ein Hund sein treuer Begleiter, und auch noch andere Vögel – Kormorane und Kolibris – sind seine Helfer. Auf manchen Gefäßen ist dieser Aiapaec in allen möglichen Gestalten abgebildet, die er annehmen kann. Nicht selten erscheint er in Gestalt der Lieblingspflanzen der Mochica – des Maises, einer Gurke oder noch anderer Feldfrüchte. Andere Vasenbilder zeigen ihn im wütenden Kampf mit bösen Dämonen, die einmal die Gestalt einer Krabbe, ein andermal die eines Fisches oder einer Art von peruanischem Vampir haben. Und manchmal sind es auch so ungeheuerliche Ausgeburten der Phantasie, daß man sie beim besten Willen nicht benennen kann.

Der mit dem halbmondförmigen Axtmesser der Mochica, dem »Tumi«, bewaffnete »Schöpfer« geht natürlich aus all diesen Kämpfen mit den Schimären stets als ruhmreicher Sieger hervor. Und deshalb wird er von seinen treuen Mochica gepriesen und verherrlicht. In den Vorstellungen dieser In-

dianer siegt stets das Gute über das Böse. Und die Personifizierung des Guten ist in der Religion der Mochica offenbar dieser Gott in Menschengestalt und mit Jaguarzähnen gewesen, den Rafael Larco Hoyle einfach Aiapaec — den »Schöpfer« — nennt. Dieser Gott hatte noch eine andere, ebenso schwere, ja buchstäblich belastende Aufgabe. Wie der antike Atlas soll er den ganzen Himmel (den sich die Mochica als riesige zweiköpfige Schlange vorstellten) auf seinen hoch erhobenen Armen getragen haben.

Das getreue Abbild dieses Himmelsträgers, dieses Siegers über alle Dämonen dieser Erde — und zum erstenmal nicht nur seine gemalte, sondern seine drei-dimensionale, in Holz und Perlmutt ausgeführte Gestalt —, haben also Strong und Evans in jenem Menschen- und Göttersarg aus Schilfrohr in der Huaca de la Cruz entdeckt.

Der Gott aus dem Sarg, sein Bildnis, ist für die Entwicklungsgeschichte der religiösen Vorstellungen der altperuanischen Indianer außerordentlich wichtig. Gerdt Kutscher, der bedeutende deutsche Peruanist, der der Kultur der Mochica und Chimú ein ganzes Buch gewidmet hat, unterscheidet eine ganze Reihe Arten von Gottheiten und Dämonen dieser Indianer, die auf ihren bemalten Gefäßen dargestellt sind. Die überwiegende Mehrheit von ihnen hat die Gestalt anthropomorpher, also vermenschlichter Tiere, die z. B. den Kopf, die Flügel, die Fangbeine oder den Schwanz der betreffenden Tierart haben, aber in ihrer Auffassung sehr an einen Menschen erinnern. Diese phantastischen Misch-wesen von Mensch und Tier sind dabei auf der Keramik mit einem solch typischen »Mochica-Realismus« wiedergegeben, als ob sie wirklich existiert hätten.

Unter den vermenschlichten Tierdämonen sind Meerestiere — Fische und Krabben — am häufigsten, aber auch verschiedene Vogeldämonen kommen immer wieder vor. Von ihrer übernatürlichen Macht zeugen verschiedene auf den Gefäßen abgebildete Symbole heiliger Dinge — vor allem Schlangenköpfe, große Zähne und jene nur geheiligten Wesen und Ritualen zukommenden Axtmesser mit halbmondförmiger Klinge, die man im vorinkaischen Peru Tumi nannte. Manchmal freilich sind es auch jene Jaguarzähne, die sich seit den Zeiten von Chavín als Sinnbilder jenes Allerheiligsten, Höchsten hartnäckig gehalten haben. Und eben mit solchen Jaguarzähnen war dieser Gott auf dem hölzernen Zepter geschmückt, den Strong und Evans in dem Grab in der Huaca de la Cruz gefunden haben.

Der Gott aus dem Sarg ist freilich schon etwas ganz anderes als Vogel-, Fisch- oder Krabbendämonen. Er trägt nicht mehr halb tierische, halb menschliche Züge, er ist alles in allem ein Mensch, ein Gott, den sich der Mensch nach seinem Bilde geschaffen hat. Und von der ganzen vorangegangenen Entwicklung, der Entwicklung vom tierischen zum menschlichen Gott, sind diesem im Rohrsarg allein jene Jaguarzähne geblieben. Aus den vielen Göttern und Dämonen dieser altperuanischen Indianer hat sich offenbar einer herausgehoben, der zum Zeus dieses altindianischen Olymps — und wie Rafael Larco Hoyle glaubt — schließlich zum einzigen Gott der Mochica geworden ist: jener auf so vielen Gefäßen abgebildete und schließlich auch auf dem kostbaren Zepter im Rohrsarg gefundene Gott mit dem Namen Aiapaec — »der Schöpfer«. Und diesem nach Rafael Larco Hoyle also einzigen Gott des entstehenden Monotheismus dieser altperuanischen Indianer ist vielleicht auch die größte Pyramide dieses ganzen Mochica-Reiches und eigentlich der größte Kultbau an der Küste Perus überhaupt gewidmet gewesen — die berühmte, imposante Sonnenpyramide im Tal des Moche.

Die Sonnen- und die Mondpyramide

Die Sonnen- und die Mondpyramide bildeten, zusammen mit den umliegenden Bauten, Erhöhungen und Plattformen sowie den Gräberfeldern, das religiöse Hauptzentrum der Mochica. Es ist wirklich das religiöse, das Kultzentrum, weil sich die Mochica — im Unterschied beispielsweise zu ihren Vorgängern, die das Viru-Tal bewohnt haben, und besonders zu den späteren Erben ihrer Kultur, den Schöpfern des Chimú-Reiches — niemals eine wirkliche Hauptstadt gebaut haben. Dafür haben sie diesen heiligen Bezirk geschaffen. Er liegt im Tal des Flusses Moche, etwa 5 km von der heutigen Stadt Trujillo entfernt, in einem Gebiet, das die Einheimischen Pampa de los Mochica nennen. Seinen Kern bilden zwei große Pyramiden, die die heutigen Peruaner Huaca del Sol (»Heiligtum der Sonne«) und Huaca de la Luna (»Heiligtum des Mondes«) nennen. Die eine von ihnen, diese sogenannte »Sonnenpyramide«, ist zweifellos das Hauptzentrum des religiösen Kultes dieser Indianer, eine Art Sankt-Peters-Dom der Mochica, gewesen. Im Komplex der »Mondpyramide« aber haben möglicherweise der Herrscher und andere höchste Würdenträger dieses Krieger- und Priesterreiches residiert.

Das »Sonnenheiligtum«, eine mächtige Stufenpyramide, ist der bei weitem größte Bau, der in indianischen Zeiten je an der Küste Perus errichtet worden ist. Man schätzt, daß er aus nicht weniger als 50 Millionen Adoben, in der Sonne getrockneten Lehmziegeln (manche Forscher geben sogar 130 Millionen an [!]), besteht. Er bedeckte ursprünglich eine Fläche von 228 × 136 m und erreichte eine Höhe von 41 m. Das andere große Bauwerk, die Mondpyramide, die sich vor dem Hintergrund des Berges Cerro Blanca erhebt, ist 21 m hoch, und ihr Fundament mißt 80 × 60 m.

In dem von diesen beiden Pyramiden begrenzten heiligen Bezirk hat der »Nestor der peruanischen Archäologie«, Max Uhle, jene Mochica-Friedhöfe entdeckt, die ihm — und uns — das wahre Bild dieser — für ihn damals überhaupt ältesten — Hochkultur Perus offenbart haben.

Auf den Terrassen der Mondpyramide hat der deutsche Archäologe auch die Überreste zahlreicher Musikinstrumente der Mochica (Flöten, Panpfeifen, Trompeten, Trommeln, Rasseln u. a.) gefunden, auf denen offenbar die Priester gespielt haben und die man nach Beendigung der Zeremonie vermutlich rituell geopfert, wahrscheinlich zerbrochen hat. Die Wände der Säle der Pyramide waren mit zahlreichen Fresken geschmückt, von denen die schönste einen Aufstand, einen wirklichen Krieg der Dinge, gegen die Menschen darstellt.

Außer im Moche-Tal sind auch im Nepeña-Tal an einem Pañamarca genannten Ort die Reste von Mochica-Pyramiden und anderen Bauten erhalten geblieben. Den dortigen ausgedehnten Komplex krönt wiederum eine sechsstufige Pyramide von 28 m Höhe, die sehr an sumerische Zikkurate erinnert, besonders an den Turmtempel in der sumerischen Stadt Ur. Der Stolz von Pañamarca aber sind die — sonst so seltenen — Mochica-Fresken, die der amerikanische Forscher Richard Schaedel sorgfältig gesäubert und untersucht hat. Die Fresken bezeugen deutlich die ausgeprägte soziale Schichtung der Mochica-Gesellschaft. Sie zeigen auch einen militärischen Befehlshaber der Mochica und nackt ausgezogene, vermutlich mit Schlangen gefesselte Kriegsgefangene, die zur Opferung bestimmt sind. Bei den Mochica scheinen — ähnlich wie im alten Mexiko — Menschenopfer keine Seltenheit gewesen zu

sein, wobei die Geopferten offenbar stets Kriegsgefangene waren. Es ist sogar sehr wahrscheinlich, daß die Mochica viele Kriegszüge nur deshalb unternommen haben, um genügend Gefangene zu machen, die sie ihren Göttern opfern konnten. Die rituelle Tötung erfolgte vermutlich in der Weise, daß diesen Menschen der Kopf abgeschlagen und ihr Blut dann einer der Mochica-Gottheiten dargebracht wurde — möglicherweise dem Mond, wenn dessen silberne Scheibe voll am Himmel leuchtete.

Zahlreiche Mochica-Malereien, nicht nur auf jenem Wandbild in der Pyramide von Pañamarca, sondern auch auf vielen Mochica-Gefäßen, lassen keinen Zweifel daran, daß die Mochica wirklich Menschenopfer vollzogen haben, und zwar eben im Bezirk dieser Pyramiden oder unmittelbar in den Heiligtümern, die diese einst gekrönt haben.

Die blutigen Menschenopfer der Mochica erinnern sehr an die rituelle Tötung von Menschen, wie sie bei den Azteken und anderen Völkern Altmexikos gang und gäbe war. Hier wie dort galt Menschenblut als der Lieblingstrank der Götter. Die Mochica-Götter haben das Menschenblut gebieterisch gefordert, und die Priester vollstreckten nur den Willen der Götter, wenn sie den armen Opfern mit dem heiligen halbmondförmigen Messer »Tumi« die Kehle durchschnitten. Das Blut der Geopferten sollte den Feldern der Mochica eine reiche Ernte sichern und den Fischern einen guten Fang bringen. Das Blut der Menschenopfer wurde vermutlich den Seeadlern dargebracht, die nach den Vorstellungen der Mochica als Boten der Götter galten. Jenem Professor Gerdt Kutscher, der die Gefäßmalereien der Mochica so gründlich studiert hat, ist eine ganze Reihe von Vasenbildern begegnet, auf denen dieser Raubvogel aus einer Opferschale, in der man das Blut der rituell Getöteten aufgefangen hat, die heilige Flüssigkeit trinkt.

Neben der zeremoniellen Opferung von Menschen sind im heiligen Bezirk der Mochica-Pyramiden noch andere stets dem Kult verbundene Riten vollzogen worden — irgendwelche sportlichen Wettbewerbe, genauer gesagt,

Wettläufe, die ebenfalls auf einer Reihe von Mochica-Gefäßen dargestellt sind. Das Ziel dieser »heiligen« Läufe war stets eine Pyramide. Die Teilnehmer an diesen Marathonläufen der Mochica legten dazu ihre schönsten Kleider an, und ihre Köpfe schmückte immer jener »Adelsturban«. Auch diese Querfeldeinläufe der Mochica zu den Pyramiden sollten wohl die Fruchtbarkeit ihrer Äcker sichern.

In den Pyramiden wurden freilich auch »normale Gottesdienste« abgehalten. Auf den Gefäßen sehen wir Priester, die bei diesen Zeremonien stets flehend die Arme zum Himmel erhoben. Auch das Kauen von Kokablättern gehörte offenbar zu den Zeremonien in den Pyramiden.

Solche Mochica-Heiligtümer befanden sich nicht nur im Tal des Moche, wo die mächtige Sonnen- und Mondpyramide emporragen, und in Pañamarca im Nepeña-Tal, sondern auch in anderen Tälern des Mochica-Gebiets, unter anderem z. B. selbst im fernen Norden der Mochica-Region, am Nordrand des Yequetepeque-Tals, in einem Pacatnamú genannten großen Kultzentrum der Mochica und später der Chimú, wo der deutsche Forscher Heinrich Ubbelohde-Doering im Verlauf von drei Forschungsaufenthalten insgesamt 57 solcher Pyramiden festgestellt hat. Auf den Stufen mancher von ihnen sind neben Menschen offenbar auch Lamas geopfert worden, die aus höher gelegenen Gebieten stammende Gläubige mitgebracht hatten.

Die größte Pyramide von Pacatnamú hat einen quadratischen Grundriß mit einer Seitenlänge von 60×60 m. In ihrer Nähe hat Ubbelohde-Doering Mochica-Gräber gefunden. Die dort bestatteten Toten ruhen, ähnlich wie jener vornehme Alte, nur in Schilfrohrsärgen. Die in Pacatnamú beerdigten Mochica sind – wie auch ihre Pyramiden – stets dem Süden zugekehrt. Möglicherweise wollten sie zeigen, in welcher Himmelsrichtung die Urheimat der Mochica lag, wie einige Archäologen vermuten. Weitere solche Mochica-Heiligtümer sind schließlich auch an heute Huaca Cortade, Huaca Cartavio und Huaca Blanca genannten Orten entdeckt worden.

Auf der Suche nach dem Gold der Mochica

Alle Mochica-Pyramiden — die Sonnenpyramide, die Mondpyramide, die Pyramide von Pañamarca im Nepeña-Tal und jene 57 Pyramiden in Pacatnamú sowie alle übrigen dieser einstigen indianischen Heiligtümer — haben die Spanier der Kolonialzeit mit einem indianischen Wort als »Huaca« bezeichnet, und auch die heutigen Peruaner nennen sie noch so. Dieses Wort »Huaca« stammt aus dem Ketschua, der Staatssprache des Inkareiches, wo es soviel wie »heilig«, »heilige Stätte« oder »heiliger Gegenstand« bedeutete.

»Huaca« konnte für den vorkolumbischen Bewohner dieses Landes ein See, ein Berg, ein Stein oder auch ein Baum sein. Einer jeden derartigen von Menschen oder von der Natur geschaffenen Huaca wohnte nach indianischen Vorstellungen eine übernatürliche Kraft inne. Deshalb konnte ein solches Heiligtum, selbst wenn es nur ein Stein war, dem vorkolumbischen Indianer auf jede Frage eine Antwort geben. Das alles schloß im vorkolumbischen Peru das Wort »Huaca« ein. Die nachkolumbischen Peruaner, die aus Europa gekommenen Spanier und die heutigen Weißen und Mestizen dieser südamerikanischen Republik bezeichnen jedoch nur noch jene am deutlichsten sichtbaren heiligen Stätten der alten Indianer, die Pyramiden, als Huacas. Und so ist es kein Wunder, daß schon die ersten Eroberer und die ersten nichtindianischen Bewohner Perus eben in diesen Huacas, in den Pyramiden, jenes begehrte funkelnde Metall suchten, das sie am Erbe der vorkolumbischen Kulturen dieses Landes am meisten lockte: das Gold.

Die ersten Huacas von ganz Peru, in die die Konquistadoren eindrangen und deren Schätze diese räuberischen Abenteurer an sich raffen wollten, waren die im Moche-Tal — die Mochica- und späteren Chimú-Heiligtümer. Unter ihnen befand sich jener größte Bau des ganzen Küstengebiets von Peru — die berühmte Mochica-Pyramide Huaca del Sol.

Die Art und Weise, mit der diese »zivilisierten« kolonialen Tempelräuber das »Sonnenheiligtum« aufbrachen, war zwar originell, aber nichtsdestoweniger barbarisch. Der Hauptorganisator der Ausplünderung der großen Mochica-Pyramide, ein Spanier namens Montalva, veränderte den Lauf des Moche-Flusses und lenkte ihn unmittelbar gegen das Heiligtum. Die Gewalt des Wassers brachte in der Tat zuwege, was sich die »Eroberer« dieser Huaca versprochen hatten. Die Wassermassen »sprengten« eine der Wände der Sonnenpyramide und öffneten so Montalva den Eingang in das Innere des damals schon über 1 000 Jahre alten Heiligtums.

Die Beute lohnte sich. Montalva und seine Kumpane fanden in der Pyramide Gegenstände im Wert von insgesamt 800 000 Dukaten. Pater Calancha, der diese Ausplünderung der Huaca del Sol beschrieben hat, führt an, daß unter den erbeuteten Schätzen silberne Gefäße und Schalen sowie eine Menschenfigur aus purem Gold, die vermutlich einen indianischen Hohepriester dargestellt habe, die größte Aufmerksamkeit erregten. Auf diese Weise ist die erste Huaca der Mochica ausgeraubt worden. Aus dem Namen dieser heiligen Stätten der vorkolumbischen Indianer Perus ist dann übrigens auch die Bezeichnung für ihre Plünderer entstanden, die man »Huaqueros« nennt — ein schimpfliches Wort für einen schimpflichen Beruf.

Die Huaqueros — vorläufig noch die vornehmen Spanier der Kolonialzeit — haben dort im Moche-Tal auf ähnliche Art noch weitere Mochica- und besonders Chimú-Heiligtümer ausgeplündert. Zu der reichsten Beute verhalf ihnen — eine Ironie des Schicksals — einer der getauften dortigen Indianer namens Antonio Chayque, der Häuptling der Gemeinde Mansiche. Er hoffte, daß ihm die Spanier eine höhere Stellung und vielleicht gar den Adelstitel verleihen würden, wenn er ihnen sagte, wo die indianischen Schätze seiner Vorfahren verborgen waren. Und so verriet er ihnen, daß sie die größte Menge Gold in einer Llomayohuan genannten Huaca finden könnten. Die Spanier öffneten das Heiligtum, und die Beute übertraf alle Erwartungen. Dem Häuptling Chayque wurde das Recht auf einen Teil des aus der Plünderung dieser Huaca erzielten Erlöses zugesprochen. Die dreißig Silberlinge dieses indianischen Judas waren keine geringe Summe. Ganz im Gegenteil. Der Pferdefuß dabei war lediglich, daß das spanische Gold — Chayques Lohn für das geraubte Gold seiner eigenen Vorfahren aus dem Moche-Tal — nur auf dem Papier stand.

Im Jahre 1563 fand ein gewisser García Gutierrez de Toledo in der Huaca Llomayohuan weitere große Schätze. Garcías neuerliche Ausbeute aus dem Heiligtum wurde diesmal von den gewissenhaften Beamten der Kolonialverwaltung genau abgezählt, damit der König nicht um das ihm zustehende Fünftel des Raubes bestohlen wurde. Dieses Fünftel betrug nach der amtlichen Schätzung 61 622 Pesos, während der Gesamtertrag von Garcías »Fund« die stattliche Summe von mehr als 275 000 Pesos erreichte.

Wie in der Sonnenpyramide haben die neuen Herren Perus auch in der Huaca Llomayohuan vor allem goldene Gefäße und Schalen, außerdem goldene Armreifen und Gürtel gefunden. Die wertvollste Entdeckung dort war ein großer Fisch aus reinstem Gold, der vermutlich einen jener so zahlreichen Fischdämonen der Mochica darstellte.

146

Die dortigen Indianer verrieten den Spaniern, daß irgendwo in dieser Huaca noch ein zweiter solcher riesiger »Goldfisch« verborgen wäre. Diesen anderen großen goldenen Fisch versuchten Hunderte und aber Hunderte nach Reichtum gierender Abenteurer im Moche-Tal zu fangen. Doch bis zum heutigen Tag waren zum Glück alle Bemühungen umsonst.

Wirklich zum Glück. Denn diese goldenen Gegenstände, diese Schmucksachen und Götterbilder von unschätzbarem kulturellem und künstlerischem Wert pflegten die Plünderer der indianischen Pyramiden einzuschmelzen, in klingende Münzen, Goldbarren und Goldziegel.

Diese Gefahr droht heute den Funden von Goldschmiedearbeiten der Mochica und anderer altperuanischer Indianer nicht mehr. Auch die kaum des Lesens und Schreibens kundigen Huaqueros von heute wissen bereits, daß man für ein Kunstwerk altindianischer Kulturen weit mehr Geld bekommt als für ein paar Gramm Edelmetall. Und so gelangt immer wieder einmal ein wirklich bedeutendes Stück in die einzelnen Museumssammlungen altperuanischer Kunst. Das dem Peruaner Miguel M. Gallo gehörende Privatmuseum indianischer Goldschmiedekunst hat z. B. unlängst das wunderschöne Bild eines Pumas aus Goldblech mit einem figürlichen hohlen Kopf erworben. Jede Seite des Pumafells ist mit einer anderen gehämmerten Verzierung geschmückt. Außerdem zeigt der Körper der Raubkatze das bei den Mochica übliche Ornament eines Schlangenpaares mit je zwei Köpfen. Auf der Zunge des Pumas ist eine Menschenmaske zu sehen.

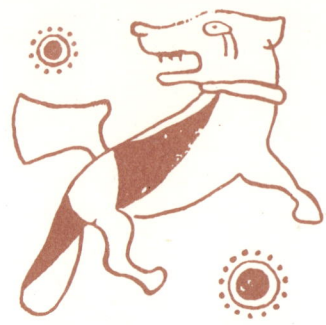

Requiem auf
ermordete Schmetterlinge

Mit der Ausplünderung der Sonnenpyramide, der Huaca Llomayohuan und der anderen Heiligtümer im Moche-Tal, diesem Muttertal der Mochica, das später auch eines der Hauptlebensgebiete ihrer unmittelbaren Nachfolger — der Chimú — wurde, war die Suche nach dem Gold der vorinkaischen Indianer Perus nicht beendet. Die verschiedensten Abenteurer spürten den Goldschätzen des vorkolumbischen Peru auch im 17., 18., ja selbst noch im aufgeklärten 19. Jahrhundert oft auf eine nicht minder barbarische Art und Weise nach.

Der vielleicht traurigste Fall dieser Art ist die Ermordung der goldenen Schmetterlinge, die vor nicht ganz 100 Jahren (zusammen mit vielen anderen Goldgegenständen) einer der damaligen höchsten militärischen Würdenträger der Republik Peru, der Oberst La Rosa, gefunden hatte. Diesem Herrn Offizier war es geglückt, einen phantastischen altperuanischen Goldschatz zu entdecken. Dazu gehörte u. a. die kleine goldene Figur eines Jungen, der in einem — wiederum goldenen — Schlafnetz ruhte. Dazu gehörten goldene Statuetten indianischer Holzfäller, die goldene Algarrobobäume fällen, und dazu gehörten auch jene goldenen Schmetterlinge. Es waren mehr als 5 000. Ein jeder soll anders ausgesehen haben. Und weil es Schmetterlinge waren, konnten sie sogar fliegen. Obwohl sie aus Metall waren, konnten diese wunderschönen indianischen Spielzeugfigürchen durch die Luft segeln. Sie waren so hauchdünn — ein jeder wog viel weniger als ein Gramm —, daß man nur ein wenig zu pusten brauchte, und schon flatterten sie in die Höhe. Und diese von jedem Hauch emporgetragenen entzückenden Schmetterlinge, diesen ganzen Schwarm von 5 000 Filigranfaltern, hat der Herr Oberst La Rosa bis zum letzten vernichtet. Nicht einen einzigen hat er bei diesem schändlichen Massaker verschont. Dabei wäre es angesichts seiner reichen Beute auf ein Gramm Gold mehr oder weniger wirklich nicht angekommen. Auf diese Weise ist die Menschheit dieses altperuanischen goldenen Wunders beraubt worden.

In unserem Jahrhundert hat sich eine ähnliche traurige Geschichte im Norden des einstigen Mochica- und Chimú-Landes, im Gebiet des Flusses Leche, in der

Gegend der Ortschaft Natán Grande, wo sich — so wie im Moche-Tal — ebenfalls vorinkaische Pyramiden erheben, wiederholt. Fünf dieser großen Huacas stehen jedoch auf dem Grundstück eines der dortigen Bauern. Und somit waren und sind diese altperuanischen Heiligtümer eigentlich Privateigentum des Besitzers dieses Grund und Bodens.

In den ersten Jahrzehnten unseres Jahrhunderts gehörten diese fünf indianischen Pyramiden einem keineswegs begüterten Bewohner von Batán Grande. Außer den fünf Huacas aber hatte dieser Bauer auch noch sechs Söhne. Solange der ursprüngliche Besitzer am Leben war, erlaubte er jedoch keinem, auch seinen eigenen Kindern nicht, die indianischen Pyramiden anzurühren, die inmitten von Maisfeldern auf seinem Grund und Boden emporragten. Aber kaum war der Vater gestorben, vergaßen die Söhne den Mais und stürzten sich — die schwindelerregenden Erfolge der Plünderer anderer indianischer Heiligtümer vor Augen — auf den sonderbarsten Teil des väterlichen Erbes: auf jene fünf Pyramiden, die nun ihnen gehörten. Und offenbar geschah es mit Erfolg; denn seit jener Zeit begannen auf seltsamen Wegen von dort aus Batán Grande verschiedene wunderschöne vorinkaische Goldgegenstände in Privatsammlungen zu gelangen. Zahllose andere aber wurden leider wiederum eingeschmolzen, um keine Aufmerksamkeit zu erregen und nicht Leute, die das indianische Gold in Museen schaffen wollten, nach Batán Grande zu locken.

Hinter der Bande der sechs Brüder, die — und das ist in Kriminalgeschichten sicher ungewöhnlich — in Wirklichkeit ihren eigenen Besitz ausraubten, stand ein Mann von dunklem Lebenswandel und Charakter, der sich als Arzt ausgab und sich für die Feldscherdienste, die er den Bauern von Batán Grande leistete, mit Gold bezahlen ließ, das die Einheimischen in den verschiedenen Huacas gefunden hatten. Aber er hatte in dem Ort einen Konkurrenten, einen wirklichen Arzt — einen gebürtigen Chinesen, der überall beliebt war, weil er seine Kunst wirklich verstand und auch den armen Kranken half. Und da der zweifelhafte Ehrenmann nicht seine Patienten — und vor allem ihr Gold — einbüßen wollte, brachte er den edelmütigen chinesischen Doktor kurzerhand um.

Wegen dieser ruchlosen Tat ist dann dieser Mann, durch dessen Hände im 20. Jahrhundert zweifellos mehr vorinkaisches Gold gegangen ist als bei jedem anderen, unter dem Namen »El Matachino« — zu deutsch »Der Chinesenmörder« — in die Geschichte der peruanischen Archäologie eingegangen.

Der Mord erfüllte den Zweck, den der Täter beabsichtigt hatte: Er verschaffte dem Matachino das ärztliche Monopol in Batán Grande. Die Lieblingspatienten des Chinesenmörders waren jene sechs Brüder, die die Pyramiden geerbt hatten. Der Matachino ersann, erfand für diese sechs Männer die verschiedensten Krankheiten, »kurierte« sie und nahm als Honorar für seine »ärztlichen Leistungen« das Gold aus jenen fünf privaten Huacas in Empfang, das dann auf Schleichwegen ins Ausland verkauft wurde.

Dieses unsaubere Spiel mit den indianischen Schätzen von Batán Grande »funktionierte« lange Zeit, bis eines Tages einer der Übeltäter einen Fehler machte. Beim Fest des katholischen Schutzpatrons der Gemeinde betrank sich einer der Goldlieferanten des Matachino fast bis zur Besinnungslosigkeit. Und als er schon die Kontrolle über sich selbst zu verlieren begann, beschloß er, seinen Mitbürgern seinen phantastischsten – bisher noch nicht an den falschen Gemeindearzt verkauften – Pyramidenfund vorzuführen: ein Gewand, eigentlich eine Art indianischer Tunika, das aus einer Unmenge goldener Plättchen bestand. Und am Hals des berauschten glücklichen Finders baumelte das schönste Stück dieser unglaublichen Tracht: eine große goldene Sonne.

Der Anblick des Betrunkenen im goldenen Kleid der Mochica- oder Chimú-Könige war auch für die Kneipengäste dieser Gemeinde, die schon lange Zeit von der Ausplünderung indianischer Gräber lebten, eine Sensation. Die Kunde von dem Goldgewand des Huaqueros verbreitete sich wie ein Lauffeuer in dem Ort.

Und in diesem Moment schaltete sich – wie ein Deus ex machina – der örtliche Hüter des Gesetzes, der Hauptmann der dortigen Polizei, in das Spiel ein, der schon längere Zeit – gewiß nicht ohne Beteiligung am Gewinn – die goldenen Geschäfte des Matachino deckte. Dieser Capitán verhaftete den Mann im Goldgewand, und danach – weil die Sache mit den dortigen indianischen Schätzen nun schon ein öffentliches Geheimnis geworden war – setzte er nun auch die Besitzer der Goldpyramiden hinter Schloß und Riegel. Und während die anderen Polizisten die Brüder verhörten, plünderte der Capitán zusammen mit dem Matachino das Anwesen der sechs Verhafteten aus.

Der Raub brachte dem Capitán von Batán Grande und dem Chinesenmörder einen unermeßlichen Reichtum. Leider gelangte nur verschwindend wenig von dem, was der arglistige Hüter des Gesetzes und der falsche Arzt den Huaqueros geraubt hatten, in die Museen. Aber dennoch ging diese wahre Fundgrube vorinkaischen Goldes nicht ganz verloren. Denn von den Schätzen bei Batán Grande erfuhr noch ein anderer Mann – wiederum jener allgegenwärtige, unermüdliche Julio César Tello. Da der erste Grundsatz dieses Archäologen lautete: Niemals Zeit verlieren – begab sich Tello auch diesmal unverzüglich in das nordperuanische Tal, ausgestattet mit weitgehenden Vollmachten der peruanischen Regierung. Und er brachte auch einen neuen Polizeihauptmann mit, der seinen schändlichen Vorgänger ablöste.

Tellos Tätigkeit in Batán Grande war – so wie alle vorangegangenen Forschungen dieses fleißigsten unter den peruanischen Archäologen – von Erfolg gekrönt: Er fand dort eine Reihe unglaublich schöner Goldgegenstände, in erster Linie kleine Figuren verschiedener Tiere – goldene Fuchsköpfe (der Fuchs war für die Mochica das Symbol der Klugheit), goldene Schlangen, goldene Eulen, aber auch goldene Priesterstatuetten und sogar den Umhang eines indianischen Hohepriesters, der aus 1 600 Goldgliedern zusammengesetzt war. Auch Opfermesser aus Gold- und Silberblech waren dabei, goldene Figuren von Göttern, goldene Totenmasken und sogar goldene Handschuhe, die vornehmen indianischen Toten über die Hände gezogen wurden. Und schließlich fand Tello auch das Grab des dortigen indianischen Fürsten (vielleicht des Statthalters in diesem Tal). Der mumifizierte Würdenträger war aber diesmal nicht in Gold gehüllt, sondern ruhte seltsamerweise auf einer aus Kupferdraht geflochtenen Matte.

Batán Grande scheint aber ein geradezu unerschöpflicher Brunnen vorinkaischer Goldschätze zu sein. Auch die Forscher, die nach dem so überaus erfolgreichen Besuch Tellos in diese Gegend kamen, fanden und finden dort noch immer Wunderwerke aus Edelmetallen. Eben dort, in Batán Grande, hat dann der deutsche Archäologe Brüning den überhaupt größten bekannten Fund von Goldschmiedearbeiten gemacht, die aus den Werkstätten der vorinkaischen Indianer Perus stammen.

Zu Brünings Schatz aus Batán Grande gehören u. a. mit den Bildern tierisch-menschlicher Mischwesen geschmückte goldene Scheiben, goldene Becher, eine wunderschöne goldene Spinne, die aus Perlen gefertigte Eier legt, und die typischen, in Jaguarköpfe auslaufenden goldenen Mochica-Gürtel fehlen nicht. Das schönste Stück von Brünings reichem Fund ist ein mit Türkis inkrustiertes 50 cm langes Ritualmesser in der altperuanischen Halbmondform, wie sie die Mochica-Priester vermutlich benutzt haben, um ihren Menschenopfern die Kehle durchzuschneiden. Auf dem kurzen Schaft steht die Figur eines Vogelmenschen oder eines Gottes mit Vogelflügeln und baumelnden Ohrgehängen in Form fliegender Kolibris.

Batán Grande — und die benachbarten Orte Illimo und Zapane — brachten Brüning eine wahrhaft goldene Ernte. Sie gelangte — überhaupt zum erstenmal — als Kollektion dorthin, wohin solche indianischen Schätze gehören — in ein Museum und nicht in die Schmelztiegel von Abenteurern.

Brüning hat seinen Fund von Batán Grande im Jahre 1937 gemacht. Aber auch heute noch gelangen Gegenstände aus den Pyramiden dieser Gegend in die Museen, besonders in das berühmte »Goldmuseum« in Lima. Es ist interessant, daß die Forscher, namentlich der Archäologe Pío Portugal, unlängst weitere Goldsachen dort gefunden haben, wo einst die Suche nach den Goldschätzen in den peruanischen Pyramiden begonnen hat — in der Mondpyramide der Mochica in ihrem Muttertal des Moche. Pío Portugal hat dort wiederum goldene Masken von Füchsen, deren Schlauheit die Mochica so bewundert haben, goldene Diademe, goldene Halsketten und noch viele andere herrliche Dinge aus Edelmetallen entdeckt.

Die neuen Funde in der Mondpyramide und andere solche Entdeckungen von Goldschätzen bestätigen, daß die Mochica die Kunst der Metallverarbeitung in Altperu zu höchster Vollendung geführt haben. Diese Indianer haben Gold, Silber und als erste auch Kupfer verarbeitet. Das Gold haben die Mochica und Chimú in mehreren Gruben geschürft, z. B. an einem Patas genannten Ort, aber auch im äußersten Norden des Landes. In Peru findet sich übrigens da und dort vollkommen reines Gold, das nicht von unerwünschten Beimengungen geläutert zu werden braucht.

Außer dem aus Gruben, Goldadern und -halden gewonnenen Gold führten fast ausnahmslos alle Flüsse, die in Peru von den Anden zum Meer strömen,

Goldstaub mit. In vorkolumbischer Zeit war das Waschen des Flußgoldes eine Tätigkeit, der sich Hunderte und Tausende der damaligen Peruaner widmeten. Das ganze Ausmaß der Goldgewinnung im indianischen Peru können wir uns heute kaum vorstellen. Es muß jedenfalls riesig gewesen sein. Eine Nachricht der ersten spanischen Chronisten besagt, daß die Indianer damals allein in die Hauptstadt des vorkolumbischen Peru — nach Cuzco — jährlich 200 000 kg Gold abgeführt haben.

Da es in Altperu solche riesigen Mengen von Gold gab, konnte man daraus nicht nur jene hauchdünnen Schmetterlinge, sondern auch große und außerordentlich gewichtige Werke schaffen. Die Spanier haben später eine Unmenge solcher viele 100 kg schweren Goldgegenstände erbeutet. So ist den Konquistadoren z. B. in Cuzco — im Sonnentempel — ein 10 m großes Bild aus purem Gold, das die Mondgöttin symbolisierte und 920 kg wog, in die Hände gefallen. Oder ein anderes Beispiel: Als dem vorletzten vorkolonialen Inka Huayna Capac ein Sohn geboren worden war, feierte der glückliche Vater dieses Ereignis auf typisch peruanische Weise. Er befahl, seine Goldschmiede sollten eine goldene Kette anfertigen, die alle vier Seiten eines Platzes in seiner Residenzstadt Cuzco umspannen müsse. Jede Seite dieses Platzes war dabei genau 100 m lang.

Die Goldschmiede taten, was sie der Herrscher geheißen hatte. In einigen Wochen war das 400 m lange und viele Tonnen schwere, funkelnde »Taufgeschenk« fertig. Ein paar Jahre danach kamen die ersten Weißen nach Peru, und da dem Inka dieses Andenken an die Geburt seines ersten Sohnes sehr teuer war, ordnete er an, die tonnenschwere Kette aus reinem Gold in den Wassern des Sees bei der Ortschaft Urcos zu versenken. Der eigentlich aus dem Krater eines erloschenen Vulkans entstandene See von Urcos ist sehr tief, und seinen Grund bedeckt eine viele Meter dicke Schlammschicht. Irgendwo in diesem Schlamm ruht die 400 m lange Kette aus purem Gold und wartet auf ihre — nun schon wissenschaftlichen — Entdecker, die durch einen langen unterirdischen Tunnel zum Grunde des Sees vordringen und durch diesen das Wasser ablassen wollen, um dann — wie sie hoffen — die tonnenschwere Taufkette heben zu können.

Gewiß liegt in den Pyramiden der Mochica noch so mancher Schatz verborgen. Jene Mochica, die dieser Flut peruanischen Goldes noch etwas Eigenes hinzugefügt haben, zeigen mit ihrer bewundernswerten Meisterschaft in der Goldschmiedekunst ihren hochentwickelten künstlerischen Geschmack, der im vorkolumbischen Peru von keinem — auch später von den Inka nicht — übertroffen worden ist.

Pornographie auf Ton?

Gold der Mochica gelangt auch heute nicht allzu häufig in die Sammlungen der Weltmuseen. Dagegen hat die geradezu massenhafte Keramikproduktion der Mochica bewirkt, daß sich heute wohl jedes archäologische und völkerkundliche Museum auch weit über die Grenzen Perus hinaus einiger Werke der Mochica-Töpfer rühmen kann, auch wenn manche sittenstrengen Museumsdirektoren eine gewisse Art von Mochica-Töpfereien vor den Augen der Öffentlichkeit schamhaft zu verbergen suchen. Das ist keineswegs verwunderlich. Der Autor dieses Buches war in einem gewissen seriösen Museum selbst Zeuge, wie eine ältere Dame beim Anblick einer dieser sonst geheimgehaltenen Mochica-Keramiken voller Entrüstung ausrief: »Aber das ist ja Pornographie!« Diese tönerne indianische »Pornographie«, wie sie jene weltfremde Museumsbesucherin in ihrer Empörung genannt hat — das ist die erotische Keramik der Mochica.

Der Autor könnte jener Dame und allen anderen Menschen, die an der Offenheit Anstoß nehmen, mit der die Mochica die Beziehungen zwischen den Geschlechtern dargestellt haben, entgegenhalten, daß uns auch die Schöpfer vieler anderer Kulturen — man denke nur an die berühmten indischen Tempel in Kajuraha oder Konaraka — ähnlich freimütige Zeugnisse hinterlassen haben. Aber wir brauchen dazu gar nicht in die Ferne zu schweifen. Erinnern wir uns an jenen Karl III., mit dem die Entdeckung der Mochica begonnen haben soll, jenen spanischen König, der als erster Pompeji ausgegraben hat: Auch dort im römischen Pompeji stoßen wir auf Fresken, ja sogar Plastiken, die ganz offen vom Sexualleben ihrer Schöpfer sprechen.

Die Mochica haben uns — wiederum auf ihren Töpfereien — freimütig überliefert und geschildert, wie sie geliebt haben, was sie unter dem Wort »checan« — in ihrer Sprache »Liebe« — verstanden haben. Diese einzigartige Keramik der Mochica bildet zweifellos den Gipfel der erotischen Kunst Altamerikas. Keine andere altperuanische Kultur hat etwas Ähnliches zu bieten. Auch die Kulturen, die nach den Mochica kamen, sind zurückhaltender in den Aussagen über das Geschlechtsleben ihrer Schöpfer. Die Mochica aber sind von einer geradezu verblüffenden Offenheit. Sie kennen keine Vorurteile in diesen

Dingen, sie kennen keine Scham. Um so größer ist die Entrüstung, die diese Keramik in manchen schamhaften Menschen von heute erregt.

Die Archäologen haben die erotische Mochica-Keramik wiederum in den Gräbern dieser altperuanischen Indianer gefunden. Diese »Pornographie auf Ton« sollte die Verstorbenen auf der Reise ins Totenreich begleiten. Wir wissen eigentlich nicht, warum. Ob diese keramischen Darstellungen der Liebe den Toten an angenehme Stunden erinnern sollten, die er auf dieser Welt verbracht hat, oder ob sie ihn trösten und ihm verheißen sollten, daß er auch dort im Jenseits in jeder Hinsicht ebenso wie auf der Erde weiterleben und die Liebe genießen wird, oder ob diese Bilder der Liebe auf den Tongefäßen im Grunde Lobpreisungen der Fruchtbarkeit waren, der Fruchtbarkeit, aus der ja alles Leben auf dieser Erde erwächst — wir können es nur vermuten.

Merkwürdig ist, daß die Mochica diese erotischen Keramiken nicht nur verstorbenen Erwachsenen, sondern auch toten Kindern ins Grab mitgegeben haben. So hat man im Grab eines Mochica-Jungen z. B. ein Gefäß gefunden, das eine Frau beim oralen Coitus mit ihrem Partner zeigt.

Die Töpfererzeugnisse der Mochica sind vor 1500 und mehr Jahren in die indianischen Gräber an der nordperuanischen Küste gelegt worden. Aber noch lange danach, selbst zu der Zeit, als die Spanier nach Peru kamen, lebten bei den Bewohnern der nordperuanischen Küstentäler — jenen »Yungas«, wie die Weißen sie nannten — noch immer einige Formen sexueller Beziehungen weiter, die in Europa ungewöhnlich oder sogar eindeutig verpönt waren, denen dagegen die Mochica offensichtlich den Vorzug gegeben hatten. Die spanischen Chronisten haben uns etliche schriftliche Aufzeichnungen hinterlassen, die diese Sexualpraktiken erwähnen. Einzelne Bücher und Berichte zählen sogar eine ganze Reihe verschiedener Sünden auf, die diese nordperuanischen Küstenindianer schamlos begingen. So schreibt ein anonymer Gewährsmann an den Präses des »Rates beider Indien« Juan Sarmiento: »... sie (diese Indianer) geben sich mehr als alle anderen der Fleischeslust hin. Die Väter verschonen ihre Töchter nicht, die Brüder nicht ihre Schwestern (bei der Befriedigung ihrer Begierden). In dieser Hinsicht haben sie nicht mehr Scham als wilde Tiere.«

Der namenlose Informator Sarmientos verurteilt hier also die Blutschande, der die dortigen Indianer angeblich frönten. Einer der bedeutendsten Chronisten Perus überhaupt, Cieza de León, vermerkt wiederum die männliche Homosexualität bei den Yunga: »In jedem Tempel gibt es ein, zwei oder drei Männer, die sich wie Frauen kleiden, mit kindlich hoher Stimme sprechen und in ihrem Verhalten ganz den Weibern gleichen. Mit diesen Männern machen sich die Häuptlinge und vornehmen Leute zu großen Festen und an Feiertagen gemein.« Auch auf der Insel Puna an der Pazifikküste (die nebenbei bemerkt eine große Rolle bei der Eroberung Perus gespielt hat) haben die Spanier beobachtet, daß in den dortigen indianischen Heiligtümern — schon von Jugend an — Jünglinge gehalten wurden, mit denen dann, bei Kultfesten, die vornehmen Männer der dortigen Gesellschaft geschlechtlichen Umgang pflegten. Diese Tempelprostitution und die religiöse, rituelle Homosexualität hat es freilich auch in anderen Kulturen gegeben. Cieza de León ereifert sich aber noch über eine andere Sünde jener Indianer – über den analen Coitus von Mann und Frau, der dort, an der Küste Perus, die weitaus gebräuchlichste Form des Beischlafs gewesen sei. Über diesen Coitus der Küstenindianer hatten sich schon die Inka empört, als sie diesen Teil Perus nach der Zerschlagung des dortigen Chimú-Reiches schließlich ihrem Imperium einverleibt hatten. Die Inka, denen an einer möglichst großen Zahl von arbeitenden Bürgern des Reiches, an einer möglichst großen Zahl von Soldaten gelegen war, sahen in dieser widernatürlichen Liebe, aus der also keine Kinder hervorgehen konnten, eine »eitle Verschwendung von Samen«. Den spanischen Geistlichen aber ist der anale Coitus ein wahrer Greuel gewesen, ein solcher Greuel, daß dieser intelligente Cieza de León, einer der bedeutendsten Chronisten Perus überhaupt, dieser Art des sexuellen Verkehrs ein ganzes Kapitel mit der bezeichnenden Überschrift widmet: »Über den geringen Wert, den diese Indios der Jungfräulichkeit ihrer Frauen beimessen, und wie sie der abscheulichen Sünde der Sodomie frönen«. Häufig wurde der Analverkehr fälschlicherweise als Sodomie bezeichnet. Sicher meint der Chronist den Analverkehr.

Ciezas Freund, der das erste Lehrbuch der Staatssprache des Inka-Reiches – des Ketschua – verfaßt hat, Bruder Domingo de San Tomás, hat aber diesen Chronisten noch viele andere Nachrichten über die bei den »Yunga« herrschende Unzucht zugetragen. Und Cieza wundert sich und begreift nicht: »Obwohl es dort eine Menge Frauen gibt und manche von ihnen schön sind, geben sich die meisten (der indianischen Männer), wie ich mich vergewissert habe, allen möglichen schändlichen Lastern hin, sogar der Sodomie mit Tieren.« So hat Cieza de León schließlich auch noch Gelegenheit, eine weitere Sünde zu verurteilen, die er diesen peruanischen Indianern zuspricht – die Zoophilie, die echte Sodomie, den sexuellen Verkehr mit Tieren: »Ich weiß aber, daß manche vernunftbegabten Menschen, die wissen, daß es Himmel, Hölle und Gott gibt, ihre Frauen verlassen und sich mit Mauleselinnen, Stuten und anderem Getier eingelassen haben, was zu berichten mich grämt.«

Schon bald nach der Ankunft der Spanier ist auch die Ansicht aufgekommen, die auch noch heute ab und zu wiederholt wird, daß die »Lustseuche«, die Syphilis, und ihre Verbreitung eigentlich eine Folge der altperuanischen indianischen Zoophilie gewesen sei. Von dieser Krankheit und ihrem Erreger – der Spirochaeta pallida – sollen ursprünglich nur die Lamas, die wichtigsten Tiere der indianischen Hirten, befallen gewesen sein. Diese Hirten aber gehen mit den Lamas für eine Reihe von Monaten hoch in die Berge hinauf zur Weide. In dieser Zeit leben sie ohne Frauen. So werden dann die Lamas zu den Weibern der Hirten (wie es in einer südamerikanischen Redensart heißt). Und von ihren Lamafrauen sollen diese peruanischen Indianer dann die Syphilis bekommen haben, mit der sie wiederum ihre wirklichen Ehegattinnen angesteckt haben, und von denen sind hernach die ersten Weißen, die nach Peru gekommen waren, mit der Krankheit infiziert worden.

Ob sich die Syphilis tatsächlich auf diese Weise verbreitet hat, ob sie wirklich durch den unnormalen Verkehr der indianischen Hirten mit ihren Lamas auf die Menschen übertragen worden ist, läßt sich schwer beweisen und belegen. Zumal auch auf den Mochica-Gefäßen, die doch nichts verbergen, nichts verschweigen (bis auf eine strittige Ausnahme), nirgends der Verkehr eines Menschen mit einem Tier dargestellt ist. Ebenso zeigen die Keramikmalereien nicht ein einziges Mal den homosexuellen Kontakt zwischen zwei Männern. Und die lesbische Liebe — die geschlechtliche Beziehung zwischen Frauen — ist auf den Hunderten und aber Hunderten uns erhaltenen Stücken der erotischen Keramik der Mochica nur ein einziges Mal abgebildet, und auch da nicht ganz eindeutig.

Obgleich es beim ersten Blick auf die erotischen Mochica-Gefäße den An-schein hat, als ob bei diesen Indianern eine völlig uneingeschränkte Freiheit der Formen des Liebeslebens geherrscht habe, war das in Wirklichkeit nicht der Fall. Die Mochica hatten ihre moralischen Auffassungen und Rechtsnormen, und sie hatten sie auch für das Sexualleben. Und wer die Grenzen dessen überschritt, was die Gesellschaft guthieß und als Norm ansah, wurde streng und manchmal äußerst grausam bestraft. Für besonders schwere Verletzungen der Normen in den sexuellen Beziehungen erwartete den Schuldigen der Tod durch Steinigung. Bei anderen Vergehen wurde der sexuelle Delinquent durch ein Schandmal, durch ein treppenähnliches Zeichen im Gesicht, gebrandmarkt. Auf manchen Gefäßen ist noch ein Pranger, eine Säule, zu sehen, an den namentlich sittenlose Frauen gebunden wurden. Eines dieser Keramikbilder zeigt z. B. ein Mädchen, das offenbar mit dem Mann einer anderen Frau ge-sündigt hat. Der Verkehr war nicht ohne Folgen geblieben. Deshalb mußte die Verruchte nun am Pranger stehen. Die Pein und Schande beschleunigte die Geburt, und so brachte die Sünderin, an die Säule gebunden, vor allen Leuten ihr in unreiner Liebe empfangenes Kind zur Welt. Andere — sehr zahlreiche — Gefäßbilder moralisieren auch. Sie sprechen gleichsam eine ernste Warnung aus. Auf ihnen ist in der Regel ein zum Gerippe abgemagerter Mann dargestellt, der sichtlich am Ende seiner physischen Kräfte ist, neben ihm Frauen blühenden Aussehens. Diese Gefäße warnten vor dem übermäßigen Geschlechtsverkehr.

Die Mochica waren also keine »Anarchisten der Liebe«. Sie hatten — wie jede zivilisierte Gesellschaft — ihre Normen. Sie unterschieden entsprechend ihren Vorstellungen auch im Liebesleben zwischen Erlaubtem und Ver-abscheuenswertem. Und was nach ihren Auffassungen im Geschlechtsleben widernatürlich war, das verwarfen und verboten sie. Wer dennoch gegen die Normen verstieß, mußte hart büßen. Alles, was wir auf der erotischen Keramik der Mochica sehen, stand mit den Sitten dieser Indianer im Einklang.

Die Gefäßmalereien bezeugen eindeutig, daß im Liebesspiel — so wie im ganzen Leben der Mochica — dem Mann die entscheidende Rolle zukam. Dagegen war das Verhalten der Frau, auch beim Akt selbst, eine Unterordnung. Die Frau erfüllt die Wünsche des Mannes. Sie ist ihm »zu Willen«. Es ist kein Liebesspiel, das beide Partner entzücken soll, sondern es ist eine Beziehung zwischen Herr und Dienerin, auch wenn die Dienerin die eigene Frau des

Mannes ist. Den Frauen auf den Gefäßbildern sieht man auch nicht an, daß sie sich mit Vergnügen der Liebe hingeben. Die Mochica-Töpfer, diese Meister im Erfassen menschlicher Seelenregungen, haben in die Gesichter ihrer weiblichen Heldinnen eher einen Ausdruck von Gleichgültigkeit oder gar von völligem Desinteresse gelegt. Auf einigen Bildern stillt die Frau beim Beischlaf beispielsweise zugleich ihre Kinder. Die Männer hingegen sind auf den erotischen Keramiken der Mochica ganz anders dargestellt. Im wahren Sinne des Wortes männlich, standhaft und hart. Sie sind – auch wenn sie sonst einfacher Herkunft sind – die unumschränkten Gebieter ihrer Partnerin.

Das häufigste Motiv dieser erotischen Keramik ist ebenfalls Ausdruck der absoluten Oberherrschaft des Mannes in der Mochica-Gesellschaft. Dieses Motiv ist der Penis, der stets steif aufgerichtet, stets riesengroß dargestellt ist. Auf manchen Gefäßen ist das erigierte Glied des Mochica-Mannes ebenso groß wie sein ganzer übriger Körper. (Wie diese Phallosdarstellungen zeigen, war bei den Mochica, nebenbei bemerkt, die Beschneidung gang und gäbe.) Das steife Mannesorgan bildet oft auch einen der »Schnäbel« jener typischen Doppelausgußgefäße der Mochica. Manche Krüge und Kannen haben nur eine Ausgußröhre. Wenn ein Indianer aus einem solchen Gefäß trinken wollte, mußte er wohl oder übel dieses tönerne Glied in den Mund stecken.

Der Penis – in der Mochica-Sprache »Tef« genannt – steht im Mittelpunkt der erotischen Kunst der Mochica, der Mochica-Erotik. Der Phallos ist, wie in so vielen anderen alten Kulturen, das konzentrierteste Sinnbild der Fruchtbarkeit, der Erhaltung des Menschengeschlechts. Nicht ohne künstlerisches Geschick haben die altindianischen Töpfer aus dem Phallos eine ganze Menschengestalt geformt – manchmal mit derbem, ja schon vulgärem Humor. Auf einem der Gefäße ist z. B. ein Penis in Gestalt eines Menschen zu sehen, der inmitten einer weiblichen Scheide steht. Und dieser »Penis-Mensch« hält sich mit beiden Händen die Nase zu. Manche Gefäße haben nur eine einzige Öffnung in Form einer Scheide, andere gar in Form des Darmausgangs. Am häufigsten aber hat die erotische Keramik der Mochica von allen Körperteilen immer und immer wieder das erigierte männliche Glied dargestellt.

Neben den männlichen und – ausnahmsweise – den weiblichen Genitalien zeigt diese altperuanische »Pornographie in und auf Ton« auch die Vereinigung der Geschlechter, den Liebesakt selbst. Dabei bestätigt die Keramik der Mochica eindeutig, was 1000 Jahre später die ersten spanischen Chronisten bei den Nachfahren dieser Indianer beobachtet haben: Die bei weitem gebräuchlichste Form des Geschlechtsverkehrs bei den Mochica war der anale Coitus von Mann und Frau. Rafael Larco Hoyle, der peruanische Forscher, der mehr Töpfererzeugnisse dieser Indianer als jeder andere gesammelt und gesehen hat, führt an, daß in seinem Museum 95 Prozent aller Keramikdarstellungen des sexuellen Verkehrs von Mann und Frau eben die extravaginale Kopulation zeigen, die man heute wie damals in den Zeiten jener spanischen Geistlichen als »Coitus contra naturam«, als »Beischlaf wider die Natur«, bezeichnet, der jedoch ganz offensichtlich den Moralnormen der

Mochica nicht widersprach, sondern im Gegenteil völlig im Einklang mit ihnen stand.

Neben dem Analverkehr zeigen die erotischen Mochica-Keramiken auch den »Coitus per os« – die Lustbefriedigung durch den Mund – und manchmal schließlich auch die natürliche, normale Form der Vereinigung von Mann und Weib.

Die Frauen auf den Mochica-Gefäßen nehmen beim Liebesakt die verschiedensten Stellungen ein, sie liegen auf dem Rücken oder auf der Seite, sie knien auf allen vieren, und manchmal werden sie auch im Sitzen geliebt. In der Regel scheinen sie auf einer Decke zu liegen, deren oberer, zusammengerollter Teil eine Kopfunterlage bildet. Manchmal ist die begattete Frau nackt dargestellt, ein andermal ist der Oberkörper mit einem farbigen Tuch bedeckt. Der Mann dagegen – und auch darin kommt die Ungleichheit der beiden Geschlechter in der Liebesbeziehung zum Ausdruck – befriedigt mitunter fast völlig bekleidet seine Begierde.

Die Vorherrschaft des Mannes auch in den erotischen Dingen ist am besten auf den keramischen Abbildungen des Coitus per os zu sehen. Der Mann, das Oberhaupt der Familie, sitzt oder, besser gesagt, thront dabei buchstäblich auf einem eigens diesem Zwecke dienenden hohen Schemel. Die Frau aber kniet bei dieser Liebesprozedur vor ihrem Herrn. Der Mann verzichtet selbst dann nicht auf das Liebesspiel, wenn es ihm aufgrund seines körperlichen Zustands eigentlich versagt sein sollte. Im Museum der Familie der Larco befindet sich z. B. die Keramikdarstellung eines kastrierten Mannes. Aber ungeachtet dessen befriedigt er wenigstens mit den Fingern der rechten Hand seine Partnerin. Bei anderen keramischen Gegenständen, die die Form der weiblichen Genitalien haben, muß der Mann beim Trinken aus dem Gefäß seinen Mund auf diese tönerne Vagina pressen.

Das Liebesleben, dem sich die Mochica scheinbar gern, oft und in verschiedenen Stellungen hingegeben haben, ist sicher nicht immer ohne Folgen geblieben. Und so zeigen ihre Keramikmalereien – dieses getreue Bilderbuch all dessen, was diese Indianer ergötzt und was sie geplagt hat – auch Symptome von Geschlechtskrankheiten an einzelnen porträtierten Menschen. Wir sehen z. B. einen an Orchitis, einer Hodenentzündung, leidenden Mann, wir erblicken Syphilisgeschwüre an den Gliedmaßen von Männern und Frauen; besonders durch eine riesig vergrößerte Nase haben die Mochica-Töpfer diese schlimmste der venerischen Krankheiten angedeutet. Sie zeigen aber auch, wie man dieses Leiden im alten Peru behandelt hat. Auf der Keramik sind Kranke abgebildet, die auf einer Decke liegen. Neben ihnen stehen Gefäße, die offenbar mit aus Pflanzen gewonnenen Heiltinkturen gefüllt sind. Ein anderes Vasenbild stellt eine Heilkundige, diesmal also eine Frau, dar, die das Glied eines an Syphilis leidenden Mannes vermutlich mit einer solchen im alten Peru bekannten Pflanzentinktur einreibt.

Die venerischen Krankheiten haben die nordperuanischen Indianer offenbar nicht als »Strafe für allzu große Promiskuität« betrachtet. Dafür haben sie auf vielen Gefäßen immer wieder dargestellt, was aus einem Mann wird (um das Schicksal der Frau geht es in dieser Gesellschaft nicht), der der körperlichen Liebe gar zu oft, gar zu inbrünstig oder mit einer allzu großen Zahl von Frauen gefrönt hat. Die Strafe des Schicksals für solche Wüstlinge ist stets auf die gleiche Weise versinnbildlicht – in der Gestalt eines zum Skelett abgemagerten, ausgemergelten Mannes oder manchmal überhaupt durch ein Knochengerippe. Als Kontrast dazu sind, zusammen mit ihm, seine Partnerinnen in der vollen Blüte des Lebens abgebildet. Die darin ausgedrückte Warnung zeugt abermals davon, daß die Mochica keineswegs hemmungslose Erotomanen waren, sondern daß sie in ihrem Liebesleben bestimmte moralische und rechtliche Grundsätze gekannt und eingehalten haben.

Die Aussagen der Keramik über das Sexualleben der Mochica sind ebenso aufrichtig wie alle anderen Nachrichten, die uns dieses tönerne Selbstporträt einer altindianischen Kultur im Norden Perus vermittelt. Die erotische Keramik der Mochica ist also keineswegs – wie jene sittenstrenge Dame in dem Museum behauptet hat – indianische Pornographie auf Ton.

Heute ist jedes dritte Gefäß mit erotischen Darstellungen mindestens 1 500 Jahre alt. Die Mochica, die Schöpfer des Bilderbuchs ihrer Liebessitten aus Ton, sind schon lange Staub und Asche. Ihre Zeugnisse der Freuden und Leiden vorkolumbischer Indianer Perus in der Liebe beweisen, daß sie des Gefühls fähig gewesen sind. Sie waren keine allein vom Sex besessenen Menschen. Neben den keramischen Zeugnissen über ihr Liebesleben sind uns zum Glück auch Lieder und Verse der peruanischen Indianer erhalten geblieben, die noch aus vorkolumbischen und unmittelbar nachkolumbischen Zeiten stammen. Und aus diesen dichterischen Schöpfungen spricht unzweideutig nicht der Sex, sondern das Gefühlsleben, das den Indianer ebenso wie jeden anderen Menschen auf dieser Erde bewegte.

Die Sprache des Herzens ist in dem folgenden Wayñu betitelten Gedicht zu vernehmen, das unser Kapitel von der Liebe im alten Peru beschließen soll:

Wayñu

Als Liebende haben wir beide
allzeit zusammen gelebt.
Wie kam in den Sinn dir,
zu verlassen
den Mann, den du geliebt?

War ich deshalb dir,
mein Täubchen,
so innig zugetan,
daß, ohne daß ich wüßt', warum,
den Treuen du verläßt?

Kämst du in meine Hütte
noch einmal nur zurück,
dann wollt' ich rasch dir sagen:
Ich möchte mit dir gehen,
gemeinsam ziehn mit dir.

Ach, lebten wir nicht glücklich
hier auf dem Hügel stets?
Alleine bist du nun, du gingest,
als wandelst du im Schlaf —
wohin? Weißt du, wohin,
wohin du dich verirrst?

Hör einmal noch mir zu:
Muß ich auch weinen,
weil du von mir gingst —
nie brauchst du zu bangen,
daß du leiden mußt,
weil ich es dir gewünscht.

Ich liebte dich, du schöne Blume,
so sonnenwarm und weich,
zusammen lebten wir so gut —
und nun auf einmal ist's dir gleich,
daß ich alleine bin!
Sag mir, wie kommt das nur?

So wie es ist, so muß ich's nehmen.
Doch möge niemals einer
erzählen mir von dir:
Du irrest wie verloren
von Baum zu Baum
in Pein und Einsamkeit.

Ihr Menschen, die ihr liebt,
die ihr ein Herze habt!
Vernehmt, was ich euch sage:
Nie und nimmer darf sie fallen
in eines Räubervogels Krallen!

Das Rätsel der Bohneninschriften

Die Sprache der Mochica ist ihre Keramik, so hatte es Ephraim George Squier ausgedrückt. Es ist — wie diese erotischen Gefäße zeigen — oft eine sehr offene Sprache, die nichts verschweigt, aufrichtiges Selbstbekenntnis der Mochica über alle Seiten ihres Lebens in diesem ihrem vorinkaischen Königreich im Norden Perus.

Neben der Sprache der Tongefäße haben diese Indianer freilich auch ihre gesprochene Sprache gehabt: das Mochica, dessen Name man auf diese Indianer selber übertragen hat, eine Sprache, die wir im Unterschied zu der Muttersprache der Chavín-Indianer, der Nazca, der Bewohner von Cotosh oder von Paracas in ihrer neueren Gestalt sogar kennen. Da diese wirkliche Sprache der Mochica zusammen mit diesen nordperuanischen Küstenindianern die Unterwerfung durch eine fremde, aus den Bergen gekommene Macht überlebt hat, ist sie dann im Chimú-Reich zu neuer Blüte gelangt. Sie hat auch die Eroberung Perus und die ganze Kolonialzeit überdauert und ist in ihrer letzten Bastion, der nordperuanischen Ortschaft Eten, sogar bis ins 20. Jahrhundert lebendig geblieben; ja, es ist möglich, daß sie dort von einigen alten Leuten auch heute noch gesprochen wird. Diese erste Sprache des vorinkaischen Peru, die der Wissenschaft bekannt ist, war — im 17. Jahrhundert (als noch mehr als 40 000 Indianer das Mochica sprachen) — von jenem Pater Fernando de la Carrera aufgezeichnet worden. 200 Jahre später hat sie dann der deutsche Gelehrte E. W. Middendorf von neuem erforscht. Den Wortschatz dieser Sprache hat aber auch jener Mann zumindest teilweise beschrieben, der selbst behauptet hat, daß die eigentliche Sprache der Mochica ihre Keramik sei — der Archäologe im Diplomatenfrack, Mr. Ephraim George Squier.

Das Mochica ist — und nun müssen wir eigentlich schon sagen »war«, weil infolge der Wirkungen der »Zivilisation« nicht nur einzelne Tierarten, sondern auch einzelne Menschengruppen, ganze Völker und mit ihnen auch ihre Sprachen aussterben — für Nichtindianer eine außerordentlich schwierige Sprache. Hat sie doch auch Laute verwendet, die europäische Sprachen nicht kennen. Von den Vokalen herrschen A und E vor, von den Konsonanten N, T, stimmhaftes und stimmloses S sowie Kehl- und Zischlaute. Das Mochica kannte

161

weder grammatische Geschlechter noch Wortartikel. Bei der Bedeutung gebrauchte es zwei Nominative, drei Genitive, einen Dativ und einen Vokativ (einen »Anredefall«).

Die Mochica-Sprache hatte auch Spuren der komplizierten Verwandtschaftsverhältnisse dieser Indianer bewahrt. Verwandte aus einer Seitenlinie bezeichnete das Mochica, je nachdem, ob es Verwandte des Mannes oder der Frau waren, jeweils mit einem ganz anderen Wort.

Neben der klassischen Form des Mochica hatte sich – noch bis in die nachkoloniale Zeit – einer ihrer Dialekte erhalten, eine Mundart, die hauptsächlich von den Bewohnern der Fischerdörfer an der Küste gesprochen wurde. Daher haben die Spanier sie »Pescadora« (»Sprache der Fischer«) genannt. Wenn jedoch schon das eigentliche Mochica den Eroberern erhebliche Schwierigkeiten bereitete, so ist die »Fischermundart« den ersten Spaniern ein wahrer Greuel gewesen. Pater Calancha, dem wir sonst so viele wertvolle Nachrichten über die indianischen Bewohner der nordperuanischen »Costa« verdanken, sagt von dem Dialekt der Küstenfischer, daß es eine Sprache sei, »die eher für den Magen als zur Verständigung tauge«.

Die Mundart der Mochica-Fischer, die also bei den Spaniern Brechreiz erregt haben soll, ist schon lange ausgestorben.

Die Sprache der Mochica-Herren hat dagegen noch die Kolonialzeit überlebt, bis in der ersten Hälfte unseres Jahrhunderts auch sie erloschen ist. Und so sprechen die Mochica wiederum allein durch ihre Keramik zu uns. Allein durch ihre Keramik? Nach diesem Satz, nach dieser Behauptung muß in der Tat ein Fragezeichen gesetzt werden. Denn schon der Mann, der mehr solcher Töpfererzeugnisse der Mochica gesehen hat als jeder andere auf der Welt, der Mann, der buchstäblich zwischen lauter Mochica-Gefäßen, die sein Vater auf seiner Hacienda gesammelt hat, groß geworden ist, der Forscher und Großgrundbesitzer, der dann diese Familiensammlung indianischer Keramik ausgebaut und das bei weitem reichhaltigste Museum, das diesen Indianern gewidmet ist, geschaffen hat, der selber der bedeutendste Kenner und Lobpreiser dieser eigentlichen Sprache der Mochica war, eben dieser Mann – Rafael Larco Hoyle – behauptet: »Nein, es ist nicht wahr, daß uns die Mochica schriftliche Mitteilungen nur in Gestalt ihrer Zeichnungen hinterlassen haben. Diese Indianer haben eine Schrift gekannt. Sie haben ein eigenes, äußerst originelles Schriftsystem verwendet, daß keinem anderen der Wissenschaft bisher bekannten ähnelt.« Den Beweis dafür glaubt Rafael Larco Hoyle eben beim Studium der Zeichnungen auf ihren Gefäßen gefunden zu haben, derselben Zeichnungen, die nach den Auffassungen aller anderen Forscher, die sich mit den Mochica beschäftigt haben, im Gesamtkomplex dieser Kultur eben das ersetzt haben, was dieser sonst so hochentwickelten Kultur (und den altperuanischen Hochkulturen überhaupt) unbegreiflicher- und eigentlich auch unlogischerweise fehlt – nämlich eine Schrift.

Der peruanische Sammler und Forscher erklärt in seinem Hauptwerk im Hinblick auf die Mochica: »Es ist unmöglich, daß so ein fortgeschrittenes Volk keine Schrift gehabt hat.« Und da er also der Überzeugung war, daß diese altperuanischen Indianer ein eigenes Schriftsystem, eine Form der Aufzeichnung von Nachrichten und Mitteilungen gekannt und verwendet haben müssen, begann er danach zu suchen. Er war Besitzer der umfangreichsten Privatkollektion von Mochica-Keramik, dieses Selbstporträts ihrer Kultur, und so begann er natürlich die möglichen Spuren dieser Schrift, dieser Inschriften, an deren Existenz er glaubte, auf den bemalten Gefäßen zu suchen, die er und vor ihm sein Vater gesammelt hatten. Rafael Larco Hoyle studierte Hunderte und Tausende von Mochica-Zeichnungen, entzifferte ihre komplizierten Symbole, fügte Erkenntnis an Erkenntnis, bis er schließlich in diesem einzigartigen Mosaik — nach seiner Auffassung — wirkliche Beweise für die Existenz einer Schrift bei diesen nordperuanischen Indianern gefunden hatte. Dann legte er dar, wie seiner Meinung nach diese ungewöhnliche, älteste Schrift der Peruaner ausgesehen habe.

Der Autor dieses Buches kann nicht leugnen, daß ihn Larcos Theorie nicht völlig zu überzeugen vermocht hat. Er gesteht ihrem Urheber aber gern die seltene Gabe originellen Denkens und eine gehörige Portion Phantasie zu, die bei der Lösung solcher Rätsel der Vergangenheit ebenfalls unerläßlich sind.

Rafael Larco Hoyle war zunächst aufgefallen, daß auf einer ganzen Reihe von Gefäßen Bohnen abgebildet waren — genauer gesagt, Limabohnen, nach der botanischen Nomenklatur *Phaseolus lunatus*. Diese »Pallares«, wie die heutigen Peruaner sie nennen, waren auf den Gefäßbildern mit den verschiedensten aus Strichen und Punkten bestehenden Zeichen beschrieben. Diese Punkte und Striche hoben sich von den »natürlichen Flecken« auf den Bohnen deutlich sichtbar ab.

Solche »beschriebenen Pallares« sind auf den Töpfereien der Mochica immer wieder und in den unterschiedlichsten Formen zu sehen. Auf seinen Gefäßen hat dann dieser Sucher der ältesten peruanischen Schrift so etwas wie Mochica-Gelehrte — Schreiber — entdeckt, die mit eigenartigen spitzen Geräten, einem Grabstichel ähnelnd, vielleicht aber auch eine besondere Form jenes heiligen Tumi-Messers darstellend, die besagten Zeichnungen in die Bohnen einritzen. Andererseits hat Rafael Larco Hoyle auf einer großen Zahl von Gefäßbildern Priester identifiziert, die — wiederum in ihre traditionelle »Fuchstracht« gekleidet (denn der Fuchs war ja bei den Mochica nicht nur ein Symbol heiliger Dinge, sondern auch ein Sinnbild der Klugheit und List) — auf den Stufen ihrer Pyramiden Dutzende solcher »beschrifteten« Bohnen zu »lesen«, zu entziffern scheinen. Auf diesen Zeichnungen haben die weisen Priester die Pallares reihenweise zusammengestellt, als ob sie erst durch deren richtige Anordnung den ganzen Sinn der Botschaft, den ganzen Inhalt der Mitteilungen von den bekritzelten Bohnen ablesen könnten.

Rafael Larco Hoyle hat also — seiner Meinung nach — auf der Keramik sowohl Personen gefunden, die auf die Pallares schreiben, als auch solche, die diese Nachrichten lesen oder entziffern. Er hat aber auch noch eine dritte Gruppe entdeckt, nämlich diejenigen, die die »Bohnenpost« überbringen. Auf

Hunderten und aber Hunderten von Gefäßen sind Läufer abgebildet, die stets einen kleinen Lederbeutel in der Hand halten. Dieses Säckchen aus weichem Lamaleder soll eben solche beschrifteten Bohnen enthalten haben. (Auf einer Schale in den Sammlungen von Larcos Museum sind tatsächlich einmal diese Boten, die Priestern einen solchen Lederbeutel übergeben, zusammen mit den in Fuchstracht gekleideten »Priestergelehrten« dargestellt, die die in die Bohnen eingeritzte Mitteilung anscheinend bereits lesen.)

Solche aus Lamaleder gefertigten Beutel hat man übrigens auch in den Mochica-Gräbern gefunden. Wenn es eine solche Bohnenschrift wirklich gegeben hat, haben demnach sogar die Hinterbliebenen ihren verstorbenen Verwandten Nachrichten auf die letzte Reise mitgegeben.

Die Lederbeutel mit den beschrifteten Pallares sollen also in den Händen von Läufern, von Boten, die nach Rafael Larco Hoyles Meinung die wichtigsten Glieder dieses »Postsystems« der Mochica waren, durch das ganze weite Land dieser Indianer, durch dessen Täler und Sandwüsten gewandert sein. Läufer sind in der Tat auf vielen Gefäßen der Mochica zu sehen. Und nicht immer scheinen es nur Teilnehmer an jenen rituellen Wettläufen zu den Pyramiden gewesen zu sein.

Die letzte und höchste der vorkolumbischen Kulturen Perus – das Reich der Inka – hat sich einer wohldurchdachten, zuverlässigen und sehr raschen Methode der Nachrichtenübermittlung mit Hilfe von Läufern bedient. Die »Chasqui«, wie man diese Boten nannte, waren in bestimmten Abständen – wie Staffelläufer – auf den Straßen des Reiches aufgestellt und einer übergab dem anderen die zu überbringende Botschaft. Wichtige Informationen, die in den berühmten Knotenschnüren der Inka, den »Quipu«, enthalten waren, wanderten auf diese Weise mit unglaublicher Geschwindigkeit durch das alte Peru, Nachrichten aus Quito nach Cuzco beispielsweise – diese beiden Städte sind 2 000 km voneinander entfernt – gelangten in etwa fünf Tagen an ihr Ziel. Bei der heutigen Post, der Flugzeuge zur Verfügung stehen, dauert die Zustellung eines Briefes über die gleiche Entfernung oft weit länger.

Pater Morua, einer der ersten spanischen Chronisten, der über das Peru der Inka berichtet hat, vermerkt, daß erst der Inka Tupac Yupanqui diesen Postdienst mit Hilfe von Stafettenläufern, den Chasqui, ins Leben gerufen habe, derselbe Tupac Yupanqui, der sich als erster Inka der nordperuanischen Küstenregion, also des ehemaligen Siedlungsgebiets der Mochica, bemächtigt hat. Rafael Larco Hoyle folgert aus dieser Tatsache, daß zuallererst das Mochica-Reich die Chasqui und diesen ganzen Nachrichtendienst professioneller Staatsläufer erfunden und praktiziert habe, indem dort solche Boten auf guten Straßen, die sich dieser Staat in den Küstengebieten Nordperus gebaut habe, jene auf Limabohnen verzeichneten Mitteilungen überbracht haben.

Die Läufer der Mochica waren angeblich Tag und Nacht auf den Beinen. Und sie müssen sehr flink gewesen sein. Denn viele Darstellungen dieser Läufer sind mit Symbolen oder Bildern von Tieren verbunden, die von den Mochica ihrer Schnelligkeit wegen bewundert wurden. So sind die Läufer, die ihren Dienst am Tage versehen, mit einem Hirschkopf dargestellt, und diejenigen, die in der Nacht unterwegs waren, tragen Eulenköpfe. Die Leistungsfähigkeit der Boten ist auf anderen Gefäßen auch dadurch angedeutet, daß der Läufer die Gestalt eines Tausendfüßlers angenommen hat, um zu unterstreichen, daß er gleichsam nicht zwei, sondern tausend Beine habe. Manchmal preist der Mochica-Töpfer die Schnelligkeit des Läufers gar auf die Weise, daß er ihn mit Vogelfedern schmückt.

Rafael Larco Hoyle hat somit für seine Theorie von der Existenz dieser auf der ganzen Welt einzig dastehenden Bohnenschrift, die die Mochica verwendet haben sollen, zahlreiche von diesen Indianern eigenhändig gezeichnete indirekte Zeugnisse gefunden, die alles und alle zeigen, die etwas damit zu tun hatten. Er hat zahlreiche Abbildungen jener bekritzelten Pallares untersucht.

Er hat Dutzende verschiedener Typen von Strichen, Punkten und deren Kombinationen kopiert, die die Zeichen dieser Bohnenschrift gebildet haben sollen. Er hat auch Darstellungen von Schreibern gefunden, die mit spitzen Griffeln oder Messern diese Zeichen in die Bohnen eingeritzt haben. Er hat auf den Gefäßen die Bilder von Priestern, von »Schriftgelehrten«, entdeckt, die auf den Stufen ihrer Pyramiden die den Lamabeuteln entnommenen Pallares offenbar aneinandergereiht haben, um daraus den Inhalt der Nachricht abzulesen. Und schließlich ist er auch auf Dutzende und Hunderte von Porträts jener Boten mit Beuteln in den Händen gestoßen. Er hat dabei sogar zwischen solchen, die ihr Amt tagsüber ausübten, und Läufern, die Nachtdienst verrichteten, unterschieden. Und aus den Gräbern der Mochica hat er auch solche »Postbeutel« selber zutage gefördert. Außerdem war ihm gelungen — in der Sammlung des Besitzers der Hacienda Santa Clara, C. A. Poas, und in der aus der Hacienda Tambo Real stammenden Kollektion des Ingenieurs Sergio Gallardos —, sogar keramische Nachbildungen solcher Limabohnen ausfindig zu machen, die tatsächlich auch in dieser plastischen tönernen Version mit irgendwelchen Zeichen versehen waren.

Rafael Larco Hoyle glaubte, mit alledem die Existenz dieser originellen Schrift bei den Mochica wirklich bewiesen zu haben. Wenn am Anfang dieses Berichts über die Lösung des Rätsels der Bohnenschrift ein Fragezeichen hinter dem Wort Schrift stand, so setzte Larco nun ein Fragezeichen nach den Worten »bei den Mochica«. Denn er war der Meinung, daß es ein solches System der Aufzeichnung von Nachrichten in Altamerika nicht nur bei diesen Indianern gegeben habe, sondern daß es auch von der intellektuell am weitesten fort-

geschrittenen Kultur des vorkolumbischen Amerika — von den Maya — benutzt
worden sei.

Der Begriff »Schrift« wird in der Maya-Sprache mit dem Wort »tzib« (oder
»dzib«) bezeichnet, und dieser Ausdruck ist zweifellos aus zwei Mayawörtern
zusammmgensetzt — aus »tz«, was in der Maya-Sprache »graben, ritzen« bedeutet, und aus »ib«, dem Maya-Namen für »weiße Bohnen«. Daß die Maya
den Begriff »Schrift, schreiben« mit den Worten »in eine Bohne ritzen« ausgedrückt haben, ist gewiß sehr interessant. Rafael Larco Hoyle will jedoch noch
einige andere Übereinstimmungen zwischen den Maya und den Mochica
entdeckt haben. Er hatte u. a. zahlreiche Darstellungen von Mochica-Priestern
in Gestalt von Füchsen gesammelt, die diese Bohnen zu lesen scheinen. Er war
jedoch auch auf ein Maya-Bild gestoßen, das einen Fuchs zeigt, über dessen
Kopf sich Hieroglyphenzeichen befinden. In einer Maya-Handschrift entging
ihm auch die Abbildung eines Vogelmenschen nicht, der Zeichen in eine Bohne
zu ritzen scheint. Und ähnliche Motive hatte Larco ja auch auf den Mochica-
Gefäßen in seiner reichen Keramiksammlung gefunden.

Die Parallelen zwischen den Mochica und den Maya können freilich nur
zufällige Übereinstimmungen sein, deren die Wissenschaft von den alten
Kulturen eine große Menge der verschiedensten Art kennt, Ähnlichkeiten, die
nicht selten die Forscher auf eine falsche Spur locken. Die geheimnisvollen
Hieroglyphenschriften der Maya und die Texte ihrer Bücher, ihrer Kodizes,
sind zweifellos etwas anderes als bekritzelte Bohnen, und jene Pallares werden
das Rätsel gewiß nicht lösen. Was aber die altperuanischen Mochica angeht,
so sind auf ihren bemalten Gefäßen die Abbildungen von Bohnen, die tatsächlich mit irgendwelchen Zeichen geschmückt sind, die Darstellungen von Tag-
und Nachtboten, die Bilder von Schreibern, die in diese Pallares etwas einritzen,
und die Porträts von Priestern, die solche Bohnen zu lesen scheinen, in der Tat
so überaus zahlreich, daß sie die Fachleute geradezu dazu herausfordern, über
Larcos seltsame Theorie von einer noch seltsameren Schrift gründlich nachzudenken.

Rafael Larco Hoyle hat den Erforschern des vorkolumbischen Peru einen
besonders attraktiven Handschuh hingeworfen. Er verdient es wirklich, auf-
gehoben zu werden. Denn das Rätsel der Bohnen auf den Mochica-Zeich-

nungen kann man freilich auch ganz anders erklären. Etwa so, daß die häufigen Abbildungen dieser bekritzelten Pallares auf den dortigen Gefäßen nur eine Art von beliebtem Glücksspiel der Mochica darstellen oder daß die in Fuchsfelle gehüllten Priester auf den Stufen ihrer Pyramiden aus den Bohnen die Zukunft weissagen und daß auch diese zahlreichen Läufer mit Beuteln in der Hand ebenfalls Teilnehmer an jenen heiligen Massenläufen zu den Mochica-Pyramiden sind. Und selbst wenn die Existenz einer solchen Art des Schreibens eines Tages wirklich sicher erwiesen sein sollte, dann müßten Rafael Larco Hoyle und seine Anhänger auch eine noch wichtigere Frage beantworten: nämlich die Frage, warum die alten Mochica, wenn sie schon einmal eine solche Schrift erfunden hatten, das Geheimnis einer derartigen genialen Errungenschaft nicht an ihre Nachfolger weitergegeben haben, an jene Indianer, die im vorkolumbischen Peru nach ihnen gekommen sind.

Victoria de la Jarra, jene peruanische Forscherin, die ebenfalls so unermüdlich nach allen Spuren einer Schrift in den vorkolumbischen Kulturen ihres Landes sucht, glaubt die Antwort zu kennen. Die Bohnenschrift der Mochica, die — sofern sie existiert hat — zweifellos nur von den Geistlichen und der Elite der Mochica-Gesellschaft benutzt wurde, ist unterdrückt und schließlich völlig verboten worden, und zwar von den Priestern einer neuen Religion, den Herrschern eines neuen Reiches, das die Mochica unterworfen und überhaupt — seit den Jahren von Chavín zum erstenmal — seinen Einfluß wieder über ganz Peru, über seine Küsten- und seine Gebirgsgebiete ausgedehnt hat. Und dieser »zweite gesamtperuanische Horizont« — wie die Wissenschaftler ihn nennen —, diese andere »gesamtnationale«, zweifellos ebenfalls religiös motivierte Macht in der Geschichte des Landes, ist Tiahuanaco und seine Kultur gewesen.

So nahe den Sternen —
so ferne den Menschen

Die Träger jener Kultur, die auf die angeblichen »Bohnenbeschrifter«, die Mochica, folgte und die eine Zeitlang fast die gesamte Szenerie des vorinkaischen Peru beherrscht hat, sind die Menschen von Tiahuanaco gewesen. So werden sie zumindest von manchen Historikern aus dem Grund genannt, weil wir ihren wahren Namen nicht kennen. Ebenso wie uns auch der wirkliche Name ihrer phantastischen steinernen Metropole unbekannt geblieben ist. Den Namen »Tiahuanaco« haben der Stadt jene Indianer gegeben, die im indianischen Peru zum letztenmal die Krone der Macht getragen haben — die Inka, und zwar zu einer Zeit, als die ursprünglichen Bewohner dieser altperuanischen Metropole, ihre Krieger und Hohepriester, sie schon längst für immer verlassen hatten. Von älteren, vorangegangenen Kulturen wollten die stolzen Inka nichts wissen, sie sahen dieses ganze südamerikanische Land allein mit ihren eigenen Augen, aus einem einzigen — ihrem inkaischen — Blickwinkel an.

Als einer der Inka (Mayta Capac — nach anderen Sagen der Inka Sinchi) in den Ruinen der verlassenen Stadt Rast hielt, traf dort ein Eilbote ein. Schweißüberströmt und zu Tode ermattet, überbrachte er dem Herrscher eine höchst wichtige Nachricht aus Cuzco, der Hauptstadt des Reiches. Die Leistung des Läufers, die Schnelligkeit, mit der er über Stock und Stein geeilt war, nötigte selbst dem Inka Bewunderung ab. Er verglich den Überbringer der Botschaft mit dem Guanako — jenem lamaähnlichen Tier, das sich zusammen mit den eigentlichen wilden Lamas und den Vikunjas auf den Hochebenen Perus tummelt. Und er zeichnete ihn auf eine ganz ungewöhnliche Art und Weise aus: Er forderte den Boten, einen gemeinen Untertanen seines Reiches, auf, sich in seiner, der Gegenwart des Allerhöchsten zu setzen. »Tia Huanaco!« sagte er in der Ketschuasprache zu ihm — »Setz dich, du Läufer, pfeilschnell wie ein Guanako«. Und dieser Ketschua-Name ist der Stadt (sowie ihrer Kultur und dem hypothetischen Reich) auch in den Büchern über die Geschichte des vorkolumbischen Peru geblieben.

Die Stadt mit dem Namen »Setz dich, Guanako!« hat gewiß anders geheißen.

Manche Forscher sind der Meinung, daß Tiahuanaco ursprünglich den Namen Inti Huahuan Haque getragen habe, was soviel bedeutet wie »Ort der Söhne der Sonne«. Andere wieder behaupten, daß Tiahuanaco ursprünglich »Ewige Stadt« geheißen habe. Und noch andere wollen in ihrem Namen einen Widerhall des Phalloskults, der Verehrung des männlichen Glieds als das Symbol der Fruchtbarkeit und Erhaltung des Menschengeschlechts, erkennen. Die Gelehrten, die sich mit der Geschichte Perus und der Andenländer überhaupt beschäftigen, mußten sich für eine dieser so unterschiedlichen Bezeichnungen entscheiden. Und sie entschieden sich für den falschen Namen. Auf einer im Jahre 1957 im bolivianischen La Paz abgehaltenen Konferenz beschlossen sie, der verlassenen steinernen Metropole jener altindianischen Kultur und möglicherweise auch eines altperuanischen Reiches den Namen zu lassen, den ihr nach der Sage jener gelassen hat, der sie ganz bestimmt nicht erbaut hatte — jener Inka. Und unter der gleichen Bezeichnung Tiahuanaco (oder in neuerer Transkription Tiwanaku) ist dann auch die Kultur, die von dieser Stadt nach allen Richtungen Perus ausgestrahlt hat, in die Geschichte Altamerikas eingegangen.

Die Stadt mit dem Namen »Setz dich, Guanako!« liegt allerdings in einer ganz anderen Gegend als die meisten altperuanischen Städte, die wir bisher kennengelernt haben. Genaugenommen liegt sie überhaupt nicht im heutigen Peru, sondern in der Nähe seiner Staatsgrenze — in der Republik Bolivien, in jenem Teil des Andengebiets, das man in kolonialen Zeiten Alto Perú — »Hochperu« — nannte. Und hoch, hoch in den Bergen liegt Tiahuanaco wirklich — in jenem anderen, gebirgigen Gebiet dieses Teils Südamerikas, in der »Sierra«, auf dem sogenannten Altiplano, jener kalten, zu beiden Seiten von den schneebedeckten Riesen der Kordilleren gesäumten Hochebene unweit der Ufer des höchstgelegenen schiffbaren Sees der Erde, des Titicacasees. Und eben der eigentümliche traurige Zauber jener Hochgebirgsebene, wo es so nahe zu den Sternen und so fern von den Menschen ist, fließt ein in den beinahe mystischen Schauer, den Tiahuanaco wohl in jedem Besucher erregt, woher er auch gekommen sein mag. Auch der Autor des Buches ist ihm bei seinem ersten Besuch in Tiahuanaco erlegen. Als er am späten Nachmittag nach unbequemer Fahrt von der bolivianischen Hauptstadt La Paz endlich in Tiahuanaco anlangte, befand er sich mutterseelenallein in der Ruinenstadt. Die letzten Strahlen der untergehenden Sonne erloschen auf den entfernten, ewig weißen Schneefeldern der Kordilleren, nahe der Stadt dehnten sich von Horizont zu Horizont die schimmernden Wasser des Titicaca, des »Sonnensees«. Eine Landschaft ohne Bäume und fast ohne Leben — Einsamkeit und Totenstille. Nur ein kalter Wind blies unaufhörlich. Es war eigentlich das einzige Geräusch, das zu vernehmen war. Sonst herrschte eine fast unwirkliche Ruhe. Denn die Stadt, durch die der Autor des Buches schritt, war eine tote Stadt. Ihre verborgene Sprache, die Sprache der 100 Tonnen schweren Steinquader, die Sprache der 7 m hohen Monolithstatuen, die Sprache des berühmten Sonnentores, alle diese geheimen Stimmen des alten Tiahuanaco mußte der Ankömmling erst verstehen lernen. Alsbald

ging die silberne Sichel des Mondes am Himmel auf, und in der dünnen Luft des Altiplano funkelten die Sterne wie nirgends sonst auf der Welt.

Wir sind zum erstenmal im Verlauf unserer langen Reise auf den Spuren der versunkenen indianischen Reiche Perus in den Bergen, hoch im Gebirge. Vom Atem des Ozeans, vom Sand der Küstenwüsten, von der Atmosphäre der Flußtäler, in deren Oasen all jene Kulturen erblüht waren, denen wir bisher begegnet sind – Nazca und Paracas, Virú und zuletzt die Mochica –, von alledem ist hier nichts mehr zu spüren. Diese Stadt ist von einer Kultur erschaffen worden, die – auch wenn wir ihre Urheimat nicht kennen – aller Wahrscheinlichkeit nach hier im Gebirge, auf den Hochebenen des peruanischen Südens, entstanden ist. Doch in der Zeit ihrer größten Blüte, ihrer machtvollsten Entfaltung hat sie selbst bis zur peruanischen Küste auszustrahlen vermocht, über das ganze weite Peru hat sich ihr Einfluß erstreckt. Die Wirkungen ihrer Kunst, ihrer religiösen Vorstellungswelt sind bis in die entlegensten Gegenden dieses Teils Südamerikas gedrungen. Tiahuanaco ist – wie die Fachleute sagen – die zweite »panperuanische« oder »gesamtandine« Kultur. Die erste – Jahrhunderte zuvor – war Chavín. Ebenso wie Chavín war übrigens auch Tiahuanaco lange Zeit der einzige und später zumindest der wichtigste der Wissenschaft bekannte Brennpunkt einer bewundernswerten altindianischen Kultur. Und ebenso wie Chavín, ja noch weit mehr hat auch Tiahuanaco die phantastischsten Fragen aufgeworfen.

Der biblische Adam
gründet eine Stadt

Wer hat Tiahuanaco gegründet? Wann ist Tiahuanaco gegründet worden?
Diese Fragen haben sich bereits die ersten Europäer vorgelegt, die die uralte
Stadt betraten. Sie sind schon bald nach der Eroberung Perus nach Tiahuanaco
gekommen, die ersten spanischen Soldaten bereits im Jahre 1533. Hierher
gelangten sie früher als in jede andere vorinkaische Stadt des Landes. Der
eigentümliche Zauber dieser indianischen Metropole auf der weiten bolivianischen Hochebene, vor dem Panorama schneebedeckter Bergriesen und des
blaugrünen Sees, hat auch sie in seinen Bann geschlagen. Dieser einzigartigen
Lage der Ruinenstadt ist es wohl auch zu danken, daß uns die ersten spanischen
Chronisten über das schon damals lange tote Tiahuanaco mehr Nachrichten
als über jede andere vorkolumbische Stadt dieses Landes hinterlassen haben.
Kein anderes indianisches Zentrum Altperus – die Metropole der Inka, das
goldene Cuzco, vielleicht ausgenommen – hat bereits bei den ersten
europäischen Besuchern eine solche Erregung, ein solches Erstaunen und
zugleich so viele Fragen und Vermutungen über seinen Ursprung hervorgerufen
wie Tiahuanaco.

Die Indianer selbst, die während der Ankunft der Spanier dort lebten,
glaubten, daß eine solche gigantische Stadt nicht von Menschen geschaffen
worden sein könne, sondern daß eine besondere, ausgestorbene Rasse von
Riesen sie erbaut habe. Oft wurde der Stadt ein hohes Alter zugesprochen. Der
bolivianische Ingenieur österreichischer Herkunft mit dem polnischen Namen
Arthur Posnansky, der sich außerordentliche Verdienste um die Erforschung
Tiahuanacos erworben und in dessen Ruinen die Hälfte seines Lebens verbracht
hat, war der Meinung, daß Tiahuanaco vor 12 000 bis 17 000 Jahren gegründet
worden sei. Schon diese Datierung würde aus Tiahuanaco die älteste Stadt nicht
nur Amerikas, sondern unseres ganzen Planeten machen.

Andere Autoren verfuhren in ihren Schätzungen weit großzügiger als der
Ingenieur Posnansky. Ein gewisser H. S. Bellamy z. B. »veranschlagte« das Alter
Tiahuanacos auf 250 000 Jahre. Nach und nach entwickelte sich ein wahrer

Wettstreit darum, wer das höchste Alter dieses archäologischen Rätsels im bolivianischen Hochland zu »beweisen« vermochte. Als unbestrittener Sieger dieses seltsamen Wettlaufs in die Tiefen der Geschichte ging ein bolivianischer Forscher, der Sprachwissenschaftler Emeterio Villamil de Rada, hervor, der sich (und zusammen mit ihm seine noch kühneren patriotischen Anhänger) in seinem Werk »Die Sprache Adams« zu beweisen bemühte, daß der biblische Adam Aymara gesprochen habe und daß der diese bolivianische Indianersprache sprechende Stammvater des Menschengeschlechts auch der Gründer dieser ältesten Stadt der Welt gewesen sei, die – nach Villamil – zu Adams Zeiten Armar-Apu geheißen habe.

Der Autor des vorliegenden Buches war – aufgrund der Lektüre der Bibel – freilich stets der Ansicht gewesen, daß der Stammvater Adam im Paradies und nicht in Tiahuanaco gelebt habe.

Unter den ersten europäischen Besuchern Tiahuanacos hatte es Männer gegeben, die dazu neigten, die Dinge ebenso zu sehen, wie sie einige Jahrhunderte später der bolivianische Gelehrte dargelegt hat. Der Chronist Baltasar de Salas, ein spanischer Priester, der sich lange im Gebiet von Tiahuanaco aufgehalten und darüber später eine 1625 in Madrid erschienene Arbeit »Aymaru-Aymaru« und andere schriftliche Zeugnisse herausgegeben hat, war zu der Ansicht gelangt, daß nicht nur einer der Bewohner des Paradieses, der Stammvater Adam, in Peru gelebt habe, sondern daß überhaupt das biblische Paradies ganz woanders zu suchen sei als bis dahin angenommen, und so verlegte er es kurzerhand in das bolivianische Hochland. Diese »Paradiestheorie« entwickelte ein Vierteljahrhundert später ein anderer Spanier, Antonio de León Pinela, weiter, der in seiner Schrift »Das Paradies in der Neuen Welt« sogar die aus der Bibel bekannten Flüsse nach Südamerika »umleitete«. Der Euphrat wurde bei ihm zum Orinoco und der Tigris zum Amazonasstrom. Und um über dem Stammvater Adam sein Weib Eva nicht völlig in Vergessenheit geraten zu lassen, machte er aus dem verführerischen Apfel der Eva die in Peru heimische Granadilla.

Der erste wissenschaftlich geschulte Besucher kam erst zu Beginn des zweiten Viertels des 19. Jahrhunderts in die »Stadt Adams«. Es war ein Franzose, Alcides d'Orbigny mit Namen. Und dieser französische Gelehrte gelangte in seinem berühmten Buch »L'Homme Américain – Der amerikanische Mensch« zum erstenmal zu der Auffassung, daß Tiahuanaco das Werk der Schöpfer eines mächtigen vorinkaischen Reiches gewesen sein müsse, die es zuwege gebracht hatten, in dieser Hochgebirgsgegend eine solche Zahl von Bauten zu errichten und das Problem des Transports einer so riesigen Menge sehr schweren Baumaterials zu bewältigen. Das war freilich ein völlig neuer Blick auf die Vergangenheit Perus. Seit den Zeiten der Konquista hatten die Europäer aus der Geschichte Perus zumeist nur die Inka, das Inkareich und seine Kultur zur Kenntnis genommen. Der Gedanke an vorinkaische Zeiten, an vorinkaische Kulturen hatte ihnen in der Regel völlig ferngelegen. Im Jahre 1892 erschien dann die Studie »Die Ruinenstätte von Tiahuanaco im Hochland des alten

Peru«, die am Anfang der wirklichen, wissenschaftlichen Erforschung der
»Stadt Adams« steht. Ihr Verfasser war wiederum Max Uhle, zusammen mit
seinem Landsmann Alphons Stübel. Erst mit dieser Arbeit begann die Frei-
legung Tiahuanacos. Aber diesmal nicht aus den Ablagerungen von Lehm und
Staub, sondern aus dem Rankengewirr von Sagen und Phantastereien, von
denen die kühnste die gewesen ist, die behauptete, daß der biblische Adam
selbst Tiahuanaco gegründet habe und daß überhaupt hier, in diesem indianischen Hochland am Titicacasee, und nicht am Euphrat und Tigris jenes
irdische Paradies, von dem die Bibel erzählt, gelegen habe.

Aber so, wie die Wissenschaftler den Verfälschern der alten Geschichte
Tiahuanacos entgegentreten mußten, haben sie auch den Verfälschern, den
Zerstörern des Gesichts dieser Stadt Einhalt gebieten müssen, den diesmal
schon modernen und manchmal sogar behördlich legalisierten Zerstörern.
Tiahuanaco war bereits in vorkolumbischen Zeiten von den Menschen verlassen worden, in der Kolonialzeit kehrten die dortigen Indianer in die Stadt
zurück. Um Tiahuanaco von neuem zu besiedeln? Nein, sondern um das
Zerstörungswerk, das der sprichwörtliche Zahn der Zeit an der alten Metropole ihrer Vorfahren geübt hatte, durch eigenhändige, zielgerichtete Schläge
zu beschleunigen. 400 Jahre lang war Tiahuanaco der größte Steinbruch
Boliviens. Von überallher kamen die Menschen, um sich dort Tausende und
aber Tausende Tonnen sorgfältig behauener hochwertiger Steine zu holen.
Diejenigen, deren Form ungeeignet war, wie jene berühmten Monolithstatuen
von Tiahuanaco, wurden mit der Spitzhacke zertrümmert und in moderneren
Zeiten sogar mit Dynamit gesprengt. Man braucht nur durch die umliegenden
Dörfer zu wandern. Im Mauerwerk der Behausungen der dortigen Indianer
kann man auf den ersten Blick zahlreiche Steinblöcke erkennen, die vor vielen
Jahrhunderten von den Vorfahren dieser Menschen bearbeitet worden
waren.

Bis zum letzten Quader ist auf diese Weise die sogenannte Farbige Treppe
von Tiahuanaco der Vernichtung anheimgefallen. Ebenso ist der benachbarte
Palast der Sarkophage von den unberufenen Steinhauern schwer beschädigt
worden. Die völlig einmalige Hauptwasserleitung, eher eine Kloake, die durch
eines der Objekte von Tiahuanaco führt, hat man noch in diesem Jahrhundert
zerstört. Vor gar nicht langer Zeit hat man auf diese Weise eine Monolithstatue,
die offenbar dem Gewitterkult geweiht war, buchstäblich geviertteilt. Anderen

in Tiahuanaco gefundenen Statuen haben ihre Entdecker den Kopf abgeschlagen. Die allerärgste Verwüstung haben in Tiahuanaco die Erbauer der Eisenbahn angerichtet, die den stolzen Namen »Eisenbahn des Fortschritts« oder Ferrocarril de Guaqui (nach der Endstation dieser Strecke) trägt. Für den Bau der »Eisenbahn des Fortschritts« wurde eine Unmenge von Steinen benötigt: für den Bau von Brücken, als Schotter unter die Gleise und für andere Arbeiten. Mit dem Segen der Regierung kamen ihre Erbauer nach Tiahuanaco, um Mauern und Standbilder mit Dynamit in die Luft zu sprengen. Als einer der bolivianischen Archäologen gegen dieses barbarische Vorgehen protestierte, bekam er von dem leitenden Ingenieur des Baus zur Antwort: »Das gereicht diesen Steinen nur zur Ehre. Man wird von ihnen sagen, daß sie zwei Kulturen gedient haben – der ihren und der unseren!«

Der unbegreiflichen Zerstörung Tiahuanacos im 20. Jahrhundert war ein langes Vorspiel in den kolonialen Zeiten vorangegangen. Bereits der erste spanische Eigentümer Tiahuanacos, Juan de Vargas, hatte in dessen Gebäuden nach indianischen Goldgegenständen gesucht, allerdings vergeblich. Im 18. Jahrhundert ließ dann ein anderer gewinnsüchtiger Europäer, der baskische Bergwerksbesitzer Oyaldeburu, die ganze Akapana – einen der Hauptkomplexe Tiahuanacos – umgraben, weil er glaubte, das Gold und Silber, das er nicht

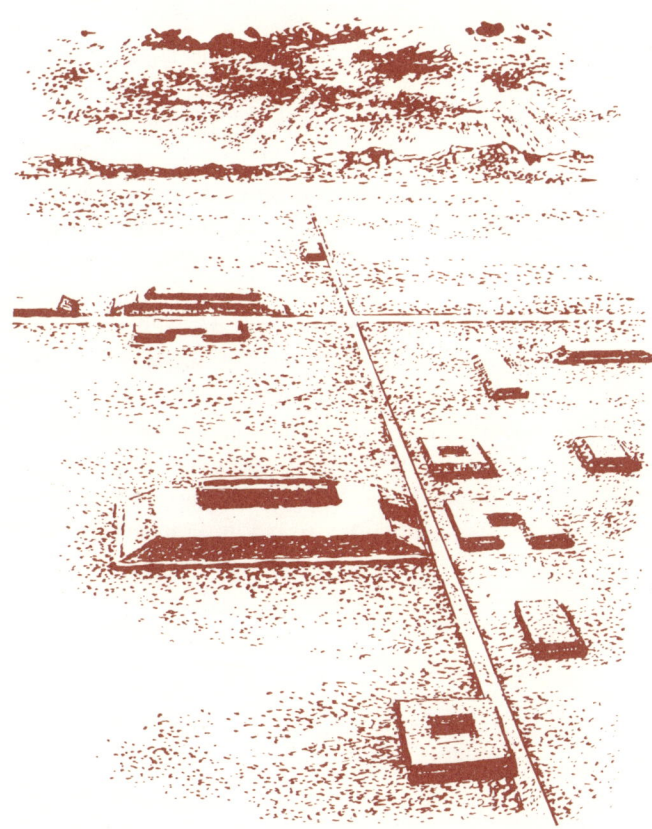

aus der peruanischen Erde holen konnte, sei hier, in der angeblichen Residenz der altindianischen Könige, zu finden.

Im Unterschied zu Tenochtitlán, der Hauptstadt der Azteken, die in kurzer Zeit bei der Eroberung durch die Spanier dem Erdboden gleichgemacht worden war, ist Tiahuanaco volle 450 Jahre hindurch verheert worden. Dieser sinnlosen Verwüstung sind lange Zeit nur einzelne entgegengetreten. Der bedeutendste von den neuzeitlichen Verteidigern der altindianischen Stadt war jener ehemalige österreichische Marineingenieur Arthur Posnansky, der schließlich eine Reihe von Tiahuanaco-Denkmälern direkt in die Hauptstadt Boliviens, La Paz, überführte und dort daraus den sogenannten »Tiahuanaco-Platz« in dem Stadtteil Miraflores schuf. Heute ist dieser Platz eine der von den Touristen am meisten besuchten Lokalitäten dieses Landes.

Viele Forscher der Gegenwart mißbilligen Posnanskys Handlungsweise, »Tiahuanaco aus Tiahuanaco abzutransportieren«. Durch diese Tat aber ist wenigstens etwas von dem Kulturgut für künftige Generationen gerettet worden.

Erst nach dem zweiten Weltkrieg ist es zu einer Wende im Verhältnis der Bolivianer zu der wertvollsten, denkwürdigsten altindianischen Stadt gekommen, die auf dem Gebiet dieser südamerikanischen Republik erhalten geblieben ist. Die heutige Führung des bolivianischen Staates ist sich der Tatsache voll bewußt, welch einzigartigen Schatz ihm die namenlosen Schöpfer dieser Stadt mit ihrem Werk hinterlassen haben. Tiahuanaco wird heute — ebenso wie Chavín — nach und nach rekonstruiert. Im Jahre 1957 ist das bolivianische staatliche »Zentrum für die archäologische Erforschung Tiahuanacos« gegründet worden, an dessen Spitze von Anfang an der hervorragende bolivianische Archäologe Carlos Ponce Sanginés steht.

Im Laufe von 20 Jahren hat Sanginés mit seinem Team bei der Restaurierung und der Wiederherstellung Tiahuanacos ein großes Stück Arbeit geleistet. Selbstverständlich haben die Archäologen die in alle Winde gestreute Treppe, den zertrümmerten Palast und die mit Dynamit gesprengten Statuen der Stadt nicht wieder zurückgeben können. Aber das, was übriggeblieben ist, haben sie von den Ablagerungen der Zeit gereinigt, von neuem Stein an Stein gefügt und die Tempel und Pyramiden Tiahuanacos, wo immer es möglich war, in ihrer ursprünglichen Gestalt rekonstruiert. Und obendrein haben sie neue Entdeckungen gemacht. Ponce Sanginés selbst hat z. B. eine weitere große Monolithstatue ausgegraben und einen früher unbekannten unterirdischen Tempel gefunden.

Ein Spaziergang durch Tiahuanaco

Schon bei den ersten Schritten durch Tiahuanaco wird auch den fachlich nicht »vorbelasteten« Besucher der Ruinenstadt eine seltsame Erregung überkommen. Und das mit Recht. Die riesigen Steinquader — der größte wiegt 131 000 kg — und die berühmten aus einem Stück gemeißelten Statuen, in denen die einen die Könige und die anderen die Götter dieser Stadt erblickten, das ebenso berühmte »Sonnentor« und seine weniger populären Geschwister (z. B. das »Mondtor«), die Erdpyramiden, die halb eingestürzten Paläste — das alles ist so überwältigend, daß Tiahuanaco wohl jedem, dem es zu sehen vergönnt war, unvergeßlich bleibt. Und dazu die herbe Schwermut der Landschaft, des traurig stimmenden, waldlosen bolivianischen Altiplano, von dem einer der besten Kenner der peruanischen Vergangenheit, Prof. John Aldon Mason, gesagt hat, daß es wohl der letzte Ort der Welt sei, an dem man eine solch große und erstaunliche archäologische Fundstätte erwarten würde. Ein anderer Autor, der bolivianische Gelehrte Mariano Baptista, bemerkt dagegen treffend, das, wodurch sich Tiahuanaco von anderen vergleichbaren Pilgerstätten der Archäologen und Historiker unterscheide — vom ägyptischen Abu Simbel, vom libanesischen Baalbek beispielsweise oder, um in der Nähe dieser indianischen Stadt zu bleiben, vom peruanischen Sacsahuaman —, das sei eben die Landschaft, in die Tiahuanaco hineingestellt ist. Diese eigentümliche, melancholische Atmosphäre des bolivianischen Hochlands, das man zu Recht das Tibet der Neuen Welt genannt hat.

Tiahuanaco — genauer gesagt, das, was davon bis in unsere Tage erhalten geblieben ist — besteht aus mehreren Hauptkomplexen. Den am besten rekonstruierten Teil der Stadt bildet die sogenannte Kalasasaya — ein Platz, einst wohl ein Palast, von annähernd viereckigem Grundriß und einer Fläche von 126,20 × 117,50 m. Er ist in unregelmäßigen Abständen von einer Reihe roh behauener Monolithpfeiler umgeben, die durch Mauerwerk miteinander verbunden waren. Diese Pfeilerblöcke waren so schwer, daß sie die Diebe der Steine nicht aus Tiahuanaco hatten wegschleppen können. Auch der Innenhof

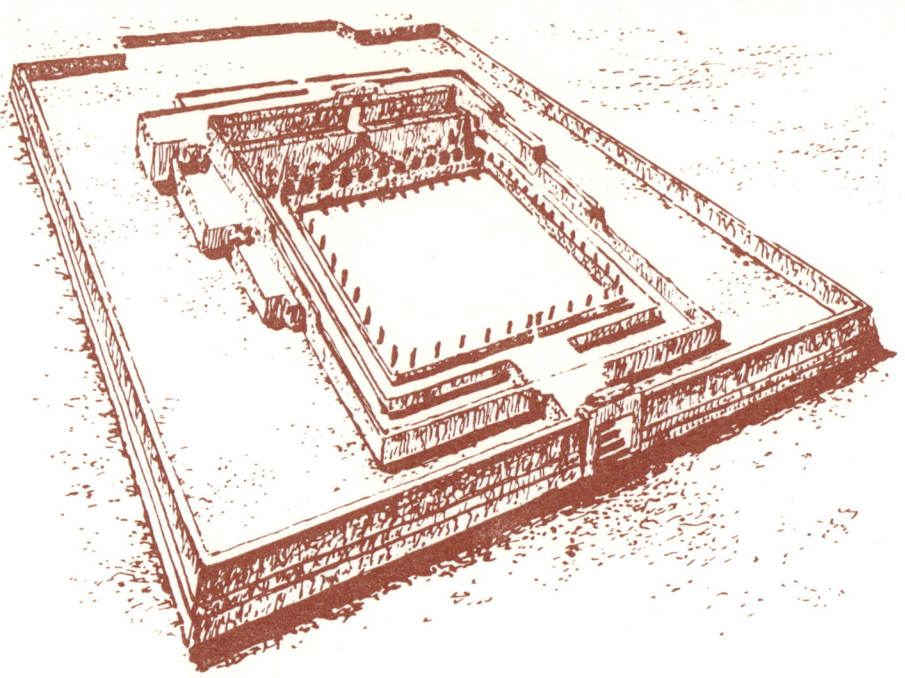

der Kalasasaya, der etwa ein Drittel der Fläche dieses gesamten Komplexes einnimmt, ist bereits völlig erneuert worden. Es ist ein sogenannter versenkter Innenhof, der tiefer als das umgebende Terrain liegt. Durch ein großes Steintor gelangte man in das Innere der Kalasasaya, zu dem eine monumentale sechsstufige Treppe hinabführte. Dieses Objekt von Tiahuanaco, das heute manchmal »Justizpalast« genannt wird, hat einer der ersten Chronisten Perus, der Spanier Cieza de León, beschrieben. Er spricht von einem »Patio«, also einem Innenhof der Kalasasaya, und von einem mit einem Dach bedeckten, an den Patio angrenzenden Saal, der »große Portale und Fenster« habe. Diesen Palastsaal hat Cieza de León sogar mit dem viel jüngeren berühmten goldenen Sonnentempel in Cuzco verglichen. Aber auch die steinerne Kalasasaya von Tiahuanaco ist mit diesem kostbaren Metall geschmückt gewesen. In die Wände der Kalasasaya waren goldene Nägel eingelassen, mit denen einst kupferne und bronzene Platten befestigt waren, die das steinerne Mauerwerk des Gebäudes bedeckten.

Im inneren Teil der Kalasasaya ist vor nicht allzu langer Zeit eine weitere jener berühmten Tiahuanaco-Statuen ausgegraben worden. Nach ihrem Entdecker nennt man sie »Monolito Ponce«. Der 3 m hohe Monolito Ponce befindet sich auch heute noch dort, wo er einst gestanden hat — im Innern der Kalasasaya. Einen weiteren steinernen Fund — einen ganz unglaublichen —, der mit der Kalasasaya im Zusammenhang steht, hat ein Bolivianer, der sich auch mit Tiahuanaco beschäftigt, Dick Edgar Ibarra Grasso, in einem anderen der dortigen Objekte, dem Palast Kantayila, gemacht. Ibarra zufolge stellt einer der bearbeiteten Steinquader des Kantayila-Palasts einen genauen Plan, ein wirkliches Modell der Kalasasaya dar. Das würde bedeuten, daß die Projektanten der Kalasasaya ihre Vorstellung von dem geplanten Bau nicht in Zeichnungen festgehalten, sondern in einem vielfach verkleinerten genauen Modell aus dem gleichen und einzigen Material, das sie benutzt haben, aus hartem Stein, vorgefertigt hätten.

In der Nähe der Kalasasaya hat der Finder des erwähnten Monolithen, Carlos Ponce Sanginés, ein bemerkenswertes, bis in die Mitte des 20. Jahrhunderts völlig unbekanntes Tiahuanaco-Heiligtum entdeckt — den sogenannten »halb unterirdischen oder halb versenkten Tempel«. Auch dieses Heiligtum ist, wie schon der ihm von den Archäologen gegebene Name sagt, unter dem Niveau des umgebenden Terrains angelegt worden. Es war 1,70 m tief in die Erde eingelassen. Der gesamte »halb unterirdische Tempel« von Tiahuanaco nimmt eine Fläche von 742,5 m² ein. An der Stelle, an der später jener Sanginés dieses versenkte Heiligtum freigelegt hat, ist von einem weiteren Erforscher Tiahuanacos, dem amerikanischen Archäologen Wendell Bennett, im Jahre 1932 eine riesige Statue aus rötlichem Sandstein ausgegraben worden, die heute den Namen ihres Entdeckers trägt. Der 2 m hohe Sockel der monumentalen Figur war offenbar ursprünglich in den Boden des Tempels eingelassen.

Der gesamte »Monolito Bennett« ist 7,30 m hoch. Der fast rechteckige Kopf der Statue ist mit einer Art Turban oder Stirnbinde geschmückt. Die Augen blicken starr geradeaus, ein unaufhörlicher Tränenstrom scheint sich aus ihnen zu ergießen. Die Hände liegen auf der Brust. Die eine Hand hält ein typisches Tiahuanaco-Gefäß — einen »kero« —, in der anderen befindet sich offenbar die rituelle indianische Muscheltrompete (»pututu« nennt man sie heute in Bolivien). Den Leib umspannt ein breiter Gürtel. In der Nähe des riesigen Monolito hat man eine kleinere Statue eines Mannes gefunden, dessen Kinn ein — bei den Indianern sonst ungewöhnlicher — Bart schmückte. Diese und andere steinerne Tiahuanaco-Figuren mit Bart begannen bald einer Reihe von Forschern den Kopf zu verwirren. In der südwestlichen Ecke der Kalasasaya ragt eine der berühmten Tiahuanaco-Statuen empor, die die heutigen Bolivianer »El Fraile« — den »Mönch« — nennen.

In der Nachbarschaft der Kalasasaya sind die kläglichen Reste eines weiteren Bauwerks, jenes von den Steinräubern schwer beschädigten »Palastes der Sarkophage«, erhalten geblieben. Wie es scheint, bestand er aus einer Reihe von Wohnräumen und kleineren Sälen, die einen zentralen Innenhof umsäumten. Ein weiterer »Palacio« Tiahuanacos war der schon erwähnte Kantayila-Palast.

Südlich von der zentral gelegenen Kalasasaya erhebt sich die berühmte Tiahuanaco-Pyramide »Akapana«. Da die archäologische Erforschung der Ruinenstadt bis zu Beginn von Ponces Tätigkeit unzureichend war, ist die wichtige Akapana nicht so durchforscht worden, wie sie es verdient. So sind sich die Gelehrten bis heute nicht darüber einig, wozu der Bau diente. Selbst die Frage, wie die Akapana geschaffen wurde, ist nicht völlig geklärt. Die einen vermuten, daß diese etwa 15 m hohe Erdpyramide künstlich aufgetürmt

worden ist, die anderen, die meisten, sind der Meinung, daß es sich um einen
von Menschenhand terrassenförmig errichteten Hügel handelt, den einst ein
indianischer Tempel oder eine Opferstätte gekrönt habe. Wieder andere glauben, auf der Akapana habe ursprünglich eine militärische Anlage, die Haupt-
festung Tiahuanacos, gestanden. Oben auf der Pyramide ist ein Wasserbecken
erhalten geblieben – ein offenbar künstlich angelegter kleiner See, der genau
nach Osten weist. Auch diese exakte Orientierung spricht für den künstlichen
Ursprung des Bassins auf der Akapana. Von der Höhe der Pyramide öffnet sich
der Blick auf die Objekte Tiahuanacos, die sich außerhalb des eigentlichen
Zentrums der rätselhaften Ruinenstadt befinden. Das wichtigste davon liegt
jenseits der Gleise jener zu trauriger Berühmtheit gelangten »Eisenbahn des
Fortschritts«. Es ist wiederum ein terrassenförmig angelegter Bau, die Puma
Punku, wörtlich »Puma-Tor«, genannt wird. Es handelt sich jedoch nicht um
ein Tor, auch wenn im Bereich der Puma Punku drei große Steintore erhalten
geblieben sind. Da die Puma Punku, besonders ihre Grundmauern, aus
riesigen, oft mehr als 100 Tonnen schweren Blöcken von Andesit und grauem
Trachyt erbaut war, haben diese steinernen Giganten alle Verwüstungen
überdauert. Die einzelnen Steinblöcke der Puma Punku sind teilweise ursprünglich durch »Kupferklammern« – in der peruanischen Baukunst etwas ganz
Neues und Einmaliges – miteinander verbunden worden. Die Quader des
Bauwerks sind geradezu meisterhaft bearbeitet und zeugen von der vollendeten
Steinmetzkunst der Erbauer Tiahuanacos. Auch die Puma Punku ist einst

180

offenbar von einem Tempel oder einer Opferstätte gekrönt gewesen. Das ganze Objekt war von einer Doppelmauer umgeben. Zehn Tore und merkwürdige riesige steinerne Schemel ergänzen das Bauwerk.

Für die Mauern, die die Puma Punku umgrenzten, haben einige Forscher eine überraschende Erklärung gefunden: In einer geologisch nicht allzu fernen Zeit, als der Ruhm Tiahuanacos am hellsten erstrahlte, habe der Wasserspiegel des Titicaca, des »Sonnensees«, 34 m höher gelegen als heute. Der See sei also weit größer gewesen und habe bis an Tiahuanaco herangereicht. Die Stadt habe somit am Ufer dieses Binnenmeeres der Anden gelegen, und es sei sehr wohl möglich, daß dieser von Mauern umfriedete Teil der Stadt zu jener Zeit der Hafen Tiahuanacos gewesen sei. Von dort aus seien damals die Missionare der Tiahuanaco-Religion, die Händler und sicher auch die Krieger Tiahuanacos zu ihren weiten Fahrten in See gestochen. Und eben da hätten umgekehrt die Boote der Gläubigen angelegt, die der Kult der Hauptgottheit von Tiahuanaco in diesen größten Wallfahrtsort der Berge, in dieses »Mekka der Anden«, gelockt habe.

Tiahuanaco hat uns — wie es scheint — das Porträt einer Hauptgottheit tatsächlich bewahrt. Es schmückt wahrscheinlich das bekannteste der steinernen Denkmäler von Tiahuanaco — das weltberühmte »Sonnentor«. Das »Inti Punku«, das oft beschriebene, verhältnismäßig kleine Sonnentor von Tiahuanaco, erhebt sich im nordwestlichen Teil der Kalasasaya. Es ist aus einem einzigen Steinquader gemeißelt, einem 50 kg schweren Andesitblock von etwa 3,75 m Breite und 3 m Höhe. Der breit ausladende Oberteil der Ostseite des Sonnentempels ist mit einem prachtvollen Relief geschmückt, in dessen Mittelpunkt eine gedrungene menschliche Gestalt mit einem übergroßen Kopf steht, der wie von einem Heiligenschein umgeben ist. Diese Aureole besteht aus 24 Strahlen, manche von ihnen enden in einem Jaguarkopf (der Jaguar symbolisiert hier wohl die Mondgottheit), andere in einem Pumakopf. Aus beiden Augen des starren Antlitzes scheinen Bäche von Tränen zu fließen. Dadurch sollte offenbar ausgedrückt werden, daß dieser mächtige Gott dem Land Regen

und Feuchtigkeit gegeben und so die Felder der Indianer fruchtbar gemacht habe. In beiden Händen hält diese Figur große Zepter, die in Kondorköpfe auslaufen. Sein Gewand ist ebenfalls mit Kondor-, Puma- und auch Menschenköpfen verziert. In drei übereinander angeordneten Friesreihen eilen von beiden Seiten 48 kleinere geflügelte Tiahuanaco-Sphinxe, halb Mensch, halb Vogel, auf die zentrale Gottheit zu. Alle diese »Trabanten« des Hauptgottes halten wiederum die gleichen Zepter in den Händen. Über der eigentlichen schmalen, niedrigen Türöffnung des Sonnentores befindet sich ein mäanderartiges Ornament, in das Menschenköpfe eingesetzt sind. Dieser künstlerisch sehr gelungene Mäander ist jedoch bei weitem nicht so wichtig wie jenes Hauptrelief und vor allem dessen Zentralfigur.

Wer ist dieser Gottmensch am Sonnentor? Die erste Erklärung, die in jenem Land indianischer Reiche nur allzu verständlich ist, in denen die Himmelsgestirne, namentlich das wichtigste von ihnen — die goldene Sonne, die Lebensspenderin —, so sehr angebetet worden sind, lautete, daß diese Figur das Bild des Sonnengottes sei. Und jene kleineren Figuren von Vogelmenschen, die die Zentralgestalt auf dem Fries umgeben, sollen nach dieser Auslegung andere Gestirne symbolisieren, die ihrem himmlischen König das Gesicht zuwenden. Andere Forscher wollten in diesem Relief einen alten Kalender Tiahuanacos erblicken, einen Sonnen-, wieder andere einen Mondkalender. Die zentrale Figur vom Sonnentor ist ferner mit einem vermuteten, aber nicht bewiesenen Tiahuanaco-Kult der Venus in Verbindung gebracht worden.

Heute ist sich die überwiegende Mehrheit der Tiahuanaco-Forscher wenigstens darüber einig, daß wir auf diesem Relief in der Tat den Hauptgott der Menschen von Tiahuanaco sehen und daß diese Indianer offenbar wirklich einen einzigen Hauptgott gekannt haben, den sie über alle anderen Gottheiten stellten, einen Gott, der von den Bewohnern und von den Herrschern hoch verehrt worden ist. Bewohner und Herrscher Tiahuanacos sind für uns bisher namenlos geblieben. Hat aber auch der Gott, den wir am Sonnentor erblicken, keinen Namen gehabt? Manche Kenner der peruanischen Geschichte sind der Meinung, daß sein wahrer Name Viracocha oder mit vollem Namen Con Ticci Viracocha gelautet habe. Dem Kult des Viracocha, des Schöpfers der Welt, sind die ersten Spanier noch bei den Inka begegnet. Sie haben Gedichte aufgezeichnet, die in Altperu zu seinem Preis verfaßt worden sind. Das folgende Gebet an Viracocha möge als Beispiel für die Inbrunst der Verehrung dieses Gott-Schöpfers in Altperu dienen:

O Viracocha. Du, dem niemand gleicht,
niemand und nirgends in den Grenzen dieser Welt.
Du hast den Menschen das Leben gegeben, das Sein und den Sinn.
Du hast gesagt: Der Mann soll sein!
Du hast gesagt: Die Frau soll sein!
Du hast sie erschaffen, Du allein.
Du gabst das Leben ihnen.
O beschütze sie, die Du erschaffen hast.
Laß heil und unbedroht sie leben und ohne Pein
und in Frieden dazu!

Wo bist Du, Viracocha?
Hoch oben im Himmel oder tief unten?
Wohnst Du in den Gewitterwolken
oder im Grollen des Donners?
Erhöre mich! Gib Antwort mir!
Erhöre meine Bitten, Viracocha!
Gib uns ein langes Leben
und halte Deine Hand über uns immerdar!
Nimm unsere Gaben an, unsere Opfer,
wo immer Du auch bist,
o Viracocha!

Die ersten spanischen Chronisten Perus haben nicht nur Gedichte und Gebete an den großen Viracocha aufgezeichnet, sondern sie haben uns, mehr als aus jeder anderen vorinkaischen Stadt, auch zahlreiche Mythen überliefert, die von diesem höchsten Gott, seiner prächtigen Stadt Tiahuanaco und dem Titicaca, dem »Sonnensee«, erzählen, der in diesen Sagen eine große Rolle spielt. Die einzelnen Versionen der altperuanischen Mythen von Viracocha und Tiahuanaco weichen in vielem voneinander ab. Sie stimmen aber darin überein, daß am Anfang der Welt, in der Zeit ewiger Finsternis, der Gott Con Ticci Viracocha aus den Wassern des Titicacasees emporgestiegen sei und dann Tiahuanaco gegründet und sich dort niedergelassen habe. Innerhalb der Mauern Tiahuanacos habe Con Ticci Viracocha die Sonne erschaffen und ihr befohlen, täglich den Weg am Firmament zu nehmen. In Tiahuanaco habe danach der Gott auch den Mond und alle übrigen Himmelsgestirne geschaffen. Dann aber habe Con Ticci Viracocha in Tiahuanaco — selbstverständlich aus Stein — so etwas wie Modelle von Menschen geformt und ihnen Leben eingehaucht. Die künftigen Menschen habe der göttliche Schöpfer — stets paarweise — in alle Gegenden Perus gesandt und ihnen geboten, in welcher Höhle oder an welchem Quell, an welchem peruanischen Fluß oder aus welchem peruanischen Felsen sie in die Welt treten sollten. Die in Tiahuanaco geschaffenen steinernen Ahnen der Menschen, die unter den Händen des großen Con Ticci Viracocha entstanden waren, haben die Indianer dann ebenfalls Viracocha genannt.

So lautet in groben Zügen der Hauptteil einer der überlieferten Mythen. Die Sagen, die sich um Viracocha und Tiahuanaco ranken, unterscheiden sich erheblich in den Einzelheiten voneinander. Manche sind zwar — wiederum vor allem von dem schon an anderer Stelle erwähnten Cieza de León — bereits kurz nach der Konquista aufgezeichnet worden, aber dennoch erst sehr lange, nachdem Tiahuanaco von seinen eigentlichen Bewohnern verlassen worden war, nachdem sich überall um seine Ruinen die Vorgänger der heutigen Aymara niedergelassen hatten und nachdem das größte und letzte der indianischen Reiche Perus, das Reich der Inka, auch die Aymara unterworfen hatte.

Das Vermächtnis
eines weißen Gottes?

Con Ticci Viracocha, der Gott von Tiahuanaco, läßt den Forschern keine Ruhe. Seinen Namen hat der wagemutige norwegische Seefahrer Thor Heyerdahl der ganzen Welt von neuem ins Gedächtnis gerufen, der seiner ersten Expedition — der Kon-Tiki-Expedition — den Namen Viracocha gab. Wer das gleichnamige Kon-Tiki-Museum im norwegischen Oslo besucht hat, weiß von der Aufbewahrung des Segels von Heyerdahls Balsafloß, mit einem Bildnis des Gottes von Tiahuanaco. Der norwegische Ozeanüberquerer hat es von einer der Monolithstatuen dieser altindianischen Stadt abgezeichnet.

Für Heyerdahl ist Viracochas Tiahuanaco die bedeutsamste archäologische Lokalität Südamerikas. Besonders die monumentalen Standbilder haben die Aufmerksamkeit des Forschers erregt. Und da Heyerdahl während seiner ersten Reisen nach Ozeanien bemerkt hatte, daß auch auf manchen polynesischen Inseln, besonders auf der Osterinsel, derartige kolossale Statuen — »Moai« genannt — erhalten geblieben waren, begann er nach weiteren Übereinstimmungen zwischen Tiahuanaco und überhaupt dem alten Peru und der Kultur der Bewohner Polynesiens zu suchen. Er ließ sich dann aus dem südamerikanischen Balsaholz ein Floß bauen, ähnlich denen, wie sie die vorkolumbischen Bewohner Perus benutzt haben. Er taufte es auf den Namen des in Tiahuanaco verehrten Gottes und unternahm das kühne Wagnis, mit diesem Balsafloß »Kon-Tiki« den Stillen Ozean zu überqueren, um zu beweisen, daß die Indianer des vorkolumbischen Peru imstande gewesen seien, die Pazifikinseln zu besuchen, zu besiedeln und ihnen ihre bewundernswerte Kultur zu bringen.

Nach 97 Tagen Fahrt von der Küste Perus erreichte das Floß, das den Namen des Gottes von Tiahuanaco trug, tatsächlich eine der Inselgruppen Polynesiens — Tuamoto. Bei einer anderen seiner Expedition — zu der Osterinsel, polynesisch »Rapa Nui« — wandte sich der Norweger abermals der Problematik der Beziehungen zwischen Tiahuanaco und diesem Rapa Nui, also zwischen Altperu und Polynesien, zu. Heyerdahls Argumente, selbst seine kühne Überquerung des Pazifiks hat jedoch die Fachleute nicht davon zu überzeugen vermocht, daß die Bewohner und die Kulturen Polynesiens aus Altperu, konkret aus Tiahuanaco, gekommen seien. Auch der Autor dieses Buches glaubt, daß eher jene recht haben, die die Herkunft der polynesischen Kulturen und der Polynesier in Asien, in Indonesien und nicht auf der anderen Seite des Pazifiks suchen.

Wenn Viracocha irgendwo verehrt worden ist, dann ist es dort, in Tiahuanaco, in Peru gewesen. Alles andere, der zweite Bestandteil seines Namens, »Ticci«, der auch aus Polynesien bekannt ist, die den Monolithen von Tiahuanaco ähnelnden großen steinernen Standbilder, besonders jene »Moai« auf der Osterinsel, sind vermutlich nur zufällige trügerische Übereinstimmungen, wie sie in der Geschichte der menschlichen Kulturen häufig vorkommen.

Im Zusammenhang mit Heyerdahls Floßfahrt über den Stillen Ozean, mit seinen Expeditionen, deren Wurzeln unmittelbar in diese indianische Stadt im bolivianischen Hochland führen, haben sich manche wiederum einem anderen Teil der Nachrichten über das alte Tiahuanaco zugewandt, die im 16. Jahrhundert ebenfalls Cieza de León bei den damaligen Indianern des Altiplano aufgezeichnet hat. Der spanische Chronist berichtet, daß ihm die dortigen Bewohner von Menschen weißer Hautfarbe mit mächtigen Vollbärten erzählt hätten. Diese Legenden veranlaßten schon Cieza de León selber, in seiner »Crónica del Perú« Erwägungen darüber anzustellen, ob nicht vielleicht wirklich solche bärtigen weißen Menschen unbekannter Herkunft in das Hochland am Titicacasee gelangt seien, die jedoch, »da ihrer so wenige waren,

während die eingeborene Bevölkerung weit in der Übermacht gewesen ist, in einem Kriege ausgerottet worden sind«.

Die Mutmaßungen über hellhäutige bärtige Bewohner, vielleicht gar Herrscher oder Gründer Tiahuanacos haben jenen bedeutenden spanischen Chronisten bei weitem überlebt. Manche unserer Zeitgenossen nehmen diese Sagen noch ernst und vergleichen sie mit ähnlichen Mythen, die aus anderen Gebieten stammen, in denen altamerikanische Hochkulturen erblüht waren: mit den mexikanischen Legenden über den angeblich von jenseits des Meeres gekommenen weißen Gott Quetzalcoatl, mit den Sagen der Chibcha und Muisca — jener Träger einer hochentwickelten indianischen Kultur in Altkolumbien — von einem Gott weißer Hautfarbe namens Bochica, der seinen Indianern alle Errungenschaften der Erkenntnis gebracht haben soll. Daher ist es kein Wunder, daß man nach Analogien in den Vorstellungen von Quetzalcoatl, Bochica und dem altperuanischen Viracocha suchte. Und manche Forscher stellten die Frage: »War der Con Ticci Viracocha von Tiahuanaco ebenfalls ein ›weißer Gott‹«? Oder ist er vielleicht der Führer einer Gruppe gebildeter weißer Menschen gewesen, die die Zivilisation, das Licht des Wissens in die Anden, in das Hochland am Titicacasee, gebracht haben? War er ein Mensch von weißer Hautfarbe, der später in Tiahuanaco vergöttlicht und in der Blütezeit dieser Kultur zum Hauptgott nicht nur dieser Stadt, sondern des ganzen weiten Peru erhoben worden ist? Jene, die diese Frage bejahen, die auch heute noch an den weißen Zivilisationsbringer glauben, müssen selbstverständlich weiterfragen, woher diese bärtigen Menschen mit heller Hautfarbe gekommen sind. Meist geben sie die Antwort: natürlich von dort, wo Menschen mit weißer Haut und eventuell blondem Haar leben — also vermutlich aus dem Norden Europas. Die Fragen, die durch die Legende von den weißen Bewohnern der Stadt in den Anden, durch einige »bartgeschmückte« Tiahuanaco-Statuen und die — in Wirklichkeit ziemlich verworrenen — Sagen der dortigen Indianer über die hellhäutigen Langbärte ins Leben gerufen worden sind, geistern noch immer durch die Köpfe, 400 Jahre, nachdem Cieza de León in seinem Buch alles aufgeschrieben hat, was ihm die damaligen Bewohner des Altiplano erzählt haben.

Die Wissenschaftler haben längst beweisen können, daß auch Tiahuanaco, so wie alle indianischen Städte Perus, allmählich entstanden ist — aus einheimischen Ursprüngen und indianischer Inspiration. Da sie aber die ältesten Schöpfer der Stadt auch heute noch nicht eindeutig benennen können, hält sich die Theorie von den weißen Gründern der Stadt noch immer hartnäckig am Leben. Viele von denen, die derartige Ansichten über das alte Tiahuanaco vertreten, bezeichnen die Wikinger als diese unbeweisbaren weißen Schöpfer der altperuanischen Stadt, als die blonden Zivilisatoren der Anden.

Die älteste Geschichte der rätselhaften indianischen Stadt hat die verschiedensten Vorstellungen hervorgerufen. Nach den einen ist diese Stadt von weißen Ankömmlingen aus Europa gegründet worden, nach den anderen sind die Leute von Tiahuanaco ausgezogen, um ihre Kultur zu verbreiten, um Rapa Nui und andere entfernte Eilande Polynesiens zu besiedeln, jene Inseln, auf denen bis heute ähnliche Statuen wie in Tiahuanaco zum Himmel emporragen. Nach einer umgekehrten, reichlich kuriosen Version soll sich die Sache ganz anders verhalten: Tiahuanaco habe einst im Pazifik gelegen und bei einem gewaltigen Kataklysmus, einer ungeheuren Naturkatastrophe, sei es von einer riesigen Kraft aus dem Ozean emporgehoben, wie ein Stein von Davids Schleuder emporgeschleudert worden. Und dann sei dieses ganze Stück Polynesien mitsamt den Menschen und den Statuen durch die Luft geflogen und hoch oben in den Anden wieder auf dem Festland gelandet!

Der Kult des angeblichen weißen Gottes — des Viracocha von Tiahuanaco — hat auch die Aufmerksamkeit derer erregt, die an andere Luftreisen als die eben beschriebene phantastische Beförderung Ozeaniens nach Amerika glauben. So richten die Schriftsteller Pawels und Bergier in dem Buch »Die Rückkehr der Zauberer« ihr Augenmerk ebenfalls auf diese indianische Ruinenstadt und zusammen mit ihr wiederum auch auf die Osterinsel. Sie stellen Vermutungen darüber an, ob diese Stadt nicht vielleicht das Werk, das Vermächtnis des Besuchs oder des Einflusses von Trägern außerirdischer Zivilisationen sei. Es ist kein Wunder, daß manche Autoren gerade im Hinblick auf Tiahuanaco im bolivianischen Hochland, diesem Tibet Amerikas, das so nahe den Sternen und so fern von Menschen ist, in unserem Zeitalter der Weltraumflüge die Möglichkeit der Landung von Kosmonauten anderer Planeten in dieser Stadt oder diesem Gebiet erwägen. Der in der Schweiz lebende Sensationsschriftsteller Erich von Däniken fragt sich angesichts des Rätsels Tiahuanaco, welche Geheimnisse die Ruinen der Stadt bergen, welche Botschaften fremder Welten im bolivianischen Hochland der Enträtselung eventuell harren. Doch er bringt für seine Vermutungen, daß außerirdische Wesen Einfluß hatten, keinen Beweis.

Das Problem, die Zeit der Gründung, der Blüte und schließlich des Verfalls Tiahuanacos, der Tiahuanaco-Kultur und möglicherweise auch eines Tiahuanaco-Reiches genau festzustellen, beschäftigt die Erforscher des alten Peru mehr als viele andere Fragen, die ihnen ihr Fachgebiet aufgibt. Die Gelehrten haben auf diese Frage lange keine befriedigende Antwort geben können. Erst die langjährigen Forschungen von Prof. Ponce Sanginés und seines Instituts sowie die modernen Verfahren, das Alter organischer Überreste mit Hilfe radioaktiven Kohlenstoffs 14 zu bestimmen (von 63 Daten, die bisher aus Bolivien zur Verfügung stehen, stammen über die Hälfte, genau 33, eben aus Tiahuanaco), haben es ermöglicht, als Gründungszeit der Stadt, ursprünglich nur einer kleinen Ansiedlung, das dritte Jahrhundert v. u. Z. anzusetzen (das älteste Datum weist auf das Jahr 237 v. u. Z.). Diese Untersuchungen und Messungen haben es ferner möglich gemacht, in der Entwicklung Tiahuanacos fünf aneinander anknüpfende Epochen zu ermitteln und zu bestimmen. Schließlich konnte auch als Zeit, in der Tiahuanaco verlassen worden ist, die zweite Hälfte des 11. Jahrhunderts angegeben werden.

Tiahuanaco ist also volle 1 000 Jahre lang eine lebendige Stadt gewesen. Die Zeit seiner höchsten Blüte war die sogenannte IV. Epoche (Tiahuanaco IV), die im 7. Jahrhundert unserer Ära begann. Damals erstreckte sich der Einfluß Tiahuanacos, seiner bildenden Kunst und vor allem wohl auch seiner religiösen Vorstellungswelt, in deren Mittelpunkt offensichtlich die Verehrung jenes geheimnisvollen Gottes vom Sonnentor stand, bereits über ein sehr ausgedehntes Gebiet Perus.

Prof. Carlos Ponce Sanginés hat aufgrund von Hunderten und aber Hunderten aus dem heutigen Bolivien, Peru und Chile stammender Funde eine Gesamtkarte des Teils der Anden zusammengestellt, in dem nachweisbare Spuren der Tiahuanaco-Kultur zu konkretisieren sind. Dieses Einflußgebiet Tiahuanacos reichte in der Zeit seiner größten Ausdehnung vom 14. bis zum 23. südlichen Breitengrad und vom 64. bis zum 71. Grad westlicher Länge. Es umfaßte, auf den Kilometer genau, ein Gebiet von sage und schreibe 275 236 km². Das Ausstrahlungszentrum der Tiahuanaco-Region lag zweifellos ursprünglich am Titicacasee, dort, wo sich die Stadt Viracocha erhob.

Ponce Sanginés hat in dem auf den ersten Blick verwirrenden steinernen Labyrinth der Ruinen von Tiahuanaco auch einzelne Epochen der Bauentwicklung von der Entstehung einer kleinen Ansiedlung bis zum Zentrum eines großen Reiches, wie es manche Forscher vermuten, nachweisen können. Das Wort »Reich« müssen wir vorläufig mit einem Fragezeichen versehen. Fest steht, daß sich etwa in der ersten Hälfte des ersten Jahrtausends in Tiahuanaco eine mächtige herrschende Gruppe herausgebildet hatte, die es verstanden hat, den Bau dieser Stadt zu organisieren und Tausende und aber Tausende von Arbeitern einzusetzen. In 4 000 m Höhe ü. d. M. haben sie Werke vollbracht, deren sich selbst das alte Ägypten nicht zu schämen brauchte.

Zwischen Ägypten und Tiahuanaco besteht auch in dieser Hinsicht ein Unterschied. Diese Arbeiter, die die Bauten der Hochgebirgsstadt in den Anden unter unsäglichen Mühen errichtet haben, waren gewiß — im Gegensatz zu dem Land am Nil — keine unfreien Sklaven ihrer Herren. Es scheint, daß Tiahuanaco von den Bauern des Altiplano gebaut worden ist, die — aufgrund der dortigen Klimabedingungen — nur vier Monate im Jahr auf ihren Feldern arbeiten konnten. In den übrigen Monaten haben sie dann mit vereinten Kräften die Stadt errichtet. Diese übermenschlich schwere Arbeit haben sie wahrscheinlich nicht als »Zwangsarbeit« angesehen, sondern wohl eher als demütigen Dienst zu Ehren ihrer Götter, namentlich jenes Viracocha, zu dessen Ruhm diese Stadt möglicherweise erbaut worden ist.

Es muß in der Tat eine unvorstellbar harte Arbeit gewesen sein. Am mühseligsten war zweifellos der Transport jener riesigen hundert und mehr Tonnen schweren Quader aus den Steinbrüchen, die Kilometer weit entfernt lagen. Um den größten bekannten Quader zu bewegen, war beispielsweise ein aus 3 000 Menschen bestehendes Zuggespann nötig. Was für Seile haben diese Arbeiter dazu benutzen müssen! Und wie haben sie es fertiggebracht, diese auch für heutige Maschinen enorm schweren Steinblöcke genau dorthin zu befördern, wohin ihre Bauleiter angeordnet hatten? Ja, wie haben diese Baumeister und Projektanten Tiahuanacos überhaupt die Arbeit jener Tausende und aber Tausende ihrer Leute organisiert? Ein solches Werk hat eine staatliche Organisation erfordert. Und wo haben die Bauarbeiter, die Steinmetzen, die zahllosen Transporteure der Steine in der Zeit ihres Aufenthaltes in Tiahuanaco gewohnt? Diese Leute mußten gut und regelmäßig essen. Der Tiahuanaco-Staat hat, schon ihretwegen, ein System der Zuführung von Nahrungsmitteln in die Stadt schaffen und zugleich die Lagerung und regelmäßige Verteilung dieser Vorräte an die Arbeiter gewährleisten müssen. Die Quelle dieser Ernährung ist bereits festgestellt worden. Die Gelehrten haben errechnet, daß in der Zeit jener größten Blüte der heiligen Stadt (in den Epochen des sogenannten Tiahuanaco IV und V) die landwirtschaftliche Produktion des auf den ersten Blick so ungastlichen bolivianischen Altiplano ausgereicht hat, nicht nur die Produzenten zu ernähren, sondern daß die Produktion jeder dort ansässigen Familie mindestens noch zwei weitere Familien sättigen konnte, deren Angehörige keine Felder mehr bestellten.

Den Wert des Mehrprodukts jener Bauern des Altiplano haben sich in erster Linie die herrschenden Gruppen Tiahuanacos, vor allem wohl die Priester, angeeignet. Aber auch die Handwerker, die Krieger und die Händler von Tiahuanaco haben davon gelebt. Die Funde in der Ruinenstadt zeugen davon, daß Tiahuanaco einen regen Handel mit der umgebenden Welt getrieben haben muß. Man hat z. B. Erze eingeführt, die in der Stadt bearbeitet worden sind, Obsidian und ähnliche Materialien. Das Mehrprodukt der dortigen Bauern auf ihren Feldern hat es schließlich ermöglicht, daß mit den Produkten, die die Bauern gewiß als Naturalsteuer an die Herren der Stadt abführten, auch jene zahlreichen Gruppen der Arbeiter, der Erbauer Tiahuanacos, ernährt werden konnten.

So, wie die Bewohner der Stadtstaaten der Maya in Altamerika vorwiegend von Mais gelebt haben, den die Maya-Bauern anbauten, ist Tiahuanaco buchstäblich mit Kartoffeln groß geworden. Eine Reihe von Kartoffelarten und kartoffelähnlichen Feldfrüchten, wie beispielsweise Oca, die alle in den Anden zu Hause sind und dort ausgezeichnet gedeihen, war eigentlich die ökonomische Grundlage der Tiahuanaco-Kultur. Zudem haben die Bewohner Tiahuanacos und seiner Umgebung schon vor 2000 Jahren verstanden, die Kartoffeln zu konservieren. Diese getrockneten, dehydrierten Kartoffeln, diese eigentümlichen Tiahuanaco-Konserven — »chuños« nennt man sie heute in den Anden — waren von langer Haltbarkeit.

Im eigentlichen Tiahuanaco hat auch das Handwerk geblüht. Besonders auf die Bearbeitung von Metallen haben sich die Bewohner dieser Stadt verstanden. Sie haben Kupfer bearbeitet, das erst bei einer sehr hohen Temperatur — 1683 °C — schmilzt. Die dortigen Indianer mußten sich also erst Öfen bauen, in denen eine solche Temperatur möglich wurde. Die Bewohner Tiahuanacos sind sogar bis zur Erfindung der Bronze gelangt. Gold und teilweise Silber sind in der Stadt verarbeitet worden.

Von bester Qualität war die Textilproduktion von Tiahuanaco. Die Weber haben eine Art Gobelins hergestellt, in späterer Zeit auch eigentümliche, mit einer Reihe von Streifen verzierte Ponchos, die — wie einige Forscher glauben — so etwas wie Uniformen der Staatsbeamten gewesen seien.

Schön anzusehen ist die vielfarbige Keramik von Tiahuanaco, die mit stilisierten Tierbildern — typisch sind besonders Puma- und Kondormotive — und geometrischen Figuren, vor allem mit Dreiecken, geschmückt ist. Die Tiahuanaco-Töpfer haben wohl auch jenen neuen, später in ganz Peru benutzten Bechertyp geschaffen, den sogenannten »kero« — ein Gefäß mit ausladenden Seitenwänden und farbiger (oft gelber oder schwarzer) Bemalung auf meist rotem Grund.

Die Funde von Keramik des Tiahuanaco-Typs und von Tiahuanaco-Textilien sind die besten Zeugen für die Ausbreitung des Einflusses dieser Kultur über ein immer größeres Gebiet Perus. Nicht alle Tiahuanaco-Gefäße oder Tiahuanaco-Gewebe sind in dieser Stadt selbst geschaffen worden. Im letzten Viertel des ersten Jahrtausends entstanden in den Anden unter dem Einfluß oder nach dem Vorbild Tiahuanacos weitere Zentren der Kultur, von denen die große peruanische Stadt Huari wohl das bei weitem bedeutendste war.

Der Einfluß Tiahuanacos, seiner Kunst und vor allem gewiß seiner religiösen Vorstellungswelt strahlte auf ein immer ausgedehnteres Gebiet Perus aus. Und die Archäologen haben, schon seit der Zeit Max Uhles, immer neue Spuren des Einflusses dieser Stadt auf dem Territorium Altperus gefunden. Des Einflusses dieser Stadt? Das ist eigentlich nicht ganz richtig. Rom wäre nichts ohne die Römer. Und Babylon nichts ohne die Babylonier. Ebenso wäre auch Tiahuanaco nichts ohne die Tiahuanaco-Indianer.

Der Gott auf dem Hemd

Con Ticci Viracocha, der große Weltschöpfer, der in Altperu von den Inka und ihren Vorgängern — offenbar auch schon hier, im hochgelegenen Tiahuanaco — verehrt worden ist, der Held zahlreicher in den Anden zu seinem Ruhm verfaßter Lieder und Verse, ist in unseren Tagen abermals zum Helden einer Geschichte geworden, einer sehr modernen und aktuellen Geschichte aus dem Leben der Wissenschaft, nämlich des zweifellos interessantesten Kapitels der Suche nach der altperuanischen Schrift — einer Geschichte, die mit diesem indianischen Weltschöpfer begann. Der Autor dieses Buches war dabei, als die erste Seite dieses Kapitels auf dem 38. Internationalen Amerikanistenkongreß aufgeschlagen wurde. Auf dieser Versammlung der besten Kenner der Geschichte und Kultur der amerikanischen Indianer, die im Jahre 1968 in Stuttgart stattfand, legte Prof. Dr. Thomas Barthel von der Universität Tübingen einen Bericht über seine Forschungen vor, und dieser Bericht bewegte alle Teilnehmer dieses Kongresses. Das war kein Wunder: Prof. Barthel hatte erneut jenes heiße Eisen der Peruanistik berührt — die Frage nach der Existenz oder dem Fehlen einer Schrift im alten Peru.

Schon früher haben einige Forscher das Thema der altperuanischen Schrift angepackt. Jener Rafael Larco Hoyle z. B., der bekanntlich glaubte, daß er bei einer der interessantesten vorinkaischen Kulturen — der Kultur der Mochica — eine eigentümliche Bohnenschrift entdeckt habe. Seine peruanische Landsmännin Victoria de la Jarra war dagegen überzeugt, daß gewisse Ornamente, mit denen die Textilien der Paracas-Kultur geschmückt waren, im Grunde Zeichen einer einfachen vorinkaischen Schrift gewesen seien. Trotz dieser originellen Auffassungen war jedoch die überwiegende Mehrheit der Fachgelehrten der Meinung — und die meisten von ihnen vertreten diese Ansicht noch heute —, daß dieses vorkolumbische Peru als einzige der alten Hochkulturen der Erde keine Schrift gekannt habe. Aber nun trat in Stuttgart vor den versammelten Experten aus aller Welt ein Fachkollege von wissenschaftlichem Ruf auf und führte diese nichtexistierende altperuanische Schrift vor. Prof. Dr. Thomas Barthel verfügte obendrein auf diesem Gebiet der Erforschung und besonders der Entzifferung bisher nicht enträtselter Schriften über hervorragende Erfahrungen: Auf Barthels Untersuchungen konnte sich z. B. auch der Autor dieses Buches bei seiner Forschungsarbeit auf der geheimnisvollen Osterinsel stützen, auf der – als dem einzigen Gebiet Ozeaniens – eine Schrift existiert hat, die mit Haifischzähnen in besondere Holztafeln eingeritzt worden war. Und das erste Licht in die Entzifferung dieser bis vor kurzem völlig unverständlichen Inschriften, die mit rätselhaften Zeichen geschrieben waren, hat dieser Tübinger Professor gebracht. Zwischen der polynesischen Osterinsel und dem vorkolumbischen indianischen Peru besteht freilich auch in dieser Hinsicht ein wesentlicher Unterschied: Die auf den »Kohau rongo rongo« von Rapa Nui – den »sprechenden Holztafeln« dieser Südseeinsel – erhaltenen Inschriften haben ausnahmslos alle Fachleute für eine Schrift angesehen, die wir nur nicht lesen können oder bis vor kurzem nicht lesen konnten. Aus dem Gebiet Altperus dagegen haben die Forscher nichts Vergleichbares entdeckt, das man für eine alte südamerikanische Schrift hätte halten können. Die Auffassungen von Rafael Larco Hoyle und Victoria de la Jarra haben viele Gelehrte gar nicht in Betracht gezogen. Aber nun trat auf diesem Stuttgarter Kongreß ein angesehener Gelehrter auf und verteidigte erneut und vor allem mit besser fundierten Argumenten die Ansicht jener eigenwilligen Forscherin Victoria de la Jarra, die behauptet hatte, daß die Muster, die die altperuanischen Gewebe schmücken, die Schriftzeichen der vorkolumbischen Indianer Südamerikas gewesen seien.

Prof. Barthel widmete besonders den viereckigen Ornamenten, die auf einer ganzen Reihe von Uncu – ponchoartigen peruanischen Hemden – wiederkehrten, seine Aufmerksamkeit. Tocapu nennen die peruanischen Indianer diese Muster, und heute kann man durchaus schon sagen – diese »Grapheme«. Der Tübinger Professor untersuchte nach und nach Dutzende mit solchen Zeichen geschmückter Hemden. Die gleichen Tocapu fand er aber auch auf etwa 130 Kero genannten peruanischen Gefäßen. Insgesamt hat Barthel auf diesen Stoffen und Gefäßen 400 verschiedene, sich oft wiederholende Zeichen entdeckt. Und da der Forscher der Ansicht war, daß jedes dieser Zeichen seine eigene, genaue Bedeutung habe, und er ferner glaubte, daß die altperuanischen Indianer aus diesen Tocapu, die seiner Meinung nach eigentümliche Schriftzeichen waren, auch längere Inschriften verfaßt haben, machte sich Barthel daran, die »Texte« auf diesen südamerikanischen Hemden zu lesen! Unter den angeblich beschrifteten peruanischen Gewändern wählte der Forscher ein besonders gut erhaltenes und auch in künstlerischer Hinsicht sehr schönes aus, das man heute den »Prachtmantel Viracochas« nennt. Dieses ponchoartige Hemd stammt von der Südküste Perus, aus einer Küstenkultur, was insofern nicht unwesentlich ist, weil andere »beschriftete« Textilien und auch jene mit solchen Tocapu verzierten Gefäße in der Sierra, im Bergland, gefunden worden sind. Das würde bedeuten, daß dieses eigentümliche Schriftsystem auf dem gesamten Gebiet des vorkolumbischen Peru und vermutlich über einen recht langen Zeitraum hinweg verwendet worden ist.

Heute bildet das »Hemd Viracochas« ein Schmuckstück der Sammlung des

Indianisches Dorf von heute, das bereits die veränderte Bauweise zeigt

Machu Picchu – Ruinenfeld des letzten Zufluchtsortes der Inka in den Anden. Niemand weiß, wie lange nach der Zerschlagung des Inkareiches die Siedlung noch bewohnt war. Aus dem Vermächtnis der vorinkaischen Kulturen erwuchs schließlich, an den ruhmreichen Traditionen vorausgegangener Kulturen anknüpfend, das mächtige, große Reich der Inka. Das bewundernswerteste Denkmal ihrer bewahrten Kultur bleibt Machu Picchu, das erst in diesem Jahrhundert in der Wildnis Hochperus entdeckt worden ist

Steinbilder in Cerro Sechin. Deutlich sind die hohen Helme und die Streitäxte der selbstbewußten stolzen Krieger zu erkennen

Figur aus Cerro Sechin aus der sogenannten steinernen Galerie

Porträt eines Mochica-Würdenträgers aus Keramik

In die Mauern der Paläste aus Lehm in Chan-Chan waren oft Reliefs mit mythischen oder auch realistischeren Tierfiguren geprägt

Im Reich Chimú kam es zu einer Renaissance der Mochica-Kultur. Die Hauptstadt dieses Reiches, Chan-Chan, war eine wirkliche altperuanische Großstadt mit großartigen Palästen aus Lehm

Begräbnistürme (Chullpas) schmücken das berühmte Sillustani, eines der Zentren des vorinkaischen Reiches der Colla (Aymará)

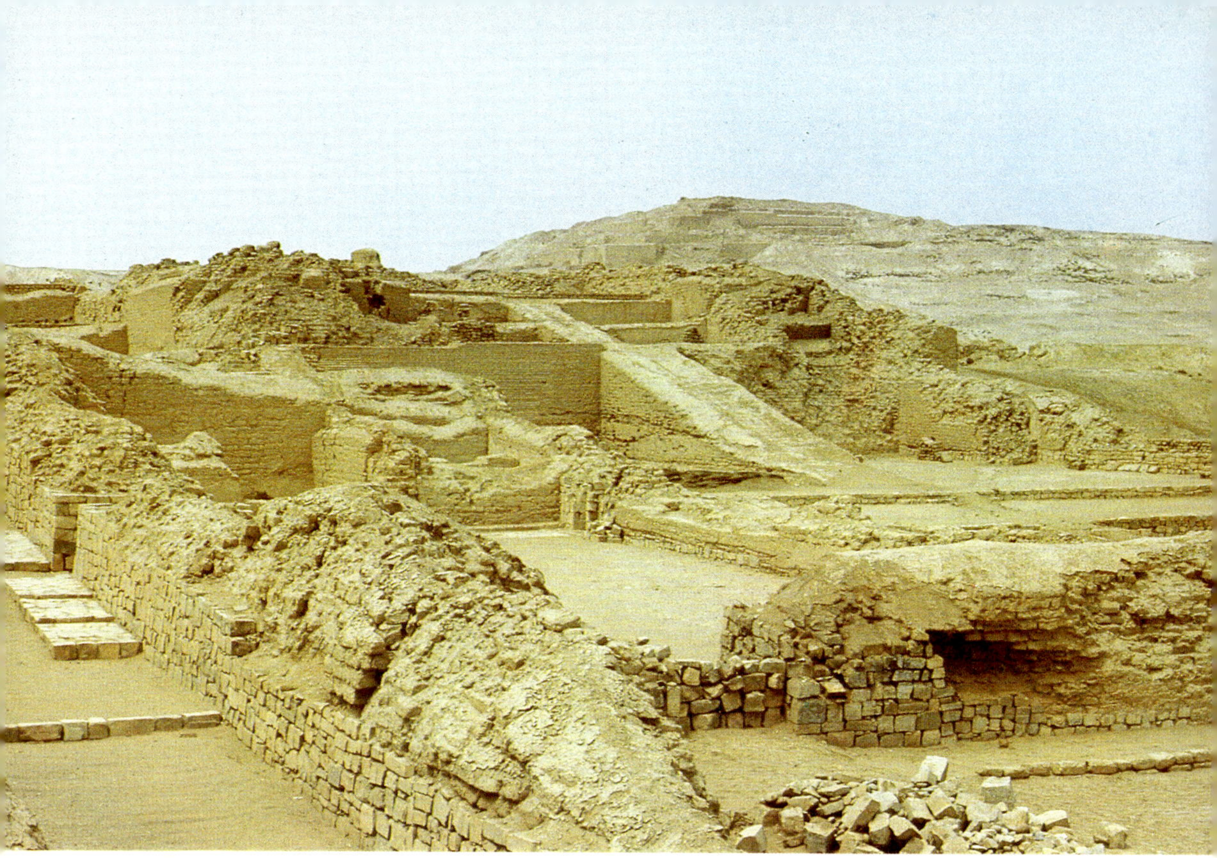

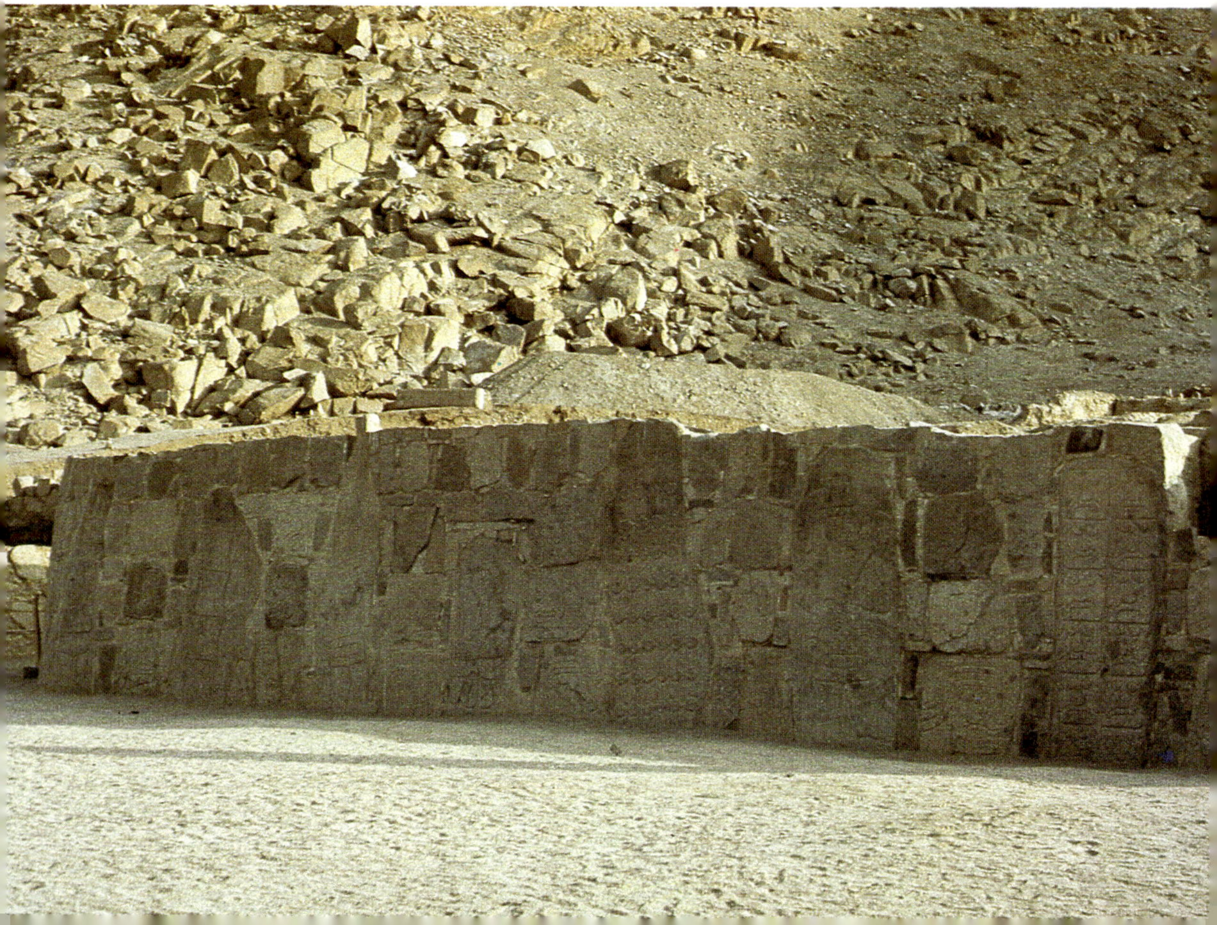

Das Zentrum Pachacamacs war der heilige Bezirk mit dem großen Tempel, der altperuanischen Orakelstätte

Das Gebiet der Stadt von Pachacamac bildete einen neutralen Distrikt

In einer indianischen Küche

Eines der größten Rätsel, die uns die vorinkaischen Kulturen Perus hinterlassen haben, sind die riesigen, 2000 Jahre alten, in die Oberfläche der Pampa de Nasca eingezeichneten Bilder. Darstellungen verschiedener Tiere, wie die Wiedergabe eines Affen oder die Zeichnung eines mächtigen Vogels, sind zu finden

Ungeklärt bleiben nach wie vor die großen hellen Flächen in der Nasca-Wüste. Sie wurden schon als Landebahnen außerirdischer Wesen aus frühen Tagen Altperus gedeutet

Fabian F. Világhy

Indianisches Kind. Schwierig ist der Anschluß dieser Ureinwohner an die Gegenwart

Die Chicha-Kostprobe am zweiten Fiesta-Tag zu St. Franz

Im vorinkaischen Peru war die Anbetung der Himmelskörper weit verbreitet. Vermochten sich aber die indianischen Ureinwohner bereits in die Lüfte zu erheben? Der amerikanische Forscher Jim Woodman behauptet, daß sie sogar ihre Toten in solchen Ballons bestattet hätten, die er nachzubauen versuchte

Figuren aus der Nasca-Kultur

Indianische Frau aus Chin-
cheros

Letzte Seite:
Blick auf die Wasserfläche des
Titicacasees zwischen den Ge-
birgskämmen der Anden

Nordamerikaners Robert Woods Bliss, und man kann es in Dumbarton Oaks
am Rande von Washington besichtigen. Auf letztlich intuitive Weise entzifferte
und las Barthel auf diesem Hemd und danach auch auf einigen weiteren
Textilien und Gefäßen insgesamt 50 solcher Zeichen. Er fand z. B. das
Ideogramm für den Begriff Sonne (zwei ineinandergeschachtelte Rhomben).
Auf dem in Dumbarton Oaks aufbewahrten Hemd entzifferte der Gelehrte
das Bildzeichen für Feuer (in der Ketschua-Sprache »con«), für eine Stufenpyramide (auf Ketschua »ticci« oder »tisci«), für Fett (»wira«, »huira«) und
schließlich für Wellen (»cocha«). Auf dem altperuanischen indianischen Hemd
stand also der Name des Weltschöpfers Con Ticci Viracocha, so wie die
Hemden oder Trikots der Jünglinge von heute häufig mit dem Namen ihrer
Idole — eines beliebten Sängers oder Autorennfahrers — geschmückt sind.

Auf dem Viracocha-Hemd sind insgesamt 24 solcher sich mehrfach wieder-
holender Grapheme verwendet worden. Ihre Anordnung auf diesem schönen
Uncu ist jedoch offenbar nicht zufällig und nicht nur vom ästhetischen
Empfinden seines Schöpfers bestimmt gewesen. Ganz im Gegenteil! Die Ab-
folge der einzelnen Tocapu auf dem Viracocha-Hemd drückt, wie es scheint,
eine Reihe kalendarischer Angaben aus. Auf dem Gewand sind vermutlich
sowohl der 28tägige oder lunare als auch der 30tägige Monat verzeichnet. Die
eine Seite des Hemdes gibt wahrscheinlich auch das 366 Tage zählende Jahr
und ein 354tägiges Mondjahr an. Auf der anderen sind wiederum ein lunares
Jahr, aber auch der aus 399 Tagen bestehende Jahreszyklus des Planeten Jupiter
sowie ein 368tägiges Saturnjahr eingetragen. Das alles spräche dafür, daß das
Viracocha-Hemd, dessen Inschriften Angaben über so viele Himmelskörper zu
enthalten scheinen, einem hochgestellten Sterndeuter und -anbeter gehört hat,
vermutlich einem Priester, der in der Gegend, in der er gewirkt hat, wohl
zugleich die Funktion eines Astronomen ausgeübt hat. Und daher war sein

Gewand auch mit dem Namen des Gottes geschmückt, der diese Welt, die Erde und die Gestirne, erschaffen haben soll – mit dem Namen des großen Con Ticci Viracocha.

Das »Viracocha-Hemd« wäre, wenn es gelänge, seinen gesamten astrologischen oder astronomischen Sinn eindeutig zu enträtseln, die erste eigenhändig geschriebene Mitteilung, die uns die altperuanischen Indianer über ihre kalendarischen und astronomischen Vorstellungen, über die philosophischen Nuancen ihrer Anbetung der Himmelskörper hinterlassen hätten. Doch wir stehen vorerst noch am Tor, das uns den Weg in diesen merkwürdigen, für uns noch immer völlig rätselhaften Irrgarten voller Geheimnisse öffnen könnte. Diese »Botschaft von den Sternen« – falls das Viracocha-Hemd tatsächlich eine solche enthält – dürfte noch weit schwieriger zu entziffern sein als die Inschrift des Namens, die das Gewand trägt.

Das inbrünstige Interesse an den gegenseitigen Beziehungen der Himmelskörper, den Bewegungen der Gestirne und dem kalendarischen Ausdruck dieser Bewegungen kennen wir auch von den anderen Hochkulturen Altamerikas, besonders von den mittelamerikanischen Maya. Licht in die noch ins Dunkel der Vergangenheit getauchten astronomischen Vorstellungen der Indianer Altperus zu werfen wird erst der künftigen Erforschung des Gesamtbildes dieser altperuanischen Kulturen vorbehalten bleiben. Das weitere Studium der Ornamente auf dem Viracocha-Hemd und auf anderen derartigen Gewändern oder Gefäßen wird wertvolle Aufschlüsse liefern können. Aber auch bereits die Behauptungen, die Prof. Barthel aufgestellt hat, sind so interessant und auf dem Forschungsfeld Altperus so überraschend, daß sie unbedingt Erwähnung verdienen, auch wenn wir damit völliges Neuland betreten.

Der Tübinger Gelehrte hat also auf den altindianischen Uncu-Hemden und den altperuanischen Gefäßen schon fast 400 Zeichen bestimmt. An die 50 von ihnen hat er bereits zu übersetzen versucht. Die bislang bedeutendste Feststellung Barthels ist die Tatsache, daß die alten Peruaner mit Hilfe mehrerer solcher Zeichen Begriffe auszudrücken vermochten, wobei diese Zusammensetzungen der Zeichen wieder einen völlig anderen, einen neuen Sinn erhielten. Die Bildzeichen für »apu« (in der Ketschuasprache »Berg«) und »rimac« (das einen bestimmten Ort, eine Lokalität bezeichnet) z. B. ergaben zusammen eine Bedeutung, die soviel wie Krieg, den Kampf der einheimischen Bewohner (der Inka oder ihrer Vorgänger) mit ihren Nachbarn, bedeutete.

Aus den vier aneinandergereihten Graphemen der Zeichen für »Feuer«, »Pyramide«, »Fett« und »Wellen« las Barthel auf diese Weise den zusammengesetzten Namen des Gottes, den die Priester der Inka – und vielleicht auch schon die Bewohner Tiahuanacos – gepriesen haben, jener Gottheit, die mit der Erde und den Gestirnen und möglicherweise auch mit dem Kalender, dem ewigen Lauf der Zeit, verbunden war – den Namen des Weltschöpfers Con Ticci Viracocha.

Ungeklärt ist, in welchem Ausmaß diese eigentümliche Schrift schon in den vorinkaischen Kulturen verwendet worden ist. Victoria de la Jarra will ja deren

194

älteste Spuren bereits in der Paracas-Kultur festgestellt haben. Ebensogut wie den Inka konnte dieses Schriftsystem natürlich schon den vorinkaischen Kulturen gedient haben. Auch die Schriftzeichen, die Grapheme, können selbstverständlich die gleichen gewesen sein. Man wird sie in den einzelnen Sprachen Altperus anders genannt haben — falls es sich wirklich so verhält.

Menschen von schwarzem Blut

Die Suche nach den Gründern der »ewigen Stadt« Perus scheint — aber nur auf den ersten Blick — gar keine so schwierige Aufgabe zu sein. Im Unterschied zu einigen anderen Gebieten Amerikas wissen wir nämlich ziemlich genau, welche Völker den Altiplano, die Region der mittleren Anden, z. Z. der Ankunft der Weißen (und auch schon lange vordem) bewohnt haben.

Alle Chronisten sprechen übereinstimmend — und das ist in der Geschichte des vorkolumbischen Amerika recht selten — von »drei Hauptvölkern der Anden«, von »drei Hauptsprachen Hochperus«. Den ersten Platz nehmen die Ketschua ein, die Erbauer des Inka-Reiches — des größten indianischen Staates in der Geschichte. Auch ihre Sprache — das Ketschua — war die »größte«. Zu der Zeit, als die ersten Europäer nach Peru kamen, galt als die am meisten verbreitete einheimische Sprache ganz Amerikas das Ketschua, das es heute noch ist. Die in der Rangfolge zweite der »Hauptsprachen Hochperus« — das Aymara — behauptet auch noch in unseren Tagen den zweiten Platz unter den Indianersprachen des ganzen amerikanischen Kontinents.

Während das Aymara und das Ketschua bis heute Millionen von Andenindianern sprechen, ist das Pukina — die dritte jener »Hauptsprachen Hochperus« — fast spurlos verschwunden. Sind aber auch all jene, die das Pukina oder die Pukina-Sprachen — wenn es mehrere davon gegeben hat — gesprochen haben, ebenso spurlos erloschen? Das scheint nicht der Fall zu sein. Man vermutet, daß zu den Pukina auch die wohl interessantesten Indianer der Anden — die Uru — gehören, eine im Aussterben begriffene nicht zahlreiche Gruppe, deren Mitglieder — und das ist das merkwürdigste — es entschieden ablehnen, zu den Menschen gezählt zu werden.

Der Autor dieses Buches hat diese seltsamen »nichtmenschlichen« Indianer auf dem Titicacasee, auf dessen peruanischem Teil, aufgesucht. Weit draußen auf dem See, auf dessen Wasserfläche, leben sie. Diese Indianer, die es ablehnen, wie alle übrigen Bewohner Perus als »Menschen« bezeichnet zu werden, weigern sich, mit allen übrigen Andenbewohnern zusammenzuleben. Und so wohnen die Uru, während alle anderen Menschen auf dem Festland leben, schon seit jeher, so weit das Gedächtnis der Peruaner zurückreicht – auf den Wassern des heiligen Andensees. Da aber auch die Indianer nicht über das Wasser zu schreiten vermögen, haben sich die Uru etwas ausdenken müssen, wie sie den ungastlichen kalten Wasserspiegel zu ihrer Heimat machen konnten. Sie haben sich – wiederum schon seit Menschengedenken – so etwas wie schwimmende Inseln geschaffen, die u. a. aus dem Schilfrohr des Sees, Totora genannt, geflochten sind. Auf diesen Inseln bauen sie sich ebenfalls aus Totora ihre niedrigen Schilfhütten, und aus Totora flechten sie auch ihre berühmten schmalen, schlanken Boote. Auf diesen künstlichen Inseln verbringen die Uru ihr ganzes Leben, dort werden sie geboren, und dort, mitten auf dem Titicaca, sterben sie auch. Die gesamte Nahrung spendet ihnen der See – Fische und Wasservögel. Von den am Ufer des Titicaca lebenden Bauern tauschen sie für die Fische landwirtschaftliche Produkte ein. Der Tauschhandel wird auf Märkten abgewickelt, die von den Uru-Frauen besucht werden. Die Männer haben bis in die jüngste Vergangenheit fast nie das Ufer betreten und sich zu den anderen Indianern gesellt.

Die Bewohner der schwimmenden Inseln, die es selber ablehnen, als Menschen angesehen zu werden, leben nicht nur dort – im Gebiet der peruanischen Stadt Puno, wo der Autor dieses Buches zuerst mit ihnen zusammentraf – auf dem Titicaca, sondern auch an einigen anderen Stellen der bolivianischen und peruanischen Teile des Sees. Und auch auf einem anderen Andensee, dem Poopo, sind sie zu Hause.

Die heutigen Uru sind nachweislich die Reste einer zahlreichen Gruppe uralter Bewohner des Andengebiets, die offenbar früher ein unvergleichlich größeres Gebiet eingenommen haben. Ihnen verwandte Gruppen haben in jenen ältesten Zeiten nachweisbar sogar an der Küste des Pazifiks gesessen. An ihre frühere Existenz erinnern in Peru, Bolivien, Chile und Nordwestargentinien manche geographischen Namen. Einstmals sollen die Uru sogar (nach den Auffassungen einiger Forscher) die gesamten mittleren Anden beherrscht haben. Dann seien neue Wellen von Einwanderern gekommen, die diese ältesten Bewohner Perus unterworfen und nach und nach von allen Orten des Festlandes verdrängt haben, so daß schließlich den Uru nur noch eine einzige Zuflucht, eine einzige Heimat – die Wasserfläche dieses Sees – geblieben sei.

Das alles hat sich in sehr alten Zeiten zugetragen. Und die Uru selbst haben in überlieferten Sagen nur ungenaue Erinnerungen an jenen Exodus auf die Wasser des Titicacasees bewahrt. Merkwürdig aber ist, daß in diesen Erinnerungen an die Vergangenheit, in den Mythen der Uru – dieser Wasserbewohner – eine steinerne Stadt, offenbar Tiahuanaco, eine große Rolle spielt.

196

Die wahre Geschichte der Uru wird uns wohl für immer verborgen bleiben. Die spanischen Chronisten haben nur dem letzten der Hauptvölker Perus ihre Aufmerksamkeit gewidmet — den Inka, den Ketschua. Die Missionare haben sich auch für die zahlreichen Aymara interessiert. Die Uru aber standen schon in den vorkolumbischen Zeiten und um so mehr in der kolonialen Periode, ja eigentlich bis in die Mitte des 20. Jahrhunderts ganz am Ende des Horizonts, von allen verachtet, von allen übersehen, niemand schenkte ihnen Beachtung. Selbst ihr heute gebräuchlicher Name Uru ist eigentlich ein Schimpfwort, das die anderen peruanischen Indianer ihnen beigelegt haben. Die Uru, die im 20. Jahrhundert ihre Muttersprache mehr und mehr aufgegeben und sie überall durch das Aymara ersetzt haben, nennen sich selber Kot-Suñ, wörtlich »Seebewohner«. Die Kot-Suñ haben »aus der Not eine Tugend gemacht«. Aus der Gesellschaft der anderen Bewohner des Altiplano sind sie ausgestoßen worden. Man hat sie in die Ufersümpfe und schließlich auf die kalten Wasser des Sees vertrieben. Doch sie selbst führen in ihren Sagen die Verbannung aus der Welt der Menschen auf ihren eigenen Entschluß zurück, fassen sie als Geschenk des Himmels, als Bestätigung ihrer eigenen Ausnahmestellung auf, als Bestätigung ihrer Verschiedenheit von den Geschöpfen, die sich Menschen nennen, aber in Wirklichkeit angeblich andere Wesen als sie, die Uru, sind.

Dem französischen Ethnologen Jean Vellard, der wohl länger als jeder andere Forscher unserer Zeit unter den letzten Uru gelebt hat, verdanken wir wertvolle Aufzeichnungen, wie sich diese Indianer selbst charakterisieren:

»Wir, die anderen, wir, die Seebewohner — die Kot-Suñ —, wir sind keine Menschen. Wir waren eher da als die Inka, und noch bevor der Vater des Himmels Tatiú die Menschen erschaffen hat, die Aymara, die Ketschua, die Weißen. Wir waren sogar schon da, bevor die Sonne die Erde zu erleuchten begann … Schon zu der Zeit, als die Erde noch in Halbdunkel (gehüllt) war, als nur der Mond und die Sterne sie erhellten … Damals, als der Titicaca viel größer war als heute … Schon damals haben unsere Väter hier gelebt. Nein, wir sind keine Menschen … Unser Blut ist schwarz, daher können wir nicht erfrieren, daher spüren wir die Kälte der Seenächte nicht … Wir sprechen keine menschliche Sprache, und die Menschen verstehen nicht, was wir sagen. Unser Kopf ist anders als der Kopf der Indianer. Wir sind sehr alt, wir sind die ältesten … Wir sind die Seebewohner, die Kot-Suñ. Wir sind keine Menschen!«

Diese Menschen von schwarzem Blut, die solchen Wert darauf legen, daß sie in Wirklichkeit keine Menschen seien, diese Kot-Suñ, denen weder der Frost der Andennächte noch der Sturm über den Wassern des Sees etwas anhaben kann, unterscheiden zwei Epochen ihrer Geschichte: Eine erste kennen sie, als noch keine Menschen auf der Erde gelebt haben (zu denen die Kot-Suñ also die Aymara, die Ketschua und die Weißen rechnen) und als auch die Sonne noch nicht vom Himmel herabschien. In der Zeit vor dem Aufgang des Taggestirns seien auf dem Altiplano auch dessen alte Städte erbaut worden, besonders die herrlichste von allen, die so nahe am Ufer des Sees liegt, der heute die einzige Heimat der Uru ist, das ruhmreiche Tiahuanaco.

Von einer zweiten Geschichtsepoche sprechen sie, als nicht mehr allein die Kot-Suñ, sondern auch schon die Menschen die Erde bewohnten und auch bereits die Sonnenscheibe am Himmel leuchtete. Damals seien die Uru in die Ungnade des Schicksals gefallen. Und auch in der steinernen Stadt der Anden sei damals alles Leben erloschen.

Es ist interessant, daß die Uru behaupten, sie selbst hätten früher anders ausgesehen als heute. Angeblich so, wie die Werke der Töpfer und Steinmetzen von Tiahuanaco die damaligen Bewohner des Altiplano dargestellt hätten: mit langen Armen und langen Beinen. Und die langen Köpfe der Kot-Suñ sollen einst den Kondor-, Puma- und Fischköpfen geglichen haben, wie sie auf den Steinblöcken von Tiahuanaco zu sehen sind. Nach und nach hätten sich aber auch die Köpfe der Uru verändert, bis sie ihre heutige Form angenommen haben. Nach außen hin seien sie daher den anderen Menschen ähnlich. Im Innern aber seien sie, die Kot-Suñ, auch heute noch völlig anders.

Haben diese Menschen von schwarzem Blut, die wir nach ihren eigenen Vorstellungen »Nichtmenschen von schwarzem Blut« nennen müßten, dieses Tiahuanaco erbaut? Waren sie es, die in dieser Stadt Stein an Stein gefügt haben? Haben sie einst Macht und Stärke und vielleicht auch einen eigenen Staat besessen, der fähig gewesen ist, ein solches Werk zu verwirklichen? Und haben sie dann alles nach und nach eingebüßt? Sollten die Uru in ihrer kulturellen Entwicklung den umgekehrten Weg in der Geschichte genommen haben? Sind sie in 2 500 Jahren von der Erbauung des steinernen Tiahuanaco am Ende zum Bau von Schilfhütten gelangt?

Das Reich der Grabtürme

Die Frage, ob es von den drei »Hauptvölkern« Perus eben die Pukina sprechenden Uru gewesen sind, die Tiahuanaco erbaut haben (oder möglicherweise eine andere, uns unbekannte, den Uru verwandte und ähnliche Pukina-Gruppe von Andenindianern), kann man auch heute noch nicht beantworten. Weder mit Ja noch mit Nein. Wenn wir freilich von den drei Bewerbern um den Ehrentitel »Erbauer Tiahuanacos« die Uru oder eine andere ihnen verwandte Pukina sprechende Gruppe ausschließen, bleiben von jenem peruanischen Dreigespann nur noch die Ketschua und die Aymara übrig. Die Ketschua haben mit Sicherheit erst viel später den Gipfel ihrer Macht erreicht. Ihr Werk sind erst das Reich der Inka, dessen prachtvolle Städte – von Cuzco bis Machu Picchu.

Also bleiben von den drei nur noch die Aymara. Nach der Ansicht jenes bolivianischen Phantasten das Volk Adams. Das biblische Paradies haben die Aymara gewiß nicht bewohnt. Doch in diesem Teil des Altiplano, namentlich in der unmittelbaren Umgebung der Ruinen Tiahuanacos, haben die Aymara zweifellos bereits in der Zeit der Konquista gelebt, so wie sie noch heute dort leben und offenbar auch schon zu Beginn unseres Jahrtausends dort gesessen haben, zu jener Zeit, als Tiahuanaco den letzten Akt seiner über tausendjährigen ruhmreichen Geschichte erlebte.

Doch die Aymara haben sich selber – zumindest nach mehreren Zeugnissen – nicht zum Bau Tiahuanacos bekannt. Manchen Aufzeichnungen – z. B. des Forschers Harold Osborne – zufolge waren sie des Glaubens, daß die Ewige Stadt Perus in der Zeit der »Chamac Pacha« erbaut worden sei, lange bevor überhaupt die Menschen oder wenigstens die Art von Menschen geschaffen worden waren, die nun die Erde bewohnen und zu denen sich selbstverständlich auch die Aymara zählen (die sich selbst übrigens einfach nur »Haque«, d. h. »Menschen«, nennen). Und die riesigen Statuen Tiahuanacos halten die Aymara für die – gleich dem Weibe Lots – versteinerten Nachkommen der ursprünglichen Tiahuanaco-Rasse, eines vorweltlichen Stammes von Riesen, der nach dem Willen Gottes, des Schöpfers der Menschen, in Stein verwandelt worden sei. Manche Forscher lehnen es von vornherein ab, an die Fähigkeit der Angehörigen dieses einfachen Bauernvolkes zu glauben, eine solche Stadt zu errichten und vor allem ein solches kompliziertes Staatssystem zu schaffen, das den Bau des prächtigen großen Tiahuanaco organisiert und ermöglicht hat.

Die Aymara können wir aber — den skeptischen Ansichten gewisser Fachgelehrter zum Trotz — aus dem Spiel um die Vergangenheit des Hochlandes am Titicacasee schon deshalb nicht ausschließen, weil in den letzten tausend Jahren in erster Linie sie es gewesen sind, die dieses Gebiet bewohnt haben. Vollends belegbar ist auch die Feststellung, daß nach dem Untergang Tiahuanacos zweifellos die Aymara die Macht in dem Gebirgsgebiet der einstigen Tiahuanaco-Region übernommen haben. Sie haben sich dann dort ihr eigenes Reich der Colla geschaffen (das ist ihr vorkolumbischer Name, der soviel wie »Bewohner der Berge« bedeutet). Die Hauptstadt des Staates dieser »Bergbewohner« ist jedoch nicht mehr Tiahuanaco, sondern Hatun-Colla gewesen, das in der Nähe des heutigen peruanischen Hafens am Titicacasee, der Stadt Puno, lag.

Das Reich, in dem sich unter der Herrschaft eines »nationalen« Königs der Colla — sein Titel lautete Zapana — alle Aymara sprechenden Stämme der Anden vereinigt hatten, erstreckte sich über ein ausgedehntes Gebiet. Es nahm einen großen Teil des südlichen Peru und Boliviens von der heutigen peruanischen Stadt Arequipa bis zum bolivianischen Cochabamba ein. Auch der Norden des heutigen Chile gehörte damals zum Reich der Aymara.

Die Zapana haben volle 250 Jahre in ihrem Staat geherrscht. Ihre Macht währte vom Ende des 12. Jahrhunderts bis zum Jahre 1438, als die Inka bei ihrer großen Expansion nach Süden auch dieses Gebiet der Anden unterwarfen, das sie selbst »Collasuyu — Land der Colla« nannten. Damit war die ein Vierteljahrtausend während Existenz des Aymara-Reiches zu Ende. Das Vermächtnis der eigentlichen Colla, des Staates der Aymara, ist auf den ersten Blick nicht so repräsentativ wie die Hinterlassenschaft der Schöpfer Tiahuanacos. Manches vom Erbe des klassischen Tiahuanaco (das vermutliche astronomische Wissen beispielsweise) ist offenbar im Aymara-Staat untergegangen. Und in der Zeit der Colla ist auch keine solch imposante Stadt mehr erbaut worden, wie es Tiahuanaco war. Das Werk der damaligen Aymara sind offenbar zahlreiche vorkolumbische Bauten — sogenannte »Chullpas«, die man auf ihrem gesamten Gebiet gefunden hat. Es handelt sich um eine Art Türme, die aus sorgfältig behauenen Trachyt- oder Basaltquadern oder aus luftgetrockneten Adobeziegeln errichtet sind. In diesen Chullpas haben die Aymara ihre Toten bestattet. Manche dieser Grabtürme unterscheiden sich in der Bauweise erheblich voneinander. Einige erreichen eine beträchtliche Höhe, sie ragen z. T. über 10 m empor. Ein anderer Totenturm z. B., der sich in der Nähe des Aymara-Dorfes Sora-Sora erhebt, ist dagegen 6 m breit und 5 m lang und nur 3,5 m hoch. Andere wieder, besonders die Chullpas, die in der Gegend der einstigen Hauptstadt des Aymara-Reiches Hatun-Colla erhalten geblieben sind, haben einen kreisförmigen Grundriß und ein sogenanntes falsches Gewölbe. Alles in allem erinnern die Chullpas auffällig an manche Maya-Bauten. Trotz

dieser äußeren Ähnlichkeit mit Baudenkmälern der alten Indianer Mittelamerikas sind die Grabtürme auf dem Altiplano zweifellos das Werk der vorkolumbischen Indianer dieses Andenhochlands, und zwar ein so typisches, so charakteristisches Zeugnis, daß einer der beiden Kenner der peruanischen Geschichte — jener amerikanische Archäologe Wendell Bennett — den Zeitraum, in dem das Aymara-Reich bestand, geradezu als die »Periode der Chullpas« bezeichnet hat.

Auf dem Gebiet des einstigen Reiches der Aymara, in der weiteren Umgebung des Titicacasees, ist eine sehr große Anzahl solcher Chullpas erhalten geblieben. Bei rein stilistischer Betrachtung müßte man sagen, daß die Grabtürme der Colla die überhaupt zahlreichsten Baudenkmäler des vorinkaischen Peru sind.

Besonders viele, buchstäblich Hunderte von Chullpas, ragen am Nordufer des Titicacasees im Gebiet von Quellenata empor. Die wohl interessantesten sind jedoch die Chullpas, die sich an einem anderen, kleineren See, dem Umayosee unweit von Hatun-Colla, der einstigen Hauptstadt des untergegangenen Aymara-Reiches, befinden. Dort erheben sich diese Türme der Toten auf der einzigen gleichnamigen Insel des Sees und vor allem auf der Halbinsel Sillustani, an einer schönen, hochgelegenen Stelle, von der sich ein herrlicher Blick auf den ganzen Umayosee und seine weitere Umgebung eröffnet. Der größte und einst gewiß auch heiligste der Grabtürme von Sillustani ist jener, den die heutigen Andenbewohner auf spanisch »La gran chullpa del Lagarto« — den »Großen Eidechsenturm« — nennen. Aber eine Eidechse ist darin nicht begraben. In dem »Großen Eidechsenturm« ruhen vermutlich die Gebeine einiger der vornehmsten Würdenträger des Aymara-Reiches.

Der schon so oft erwähnte Chronist Cieza de León hatte gewiß den Grabturm auf der Halbinsel Sillustani im Sinn, als er in seiner Chronik schrieb: »Im Lande der Colla verdienen meiner Ansicht nach jene Bauten, jene Orte die größte Aufmerksamkeit, in denen sie (die Aymara) ihre Toten bestattet haben.« Cieza de León erwähnt auch, daß diese – teils großen, teils kleinen – Chullpas »überall in der Nähe der Dörfer (der Colla) stehen«.

Der Chronist hat auch aufgezeichnet, wie ein Begräbnis in diesen großen Chullpas, die also offenbar nur den vornehmsten Bürgern des Colla-Reiches vorbehalten waren, vonstatten ging: »Wenn der Tote ein großer Herr war, begleiteten die meisten Einwohner den Leichnam (zum Ort der Grabstätte). Dann wurden zehn oder zwanzig Lamas verbrannt, je nach dem Rang des Toten, und auch die Weiber, Kinder und Diener des Verstorbenen wurden getötet, die man ihm ins Jenseits mitschickte, damit sie ihm dort dienten... Einige Personen wurden auch lebend (in die Chullpa) eingemauert.«

Cieza de León hatte zu Recht beobachtet, daß diese Grabtürme für die Bewohner des Aymara-Reiches eine außerordentliche Rolle gespielt haben. Der Eidechsenturm von Sillustani hat seinen heutigen Erforschern eine ganz unerwartete Entdeckung beschert: In der unmittelbaren Umgebung dieses Grabturms ist im Jahre 1971 ein reicher Schatz gefunden worden, der aus über 500 künstlerisch gearbeiteten Gegenständen bestand. Alle diese gehämmerten Brustplatten in Form von Menschengesichtern, alle diese Glöckchen, Opferbecher und Halsbänder waren aus purem Gold.

Am erstaunlichsten an der ganzen Geschichte dieser Entdeckung von Sillustani ist die Tatsache, daß die Menschen schon seit der Zeit der Konquista zur »Eidechsenchullpa« gekommen sind. Angelockt von dem eigentümlichen Zauber dieser reizvollen Andengegend, haben sich in den letzten Jahren sogar Touristen dort eingefunden. Und sie alle – diese Fremden im Lande der Aymara – sind buchstäblich auf dem Goldschatz von Sillustani herumgetrampelt. Er ruhte nur wenige Fuß tiefer – weniger als einen Meter – unter der Erdoberfläche. Auch ein weiteres Baudenkmal, das wiederum dem Kult der Himmelsgestirne geweiht war, hat sich auf der Halbinsel Sillustani erhalten. Die Archäologen nennen es einfach den »Sonnenkreis«.

Der Sonnenkreis von Sillustani befindet sich auf einer vermutlich künstlich errichteten Terrasse, die sich an der Nordostseite der Halbinsel erhebt. Auf der Terrasse sind große bearbeitete Steinquader von ungleicher Höhe kreisförmig angeordnet. An der Ostseite dieses Steinrings öffnet sich ein Eingang, durch den man über drei Stufen in das Innere dieses merkwürdigen Heiligtums gelangte. Die meisten Forscher sind der Meinung, daß der Sonnenkreis von Sillustani tatsächlich diesem Himmelsgestirn geweiht gewesen sei. Einige andere verbinden den inmitten von Grabtürmen stehenden Sonnenkreis mit dem Totenkult. Im Mittelpunkt der ringförmigen Anlage sind nämlich zwei hohe Steinsäulen erhalten geblieben, an die höchstwahrscheinlich Lamas gebunden worden waren, die man dann bei der Begräbniszeremonie feierlich geopfert hatte. Jenen Forschern, die der Ansicht sind, daß der dortige »Sonnenkreis« auch als Opferstätte gedient habe, ist eine Rinne innerhalb des Steinrings nicht entgangen, in der offenbar das Blut der rituell getöteten Tiere aufgefangen wurde, um den Durst der Dahingeschiedenen zu stillen; denn nach altperuanischen Vorstellungen »trinken die Toten Blut«.

Münchhausen in den Anden

Nur ein einziger weiterer Bericht über das alte Peru ist erhalten, der sich ebenfalls auf Tiahuanaco, auf das Tiahuanaco-Reich beziehen könnte und der Angaben vermittelt, die in keiner anderen Chronik zu finden sind.

Dieser Bericht stammt aus der Feder eines Mannes, der ihn wiederum nicht lange nach der Konquista niedergeschrieben und sich mit seinen phantastischen Fabeleien vom vorinkaischen Peru den wenig schmeichelhaften Beinamen eines »peruanischen Münchhausen« erworben hat. Das ist kein Wunder; denn das, was dieser Fernando Montesinos berichtet, unterscheidet sich in der Tat derart von den Nachrichten aller übrigen Chroniken der Kolonialzeit, daß es nur

ungläubiges Erstaunen hervorrufen kann. Fernando Montesinos hat zweifellos lange Zeit in Peru gelebt. Als einer der Begleiter des Vizekönigs Chinchon ist er im Jahre 1628 dorthin gekommen. Montesinos — ein Jesuit und zugleich Doktor des Kirchenrechts — hat dann über fünfzehn Jahre in Peru verbracht, ist kreuz und quer durch das Land gereist und hat sich — obwohl er Priester war — allen möglichen Dingen gewidmet, sogar der Erzgewinnung. Schließlich ist er nach Spanien zurückgekehrt und hat dort seine »Memorias Antiguas Historiales del Perú« verfaßt.

Der Bericht dieses peruanischen Münchhausen ist jahrhundertelang eine unveröffentlichte Handschrift geblieben. Erst 1882 hat der spanische Historiker Marcos Jiménez de la Espada die »Memorias Antiguas« zum erstenmal im Druck herausgegeben. Im Jahre 1920 hat sie dann einer der seinerzeit überhaupt bedeutendsten Kenner des alten Peru, Philipp Ainsworth Means, ins Englische übersetzt. Means war auch der erste, der über die Chronik des Montesinos tiefer nachgedacht hat. Und er begann — wiederum als erster — in dem phantastischen Bericht des peruanischen Münchhausen die Spreu vom Weizen zu sondern. Means ging auch den Spuren nach, die zu der Quelle führten, aus der Montesinos geschöpft hatte. Vieles von dem, was der schreibwütige Jesuit in seinen »Memorias Antiguas« berichtete, hatte er dem Buch eines anderen Angehörigen der Gesellschaft Jesu, eines unvergleichlich glaubwürdigeren Autors, entnommen — eines in Peru geborenen Indianermischlings namens Blas Valera. Valeras Vater war Soldat und Gefährte Pizarros, des Eroberers Perus, gewesen, seine Mutter gilt als eine der Frauen vom Hofe des Inka.

Der intelligente junge Mann, der einem so seltenen Bund entsprossen war, wurde bald in den Jesuitenorden aufgenommen. Er wirkte dann als Verbreiter des neuen Glaubens sowohl in der einstigen Hauptstadt der Inka, in Cuzco, als auch in dem von den Aymara bewohnten Gebiet am Titicacasee.

In seiner langjährigen Missionstätigkeit zeichnete Valera mit glühendem Eifer alles auf, was ihm die Indianer erzählten. Auch er legte seine Nachrichten in drei umfangreichen Arbeiten nieder. Eine davon – ein »Historisches Lexikon Perus« – gelangte in die Hände jenes »peruanischen Münchhausen«. Und dieser war begeistert von dem Werk, und das zu Recht. Blas Valera, selbst der Sohn einer Indianerin, die am Hofe des Inka gelebt hatte, vermittelte – zum erstenmal unter den Chronisten Perus – Informationen auch über jene, die vor diesen Inka in seinem Heimatland geherrscht hatten: Nachrichten über die weitverzweigte Dynastie der »Amauta« (dieses Wort bedeutete in Peru später soviel wie »Gelehrter«).

Montesinos schrieb Valeras bedeutsame Nachrichten über die vorinkaischen Könige einfach ab, ergänzte die Liste der Herrscher und verknüpfte sie mit seinen eigenen Vorstellungen, nach denen die peruanischen Indianer die Nachfahren des Geschlechts des biblischen Urvaters Noah waren. Dem peruanischen Münchhausen zufolge soll Ophir, der Enkel Noahs, Peru entdeckt und kolonisiert haben, und zwar genau 340 Jahre, nachdem die Sintflut verebbt war (nach Montesinos also im Jahre 2 200 v. u. Z. und 1 800 Jahre nach der Erschaffung der Welt). Montesinos führt sodann – aufgrund des willkürlich bearbeiteten Textes Valeras – die Namen von 102 Königen an, die in Peru geherrscht haben sollen. Einige der Könige aus Valeras »Lexikon« erwähnt der Münchhausen von Peru in seiner Liste doppelt. Andere hat er einfach eigenmächtig hinzugefügt. Die Namen all dieser Herrscher ergeben in der Übersetzung stets einen höchst schmeichelhaften Sinn. Und sie wiederholen sich ständig.

Der erste der angeblichen vorinkaischen Könige Perus soll Pirua Pacari Manco geheißen haben, nach dem dann dieses ganze von so vielen Rätseln umwobene altindianische Königreich auch als das »Reich der Pirua« bezeichnet wird.

Jener Philipp Ainsworth Means befaßte sich also gründlich mit Montesinos' Verzeichnis der Pirua-Könige, schied alle »Amauta« daraus aus, über die der »Lügenbaron« und auch Valera keine konkreteren Angaben machen konnten, und ließ nur diejenigen gelten, die er für wirklich historische Personen hielt. Als den ersten »historischen« Herrscher sah Means den König Ayar Tacco Capac an, der um das Jahr 275 u. Z. den Thron der Pirua bestiegen haben soll. Der letzte sei dann Titu (Titu Yupanqui Pachacuti) gewesen, unter dessen Regierung Fremdlinge in das Land eingefallen seien, die in einer großen Schlacht (zu der es in der Gegend der bedeutenden, nördlich vom Titicacasee gelegenen und heute ebenfalls bereits ausgegrabenen vorinkaischen Stadt Pucaru gekommen sei) die Truppen des Pirua-Reiches entscheidend besiegt und den Letzten der »Amauta« getötet hätten. Diejenigen aus Titus Geschlecht aber, die am Leben geblieben waren, sollen dann nach Tamputoco im Tal des Apurimac geflohen sein, sich dort niedergelassen und ein neues kleines Reich geschaffen haben, zu dessen Herrscher sie angeblich einen damals noch sehr jungen Mann erwählt hatten. Der Untergang des hypothetischen Reiches der Pirua soll – nach Means Berechnung – um das Jahr 1200 erfolgt sein.

Der endgültigen Vernichtung dieses – sonst durch nichts belegten – vorinkaischen Reiches durch die fremden Eindringlinge sollen schon früher zwei andere große Angriffe von Einwanderern vorangegangen sein, die das eine Mal – auf Balsaflößen – von Norden übers Meer und das andere Mal vermutlich vom Südosten (aus dem Gebiet des argentinischen Tucumán) gekommen seien.

Die dramatischen Schicksale des Staates der Amauta hat angeblich auch Tiahuanaco geteilt, das in jenen Zeiten einmal – oder vielleicht sogar mehrmals – verlassen worden sei. In Tiahuanaco erwecken übrigens manche Bauten tatsächlich den Eindruck, als ob die Arbeiter, die Steinmetzen, die Arbeit daran plötzlich abgebrochen und nie wieder aufgenommen hätten. Als ob in Tiahuanaco plötzlich ein Streik ausgebrochen sei, der nie ein Ende genommen hat.

Valeras Bericht von den Amauta, den Königen aus der Dynastie des Pirua Pacari Manco, den der peruanische Münchhausen, Fernando Montesinos, abgeschrieben und umfabuliert hat, der im 20. Jahrhundert die Aufmerksamkeit von Prof. Means erregte – diese Quelle hat in der Tat lange Zeit nichts als Mißtrauen hervorgerufen. Heute aber, da wir bereits wissen, daß schon vor den Inka in Peru viele andere nichtinkaische Herrscher regiert haben, heute, da wir wissen, daß vor dem Reich der Inka in diesem Land viele andere Reiche existiert haben, müssen wir bei der Suche nach den Schöpfern Tiahuanacos und des vermuteten Tiahuanaco-Reiches auch die Nachrichten jenes peruanischen »Lügenbarons« in Betracht ziehen.

Der Aufstieg des Huari-Reiches

Fernando Montesinos — jener »peruanische Münchhausen« — und sein weit glaubwürdigerer Informant, der Indianermischling Blas Valera, haben uns auf die Spur eines von den »Amauta« aus dem Geschlecht des Pirua Pacari Manco regierten Tiahuanaco-Reiches geführt. Durch neuere archäologische Funde aber sind wir auf die Spuren noch eines anderen Reiches gestoßen, das ohne Zweifel existiert hat und von dem noch die vorangegangene Forschergeneration nur sehr unzulängliche Nachrichten hatte: ein Reich, das ohne Frage auf Tiahuanaco zurückgeht.

Die Religion und der künstlerische Stil Tiahuanacos haben sich von der heiligen Stadt am Titicacasee allmählich nach allen Richtungen Perus ausgebreitet. Schon in der früheren Epoche Tiahuanacos hat es auf dem Altiplano gewiß auch andere Kulturzentren oder kleinere Städte gegeben. Einige davon kennen wir — z. B. die (im heutigen südperuanischen Departemento Puno nördlich vom Titicacasee gelegene) Stadt Pucara. Die Arbeiten der Steinmetzen, die Werke der Baumeister Pucaras zeigen, daß der Einfluß Tiahuanacos stark gewirkt hat. So sind die Überreste eines halb versenkten viereckigen Palastes oder Tempels freigelegt worden, wie er auch für das eigentliche Tiahuanaco typisch ist. Die steinernen Standbilder in Pucara erinnern an die Monolithe von Tiahuanaco, obwohl die Pucara-Figuren nicht so streng stilisiert sind. Dennoch finden wir an ihnen vieles von dem wieder, was wir von den Tiahuanaco-Statuen her kennen — z. B. die charakteristischen »Tränenbäche« auf den Gesichtern.

Das Kulturzentrum Pucara, auch wenn wir noch nicht ganz genau wissen, wann es gegründet worden ist und wann es ungefähr die Zeit seiner höchsten Blüte erlebte, hat offenbar ebenfalls zum Tiahuanaco-Reich gehört, war mit Tiahuanaco zweifellos fest verbunden. Vermutlich etwa zu Beginn des 7. Jahrhunderts u. Z. aber sind neue von Tiahuanaco beeinflußte Zentren entstanden — zunächst Chakipampa und dann die unweit des heutigen peruanischen Ayacucho gelegene Stadt Huari. Im 8. oder 9. Jahrhundert, als Chakipampa verlassen worden war, hat sich dann dieses Huari (oder Wari) aus einem wichtigen Zentrum der Tiahuanaco-Kunst und der Tiahuanaco-Religion (auf

der dortigen Keramik sind beispielsweise überall jener zentrale Gott vom
»Sonnentor« Tiahuanacos und seine zahlreichen Trabanten abgebildet) zum
Mittelpunkt eines »modernen«, mächtigen »Huari-Reiches« entwickelt – und
gleichzeitig zu einer großen, planmäßig erbauten Stadt mit überlegt angeordneten Straßen, Plätzen, öffentlichen Gebäuden, geräumigen Werkstätten,
später auch mit mächtigen Wasserreservoiren und Kanälen, ansehnlichen
Lebensmittelspeichern und unterirdischen Galerien, vermutlich Steinkisten-
gräbern aus zwei Meter hohen, sorgfältig behauenen Platten.

Die Bauten Huaris, deren Ruinen ein Gebiet von 10 km^2 bedecken, sind in
der Tat beachtlich. Die Mauern einiger besonders großer Gebäude und
Baukomplexe sind mehrere 100 m lang und bis zu 12 m hoch. Andere Gebäude
– z. B. jene, die Julio César Tello im Jahre 1942 in Huari freigelegt hat – hatten
sogar drei Stockwerke. Huari war auch mit einem Marktplatz geschmückt. Die
Bewohner der Stadt haben offenbar regen Handel getrieben. In Huari und in
anderen Städten auf dem Gebiet dieses Reiches sind beispielsweise kleine Figuren aus Türkis und anderen »aus dem Ausland importierten« edlen Materialien gefunden worden, und möglicherweise sollten die Straßen, die die
Herrscher von Huari auf dem Territorium ihres Staates bauen ließen, die
Entwicklung des Handels fördern. Neuere Forschungen haben ergeben, daß

viele der Verkehrsadern Altperus, deren Bau man bis vor kurzem eindeutig den Inka zuschrieb, eigentlich Werke der Huari-Kultur sind.

Die Stadt Huari, von der die ältesten indianischen Straßen Perus ausgingen, die Metropole dieses Reiches, ist sehr rasch gewachsen. An der Wende vom 1. zum 2. Jahrtausend lebten schon mehr als 50 000 Menschen innerhalb ihrer Mauern. Huari — einstmals nur eine der Töchter des heiligen Tiahuanaco — hatte sich somit zu der seinerzeit zweifellos größten Stadt Perus und ganz Südamerikas entfaltet. Sie ist aber auch die zu ihrer Zeit größte Festung Perus gewesen. Denn Huari war ein Kriegerreich. Im Zeichen des wahren Glaubens, vermutlich im Zeichen der Verehrung jenes am »Sonnentor« von Tiahuanaco abgebildeten Gottes, herrschten im Huari-Staat despotische kriegerische Könige. Diese Huari-Könige führten ihre Heere in eine Reihe von Eroberungskriegen. Am bedeutsamsten war die dritte dieser Expansionswellen des Huari-Reiches. Damals stießen die Huari-Truppen in den Norden Perus vor. Die Macht dieses Reiches erstreckte sich zu jener Zeit bis zum Lambayeque-Tal.

Die Einfälle der Huari-Heere in das nördliche Küstengebiet Perus haben die letzten Reste der Mochica-Kultur vernichtet. Die Pyramiden der Mochica wurden zu Begräbnisstätten der Huari-Soldaten. Möglicherweise hat eine Revolution in der altperuanischen Waffentechnik bei dem Erfolg der militärischen Eroberungen Pate gestanden — die Huari-Krieger haben nämlich (wie zumindest manche Autoren vermuten) auch Pfeil und Bogen benutzt. Die Herrscher des Huari-Reiches waren jedoch nicht nur auf Angriff, sondern auch auf Verteidigung vor einem möglichen Feind eingestellt. Daher umgaben sie ihre Hauptstadt mit mächtigen Wällen, während die Mutter Huaris, Tiahuanaco, jedem Ankömmling wie ein gastliches Haus offenstand.

Solche Bauten sind dann — nach dem Vorbild der Metropole des Reiches — auch in anderen Städten entstanden, die die Herrscher Huaris auf dem Gebiet ihres Staates erbauen ließen. Auffälligstes Merkmal der Huari-Kultur waren dieses Gründen und planmäßige Bauen von Städten. Die Indianer von Huari sind demnach nicht nur gute Krieger, sondern auch gute Städtebauer gewesen. Und sie haben wirklich eine ganze Reihe von Städten gegründet: in den Bergen — in der Nähe von Cuzco, der späteren Metropole der Inka — z. B. das ausgedehnte Puquilacta, in dem sogar die einzelnen Viertel der Stadt von Wällen umgeben waren. An der Küste ist Cajamarquilla eine bedeutende Huari-Stadt mit einer gewiß reichen Geschichte gewesen, in späterer Zeit die Metropole des kleineren Königreiches Cuismancu.

Keine andere Stadt des Huari-Reiches aber hat eine so privilegierte, so besondere Stellung eingenommen wie das ebenfalls an der Küste des Stillen Ozeans im Tal des Flusses Lurín gelegene Pachacamac.

Das Orakel Altamerikas

Pachacamac liegt nur 20 km von der heutigen peruanischen Metropole entfernt; es ist von Lima aus bequem zu erreichen, und daher besuchen viele Peru-Reisende diese berühmte archäologische Lokalität, zumal ein Teil der Ruinen aus der späteren Inka-Zeit restauriert worden ist. So suchte sie auch der Autor des Buches als erste altindianische Stadt auf dem Territorium dieses südamerikanischen Landes auf.

Wodurch unterscheidet sich dieses Pachacamac von allen übrigen Städten des Huari-Reiches und überhaupt von allen anderen indianischen Städten, die die Geschichte des vorkolumbischen Peru kennt? Dadurch, daß diese Stadt die einzige »gesamtperuanische« Orakelstätte — das Delphi Altamerikas — war. Die Weisungen, den göttlichen Willen gaben die Priester in einem Tempel kund, der einem Gott geweiht war, der den gleichen Namen wie diese Stadt — den Namen Pachacamac trug. Der Gott Pachacamac war dabei vermutlich nur die »Küstenfassung« des Viracocha von Tiahuanaco. Auch der Name Pachacamac selbst weist darauf hin. Er bedeutet in der Übersetzung soviel wie »Herr der Welt, der die Ordnung und den Gang der Dinge, die Gesetze der Welt und des Weltalls bestimmt«.

So wie nach der heiligen Stadt Virachoca sind auch in die Stadt Pachacamacs Tausende von Wallfahrern aus den entlegensten Orten Perus gepilgert. Sie alle kamen, um an der Orakelstätte Pachacamacs eine Weissagung zu erflehen. Sie brachten dem altamerikanischen Delphi zahllose Gaben, darunter Gold und Silber, dar. Der Zustrom der Pilger und der Ruf der Heiligkeit, in dem es stand, haben Pachacamac im Laufe der Zeit zu einer der bedeutendsten Städte Altperus werden lassen, die an Größe mit Huari konkurrieren konnte und sie übertraf. Ein spanischer Chronist, der bald nach der Konquista nach Südamerika gekommen war, vermerkte in seiner »Verdadera Relación de la Conquista del Perú« — dem »Wahrhaften Bericht von der Eroberung Perus« —, daß die Stadt größer sei »als selbst Rom«!

Das Zentrum Pachacamacs war der heilige Bezirk mit dem großen Tempel, jener Orakelstätte, in der sich auch eine vermutlich hölzerne Statue dieses mit der Gabe der Prophetie ausgestatteten Gottes sowie Idole von Fischen, Hunden und Füchsen befunden haben sollen. Die Orakelstätte Altamerikas hatte im Huari-Reich eine besondere Vorzugsstellung inne. Das Gebiet der Stadt bildete eine Art neutralen oder internationalen Distrikt, den auch Pilger aus jenen Gegenden Perus, die nicht der Herrschaft Huaris unterworfen waren, unbehelligt betreten durften. Als dann Huari erobert und verlassen worden war, lebte Pachacamac weiter, wie es offenbar auch schon vor Huari existiert hatte. Selbst die Inka – die Herrscher jenes unendlich großen und mächtigen Reiches – haben den Status Pachacamacs respektiert. Sie erbauten lediglich auch in diesem Delphi Amerikas ihren Sonnentempel. Das bedeutendste Heiligtum blieb aber auch in diesen Zeiten der Tempel des Gottes Pachacamac, den in ihr Pantheon aufzunehmen sich sogar die Inka bereit fanden.

Der Gott namens »Herr der Welt« weissagte also nach dem Zerfall des Huari-Reiches den Inka. Doch seine Weissagungen stimmten nicht. Als die Spanier in Peru einfielen und der letzte Inka – Atahualpa – in ihre Gefangenschaft geraten war, erinnerte sich der Herrscher an die Orakelsprüche des allwissenden Gottes und ließ die Priester aus dessen Tempel in Pachacamac zu sich kommen. Zum erstenmal – nun da es schon zu spät war – verhöhnte er die unfehlbare Sehergabe des Gottes. Er sagte zu den Dienern Pachacamacs: »Euer Gott ist kein wirklicher Gott. Er ist ein Lügner. Als ich mit meinem Bruder um die Macht kämpfte, fragte dieser euren Herrn, wer siegen werde. Der Gott sagte – er, mein Bruder, werde siegen. Doch den Sieg trug ich davon. Und als dann aus der Ferne Pizarro in unser Land kam, fragte damals ich selber, wer siegen werde. Die Prophezeiung lautete – ich würde siegen! Statt dessen haben aber vorläufig jene gesiegt ...« Und die Spanier siegten auch weiterhin über die Indianer. Die Folgen dieses grausamen Triumphes sollte bald auch die Orakelstätte des alten Peru, die reiche Stadt Pachacamac, zu spüren bekommen. Kaum hatte Pizarro den letzten Inka ins Jenseits befördert, sandte er unverzüglich seinen Bruder Fernando nach Pachacamac, weil er richtig vermutete, wenn es noch irgendwo anders als in Cuzco, der Metropole des Reiches, Gold, Silber und Edelsteine gäbe, würden sie ganz gewiß in dieser Orakelstätte zu finden sein. Pachacamac hatte in einer Reihe von Orten Perus Stätten eingerichtet, die Spenden entgegennahmen und wie eine Art heiliger Steuer, ähnlich dem »Zehnten« in Europa, eintrieben. Diese Steuer erhob die heilige Stadt von den Gläubigen auch noch in den Zeiten der Inka. Fernando Pizarro führt in einem seiner Berichte nach Spanien selbst an, daß die Küstengebiete des Landes in jener Zeit, da sie den Inka untertan waren, nicht an die Hauptstadt des Reiches, Cuzco, sondern an die heilige Orakelstätte in Pachacamac Steuern gezahlt hätten. Und sogar noch nach der Konquista haben weit abgelegene Gemeinden (die Grenze war eine Entfernung, die man in 300 Wegstunden zurücklegen konnte) an Pachacamac eine ständige Abgabe in Form von Nahrungsmitteln und Metallwaren abgeführt.

Pizarro hatte sich in seinen Vermutungen über die in Pachacamac angehäuften Reichtümer nicht getäuscht. Zum Glück bekamen die Priester der Orakelstätte Wind von dem Feldzug der Spanier nach der heiligen Stadt, so

daß sie den Hauptteil des Tempelschatzes rechtzeitig im Sand der Küstenwüste vergraben konnten. Aber auch das wenige, was in der Orakelstätte von Pachacamac übriggeblieben war, genügte Pizarros Raubgesellen. Sie erbeuteten in dem Tempel über 650 kg goldene Gegenstände von nie gesehener Schönheit und 16 000 Unzen Silbersachen.

Jener Hauptteil des Schatzes von Pachacamac, den die Priester des Orakeltempels in der Erde verscharrt hatten, enthielt weitere 25 000 kg Gegenstände aus Edelmetallen. Und diese zweieinhalb Tonnen goldener und silberner Wunder haben den Angriff der Konquistadoren auf das Delphi Altamerikas überdauert. Sie sind kein bloßes Hirngespinst romantischer Schatzsucher, sondern diese altperuanischen Kunstwerke warten irgendwo in der Umgebung der Stadt noch immer auf ihren Entdecker. Die Stadt selbst hat freilich diesen Überfall nicht überlebt. Er hat ihr den Todesstoß versetzt — 300 Jahre nachdem Huari verödet war, nachdem auch das ganze Huari-Reich vermutlich durch den Angriff eines anderen indianischen Kriegervolkes vernichtet worden war. Jenes Reich, zu dem in seiner Blütezeit auch dieses Pachacamac gehört hatte, war die Orakelstätte des alten Peru und in den letzten Jahrhunderten der größte Wallfahrtsort des Landes und vielleicht auch die letzte Küsteninsel eines Kultes, der einst hoch oben in den Bergen, in dem berühmten heiligen und rätselhaften Tiahuanaco geblüht hatte.

Diese beiden bedeutenden altperuanischen Städte — Pachacamac und Tiahuanaco — verbindet noch etwas miteinander: der Name, die Persönlichkeit des ersten Wissenschaftlers, der ihnen fundierte fachliche Untersuchungen gewidmet hat — die Persönlichkeit Max Uhles, jenes deutschen »Nestors« der peruanischen Archäologie und neben Tello des eigentlichen Begründers der Peruanistik.

Wenn Alexander von Humboldt oft als der »zweite Entdecker Amerikas« bezeichnet wird, so kann man gewiß mit dem gleichen Recht von Max Uhle sagen, daß er der »zweite Entdecker Perus« gewesen ist – und der erste Forscher, der sich gründlicher mit den vorinkaischen Kulturen beschäftigte. Max Uhle wurde 1856 in Dresden geboren. Die Familien seiner Eltern waren eng mit dem Leben des Königreichs Sachsen verbunden. Sein Vater diente in der Armee des Königs – er trug den respektablen langen Titel eines »Königlich-Sächsischen Oberstabsarztes« –, und seine Mutter war die Tochter eines »Königlich-Sächsischen Gerichts-Direktors«. Nach der Absolvierung der wiederum »Königlich-Sächsischen Fürsten- und Landesschule St. Afra« bei Meißen, aus der eine ganze Reihe bedeutender Männer hervorgegangen ist, nahm Uhle ein Studium an der Universität Leipzig auf, das er mit einer dem mittelalterlichen Chinesisch (!) gewidmeten Arbeit abschloß. Von Leipzig kehrte der junge Orientalist nach Dresden zurück, wo er seine erste Anstellung an dem damaligen »Königlichen Zoologischen und Anthropologisch-Ethnographischen Museum« erhielt.

In Dresden lebte zu jener Zeit ein Mann, dessen Arbeiten dem hoffnungsvollen Adepten der chinesischen Philologie einen ganz anderen Horizont eröffneten. Dieser Landsmann Uhles hieß Alphons Stübel. Dieser hatte – zusammen mit Wilhelm Reiss – den überhaupt ersten wissenschaftlichen Bericht über Ausgrabungen in Peru, ein dreibändiges Werk über das vorkolumbische Gräberfeld von Ancón, verfaßt. Stübel hatte bei seinen Reisen in die Anden auch Tiahuanaco besucht. Die Ergebnisse seiner Forschungen und Messungen in Tiahuanaco veröffentlichte er dann gemeinsam mit Uhle in dem 1892 in Leipzig erschienenen Buch »Die Ruinenstätte von Tiahuanaco im Hochlande des alten Perú«. Die Arbeit ebnete dem jungen Museumsbeamten Uhle (er war aber damals bereits in Berlin tätig) den Weg auf den amerikanischen Kontinent. Gleich die erste Expedition führte in das Land, in dem Tiahuanaco liegt – nach Bolivien. Der erste Besuch in Tiahuanaco wirkte jedoch wie ein Schock auf den jungen Gelehrten. Er mußte mit ansehen, wie die herrlichen Tiahuanaco-Statuen einer Einheit der bolivianischen Armee, die in dem nahe gelegenen Dorf stationiert war, bei ihren Schießübungen als Zielscheiben dienten!

Später kehrte Uhle noch einmal für volle drei Monate nach Tiahuanaco zurück, um dort weitere, gründlichere Studien zu betreiben. Ein anderer Ertrag seiner Reise in das bolivianische Hochland war ein außerordentlich wertvolles Wörterbuch der Sprache jener »Menschen von schwarzem Blut«, der Uru. In der bolivianischen Gemeinde Huachacalla hatte der Forscher unter den Aymara-Bewohnern zwei Familien aufgespürt, die zu diesem sonst auf See lebenden, im Aussterben begriffenen Volk gehörten. Bei diesen beiden Familien hat Uhle über 400 Uru-Wörter aufzeichnen können, von denen der Wissenschaft bis dahin lediglich 19 bekannt waren!

Die Ergebnisse von Uhles Forschungen in Bolivien waren so bedeutsam, daß der Gelehrte noch vor seiner geplanten Rückkehr nach Europa ein Angebot erhielt, in den Anden zu bleiben und dort als Archäologe für das angesehene amerikanische Museum der Staatsuniversität von Pennsylvania zu arbeiten. Uhle nahm dieses außerordentlich günstige Angebot an, ging von Bolivien nach Peru und erwählte sich dort alsbald das archäologische Gebiet von Pachacamac zu seinem Wirkungsfeld. Im Umkreis dieser einstigen »Orakelstätte Altamerikas« hat dann der deutsche Gelehrte ein ganzes Jahr verbracht.

Uhles Ausgrabungen in Pachacamac waren sein größtes, detailliertestes archäologisches Unternehmen. Als er dann nach zwölf arbeitsreichen Monaten Pachacamac verließ, fuhr er nicht nur mit reichem Material, sondern auch mit dem Manuskript einer Monographie über diese altindianische Stadt von Peru weg. Diese erste grundlegende Arbeit über Pachacamac erschien sehr bald in den Vereinigten Staaten im Druck. Die Ergebnisse seiner Forschungen in Pachacamac und ihre gediegene literarische Darstellung verschafften ihrem Autor ein großes wissenschaftliches Prestige. Pachacamac brachte Max Uhle aber noch etwas ein, was normalerweise nicht zu den Ergebnissen archäologischer Untersuchungen gehört: eine Ehefrau! Das dieser altperuanischen Stadt gewidmete Werk, das aus der Feder eines deutschen Gelehrten stammte, der das Englische noch immer unzureichend beherrschte, sollte im Auftrag des Verlegers nämlich ein Fräulein Charlotte Dorothee Grosse übersetzen. Der gründliche Autor, dem soviel an seinem Buch über Pachacamac lag, nahm so innigen Anteil an dieser Übersetzungsarbeit, daß er Fräulein Grosse schließlich heiratete!

Der Widerhall, den sein in den Vereinigten Staaten mit Hilfe seiner Gattin veröffentlichtes Werk über Pachacamac fand, hatte zur Folge, daß ihm eine andere sehr bedeutende amerikanische Hochschule, die Kalifornische Staatsuniversität, anbot, künftig für sie weitere Ausgrabungen in Peru vorzunehmen. Für die Kalifornische Staatsuniversität hat dann Uhle abermals sechs Jahre (bis 1905) in den Anden gearbeitet. Darauf begann der deutsche Gelehrte als Archäologe im Auftrag der Regierung Perus zu wirken, des Landes, das ihm nach und nach auch zur zweiten Heimat wurde.

Nach den in Peru verbrachten Jahren war Max Uhle lange Zeit auch in Chile und später — wiederum viele Jahre — in Ekuador tätig. Und so verließ der Forscher, der als junger Mensch nach Amerika gekommen war, diesen seinen Wirkungskreis in den Kordilleren erst als hochbetagter Mann wieder, als er die Achtzig längst überschritten hatte — und eigentlich auch da nicht aus freien Stücken: Im Jahre 1942, nachdem die Mehrzahl der Staaten der westlichen Hemisphäre in den Krieg gegen Hitler eingetreten war, kamen ihre Regierungen in Rio de Janeiro überein, ausnahmslos alle deutschen Staatsbürger, die auf dem amerikanischen Kontinent lebten, nach Europa zurückzuschicken. Max Uhle, der sich so große Verdienste um die Erforschung der Vergangenheit Perus erworben hatte, wurde — im letzten Augenblick — von der Liste der Deutschen, die dieses Land zu verlassen hatten, gestrichen. Aber nun, da bereits alles für die Rückkehr vorbereitet war, wollte er auch nicht mehr bleiben.

Das Reich Chimú —
die Renaissance an der Küste

Der Weg, der uns nach Pachacamac, zu der Orakelstätte Altamerikas, geführt hat, ist zugleich ein Abschied von den Bergen Perus, vom heiligen Titicacasee gewesen, und er hat uns zurück an die Küste des Ozeans gebracht. Pachacamac, jene Großstadt des mittleren Küstengebiets von Peru, hatte den Untergang des Huari-Reiches, die Unterwerfung seiner kriegerischen Herrscher überlebt. Dort an der Costa, aber ebenso auch in den Bergen Perus, traten wiederum andere Reiche an die Stelle des vernichteten Huari. In der Sierra, im Bergland, begann dann bald auch Tahuantinsuyu — der übermächtige riesige Staat der Inka — zu entstehen.

An der Costa vermochten sich jedoch die Bewohner all der ins Meer mündenden Flußtäler — im Unterschied zum Bergland Perus — nicht zu einem einzigen ähnlichen mächtigen Reich zu vereinigen. Nach dem Zerfall des Huari-Staates bildete sich in der Gegend Pachacamacs das kleine Königreich Cuismancu. Zum Mittelpunkt seines Lebens, von dem wir jedoch nur sehr wenig wissen, wurde das Tal des Rimac, jenes Gebiet, in dem später die Hauptstadt des nachkolumbischen Peru, Lima, liegen sollte.

Von dem »nachhuarischen« Ciusmancu-Reich sind nur sein Name und — außer Pachacamac — die riesigen Ruinen seiner Hauptstadt Cajamarquilla erhalten geblieben, eingestürzte große Ziegelmauern, zwischen denen die Straßen dieses Zentrums des Cuismancu-Staates entlangführten. Die Paläste und Pyramiden, die Gebäude und Tempel Cajamarquillas waren miteinander verbunden, vermutlich sogar durch unterirdische Galerien. Das ungewöhnliche Schicksal Cajamarquillas mag Ursache sein, daß die Erbauer dieser vorinkaischen Stadt (einer wirklichen Stadt, in der vor 1 000 Jahren gewiß mindestens 10 000 bis 12 000 Menschen lebten) ihren nachkolumbischen Nachfahren ein solches wahres Labyrinth von Trümmern hinterlassen haben. Die Lima so nahe gelegene tote Stadt ist in republikanischen Zeiten zum beliebtesten Schlupfwinkel von Räubern und Banditen geworden, die von dort aus ihre Überfälle unternahmen und den keramischen Schätzen der Ruinenstadt ihre eigene Beute hinzufügten. So ist es kein Wunder, daß es selten einem Archäologen gelang, in dieses Wespennest von Räubern einzudringen. Der erste, der es versucht und der auch den ersten Plan der Hauptstadt des Cuismancu-Reiches skizziert hat, war jener nordamerikanische Forscher im Diplomatenfrack, Ephraim George Squier, dem jedoch nach dem Betreten Cajamarquillas ein ganz und gar nicht diplomatischer Empfang bereitet wurde. Er fiel in die Hände des damaligen Herrschers der toten Stadt, des seinerzeit gefürchtetsten peruanischen Banditen, Arci Rossi, gegen den die gesamte peruanische Polizei machtlos war. Der Archäologe Squier besann sich auf sein diplomatisches Talent, und es gelang ihm, den damaligen »Herrn« von Cajamarquilla davon zu überzeugen, daß er ihn weder um seine zusammengeraubten Schätze noch um seine Freiheit bringen wolle. Diese beiden so gegensätzlichen Männer freundeten sich sogar miteinander an. Und das Ergebnis war, daß Arci seine Zustimmung zu Squiers archäologischer Erforschung der vorinkaischen Stadt gab.

Einige Zeit danach überfiel Arci Rossi einen Regierungskonvoi, der das Staatsgeld Perus begleitete. Er tötete eine Menge Soldaten, kam aber im Kampf gegen die vielfache Übermacht ums Leben. Sein von Schüssen durchbohrter Leichnam wurde auf dem Hauptplatz Limas zur Schau gestellt, zufällig ganz in der Nähe des Amtssitzes des »verrückten Diplomaten« Squier, dem es als einzigem gelungen war, noch zu Lebzeiten dieses gefürchteten Banditen in die zum Räubernest gewordene altindianische Stadt Cajamarquilla ohne Waffen einzudringen.

Neben Cajamarquilla — und natürlich Pachacamac, das zwar nun auf dem Gebiet des Königreiches Cuismancu lag, aber auch weiterhin nicht nur dessen Bewohnern, sondern allen damaligen Peruanern gehörte — haben innerhalb der Grenzen dieses kleinen vorinkaischen Staates vermutlich weitere Städte existiert: eine, die man heute, weil wir ihren ursprünglichen indianischen Namen nicht kennen, Vista Alegre nennt, und vor allem Ancón, das jedoch weniger eine tote Stadt, sondern vielmehr eine Stadt der Toten ist.

Dieses nördlich von Lima gelegene, sich meilenweit hinziehende Gräberfeld versorgt schon seit Jahrhunderten die Grabplünderer mit erlesener Keramik, mit prächtigen Überbleibseln vorinkaischer Textilien und mit Skelettresten der Bewohner des Cuismancu-Reiches, obwohl sie sich kaum dafür interessieren. In späterer Zeit sind dort umfangreiche wissenschaftliche Ausgrabungen vorgenommen worden, schon in den siebziger Jahren des vorigen Jahrhunderts (zusammen mit Wilhelm Reiss) von Alphons Stübel, dem Dresdner Lehrer Max Uhles, die eine Fülle interessanten archäologischen Materials zutage gefördert haben. Es mutet wie eine Ironie des Schicksals an, daß der am Meer gelegene Teil des riesigen Begräbnisfeldes von Ancón in den letzten Jahrzehnten zu einem der elegantesten Badeorte Perus mit Luxushotels und Villen ausgebaut worden ist.

Südlich des Cuismancu-Staates — in den Küstentälern von Chilca, Mala und Cañete — hatte sich ein weiteres kleines Reich gebildet, an dessen Spitze im

15. Jahrhundert ein König Chuquimancu stand, und den gleichen Namen trug offenbar auch dieser Zwergstaat. An der Südgrenze dieses Chuquimancu – dort, wo einst die Paracas- und die Nazca-Kultur geblüht hatten – war nun eine Konföderation der Chincha-Fürstentümer entstanden. Jedes der dortigen Täler – Chincha, Pisco, Ica und Nazca – wurde von einem der Chincha-Fürsten regiert. Diese einzelnen Täler der Chincha waren selbständig. Nach außen, der umgebenden Welt gegenüber, traten jedoch die Chincha gemeinsam auf.

Nach Huari sind also an der Südküste die Chincha, Chuquimancu und Cuismancu gekommen. So war die Lage an der Costa. Und in der Sierra? Im Bergland bildeten sich in dieser Zeit – neben dem entstehenden Reich der Inka – ebenfalls mehrere kleinere Staaten heraus. Auf dem Gebiet des heutigen Boliviens war es Chucuito, mit einer verhältnismäßig zahlreichen Bauern- und Hirtenbevölkerung, aber ohne jene vornehme Aristokratie und großen Könige wie bei den Chimú oder Inka. Jenseits des Flusses Apurimac schufen sich in der Sierra dann die kriegerischen Chanca ihren Staat, ihre Konföderation, die von sich behaupteten, daß sie aus einem der peruanischen Seen, dem Cho-clococho, auf die Welt gekommen seien. Diese Indianer waren die einzigen, die es wagten, das Spiel umzukehren, das sich nun im peruanischen Bergland abzuwickeln begann. Während sich das Reich der Inka immer weiter ausdehnte und seine Nachbarn nach allen Himmelsrichtungen angriff, fielen die Chanca – wirklich als einzige von allen Peruanern – selbst in das Gebiet der Inka ein! Sie schickten sich sogar an, den »Nabel der Welt«, die Residenz der Inka – Cuzco – zu erobern.

Geführt von ihren beiden »Regenten«, den Häuptlingen der beiden Teile ihres Volkes (der eine hieß Hastu Huaraca und der andere Tomay Huaraca) und begleitet von der Mumie ihres vergöttlichten toten Herrschers Uscovilca (wörtlich »Heiliger Puma«), überschritten die Chanca den Grenzfluß Apurimac und rückten mit einer starken Armee gegen Cuzco vor. Die Situation des

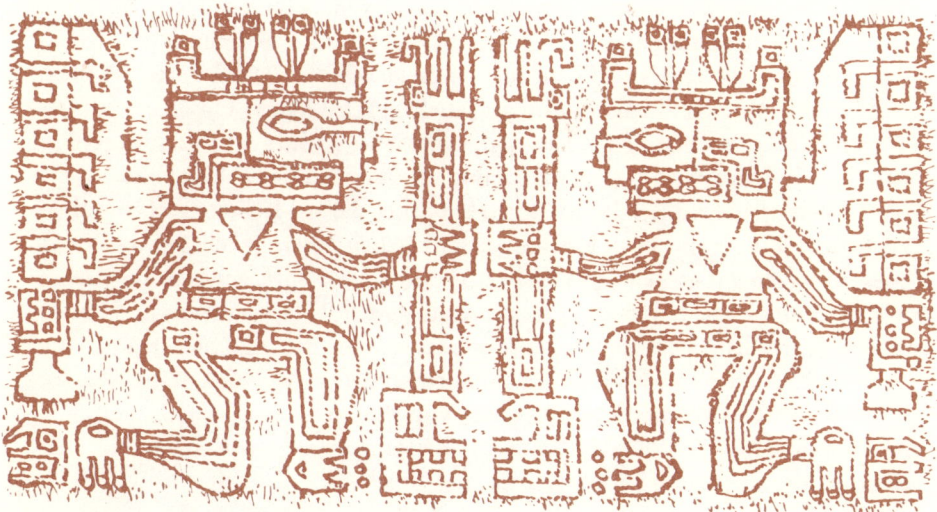

überfallenen Reiches war so verzweifelt, daß der betagte Viracocha Inka (nicht zu verwechseln mit jenem Gott von Tiahuanaco) und sein Sohn und Thronfolger Urcon zusammen mit ihrem Hof aus der Stadt flohen und sich in ihrer Angst in einer entlegenen Gebirgsfestung verbargen. Ihre tapferen Heerführer Vicaquira und Apo Mayta aber waren nicht bereit, das Feld zu räumen. Zusammen mit den beiden anderen Söhnen des Inka, Roca und Cusi Yupanqui, der den Oberbefehl über die in Cuzco verbliebenen Truppenteile übernahm, konsolidierten sie die Verteidigung und retteten durch ihren heldenhaften Widerstand die Stadt und den Staat, deren Schicksal schon besiegelt schien. Nachdem die Belagerten den Sturm der Chanca abgeschlagen hatten, gingen sie selbst zum Gegenangriff über. Ihr durch neu hinzugestoßene Einheiten verstärktes Heer trieb die Chanca wieder über den Grenzfluß zurück und unterwarf schließlich deren eigenes Land der Inka-Herrschaft.

An den Chanca, die sich den Inka nicht nur widersetzt, sondern sogar deren Hauptstadt angegriffen hatten, rächten sich die Sieger auf grausame Weise. Sie zogen den gefangenen Würdenträgern und Offizieren des Chanca-Staates buchstäblich die Haut vom Leibe. Diese Menschenhäute füllten sie mit Stroh und Asche, und zum Ruhme ihrer eigenen Macht und zur Warnung für all jene, die es ebenfalls gelüsten sollte, den Inka in Peru zu trotzen, stellten sie diese »konservierten« Chanca in Cuzco zur Schau. Dort haben dann — noch 100 Jahre nach jener denkwürdigen Schlacht, die im Jahre 1437 stattgefunden hat — auch die ersten Spanier in Peru die ausgestopften »Bälge« der Würdenträger des Chanca-Staates bestaunen können.

Nördlich von der Konföderation der Chanca existierte ein weiterer kleiner Staat, das Königreich Cajamarca, das bemüht war — um dem Schicksal derer zu entgehen, die bereits dem Expansionsdrang der Inka zum Opfer gefallen waren —, sich seine Unabhängigkeit durch einen Bündnisvertrag zu sichern, den der Herrscher dieses Reiches, der König Cusmanco, mit dem letzten und bei weitem bedeutendsten nichtinkaischen Staat des damaligen Peru, dem Chimú-Reich, abschloß, das seine Macht über den nördlichen Teil des Landes und einen großen Abschnitt des mittleren Küstengebiets ausgedehnt hatte.

Kehren wir also zur Nordküste zurück, in jene Welt, die wir bereits kennen, in die sandigen Küstenwüsten, in die fruchtbaren kleinen Oasen der peruanischen Flüsse, in jenen Teil Perus, in dem einst die Kultur der Mochica erblüht war. Die Religion von Tiahuanaco und die militärische Macht des Huari-Reiches hatten die Kultur der Mochica tief unter diesem Küstensand begraben. Nach dem Untergang des Huari-Staates aber begannen gleichsam die Keime jenes Mochica-Erbes wieder hervorzusprießen, die ihre gewaltsame Unterdrückung nur scheinbar erstickt hatte. Als der Einfluß Tiahuanacos und Huaris an der Nordküste verebbte, erlebte manches von der Mochica-Kultur und vermutlich auch von der Gesellschaftsordnung der Mochica seine Wiedergeburt in der Geschichte Perus. Manche Forscher gehen sogar so weit, daß sie im Hinblick auf die nordperuanische Küste von einer »Renaissance« der Mochica sprechen, einer Renaissance, die Reich Chimú heißt.

218

Der König Naymlap
vom Balsafloß

Der unmittelbare Vorfahre der Gründer des Reiches, das sich später zum größten der Küstenstaaten entfaltete und zugleich das letzte der vorinkaischen Reiche Perus war, ist von Norden gekommen. Er kam auf einem Balsafloß übers Meer. Die Legende, die von ihm erzählt und die wiederum vor allem jener Jesuit Miguel Cabello de Balboa in seiner Chronik »Miscelanea Antarctica« aufgezeichnet hat, sagt nicht genau, woher er stammte. Die Sagen haben den Namen dieses Königs Naymlap bewahrt, und sie haben uns die Namen seiner Nachfolger überliefert. Offensichtlich haben diese Nachrichten einen historischen Kern. Der Stammvater Naymlap ist vermutlich auf manchen Goldgegenständen abgebildet, die die Archäologen später gefunden haben.

Er kam der Sage nach an der Spitze einer ganzen Flottille von Balsaflößen aus einem ungenannten Land im Norden an die Küste Perus. Er war – wie der Chronist schreibt – ein sehr tüchtiger und sehr tapferer Mann. Dieser mächtige Naymlap war mit einem großen Gefolge in das künftige Land Chimú gekommen. Und da er ein so bedeutender Mann war, haben die Sagen auch die Namen und die Funktionen der wichtigsten Mitglieder seiner Gefolgschaft bewahrt.

Der große Naymlap hatte der Sage nach auf den Balsaflößen natürlich auch eine ganze Schar von Frauen mitgebracht. Neben der gesetzlichen Gattin namens Ceterni war ihm ein großer Harem von Geliebten gefolgt. Diese ganze erlauchte und sicher auch recht bunte Gesellschaft war schließlich an der Mündung des peruanischen Flusses Faquisllanga an Land gegangen. Dort hatte Naymlap mit seinem zahlreichen Gefolge die Balsaflöße verlassen und, unweit der Mündung der Faquisllanga, eine Stadt gegründet, die er Chot nannte.

Das legendäre Chot des Königs Naymlap haben die Archäologen offenbar schon entdeckt. Es lag höchstwahrscheinlich an einer Stelle der Küste, die die heutigen Peruaner Huaca Chotuna – »Chotuna-Heiligtum« – nennen. In Chot hat der König zahlreiche Paläste und vor allem eine Hauptstätte des religiösen Kults, einen Tempel, erbaut, in dem er eine steinerne Stele von grüner Farbe

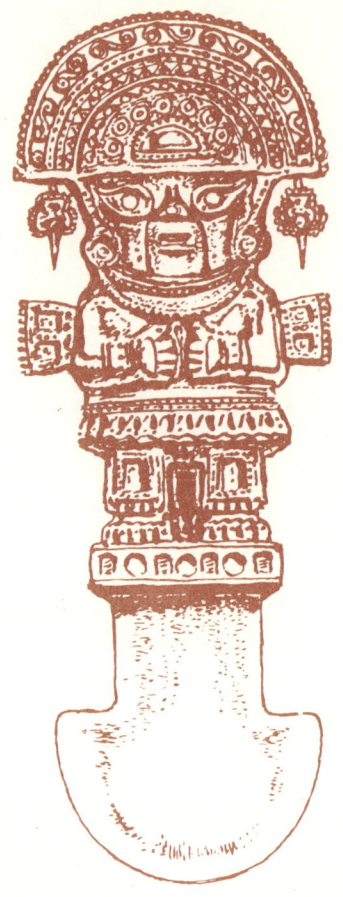

aufstellen ließ. Dieses Idol trug den Namen Llampallec, was eigentlich soviel wie »Naymlaps Bild« bedeutet. Naymlap ist also offenbar nicht nur der Herrscher, sondern – wie die ägyptischen Pharaonen – auch der Gott seines Volkes gewesen.

In der Todesstunde befahl der König seinen Angehörigen, ihn nach seinem Ableben in demselben Palast zu bestatten, den er in der Stadt bewohnt hatte. Und so geschah es auch. Der Tod des Herrschers wurde dem Volk verheimlicht, und der neue König – Naymlaps erstgeborener Sohn Cium – ließ im ganzen Land verkünden, daß seinem Vater zum Zeichen seiner unendlichen göttlichen Macht Flügel gewachsen seien wie einem Vogel, und auf diesen Flügeln sei er schließlich zum Himmel emporgeflogen. (Der erste Teil seines Namens – »naym« – bedeutet, nebenbei bemerkt, möglicherweise wirklich »Vogel« oder »Flug« und der Name seiner Hauptfrau soviel wie »Stern«.)

Die Untertanen Naymlaps glaubten die Mär von der Himmelfahrt ihres Königs. Viele sollen sich sogar aufgemacht haben, den davongeflogenen Herrscher weit und breit an der Küste Perus, in den anderen Flußtälern, zu suchen, in denen sie sich dann niederließen und so die Macht des von Naymlap gegründeten Reiches ausdehnten.

220

Nach dem Hinscheiden des Königs wurde also der älteste von Naymlaps Söhnen, Cium, Herrscher in Chot. Seine Gemahlin, die Königin Zolzdoñi, gebar ihm zwölf Söhne, und als diese herangewachsen waren, zogen sie wie die zwölf Apostel der Bibel nach allen Richtungen des Landes aus, um die einzelnen Flußtäler der Nordküste zu besiedeln. So soll sich einer von Ciums Söhnen, Nor, mit seinem Volk im Cinto-Tal niedergelassen haben, ein anderer namens Cala in Tucume, ein dritter in Collique usw. Auch jener kunstfertige Hersteller von Gewändern aus Vogelfedern soll nach dem Tode seines Herrschers mit vielen anderen ins Jaynacà-Tal ausgewandert sein.

Auch Cium — der Lieblingssohn Naymlaps und für sein Volk gewiß gleichfalls nicht nur ein König, sondern auch ein Gott — ist ebenso heimlich aus dieser Welt geschieden wie sein Vater. Als er seine letzte Stunde nahen fühlte, zog er sich in eine unterirdische Gruft zurück, die er sich schon zu Lebzeiten hatte bauen lassen, und dort ist er dann still und ohne Zeugen gestorben.

Nach dem König, der zu den Sternen davongeflogen, und seinem Sohn, der in den Tiefen der Erde verschwunden war, haben nacheinander Esquñain, Mascuy, Cuntipallec, Allascunti, Nofan Nech, Mulumuslan, Llamecoll, Lanipatcum und Acunte den Thron in Chot bestiegen. Mit dem zwölften König — Fempellec — endet der Stammbaum der Vorgänger der Herrscher des Chimú-Reiches. Dieser Fempellec regierte nämlich nicht wie ein weiser König und noch weniger wie ein heiliger Mann. Er verübte eine Reihe böser Taten.

Die Priester des Haupttempels in Chot und die Vornehmen der Stadt schrieben der überlieferten Sage nach eine aufgekommene Sintflut und Hungersnot der sündhaften Lebensweise ihres Königs zu. Ungeachtet dessen, daß er eigentlich ein Gott war, verschworen sie sich daher gegen ihren Herrscher: Sie fielen gemeinsam über ihn her, fesselten ihn an Händen und Füßen und warfen ihn ins Meer. Auf diese Weise fand also im Lambayeque-Tal die Herrschaft des Geschlechts, das vor mehreren Jahrhunderten jener König Naymlap vom Balsafloß dort an der Küste Perus gegründet hatte, ein unrühmliches Ende. Soweit berichtet die Sage.

Das Land Naymlaps, nicht mehr nur das Lambayeque-Tal, sondern auch die anderen nordperuanischen Täler, geriet dann unter die Macht jener neuen Dynastie der Chimú, deren Sitz und Urheimat ein anderes Tal war — das berühmte Moche-Tal, einst das »Muttertal« jener Mochica. Auch die späteren Herrscher des Chimú-Reiches kennen wir mit Namen. Der Name »Chimú« selber war übrigens ursprünglich — so wie der Name »Inka« — offenbar nicht der Name eines Volkes oder Landes, sondern in erster Linie der Eigenname der Herrscher dieses später so mächtigen Reiches.

Auch die eigentlichen Chimú sollen — den Legenden zufolge — auf dem gleichen Wege wie einst Naymlap in das Gebiet ihres künftigen Staates gekommen sein — also auf Balsaflößen von Norden übers Meer. Der Gründer der Dynastie, der sein Gefolge übers Meer in das Moche-Tal geführt hat, habe Tacaynamo geheißen. Die Sagen berichten, daß er an der Mündung des Moche an Land gegangen sei, dort einen großen Tempel errichtet habe, in dem eigenartige Zeremonien mit Hilfe eines heiligen gelben Pulvers vollzogen worden seien. Auch Tacaynamo soll, ebenso wie Naymlap, ein sehr befähigter und kluger Mann gewesen sein. Als dieser erste Chimú starb, hat Tacaynamos Sohn Guacri-Caur dessen Thron bestiegen und nach ihm dann der dritte Chimú Ñancen-Pinco. Und erst dieser Ñancen-Pinco hat durch seine Eroberungen die Macht des Staates über eine ganze Reihe peruanischer Täler ausgedehnt – von Pacasmayo im Norden bis zum Gebiet des Flusses Santa im Süden.

Die Expansion der Chimú erreichte dann unter dem König Michancaman ihren Höhepunkt, der die Heere seines Reiches bis in den äußersten Norden Altperus aussandte, bis in das Gebiet des heutigen Hafens Tumbéz, und im Süden bis ins Tal des Carabayllo. Geführt von dem Chimú-General Querrutumi, stießen die Truppen des Reiches damals sogar bis in die Gegend vor, in der heute Lima, die Hauptstadt Perus, liegt. In drei Schlachten siegten sie dort, in der vierten aber wurden sie besiegt. Und dem ein einziges Mal geschlagenen Chimú-Heerführer blieb kein anderer Ausweg, als die Schande der militärischen Niederlage durch seinen Freitod zu tilgen. Trotz dieser verlorenen Schlacht Querrutumis beherrschten die Chimú jedoch in der Zeit dieser größten Ausdehnung ihres Reiches unter dem König Minchancaman einen zusammenhängenden Küstengürtel in einer Länge von 1 000 km. Einen so mächtigen und großen, zentral geleiteten Staat hatte es an der peruanischen Küste bis dahin noch nie gegeben. Die einzelnen peruanischen Täler wurden nun vermutlich von lokalen Fürsten regiert, die zu dem Herrscher des Reiches in einem Vasallenverhältnis standen. In manchen Tälern aber übten nur einfache Statthalter, die aus der Hauptstadt dorthin entsandt worden waren, die Staatsgewalt aus. Jenes denkwürdige Tal Naymlaps – Lambayeque – beispielsweise wurde nach dem unrühmlichen Ende des Wüstlings Fempellec zunächst von dem friedlichen Pongmassa, nach ihm von seinem Sohn Pallesmassa und dann von dem Fürsten Oxa regiert. Zu Oxas Zeiten kam dieses peruanische Küstengebiet zum erstenmal mit dem sich ebenfalls ausgedehnten Reich der Inka in Berührung, was ihm später zum Verhängnis werden sollte. Im Lambayeque-Tal haben dann nacheinander die Fürsten Llempisan, Oxas Enkel Chullumpisan, darauf dessen jüngerer Bruder Cipromarca und nach dessen Tod ein weiterer Bruder namens Fallenpisan die Geschicke dieses Tals gelenkt.

Aber verlassen wir nun das Tal jenes Naymlap, des Königs vom Balsafloß, und schauen wir dorthin, wo das Leben des mächtigen Chimú-Reiches am stärksten pulsierte – in dessen Kerngebiet im Moche-Tal, dorthin, wo sich nun die Chimú die überhaupt größte Stadt des vorinkaischen Peru erbauten, das prächtige und riesige Chan-Chan.

Von Chan-Chan bis zur Großen Chinesischen Mauer

Kein anderes Werk der Chimú, nicht einmal die funkelnde Pracht ihrer berühmten Goldschätze, kündet überzeugender von Glanz und Größe ihres Reiches und seiner Herrscher als die Metropole dieses Küstenstaates, das bewundernswerte Chan-Chan. Die altperuanische Großstadt haben die Chimú — diese Erben der Mochica — in einem der Ursprungstäler jener altperuanischen Küstenindianer, dem Moche-Tal, erbaut, das das Muttertal der eigentlichen Chimú, ihr ältestes kleines Siedlungsgebiet an der Costa, gewesen ist. Von dort sind sie dann nach Norden und Süden ausgezogen, um ihrer ursprünglichen Heimat immer neue Täler anzugliedern.

Die Chimú haben ihr Chan-Chan unweit von dem Ort gegründet, an dem einst die Mochica jene größten Pyramiden Südamerikas — die Sonnen- und die Mondpyramide — aufgetürmt hatten. Wenige Kilometer von dieser Pampa de los Mochica entfernt, haben die Nachfahren der Mochica, die Chimú, ihre Hauptstadt errichtet. Das Chan-Chan der Chimú ist nicht so wie die Pyramiden ihrer Vorgänger in die Höhe gewachsen, dafür aber in die Breite und Länge. Diese altperuanische Metropole nahm die für eine altertümliche Stadt riesige Fläche von etwa 18 km² ein! Ihre Ruinen bieten dem Betrachter einen überwältigenden Anblick. Wie die Huari-Städte ist auch Chan-Chan nicht willkürlich, sondern nach einem vorher ausgearbeiteten Plan erbaut worden. Zwei mächtige Wehrmauern umgaben das ausgedehnte Wohngebiet und schirmten es gegen die Außenwelt ab. Innerhalb der schnurgerade verlaufenden Mauern war die Hauptstadt der Chimú in zehn Viertel, in zehn meist rechteckige Bezirke, eingeteilt. Jeder dieser Stadtbezirke Chan-Chans hatte eine Ausdehnung von ungefähr 450 × 350 m. Zu Ehren der Persönlichkeiten, die sich um die Erforschung der Vergangenheit der peruanischen Costa hervorragende Verdienste erworben haben, tragen heute mehrere Viertel der einstigen Chimú-Metropole die Namen dieser Männer. Das eine ist z. B. nach Martínez Compañón benannt, ein anderes nach Velarde, das dritte nach Bandelier, das vierte nach Tello, das fünfte nach Rivero, das sechste nach Squier, das siebente nach Tschudi, das achte heißt treffend Labyrinth, das neunte Chaihuac und das zehnte schließlich Groß-Chimú.

Ein jedes der zehn Viertel Chan-Chans war von einem teils bis zu 12 m hohen Wall umschlossen. Diese Befestigungen waren noch durch harte Algarrobo-Stämme – des peruanischen Johannisbrotbaums – verstärkt, die in regelmäßigen Abständen in die Wälle eingefügt waren. Jeder Stadtbezirk Chan-Chans besaß einen eigenen Tempel, Wohnhäuser, öffentliche Bauten, planmäßig angelegte lange Straßen, einen zentralen Platz, kleinere Plätze und Paläste, von denen noch die Rede sein wird. Zwischen den einzelnen Vierteln der Stadt lagen offenbar Friedhöfe, Sümpfe und bepflanzte Felder, die den Bewohnern die Grundnahrung sicherten. Die Einteilung Chan-Chans in zehn voneinander abgegrenzte Bezirke legt den Gedanken nahe, daß jeder von den Angehörigen einer weitverzweigten Sippengemeinschaft bzw. sozialen Gruppe bewohnt war, an deren Spitze das Oberhaupt des Clans stand.

Eine Großstadt wie diese, die noch dazu von Süden und Norden von dem lästigen Sand der toten Küstenwüste bedroht war, wäre ohne Wasser nicht lebensfähig gewesen. Die Wasserversorgung wurde so zur grundlegenden Existenzbedingung Chan-Chans. Die Chimú haben sich dabei die Bewässerungsanlagen der Mochica zunutze gemacht, sie ausgebaut und erweitert. Doch sie haben das lebenspendende Naß nicht nur ihren Feldern zugeführt, sondern vor allem der prächtigen Metropole, in der z. Z. ihrer größten Blüte mehr als 100 000 Menschen lebten!

In den Ruinen Chan-Chans stößt man auf zahlreiche Wasserkanäle und -becken. Auf den damaligen Besucher, der die erbarmungslos sengende Dürre der Küstenwüsten durchwandert hatte, muß diese Stadt wie eine Fata Morgana, wie ein grünes Wunder gewirkt haben: In jedem Viertel Chan-Chans befanden sich öffentliche Gärten. Diese »Stadtparks« lagen oft erheblich unter dem Niveau des umgebenden Terrains. Die Chimú-Gärtner haben sich demnach auch in Chan-Chan eines traditionellen altperuanischen Verfahrens bedient: Sie haben den Sand so lange abgetragen, bis sie auf Feuchtigkeit unterer Schichten stießen. Die Pflanzen nährten sich somit von dem Grundwasser der Erde und nicht von dem durch Gräben in die Stadt geleiteten Naß.

Chan-Chan war auch der größte vorinkaische Hafen Perus. Den inneren Teil der Hafenanlagen scheinen so etwas wie »Schleusen« vom Meer abgetrennt zu haben. Der Hauptanlegeplatz freilich war dem Ozean zugewandt. In dem riesigen Ruinenfeld der ehemaligen Chimú-Metropole ziehen heute weniger der Hafen oder die Reste der einst gewiß märchenhaft schönen öffentlichen Gärten Chan-Chans die Aufmerksamkeit der Forscher auf sich, sondern die Trümmer zweier großer Bauten, sogenannter »Paläste«. Da nur zwei davon erhalten geblieben sind, bezeichnen die Archäologen sie einfach als den »Ersten« und den «Zweiten Palast«. Der »Erste« hat einen Grundriß von 500 × 400 m, der »Zweite« ist etwas kleiner.

Das Interesse der Forscher erregen in den beiden Palästen Chan-Chans vor allem solider gebaute besondere Komplexe winziger Kammern, die sehr an

224

Gefängniszellen erinnern. In dem »Ersten Palast« befinden sich z. B. 45 solcher »Kerkerzellen«. Daher werden diese Teile der Paläste von Chan-Chan in der archäologischen Literatur häufig nur »die Gefängnisse« genannt. Vor einigen Jahrzehnten aber kam einer der Kenner des alten Peru, Hermann Leicht, auf eine interessante Idee: Vielleicht waren diese kleinen Kämmerchen gar nicht für Chimú-Sträflinge bestimmt gewesen, sondern für heilige Schlangen. Er wies darauf hin, daß in einigen mexikanischen Indianersprachen das Wort »chan« Schlange bedeutet. Und er erinnerte auch daran, daß in Mexiko die Schlange in den religiösen Vorstellungen der vorkolumbischen Indianer eine außerordentlich große Rolle gespielt hat. Na-Chan bedeutete dort soviel wie »Haus der Schlangen«. Und da in der Muttersprache der Chimú das Haus »an« heißt, erwog Leicht, ob nicht vielleicht der Name der Chimú-Metropole den gleichen Sinn habe, ob Chan-Chan – ähnlich wie dort in Mexiko – nicht ebenfalls einfach »Haus der Schlangen« bedeutete.

Doch kehren wir in die indianische Stadt zurück. Die ganze Stadt war aus großen, meist rechteckigen adoben – jenen in der Sonne getrockneten Ziegeln – oder aus »tapia«, mit Meermuscheln vermischtem festgestampftem Lehm, erbaut (nur für die Fundamente der Häuser hat man bisweilen Stein verwendet). Und für die Lehmbauten Chan-Chan bedeuteten die dortigen Wolkenbrüche jedesmal eine Katastrophe. Zum Glück ist es schon über 50 Jahre her, seit der Himmel seine Schleusen derart über der einstigen Hauptstadt der Chimú geöffnet hat. Und vieles von dem, was die Überschwemmung in jenem Jahr 1925 zerstört hat, war von den Archäologen schon vorher mit dem Fotoapparat oder dem Zeichenstift festgehalten worden. Die Mauern der Chimú-Bauten waren mit reichen, wahrscheinlich mit Hilfe von Modeln in den

Lehmverputz eingedrückten Ornamenten verziert. Dieser Reliefschmuck an den Mauern Chan-Chans ist von mannigfaltigster Art. Sehr häufig sind stark stilisierte Vögel, Fische und Füchse dargestellt. Aber auch stufenartige Mäander, Voluten, gitterförmige Muster und Friesreihen mit eigenartigen Kreuzen, die denen des Ordens der »Malteserritter« sehr ähneln, erfreuen das Auge.

Chan-Chan, die Metropole eines großen Reiches, ist jedoch nicht die einzige Stadt der Chimú gewesen. Die Ruinen anderer Städte dieser Indianer sind an einem Purgatorio genannten Ort in der Nähe von Tucume erhalten geblieben. Eine weitere, fast ebenso große Chimú-Stadt wie Chan-Chan war Apurlec, wesentlich kleiner sind Fado, Collique und Chacma gewesen. Die Chimú haben auch Pacatnamú (Pacasmayo), ursprünglich eine Mochica-Stadt, weiter ausgebaut, wo der deutsche Archäologe Heinrich Ubbelohde-Doering die Reste von mehr als 50 verschiedenen Pyramiden entdeckt hat, von denen bereits im Zusammenhang mit den Mochica die Rede war.

Die Chimú haben freilich nicht nur Paläste für ihre Herren, nicht nur Wohnstätten für ihr Volk, sondern auch Festungen für ihre Soldaten errichtet. Überhaupt gehören Wehrbauten zu den charakteristischsten Werken der Chimú-Architektur. Die am besten erhaltene Chimú-Festung ist Paramonga. Sie hatte die am weitesten nach Süden vorgeschobene Grenze des Reiches zu bewachen. Diese Feste erhebt sich auf einem ziemlich hohen Berg — eigentlich dem westlichsten Ausläufer der Kordilleren — unweit des heutigen peruanischen Hafens Supe zwischen den Flüssen Pativilca und Fortaleza. Eine bessere, geeignetere Gegend für ihre Südgrenze als diese Landschaft um Paramonga konnten die Chimú nicht wählen. Die Pativilca fließt auch dort, nahe dem Meer, durch ein 50 m tief eingeschnittenes Tal, dessen Wände sehr steil abfallen. Und die Wasser der Pativilca wie auch des anderen, kleineren Flusses Fortaleza strömen reißend dahin.

Weiter im Norden, jenseits der Grenzflüsse und der Festung Paramonga, hätte den Angreifer, der von Süden her in das Gebiet des Chimú-Reiches einfallen wollte, ein noch unwirtlicherer Teil der Küstenwüste, die aus zahllosen Sanddünen bestehende sogenannte Pampa de Mata, erwartet. In einer solchen Gegend haben auf einem Berg, von dem aus man fast dieses ganze ausgedehnte Gebiet überschauen konnte, die Chimú ihre Schlüsselfestung gebaut. Paramonga steht in keiner Weise hinter europäischen Burgen des Mittelalters zurück. Sie zu erobern war sicher nahezu unmöglich. Die Festung, die die ganze weite Umgebung und die nahe Meeresküste beherrschte, war in erster Linie von einem mächtigen, heute zum größten Teil verfallenen Wall umgeben. In dieser Wehrmauer befand sich ein einziges Tor, das so angelegt war, daß man es in Windeseile verbarrikadieren konnte. Von dort führte ein gut befestigter Weg auf die nächsthöhere Stufe dieser pyramidenartig erbauten Chimú-Burg. Der Zugang zu dieser zweiten Terrasse war wiederum nur durch ein einziges Tor möglich. Der eigentliche Kern der Festung befand sich weiter oben auf einer dritten Terrasse, die abermals von einem Wall umschlossen und ebenfalls nur durch ein einziges Tor zugänglich war. Auf dieser höchsten Terrasse Paramongas haben die Chimú den eigentlichen Festungskern erbaut. Um den Eindringling zu vernichten, befand sich in dem Bau eine ganze Reihe blinder schmaler Gänge. Das Herz Paramongas bildeten zwei besonders solid erbaute Räume – der sogenannte »Saal des Fürsten« und der »Saal des Oberbefehlshabers«. Von dort aus haben offenbar die Chimú-Generäle die Verteidigung dieses Landesteils gegen eventuelle Angriffe von Süden oder von Südosten her geleitet. Bemerkenswert ist, daß die Chimú selbst in ihr Adlernest eine Wasserleitung zu legen vermocht haben!

Der Autor dieses Buches hat Paramonga zum erstenmal von dem Flugzeug aus erblickt, das ihn nach Lima trug. Und gerade aus der Vogelperspektive wirkt diese am besten erhaltene Chimú-Burg besonders imposant. Doch wenn schon einmal vom Fliegen die Rede ist, können wir nicht umhin, daran zu erinnern, daß eben auf diese Weise – von oben, vom Flugzeug aus – die überhaupt bewundernswürdigste dieser militärischen Verteidigungsanlagen der Chimú entdeckt worden ist.

1931 reisten völlig unbekannte junge Leute aus New Jersey mit Robert

Shipees an der Spitze mit dem Flugzeug, die Denkmäler des vorkolumbischen Peru zu erkunden. Shipees und seine »boys« gingen der allgemeinen Skepsis zum Trotz mutig daran, ihr Vorhaben in die Tat umzusetzen. Und sie haben es wahrlich konsequent verwirklicht. Acht Monate lang sind sie mit ihrem kleinen Flugzeug kreuz und quer über die Sierra – das Bergland – und die Costa geflogen. Sie haben Messungen vorgenommen, Skizzen angefertigt, vor allem aber mit dem Apparat des Fotografen George Johnson schon bekannte Bauwerke der alten Peruaner im Bild festgehalten – und obendrein haben sie neue und immer mehr altindianische Denkmäler gefunden.

Keine andere Entdeckung der »hartnäckigen Amateurarchäologen« aber hat solche Aufmerksamkeit und auch solche Überraschung erregt wie die Entdeckung der »Großen Chinesischen Mauer Perus«. Robert Shipees und seine Freunde hatten sich im Verlauf der Expedition eine Zeitlang auch in der peruanischen Küstenstadt Trujillo niedergelassen, die nur wenige Kilometer von den Ruinen Chan-Chans entfernt liegt. Nachdem sie bereits die Bauwerke anderer altperuanischer Kulturen erkundet und fotografisch dokumentiert hatten, wollten sie auch den Bauten der Chimú die gebührende Aufmerksamkeit widmen. Sie fertigten von deren vorinkaischer Großstadt Hunderte und aber Hunderte von Aufnahmen an. Sie fotografierten auch Pacatnamú und die Festung Paramonga von oben. Eines Tages starteten sie mit ihrem Flugzeug von Trujillo aus in östlicher Richtung in das Innere des Landes bis zum Fluß Marañon. Um die weiße Spitze des höchsten Gipfels Perus, des Huascaran, herum flogen sie dann über dem Santa-Tal wieder nach Trujillo zurück. Da geschah etwas Unglaubliches: Der Fotograf der Expedition – jener George Johnson – erspähte vom Fensterchen des Flugzeugs aus eine große Mauer, einen mächtigen Wall, der sich kilometerlang von den Bergen bis zur Küste hinzog. Keiner der Archäologen, die sie vor Beginn ihrer Luftexpedition konsultiert hatten, besaß von ihr Kenntnis. Diese Mauer im Santa-Tal war auch in keinem Buch erwähnt. Diesen endlosen Wall hatten weder die Konquistadoren noch die ersten Chronisten noch die Spanier, die 300 Jahre lang in Peru geherrscht haben, gefunden, nicht einmal die peruanischen Militärs wußten davon. Er war auf keiner Karte verzeichnet. Er existierte nicht für die Welt.

Shipees und Johnson und ihr peruanischer Begleiter Kapitän Cabellos hielten das Bauwerk erst für eine Halluzination. Als aber dann die Fotografie, die keiner Sinnestäuschung unterliegen konnte, bestätigte, daß sich durch das Santa-Tal von den Ausläufern der Kordilleren bis zum Ozean tatsächlich diese offiziell nicht existierende Mauer wie eine endlose Schlange wand, kam ihnen zum Bewußtsein, daß sie eine unerhörte Entdeckung gemacht hatten.

Ihre Untersuchungen ergaben, daß der Wall 80 km lang und das Fundament der Mauer ursprünglich volle 5 m breit und gewiß mindestens ebenso hoch gewesen waren und daß mit Adobemörtel verbundene Steine als Baumaterial gedient hatten. Shipees und Johnson fanden bei weiteren Erkundungsflügen und bei Fußwanderungen auch die Überreste von 14 aus Stein errichteten kleinen

Festungen, die sie ebenfalls fotografierten. Das größte dieser den Wall begleitenden Bollwerke, die diese Verteidigungsmauer offenbar zusätzlich schützen sollten, nahm eine Fläche von 90 × 60 m ein und war 4,5 m hoch.

Der 80 km lange Wall im Santa-Tal erinnert schon auf den ersten Blick an jene berühmte Große Mauer im Norden Chinas, die das Reich der Mitte von der umgebenden Welt abschirmen sollte. So nimmt es nicht wunder, daß sogleich die Zeitungen und bald auch die Fachliteratur den Wall im Santa-Tal die »Große Chinesische Mauer Perus« zu nennen begannen. Sie hätte in Wirklichkeit nicht die »Große Chinesische«, sondern die »Große Chimú-Mauer« heißen müssen. Aber jene falsche Bezeichnung bürgerte sich mit solcher Geschwindigkeit ein, daß sie schließlich zum allgemein gebräuchlichen Namen dieses Bauwerks geworden ist. Nicht nur die äußere Gestalt, sondern auch die Funktion der Großen Chimú-Mauer in Peru war gewiß die gleiche wie die der Großen Mauer im Norden Chinas. Sie sollte das Chimú-Reich vor feindlichen Angriffen und Einfällen von Süden schützen. Es erhebt sich die Frage, warum die Chimú ihren Grenzwall dort im Santa-Tal und nicht 80 km weiter südlich errichtet haben, in der Gegend, wo Paramonga steht und wo die Grenze des Chimú-Reiches in der Zeit seiner größten Machtentfaltung verlief. Der Grund ist offenbar, daß die Chimú ihre Große Mauer zu einer Zeit erbaut oder zu erbauen begonnen haben, als ihre Herrschaft noch nicht soweit reichte und die Südgrenze des Reiches der Fluß Santa und nicht der Fluß Patavilca war. Es ist aber auch möglich, daß die Große Chinesische Mauer Perus die letzte innere Grenzfeste des Reiches bildete, die die Angreifer aufhalten sollte, falls es ihnen doch gelungen war, Paramonga einzunehmen, den reißenden Patavilca und die dahinterliegende Wüste zu durchqueren.

Shipees und seine Freunde waren von ihrer archäologischen Entdeckung eigentlich ebenso überrascht wie die Fachwelt. Sie waren ehrlich genug, aus dieser Überraschung kein Hehl zu machen: Als sofort nach ihrer Rückkehr das angesehene Journal der Geographischen Gesellschaft dem Leiter der ersten archäologischen Fliegerexpedition nach Südamerika, Robert Shipees, anbot, die Mitglieder der Gesellschaft auf den Seiten ihrer Zeitschrift über die Ergebnisse seiner Expedition zu informieren, schrieb der junge Amerikaner: »Wir können es noch immer kaum glauben, daß wir wirklich eine Entdeckung von so außerordentlicher Bedeutung gemacht haben, und noch dazu in einem Gebiet, dessen Ruinen schon 75 Jahre lang Gegenstand sorgfältiger Untersuchungen namhafter Archäologen waren.« Shipees und seine »Ausflügler« kehrten nach acht Monaten als Nationalhelden in ihre Heimat zurück. Selbst die seriöse New York Times widmete am Tag ihrer Ankunft den Leitartikel dem Ausflug dieser »Youngsters« in den Süden des Kontinents!

Der Historiker, der sich mit der Expedition der jungen »fliegenden Archäologen« beschäftigt hat, vergleicht den Empfang, den ihr Vaterland ihnen bereitete, mit der Begeisterung, mit der dieses Land einen anderen Flieger, Charles Lindbergh, empfing. Lindbergh aber hatte als erster — im Jahre 1927 — den Atlantik überflogen.

Der Sieg der Sonne
über den Mond

Chimú, dieses größte und letzte der vorinkaischen Reiche Perus, war, auch wenn wir Altperu traditionell das »Reich der Sonne« nennen, in Wirklichkeit ein »Reich des Mondes«. Der Mond – und nicht Aiapaec, der allmächtige »Schöpfer« ihrer Vorfahren, der Mochica, und auch nicht Viracocha oder Pachacamac – war die am meisten verehrte Gottheit der Chimú. Während oben im Bergland die Inka schon die goldene Sonne anbeteten, herrschte über dem Leben der Chimú uneingeschränkt der bleiche Mond. Im alten Peru, wo diesen beiden Himmelsgestirnen, die von der Erde aus am besten am Firmament zu sehen sind, seit jeher eine solche Verehrung zuteil geworden ist, mußten sich die Chimú entscheiden, wer von den beiden mächtiger sei, und sie zweifelten nicht daran: Mächtiger und stärker ist der Mond. Sie hatten für ihre Überzeugung, daß dem Mond der Vorrang, der Vorzug vor der Sonne gebühre, eine ganze Reihe von Beweisen. Der Mond war bei Tag und bei Nacht am Himmel sichtbar. Und sie sahen auch, daß der Mond bei einer Finsternis oft die Sonne verdunkelte. Doch sie hatten niemals beobachtet, daß sich die Sonne vor den Mond geschoben hätte. Eine Sonnenfinsternis feierten die Chimú mit großen Festen als Sieg des Mondes über die Sonne. Wenn aber umgekehrt der Schatten der Erde den Mond verdeckte, herrschte Trauer im Reich der Chimú. Im ganzen Land tanzte man Klagetänze.

Für ein an der Küste lebendes Volk wie die Chimú war auch wichtig, daß der Mond »über das Meer herrscht«, daß er Ebbe und Flut beeinflußt. Dagegen war die am Tage erbarmungslos glühende Sonne für dieses Volk, dessen Küstenheimat voller trockener toter Wüsten war, keine »Lebensspenderin«, sondern eine grausame Feindin. Aus diesen und vielen anderen Gründen gaben also die Chimú dem Mond den Vorzug. Und sie erkoren nicht wie die Inka die goldene Sonne, sondern den silbernen Mond zu ihrer obersten Gottheit. Ihr zu Ehren haben sie dann in ihrem Reich zahlreiche Tempel errichtet. Sie nannten sie bezeichnenderweise »Si-an«. »Si« bedeutet in der Mochica-Sprache Mond und »an« Haus, sie hießen also wörtlich übersetzt »Mondhäuser«.

In der Hauptstadt des Reiches war das »Mondhaus«, damit das National-heiligtum der Chimú, offenbar jener Tempel, den die heutigen Peruaner »Huaca del Dragón, Heiligtum des Drachens«, nennen. Zu Ehren des Mondes wurden in dieser Huaca del Dragón Gesänge angestimmt und Tänze aufgeführt. Und zu Ehren des Mondes hat man im Chimú-Reich auch Menschenopfer vollzogen, sogar die allertraurigsten, Kinderopfer. Das Leben fünfjähriger Mädchen und Jungen wurde der bleichen Scheibe am Nachthimmel dargebracht. Diese ri-tuelle Tötung unschuldiger Kinder erfolgte nicht — wie in Mexiko — auf Opfersteinen, sondern auf Opferdecken aus farbiger Baumwolle. Bei der gräß-lichen Zeremonie haben diese Mondanbeter ihrer Gottheit auch Chicha (ge-gorenes Maisbier) und erlesene Früchte geopfert.

Die peruanischen Indianer haben in ihrer ganzen vorkolumbischen Ge-schichte freilich stets im Banne der verschiedensten Himmelsgestirne gestanden. Und so haben auch die Chimú nicht nur den Mond angebetet, sondern sie haben auch einer Reihe anderer Gestirne und Sternbilder ihre Aufmerksamkeit ge-widmet. Sie haben beispielsweise auch die Venus verehrt, sogar in ihren beiden »Gestalten« — einmal als Morgenstern und ein andermal als Abendstern.

Die astronomischen Kenntnisse und das Kalendersystem der Chimú begann zum erstenmal jener Entdecker der berühmten Zeichnungen in der Pampa de Nazca, Prof. Paul Kosok, gründlicher zu erforschen, der auch jene eigenartigen Ornamente, mit denen ihre Gewänder geschmückt waren, für Symbole eines dreizehnmonatigen Mondjahres hielt. Die Erforschung dieses Mondkalenders der Küste steckt jedoch noch in den Anfängen.

Während sich der Mondkult der Chimú vom Glauben ihrer Vorfahren, der Mochica, unterschied, hatten die übrigen Elemente der Nationalkultur der Bewohner dieses Reiches seit den Zeiten der Mochica keine wesentlichen Veränderungen erfahren. Im Reich der Chimú kam es in der Tat zu einer Renaissance der Lebensform der Mochica. In mancher Hinsicht war diese Wiedergeburt der Mochica-Kultur an der Küste jedoch nicht mehr von jener schöpferischen Kraft getragen, die für die eigentlichen Mochica so charak-teristisch gewesen war. Die Chimú-Keramik weist z. B. nicht mehr den Reichtum des Dekors auf. Der Chimú-Töpfer legte eher Wert auf die Zweck-dienlichkeit seiner Erzeugnisse als auf deren Schönheit. Das Keramikschaffen verwandelte sich im Chimú-Reich in eine staatlich organisierte Serienpro-duktion. In großer Zahl (vorwiegend mit Hilfe von Modeln) wurden nun praktische, aber recht uniforme, meist schwarzpolierte Töpferwaren her-gestellt. Sie weisen charakteristische, beinahe »genormte« Formen auf, die denen der Mochica Keramik entlehnt sind. Man erkennt sie daher relativ leicht in den Museumssammlungen altperuanischer Keramik, die in der Regel über eine repräsentative Auswahl davon verfügen. Die Gefäße sind nur noch selten bemalt, und wenn — nur mit groben Mustern. Figürliche Keramiken sind häufig, aber die Dinge und Tätigkeiten des täglichen Lebens, die sie abbilden, sind längst nicht so realistisch und ideenreich erfaßt wie bei den »Früh-Chimú«, den Mochica.

Von den übrigen Zweigen künstlerischer Betätigung nahm bei den Chimú die Verarbeitung von Vogelfedern einen bedeutenden Aufschwung. Diese Küstenindianer verwendeten sogar das Gefieder von Vögeln, die weit entfernt in den Urwäldern am Amazonas lebten.

Die Arbeiten der Chimú-Meister stehen hinter den farbenprächtigen Gebilden der berühmteren aztekischen Kunsthandwerker nicht zurück. Die charakteristischsten Federerzeugnisse der Chimú sind Mäntel und ärmellose weite Umhänge. Auf Baumwollstoff haben diese Künstler gelbe Federn vorwiegend von Papageien befestigt. Der so entstandene gelbe Mantel oder Umhang wurde dann noch mit einer aus blauen Vogelfedern bestehenden Applikation verziert. Außer Papageienfedern haben die Chimú-Meister mit besonderer Vorliebe die Federn der entzückenden Kolibris verarbeitet. Diese Mäntel waren schön und ließen kein Wasser durch. Mit diesen gelben, grünen oder blauen »Regenumhängen« durften sich bei den Chimú freilich nur die halbgöttlichen Herrscher des Reiches und dessen höchste Würdenträger schmücken. An der Spitze dieser sozialen Pyramide stand der Chimú, ein direkter Nachkomme Tacaynamos, des Gründers der Dynastie, der den ersten jener auf Balsaflößen gekommenen Einwanderer — jenen legendären König Naymlap — als seinen Ahnen ansah. Zu der herrschenden Elite des Reiches gehörten ferner die »Sie« (»Cie«), wörtlich die »Herren«, die Mitglieder der Chimú-Aristokratie, und besonders die Alaec, die Potentaten der einzelnen Flußtäler, die nun eine Art Statthalter oder — als Vertreter der traditionellen lokalen Häuptlingssippen — im Chimú-Reich zu Vasallen des Herrschers von Chan-Chan geworden waren. Die Wörterbücher aus der Kolonialzeit haben noch einige weitere Bezeichnungen bewahrt, die mit der Stellung des einzelnen in der Chimú-Gesellschaft verbunden waren. Die archäologischen Funde, die sehr unterschiedliche Ausstattung der Gräber, die Einteilung der Städte in Bezirke, die Unterschiede in der Größe und Qualität der Häuser zeugen von einer ausgeprägten sozialen Schichtung im Reich der Chimú. So bedeutet der Mochica-Ausdruck »fixlla« beispielsweise »vornehmer Mann«. Das Wort »yana« dagegen heißt einfach »Diener«. Die Bezeichnung »yana« für einen halb leibeigenen Bediensteten haben dann selbst die Herren der Berge, die Inka, von den Chimú entlehnt und in ihre eigene Sprache aufgenommen. Im Chimú-Reich waren die Dinge, wie die ersten spanischen Chronisten überliefert haben, sogar schon so weit gediehen, daß die Menschen — nach den herrschenden Vorstellungen — selbst auf unterschiedliche Weise entstanden waren: Alle sind zwar von den Sternen auf die Welt gekommen, aber die gewöhnlichen Sterblichen stammen von zwei ganz anderen als die Vornehmen und natürlich die Chimú selber, deren Heimat wiederum zwei — den Herren vorbehaltene — Gestirne gewesen sein sollen.

Im Chimú-Reich gehörte schon fast alles ausschließlich denen, die angeblich von jenen beiden anderen, den Sternen der Auserlesenen, stammten — den Vornehmen. Am ausgeprägtesten kam diese »Sorge um die Herren« im Rechtssystem der Chimú zum Ausdruck, besonders im Strafrecht, dessen

Überbleibsel die Chronisten ebenfalls verzeichnet haben. Nach den Rechtsauffassungen der Chimú war der Besitz ausschließliches Privileg jener Angehörigen der Elite. Und daher galt als schlimmster Feind der Chimú-Gesellschaft ein Mensch, der das Besitzrecht der Herren antastete, der ihr Eigentum nicht respektierte – also ein Dieb. Die Spitzbuben hatten zudem im Chimú-Reich leichte Arbeit, weil die fensterlosen Häuser wahrscheinlich überhaupt nicht verschlossen waren. Um so notwendiger waren strenge Strafen.

Wenn der Dieb entdeckt und der Missetat überführt war, erwartete ihn die einzige Strafe, mit der im Chimú-Reich Eigentumsdelikte geahndet wurden – die Todesstrafe. Die Hinrichtung des Delinquenten vollzog aber nicht der Staat, sondern der Bestohlene selbst. Doch nicht der Täter allein wurde für den Diebstahl zum Tode verurteilt, sondern mit ihm stets auch alle seine Brüder und sogar sein Vater, der einen so mißratenen Sohn gezeugt hatte. Ein Mann, der die Frau eines anderen verführt oder vergewaltigt hatte, mußte das mit seinem Leben bezahlen. Er wurde in diesem Fall von einem hohen Felsen herabgeschleudert. Männer und Frauen gingen im Chimú-Reich übrigens getrennte Wege. Und wer eine dem anderen Geschlecht vorbehaltene Straße benutzt hatte, wurde ebenso wie ein Verführer oder Gewalttäter bestraft – also wiederum mit dem Tode.

Dem Tod verfallen waren selbstverständlich auch Menschen, die sich den Befehlen des Herrschers oder der Würdenträger des Reiches nicht unterwarfen, und das gleiche Los widerfuhr denen, die sich weigerten, an öffentlichen Bauten zu arbeiten. Wer einen »Mondtempel« der Chimú entweiht hatte, büßte dafür natürlich ebenfalls mit dem Leben.

Die Höchststrafe erwartete übrigens auch Chimú-Ärzte, die durch Unachtsamkeit den Tod eines Patienten verschuldet hatten. Der Verstorbene, den die Schlamperei des Heilkundigen das Leben gekostet hatte, wurde in der Erde bestattet. Den für schuldig befundenen Arzt aber fesselten die Chimú mit einem Strick an den Leichnam seines Patienten und steinigten ihn zu Tode.

In vielen Belangen haben sich die im Küstenreich der Chimú herrschenden Verhältnisse nicht allzusehr von den Bedingungen unterschieden, wie sie in dieser Zeit – im 15. Jahrhundert – bei ihrem Nachbarn im Bergland, im Reich der Inka, bestanden haben. Diese beiden mächtigsten Staaten des vorkolumbischen Peru – das im Zeichen der Sonne lebende Reich in den Bergen und das den silbernen Mond verehrende an der Küste – mußten, wohl oder übel, früher oder später zusammenstoßen. Zu dem Schicksalskampf der Sonne mit dem Mond – der Inka mit den Chimú – ist es in den sechziger Jahren des 15. Jahrhunderts gekommen, eigentlich eher, als die Herrscher der beiden Reiche vermutet hatten. Im Land der Chimú regierte damals der mächtige Minchancaman, in Tahuantinsuyu der Inka Pachacuti. Dieser Inka, der erste wirklich große Herrscher in der Geschichte des Reiches, der uns als Cusi Yupanqui bereits bei jener heldenhaften Verteidigung Cuzcos begegnet ist und der kurz danach anstelle seines feigen Halbbruders Urcon den Thron der Inka bestiegen hatte, entsandte im Jahre 1461 einen anderen Stiefbruder, den

General Capac Yupanqui, zu einer militärischen Erkundungsexpedition in die zentralen und nördlichen Gebiete der Sierra. Das Expeditionsheer Capac Yupanquis bestand zu einem erheblichen Teil aus Chanca-Einheiten, also jenen Indianern, die noch vor einem Vierteljahrhundert die erbittertsten Feinde der Inka gewesen waren.

Die Chanca empfanden natürlich keine sonderliche Sympathie für die neuen Herren in den Bergen, die so grausam mit den Vätern dieser Soldaten abgerechnet und das Land der Chanca ihrem eigenen Reich einverleibt hatten. Als das Heer Capac Yupanquis durch ein ihrem Oberbefehlshaber bisher unbekanntes Gebiet zog, benutzten sie daher die Gelegenheit und desertierten in der Nacht heimlich aus der Inka-Armee. Der Zufall wollte es, daß Capac Yupanqui zu dieser Zeit den Befehl erhielt, nach Cuzco zurückzukehren. Wie aber konnte der General vor seinen Herrscher treten und ihm eingestehen, daß er kampflos die Hälfte seines Heeres eingebüßt hatte. Er wollte daher die eigene Schande durch einen glorreichen Sieg tilgen. Und da er bereits unmittelbar an der Grenze jenes letzten noch unabhängigen kleineren Gebirgsreiches Cajamarca stand, das durch Bündnisverträge mit dem mächtigen Chimú-Reich an der Küste verbunden war, fiel er ohne Wissen und ohne Zustimmung des Inka in Cajamarca ein.

Der Herrscher Cajamarcas, jener König Cusmanco, bat natürlich das verbündete Chimú-Reich um Hilfe. Diese kam zwar, konnte aber die Eroberung der gleichnamigen Hauptstadt von Cusmancos Reich durch die Truppen Capac Yupanquis nicht mehr verhindern. Auf jeden Fall haben dort bei Cajamarca — ohne daß es die beiden Reiche und ihre Herrscher vorläufig gewollt hätten — die Chimú und die Inka zum erstenmal die Waffen gekreuzt. Dieser selbst aber war der Überzeugung, daß er durch die Eroberung Cajamarcas, die reiche Beute und die Gefangennahme des Königs Cusmanco seinen guten Ruf wiederhergestellt habe, der infolge der Desertion eines großen Teils seiner Armee so arg lädiert worden war. Nunmehr konnte er also, wie er glaubte, mit reinem Gewissen nach Cuzco zurückkehren. In Cajamarca ließ er eine sehr zahlreiche Einheit zurück, die diese Stadt und ihre Umgebung in Gehorsam halten sollte. Die nächste Inka-Garnison befand sich jedoch mehr als 500 km südlich. Capac Yupanqui, dem General und zugleich Stiefbruder des Herrschers seines Reiches, nützte der ungeplante militärische Erfolg nichts. Er wurde auf Befehl des Inka hingerichtet, noch ehe er überhaupt bis nach Cuzco gelangt war und dem Kaiser die Einnahme Cajamarcas melden konnte.

Mit der Eroberung der Hauptstadt dieses Gebirgsreiches hatte Capac Yupanqui den Stein ins Rollen gebracht und eine ganze Kettenreaktion nachfolgender Handlungen ausgelöst, an deren Ende die Niederlage des Mondes und der Triumph der Sonne — der Untergang des Chimú-Reiches und der Sieg des Inka-Imperiums — standen. Wenn der Inka nicht alle seine Männer opfern wollte, die sein General eigenmächtig in dem eroberten Cajamarca zurückgelassen hatte, blieb ihm nichts anderes übrig, als ein neues Heer, eine neue militärische Expedition auszusenden, die das ganze Gebiet seiner Herrschaft unterwerfen mußte. Er schickte diesmal den Herrführer Tupac Capac mit einer großen Armee in das Nordgebiet der Sierra. Tupac Capacs Feldzug erfüllte die Erwartungen, die der Inka in das Unternehmen gesetzt hatte: Er dehnte die Macht des Reiches auf alle Nordgebiete und auch die weitere Umgebung der im vergangenen Jahr eingenommenen Stadt Cajamarca aus. Auch das letzte von Cuzco bisher unabhängige Gebirgskönigreich – Cajamarca – war somit dem Inkareich einverleibt. Solange aber ein natürlicher Hauptkonkurrent der Macht Tahuantinsuyus – der Staat der Chimú – existierte, solange waren die Botmäßigkeit Cajamarcas und die Herrschaft der Inka über ganz Peru nicht fest gegründet. Und so mußte Tupac Capac seinen Siegesmarsch fortsetzen und seine ganze große Armee von 30 000 Mann gegen das Chimú-Reich werfen. Zusammen mit den Inka-Soldaten marschierten die Truppen der neuen Vasallen des indianischen Imperiums, der Küstenstaaten Chuquismancu und Cuismancu, die inzwischen Tahuantinsuyu angegliedert waren.

Schließlich aber trug doch die Sonne den Sieg über den Mond davon. Und das Reich der Chimú wurde der Macht der Inka unterworfen. Tupac Capac stieß dann noch in weitere Täler des geschlagenen Chimú-Staates vor. Er gelangte bis nach Pacasmayo, von dort kehrte er wieder nach Cajamarca zurück, dann fiel er in das Gebiet des heutigen Ekuador ein, eroberte dessen heutige Hauptstadt Quito, und auf dem Rückweg von Ekuador zog er abermals durch das Land der Chimú. Diesmal überschritt er die Grenze des unglücklichen Küstenreiches von Norden her, in der Nähe der Stadt Tumbéz. Der Sieger durchquerte nun den niedergeworfenen Staat von Norden nach Süden. Überall, wohin er kam, raubte er die Goldschätze der Chimú. Er plünderte die Paläste und die Mondtempel, und schließlich nahm er auch den letzten Herrscher des Reiches, den tapferen Minchancaman, und seine Söhne gefangen.

Nach der in der ganzen Welt beliebten Kolonialpraxis wurde der letzte wirkliche Chimú jedoch nicht getötet, sondern man brachte ihn nur als vornehme Geisel in die Hauptstadt der Inka, die er jedoch nicht verlassen durfte. Außerdem wurde Minchancaman in Cuzco zwangsweise mit einer Inka-Prinzessin verheiratet.

Nach dem Tod Minchancamans wurde nach dem Willen der Inka sein den neuen Herren gefügiger Lieblingssohn Chumun-Cuar Herrscher eines schon nicht mehr existierenden Reiches. Als auch dieser gestorben war, trat sein erstgeborener Sohn Huaman-Chumu, der ebenfalls in Cuzco lebte, die Nachfolge dieses Königs ohne Thron an und nach ihm wieder dessen Sohn Anco-Cuyuch. Aber alle diese Namen – diese Marionettenherrscher mit ihren vornehmen Titeln – sind nur noch Schatten, ruhmlose Nachfahren all jener glanzvollen Reiche, all jener großartigen Kulturen, die in diesem wunderbaren Peru vor den Inka existiert und geblüht haben.

Epilog über den Kosmos und den Goldenen Garten

Aus dem Gold der Chimú, das Tupac Capac während des historischen Feldzugs an der Küste Perus erbeutet hat, ist ein riesiges goldenes Bild des Sonnengottes, des Inti, geschaffen worden, eine mehrere Meter große Scheibe, die den Haupttempel der Inka in Cuzco schmückte und die ersten Strahlen der Morgensonne reflektierte. Aus diesem Gold haben die Inka auch jene Figur der legendären Gründerin ihres Herrschergeschlechts Mama Collo und die imposante Statue jenes schon in Tiahuanaco verehrten göttlichen Schöpfers Con Ticci Viracocha gießen lassen, die das Entzücken der spanischen Eroberer in der Inka-Metropole erregt haben. Und aus dem eingeschmolzenen Gold der Chimú haben kunstfertige Hände auch die große Goldkette gehämmert, die sich wiederum in dem Tempel des Sonnengottes, dem Nationalheiligtum der Inka, befand.

Die Inka haben jedoch nicht nur das Gold und nicht allein den gefangenen Herrscher des Chimú-Reiches in ihre Hauptstadt gebracht, sondern auch manche seiner Untertanen, vor allem aber eben Goldschmiede, Juweliere und Metallschläger. Denn besonders diese Kunst war im Land der Chimú zu höchster Vollendung gelangt. Die Inka zwangen diese hervorragenden Meister ihres Faches, sich in Cuzco niederzulassen, damit sie nun für sie arbeiteten, damit sie mit ihrem Können die Metropole des Reiches der Sonne verschönten. Und so ist wahrscheinlich auch das größte und schönste aller Wunder der Inka-Metropole nicht zuletzt das Werk jener Chimú-Goldschmiede gewesen – der »Goldene Garten« von Cuzco, von dem die Chronisten Garcilasso de la Vega und jener Cieza de León berichten.

Der Goldene Garten gehörte ebenfalls zum Komplex des Nationalheiligtums der Inka – des Coricancha –, das selbstverständlich dem Sonnengott geweiht war. An den Haupttempel, der mit goldenen Standbildern und den Mumien verstorbener Inka-Herrscher geschmückt war, deren konservierte Leichname dort auf goldenen Schemeln ruhten, grenzte von der Südseite ein Garten an, der eine Fläche von 200×100 m bedeckte und dessen Terrassen zum Fluß Huatanay hinabführten. In diesem Garten fehlte nichts, was ein peruanischer

Garten zu bieten hat. Alles, was es darin zu sehen gab, war aus purem Gold. Die peruanischen Künstler haben diesen ihren märchenhaften Garten mit goldenen Pflanzen und Blumen verziert, ganz kleine Felder von Maiskolben aus reinem Gold schwankten dort im Wind, goldene Heilkräuter und üppige goldene Büsche funkelten in der Sonne. Doch auch Tiere befanden sich darin, goldene Käfer und goldene Eidechsen. Und in verkleinerter Gestalt hatte man die Bewohner Perus selber zur Schau gestellt — goldene Figuren von Hirten mit ihren aus Gold gegossenen Lamas, Greise und Kinder. Mit diesem traumhaft schönen Garten haben die peruanischen Indianer ein goldenes Selbstbildnis ihres Alltags geschaffen. Dieses Wunder aller Wunder, das wohl auf der ganzen Welt nicht seinesgleichen hatte, ist wahrscheinlich das Werk der in Cuzco lebenden Chimú-Goldschmiede gewesen, die nach der Unterwerfung ihres Reiches in die Hauptstadt der Inka umgesiedelt worden waren. Die Spanier haben, gleich nach der Eroberung der Stadt, diese funkelnde Pracht feiner ziselierter Blumen und Ähren, diesen ganzen Goldenen Garten von Cuzco in ihrer Gier nach dem gelbglänzenden Metall zerstört und ausgeraubt, so wie 60 Jahre vorher die Inka die Goldschätze Chan-Chans geplündert hatten. In den Chroniken aus der Zeit der Konquista ist jedoch die Erinnerung an diesen goldenen Traum auch künftigen Generationen bewahrt geblieben. In diesen Schilderungen wird der Goldene Garten Perus selbstverständlich als ein Werk der Inka angesehen, deren Hauptstadt er geschmückt hat. Aber in Wahrheit ist er zum großen Teil gewiß eine Schöpfung jener in Cuzco ansässigen Chimú-Künstler gewesen. Ähnlich, wie viele der Schmucksachen, die die Spanier in Mexiko am Hofe des Aztekenherrschers Montezuma erbeutet haben, nicht das Werk der aztekischen, sondern der mixtekischen Goldschmiede waren.

Der phantastische Goldene Garten von Cuzco führt uns bildhaft vor Augen, wie bedeutend das »vorinkaische Erbe« der Inka gewesen ist, wie vieles in ihrer Kultur und in ihrer Staatsordnung sie von den vorangegangenen peruanischen Kulturen, von den vorangegangenen peruanischen Reichen übernommen haben. Ein hervorragender Kenner der Geschichte dieses Landes, der amerikanische Archäologe John Howland Rowe, führt als Beispiel für die Aneignung des Chimú-Erbes durch die Inka nicht nur die Goldschmiedekunst der Chimú an, sondern auch die Organisation des Chimú-Staates, das planmäßige Gründen von Städten, die Methode der Massenproduktion mancher Waren und zusammen damit auch die Webverfahren gewisser Stoffarten oder die Herstellung von Gewändern aus Vogelfedern. Über der Geschichte Altperus, über der Geschichte der altperuanischen Kulturen hing ein besonders dichter Schleier, der — wie einmal der Historiker Philipp Ainsworth Means treffend bemerkte — dem ganzen Land einen alles überdeckenden »Inka-Anstrich« gegeben hat, der selbst heute noch nachwirkt. Peru ist nicht immer, nicht von jeher allein das Reich der Inka, das Reich der Sonne, gewesen. Und eben das zu zeigen, war die Absicht dieses Buches: Es will auch die andere Hälfte der Wahrheit über das vorkolumbische Peru sagen. Es will den Blick auf jene peruanischen Reiche, auf jene versunkenen älteren peruanischen Kulturen, auf

jene »Ahnen der Inka« lenken, die dem Reich und der Kultur der Sonnenanbeter, der weit bekannteren Inka, vorangegangen waren.

Neben der Anbetung der Sonne sind in Altperu auch viele andere Himmelsgestirne verehrt worden. Dieser Anbetung der verschiedenen Gestirne sind wir in diesem Buch ebenfalls immer wieder begegnet. Es deutet auf ein konzentriertes tiefes Interesse an den Gestirnen und zeugt von jener fast krankhaften Inbrunst, mit der die alten Peruaner wie gebannt den Blick zum Himmel empor auf die Sterne gerichtet haben.

Die Chimú glaubten, daß die Menschen von den Sternen auf die Erde gelangt seien, die Herren von anderen als die gewöhnlichen Leute. Und noch lange nach der Eroberung Perus mußte der Erzbischof von Lima eine strenge Instruktion erlassen, die den Priestern auferlegte, in ihren Pfarrsprengeln die Überzeugung zu bekämpfen, daß die Vorfahren der Menschen von den Sternen aus dem Weltall gekommen wären.

Gewiß, die altperuanischen Indianer haben zwar die Sterne angebetet, sie haben fasziniert die Augen zu den leuchtenden Punkten in den dunklen Tiefen des Weltalls erhoben. Aber sie selber lebten auf unserer Erde, und diese unsere Erde hat sie geboren. Und wir können die uns erhalten gebliebenen Zeugnisse ihrer Kulturen und diese Kulturen selbst, ihre Tempel und ihre Paläste, ihre Götterstatuen und ihre Felsbilder, ihre Keramik und ihre Gewebe, ihren herrlichen Goldschmuck und ihren unglaublichen Goldenen Garten als Schöpfungen des Menschen ansehen, des Sohnes dieses unseres Planeten, der sich dank seiner Phantasie und seinem Verstand bis zu den Sternen zu erheben vermag.

238

Schreibung und Aussprache
der
altperuanischen Namen

Die dem Leser in diesem Buch begegnenden indianischen Namen und Bezeichnungen aus der Kulturgeschichte Altperus sind grundsätzlich in der Schreibweise wiedergegeben, die in der »peruanistischen« — und überhaupt der amerikanistischen — Fachliteratur allgemein gebräuchlich ist (lediglich bei hauptwörtlicher Bedeutung wurde mitunter die Großschreibung vorgezogen). Diese Schreibweise beruht auf der herkömmlichen Übereinkunft, die indianischen Namen und Begriffe aus den Spanisch sprechenden Ländern Lateinamerikas in spanischer Transkription anzusetzen. (Nur linguistische Spezialuntersuchungen über die Indianersprachen weichen von diesem Grundsatz ab und bedienen sich der phonetischen Umschrift.)

Eine Ausnahme bilden lediglich indianische Wörter, die bereits in den deutschen Sprachschatz eingegangen sind. Sie wurden in der deutschen Schreibung gebraucht, z. B. Inka statt Inca, Ketschua statt Quechua.

Für die Aussprache der Laute, sofern sie sich von der deutschen wesentlich unterscheidet, gelten folgende annähernde Regeln:

b   wird nur im absoluten Auslaut und nach n, m wie deutsches »b« ausgesprochen, sonst ist es ein bilabialer Reibelaut und klingt etwa wie deutsches »w« zwischen Vokalen.

c   lautet vor Konsonanten, vor den Vokalen a, o, u und am Wortende wie deutsches »k«, vor e und i wie stimmloses »s«.

ch   klingt fast wie das deutsche »tsch« in »Peitsche«.

g   wird vor Konsonanten, vor a, o, u und im Wortanlaut wie deutsches »g«, vor e und i wie das deutsche »ch« in »ach« gesprochen.

h   bleibt stets stumm.

j   klingt im An- und Inlaut wie das deutsche »ch« in »ach« (am Wortende geht es in englisches »th« über oder ist gar nicht hörbar).

ll   lautet ähnlich wie das französische »ll« in »Taille«, also annähernd wie »lj«, in Südamerika wird es oft stark summend ausgesprochen wie etwa deutsches »j« in »Jagd« (jedoch niemals wie deutsches ll in »alle«).

ñ   ähnelt der Aussprache des französischen »gn« in »Bretagne« (nj).

qu   lautet wie deutsches »k« in »Kuß«, es entspricht nicht dem deutschen qu wie in »Quirl« (daher geben neuere deutschsprachige Autoren — wie auch wir — z. B. der Schreibung »Ketschua« statt »Quechua« den Vorzug).

r   gleicht dem gerollten »Zungenspitzen-r« der deutschen Bühnensprache, niemals dem deutschen »Zäpfchen-r«.

s   ist meist stimmlos und klingt in der Regel wie deutsches »s« in »Faß«.

v entspricht der Aussprache des »w« in »Biwak«.

x klingt vor Vokalen in spanischen Wörtern wie deutsches »x« (also wie ks oder – häufiger stimmhaft – wie gs), in den meisten aus Indianersprachen stammenden Wörtern wie »sch«; vielfach, besonders in Lateinamerika, wird es auch wie j, also wie deutsches »ch« in »ach«, gesprochen und in manchen Fällen auch so geschrieben (z. B. Méjico); vor Konsonanten lautet es wie stimmloses »s«.

y wird vor oder nach Vokalen wie deutsches »j« in »Jubel« gesprochen, sonst wie i.

z entspricht nicht dem deutschen z (ts), sondern lautet im amerikanischen Spanisch etwa wie stimmhaftes deutsches »s« in »weise«, vor den stimmlosen Konsonanten, im Auslaut und vor a, o und u dagegen wie stimmloses »s« in »weiß«.

Die Vokale a, e, i, o, u sind stets halb offen, kurz und rein auszusprechen, besonders das »e« am Wortende darf nicht dumpf klingen wie im Deutschen. Bei den Diphthongen iu und ui ist stets der zweite Vokal betont, soll der erste betont werden, erhält er ein Akzentzeichen.

Für die Betonung der Wörter gelten folgende zwei Grundregeln: Alle mehrsilbigen Wörter, die auf einen Konsonanten enden (außer n und s), sind auf der letzten Silbe zu betonen; bei allen mehrsilbigen Wörtern, die auf einen Vokal oder n und s enden, liegt der Ton auf der vorletzten Silbe.

Alle Abweichungen von diesen beiden Grundregeln verlangen einen Akzent ('), z. B. Chimú (endbetont!), der jedoch in deutschsprachigen Arbeiten nicht selten weggelassen wird und bei eingebürgerten Namen wie »Peru« (ebenfalls endbetont) überhaupt nicht mehr gebräuchlich ist.

Zur Verdeutlichung der Ausspracheregeln mögen einige der in diesem Buch häufiger vorkommenden Namen als Beispiel dienen:

Cajamarquilla	sprich	Kachamarkílja
		oder Kachamarkíjja
Chan-Chan	sprich	Tschan-Tschan
Chavín	sprich	Tschawín
Chimú	sprich	Tschimú
Con Ticci Viracocha	sprich	Kon Tíki Wirakótscha
Huari	sprich	annähernd Uári oder Wári
Mochica	sprich	Motschíka
Nazca	sprich	Náska
Pachacamac	sprich	Patschakamák

Der Übersetzer